江苏人民教育家培养工程丛书（第三辑）

精实数学教学论

JINGSHI SHUXUE JIAOXUE LUN

董裕华 著

江苏凤凰教育出版社
Phoenix Education Publishing, Ltd

图书在版编目(CIP)数据

精实数学教学论 / 董裕华著. --南京：江苏凤凰教育出版社，2021.5
（江苏人民教育家培养工程丛书. 第三辑）
ISBN 978-7-5499-9306-2

Ⅰ. ①精… Ⅱ. ①董… Ⅲ. ①中学数学课—教学研究
Ⅳ. ①G633.602

中国版本图书馆 CIP 数据核字(2021)第 100733 号

江苏人民教育家培养工程丛书（第三辑）

书　　名	**精实数学教学论**
作　　者	董裕华
责任编辑	居伟民
出版发行	江苏凤凰教育出版社（南京市湖南路 1 号 A 楼　邮编 210009）
苏教网址	http://www.1088.com.cn
照　　排	江苏凤凰制版有限公司
印　　刷	南京顺和印刷有限责任公司
厂　　址	南京市江宁区麒麟街道天和路 78 号
开　　本	787 mm×1092 mm　1/16
印　　张	15.75
插　　页	2
版　　次	2021 年 6 月第 1 版
印　　次	2021 年 6 月第 1 次印刷
书　　号	ISBN 978-7-5499-9306-2
定　　价	43.00 元
网店地址	http://jsfhjycbs.tmall.com
公 众 号	苏教服务（微信号:jsfhjyfw）
邮购电话	025-85406265,025-85400774,短信 02585420909
盗版举报	025-83658579

江苏人民教育家培养工程丛书(第三辑)
编委会

总序 FOREWORD

为江苏未来教育家成长奠基

纵观世界教育史，每一次深刻的教育变革都离不开教育家的参与和推动。邓小平同志在1986年就提出“希望中国出现一大批三四十岁的优秀的科学家、教育家、文学家和其他各种专家”。2007年《国家教育事业发展“十一五”规划纲要》明确提出了“倡导教育家办学”的方针。《国家中长期教育改革和发展规划纲要(2010—2020年)》也明确提出，要创造有利条件，鼓励教师和校长在实践中大胆探索，创新教育思想、教育模式和教育方法，形成教学特色和办学风格，造就一批教育家，倡导教育家办学。

倡导教育家办学，要在扎根于民族文化土壤的同时，吸纳一切人类文明成果，形成具有本土特色和全球视野的教育实践和教育智慧。在我国源远流长的几千年文明发展进程中，不仅积淀了丰富的教育话语体系，而且涌现出一批又一批的优秀教育家。如，有被推崇为“大成至圣先师”“万世师表”的孔子，有“匹夫而为百世师，一言而为天下法”的韩愈，有“捧着一颗心来，不带半根草去”的人民教育家陶行知，等等。

江苏素有重教兴学的优良传统。明清两代全国202名状元中，有66人出自江苏，约占总数的三分之一。新中国成立以来，两院院士三分之一以上是江苏籍。“十一五”规划以来，江苏认真贯彻国家、省教育规划纲要，坚持把优先发展教育作为强省之基，把科教与人才强省作为经济社会发展的基础战略，扎实做好教育改革发展各项工作。为顺应发展要求，江苏在2009年启动实施“江苏人民教育家培养工程”，旨在通过培养一批具有教育家潜质的校长、教师，带动全省师资队伍建设，提高全省教育质量。工程启动和实施以来，得到了省内外同行的高度关注，《中国教育报》《人民教育》等权威教育媒体纷纷予以报道，给予了很多的支持和鼓励。在工程的带动下，全省基础教育人才队伍建设工作蓬勃开展，人才梯队不断优化，人才培养形成常态化。无锡的教育名家培养工程、常州和镇江的名师工作室、苏州的姑苏人才计划、南通和淮安的名师名校长培养工程、连云港的中小学高层次人才"333"工程、泰州的中小学卓越教师培养计划、扬州的领雁工程等都取得了良好成效，为江苏基础教育事业的明天提供了人才支撑。

一、设计思路

古今中外的教育家，虽然成长路径各不相同，但他们身上都有一个共同特点，那就是都有强烈的发展愿景，都是积极主动、持之以恒地追求自我发展。而有计划的培养可以促其自觉、促其坚定、催其奋进、助其提高。实践证明，通过有效地整合社会资源，建立系统而完整的培养制度，对培养对象进行引领、促进、支持，给予他们相对良好的成长空间和必要的规制，有助于他们更快更好地成长。我们认为，确立"人民教育家是可以培养的"观念，是科学的人才观、发展观在师资队伍建设中的体现。

确立目标宗旨。为一批立志终身从教、教育理念新、科研能力强、专长突出、风格鲜明、发展潜力大的中小学教师和校长创造条件，提供平台，给予重点培养，帮助他们在教育理论素养和创新实践能力等方面得到全面提升，使其个人专长更加凸显，特色风格更加鲜明，为他们成长为社会公认的人民教育家奠定基础，并以此带动和促进全省中小学师资队伍水平的整体提升，为江苏建设教育强省、率先实现教育现代化、办人民满意的教育做出更大的贡献。

制订培养计划。工程实施的目标是培养基础教育高端人才。从2009年起，计划在全省范围内分四批选拔200名特级教师进行重点培养。200个培养名额，低于特级教师总数的20%，不到中小学专任教师总数的万分之三。分四批培养，每批50人，确保每一名培养对象都能享有足够好、足够多的专家资源、活动资源、财力资源和实践平台，保证培养过程更加具有科学性、针对性和有效性。

明晰选拔标准。分析近代以来我国教育家表现出来的特质，我们发现他们具有三个方面的共同特质：一是志存高远，具有远大的教育理想，"敢探未发明的新理"，善于发现和潜心研究教育问题，形成自己独到的教育思想；二是学高为师，具有丰富的学识和科学的经验，勇于探索，在办学理念和思路、学校建设与管理、教育教学方式等方面形成鲜明的特色和风格；三是身正为范，具有高尚的人格魅力，热爱学生，尊重学生，对学生有大爱之心，并有较大的社会影响。为此，在培养对象的选拔上，我们确定了"坚持一个基本条件、着重考察三个方面"的遴选原则。基本条件必须是特级教师，是"师德的表率、育人的模范、教学的专家"。在此基础上，着重考察培养对象是否有正确的、强烈的成长动机，有为人民教育事业奋斗终身的坚定理想和不懈追求；是否具有深厚的教育理论素养、文化素养和专业素养，有成为人民教育家的基础条件和发展潜力；是否具有高尚的人格魅力，在区域和学科专业领域内声望高、影响大、示范性强，受到同行、学生、家长和社会的广泛敬重和好评。

二、制度建构

“江苏人民教育家培养工程”是一项系统性工程，旨在探索高端教育人才培养的政策、制度和实践模式，以培养对象的教育思想、办学行为和先进事迹激发全省所有校长、教师的教育热情和奉献精神。经过五年的实践探索，逐步形成了一套比较完整的培养体系，制定了《江苏人民教育家培养工程实施指南》，形成了管理、培养、考核“三位一体”的培养工作机制。

建立了管理机构。在管理上，教育厅成立了“江苏省人民教育家培养工程领导小组”，负责培养工作的整体把握和指导，指定江苏省教育科学研究院负责工程的具体实施工作。根据培养对象的特点和研究方向，成立了分学段或分学科领域和学校管理等不同培养方向的五个研修组。与培养对象相对应，组建了五个专家指导小组，通过个别指导和集体指导相结合的模式，就培养对象的发展规划、研究方向、课题研究进行指导。

搭建了培养平台。在培养上，以“政府创设平台、专家引领指导、个人主动发展、团队共同提高”为培养机制，以帮助培养对象“提高师德修养、拓展教育视野、创新教学理念、提高教育教学能力水平”为核心培养内容，规划实施了九大系列培养计划：催生教育主张——培养对象理论素养提升计划；聆听高端讲座——培养对象知识结构更新计划；牵手农村教育——培养对象责任修炼计划；推动教育创新——培养对象实践模式构建计划；走近教育家——培养对象分类阅读计划；聚焦实践问题——培养对象小组合作研究计划；带动共同发展——培养对象团队建设计划；教育家办学——影响力论坛计划；行者无疆——教育考察计划。围绕计划，在2014年至2019年第三期培养对象培养期内，共开展省级集中活动20余次、小组活动近100次。

制定了考核制度。在考核上，省教育厅委托省教育科学研究院与培养对象签订“目标责任书”，依据目标责任书开展年度考核、中期考核和终期考核工作。其中，年度考核实行报告评价式考核，研修小组和培养对象每年要做一次工作总结，报告一次研修心得；中期考核在培养期的第三年举行，实行发展性评估考核；终期考核按目标责任书实行目标考核。培养周期完成，在个人考核的基础上，成立“培养工作评估项目组”，对项目实施情况进行整体评估。

提供了条件保障。主要从专家、平台、经费等方面为工程实施及培养对象提供专业支持、环境支持和政策支持。一是组建了专家指导团队，聘请了国内一流专家。目前共聘请专家119人次，其中为第三期培养对象聘请的专家有35人。二是设立省教育科学规划“十三五”人民教育家培养对象专项课题，鼓励培养对象申报教育科研课题研究项目，通过课题研究推动培养对象成长。三是为每位培养对象至少安排一次出国研修的机会、召开一次教育思想研讨会、资助出版一部专著，为他们形成教育教学思想创造条件。

三、实践成效

工程实施以来，每一位培养对象都以教育家的素养标准要求自己，经过五年努力，提升了综合素养，取得了很多教育教学成果，带动了区域内多元团队的共同发展，还通过跨区域的合作在更大范围发挥了重要作用。

素质显著提高。五年的研修对每一个培养对象来说都是一个迅速进步的过程，他们的专业素养与教育能力不断提升，教育思想已现雏形。其一，潜心读书，提升了专业素养。有的培养对象五年阅读了100多部专著，撰写了40多万字的读书笔记。其二，实践探索，提高了教育能力。通过构建自己的课堂教学模式提高课堂教学质量，通过成立名师工作室和建设学科基地发挥辐射作用，通过管理模式的变革寻求学校的优质发展，已成为培养对象的行为自觉。其三，活动研修，拓宽了教育视野，丰富了发展内涵，增强了服务江苏教育发展的责任感与使命感。其四，自省反思，凝练了教育思想。通过回顾和反思、梳理和归纳，做到更深刻地认识、更清晰地表达自己的教育理念，初步形成了自己的教育思想。

研究成果丰硕。五年来，各位培养对象在实践研究方面积极进取，取得了丰硕成果。据不完全统计，第三期培养对象公开发表论文880篇，其中在核心期刊发表191篇；编著图书79本，出版专著35本；主持市级以上课题（项目）研究166项，开设县级以上公开课、讲座1821节（次）；被媒体报道210次。教学办学上，他们不仅善于把自己的教育理念运用到实践中去，而且非常注重特色成果的形成，成为江苏基础教育改革大背景下一例例鲜活的典型。他们的教育教学实践获得了广泛认可，产生了深远的影响，累计获得各级各类荣誉表彰300余项。这些成果来之不易，体现了各培养对象不断超越、勤于探索的精神。

带动效应显著。培养对象皆有自己领衔的发展团队，不仅有学校管理团队、教师集体和学科教师团队，而且有市（区、县）的名师团队、骨干教师团队，为带动当地教师发展做出了很大贡献。在团队发展过程中逐渐形成了由“被动发展”走向“主动发展”、由“短期性发展”走向“持续式发展”的良好格局，表现出相当高的发展水平与强大的辐射力。另外，第三期培养对象共开展“牵手农村教育”活动近30次，覆盖近30个县、市（区）50多所农村学校，发挥了培养对象的专业服务作用，带动了农村地区教师专业发展。难能可贵的是，他们在成为“培养对象”后，依然有着清醒的自我认识。他们常常淡看自己的努力和成就，却对“机遇”怀有感恩之心。正如一位培养对象所说：“孔子的彼岸是闻达于诸侯，我在想我们的彼岸是什么？也许我一辈子也成不了教育家，但我可以拥有教育家的志向、教育家的情怀、教育家的理想。在培养工程一千多个日日夜夜里，我如农夫般日日耕耘，如哲人般时时自省。从此岸到彼岸，是岁月的距离，更是成长的步履。让我们揣着梦想、带着感恩、携着激情，执着行走在成为教育家的路上，不为彼岸只为海！”

当前，江苏教育系统正在全面学习贯彻落实党的“十九大”精神，全力推进教育现代化建设，坚持以立德树人为根本，以发展素质教育为主题，以提高教育质量为核心，以促进教育公平为重点，以服务经济社会发展为重任，以深化教育教学改革为动力，以扩大教育对外开放、提升教育国际合作交流水平为重要路径，以教育信息化为着力点，以争取加大教育投入、建设高素质专业化教师队伍为关键，探索建立中国特色现代学校制度，努力营造健康向上的校园文化和有利于教育改革发展的社会氛围，努力办好人民满意的教育。衷心地希望“江苏人民教育家培养工程”的实践探索能给我国推进教育发展和办学专业化、促进高端教育人才成长提供借鉴。

编委会

2020 年 11 月

序言 FOREWORD

众所周知，数学既具有高度的抽象性和严密的逻辑性，又具有应用的广泛性与描述的精确性。数学家 P. 格列菲斯(Phillip A. Griffiths)指出："数学具有双重性：一方面，它是一门独立的学科，其中的价值观取决于精确性与内在美；另一方面，它又是实用世界中各种工具的丰富源泉。这种双重性的两个方面紧密关联。"数学大致又可分为纯粹数学与应用数学。数学家阿曼德·波莱尔(Armand Borel)给出了形象的比喻："纯粹数学和应用数学就像是一座冰山——水面上的是应用数学，因为它有用，人家都看得见；水底下的是纯粹数学。"

数学家们的这些表述，充分显示了"精"和"实"是数学学科的重要特征。无论是数学研究，还是数学教学，"有用"是数学发展的动力，但过于追求"有用"又制约了数学的发展。中国传统文化信奉"经世致用"，数学探究往往停留在"术"的层面，很少能到达"道"的境界。让数学"精"和"实"的特征都得到充分彰显和协调平衡，是数学学科发展以及数学教育教学的应有之道。裕华老师提出的"精实数学教学"思想正是对此给出的一个详细理论阐释和一条成功实现路径。

裕华老师的"精实数学教学"思想，来自他对"减负增效学数学"的长期研究和实践。"减负"就是"求精"，"增效"就是"求实"，"精实数学教学"的最初出发点就是"减负增效"。但是，裕华老师没有止步于数学教学的"减负增效"。他认为，"培养什么人"比"怎样培养人"更重要。如果一个学校、一个教育工作者都不清楚自己要培养什么样的人，教育就很容易迷失方向。减负增效不是简单的增什么、减什么，而要从学生需要学什么、怎么学的角度，评判所学内容对学生素养的提升有没有价值。减负不等于少学习、不学习，减负减的是单一的、单调的、过重的、被动的知识学习的负担，同时要增加长期缺失的学生个性化学习的时间和空间，该增的还得要增。

精实数学教学的"精"，意为"精心、精致、精要"；"实"，意为"平实、真实、扎实"。精实数学教学既是对既往教学实践的总结，又是对当下教学现状的分析，也是对未来教学走向的勾画，它着眼于建构平实的课堂生态、真实的学科情境、扎实的学科素养，立足于精心的教学态度、精致的教学设计、精要的讲练演绎，努力达成"情智兼容、知能并重、多元共生"的教学目标。

精实数学教学要求教育者善于博采众长，为我所用，在优选整合的基础上，推陈出新，探索出适合自己的“中间地带”。能发现别人没有走过的“最佳路径”是人人都期望的，但不等于别人走过的路就不能重复，关键是要与具体情况相结合。教育需要创新，但创新不能丢掉传统，不能丢掉“根”，更不能“想当然”。教育教学改革要有所为有所不为。恰到好处的“为”，是遵循规律、顺应事物发展趋势的“为”，是集大成、无过而不及的“为”。

裕华老师的教育主张非常务实，又非常切实；非常精准，又非常精当。教育者既要仰望星空，又要脚踏实地；既要着眼当下的减负增效，关注教育教学效率的最优化，又要立足长远的学生终身发展，关注学生的发展生态，关注学生数学素养的发展性和差异性，找到现实与未来的连接点，找到既适合学生实际、又适合发展要求的教育路径，力求让每个学生的数学潜能都得到最充分、有效的发现和开发，这是精实数学教学的“中庸之道”，也是数学教学应有的价值追求。

我非常欣赏裕华老师“最大值”的观念。他认为：凡事过犹不及，必须把握好分寸，寻求适度、适当。真正好的教学，一定是适合的教学，教学效率的最大值必定是在两极之间的某个点处取得。教师的一项重要任务就是寻找这个“最大值点”，让更多的学生得到更好的发展，这就是精实数学教学的追求。

裕华老师是我在“江苏人民教育家培养工程”中指导的培养对象，也是基础教育阶段较早的二级教授。他做人低调热情不张扬，做事认真执着有条理。在一次次集中学习研讨和交流中，在一次次书稿传递和修改中，我发现他是一个有教育思想、教育情怀而又接地气、有胆识的数学教师。他既有教育的理想，又立足教育的现实；既是一个现实的理想主义者，也是一个理想的现实主义者。他的可贵之处在于直面现实，勇于实践。他没有陶醉于自己的“理想国”，而是在理想与现实之间努力探寻属于更多人的天地。

精实数学教学来源于教育的田野，又在教育的田野中不断丰富，不断完善，不断得到实践的检验，不断成长成熟。海安中学这些年的教学实践尤其是数学教学实践为精实数学教学思想的形成和发展提供了基础和素材，精实数学教学思想也为海安中学教学实践提供了鲜活的注脚。

期待精实数学教学成为更多的学校和数学教师前进的助力，也期待裕华老师取得更为丰硕的教学成果和研究成果。

宋永忠
2020 年 8 月 8 日
（宋永忠：南京师范大学原党委书记、校长、博士生导师、数学教授）

目录 CONTENTS

引　言

教育部《普通高中数学课程标准(2017年版)》修订组组长王尚志曾说过一件令人深思的事:一所"985"高校,学生的高考数学均分超过125分;入学后的10月份又将高考题做了一遍,均分降到100分;到同年12月再考同样的题目,平均分只有及格。

这让我想起了教育哲言:"什么是教育,那就是学生把在学校所学的东西都忘记以后剩下的东西。"十几年的数学教学,我们究竟带给学生多少真正有价值的东西?对学生而言,十多年的数学学习,除了升学,其意义又何在?

钱理群为自己设计了一个退休规划:到中学母校教语文课!没想到国学大师的教学成绩比不上中学教师,就连学生的反馈也让钱老始料不及。有学生真情告白:"钱教授,我们不是不喜欢听你的课,而是因为你的课与高考无关,我们宁愿在考上北大以后再来听你的课。"这一语道破了当下中国中学教育的实情,钱老也亮出自己的态度:"'应试'已成为学校教育的全部目的和内容。问题的严重性在于,不仅教育者(校长、教师)以此作为评价标准,而且也成了学生、家长的自觉要求,应试教育的巨大的网笼罩着中学校园,针插不进,水泼不进,一切不能为应试服务的教育无立足之地。越是城市里的重点中学,越是如此。我的教育理想再一次落空了。"①问题是,在现行的体制下,作为钱理群这样的大学者尚且如此,作为普通教师的我们,又如何有所为?

课程改革让数学学科承受了前所未有的压力。对于高考,历来就有"得数学者得天下"的观念,数学教育"压力山大"。陈玉琨有个观点:没有成绩,过不了今天;只有成绩,过不了明天。高考仅仅是人生的一次考试,后续还有很多大考需要应对。教师不能满足于日复一日的机械劳动,也应当成为思想者。会思考,才会发现自己的差距,明确自己的方向,找出适合的教学方略。家庭和社会对数学教育的期望值高,国家要求未来建设者具有较高的数学素养,家长则盼望孩子获得较高的考试排名,又不要太辛苦、太痛苦,但有一点是共同的,都希望减轻不必要的、过重的课业负担。很多时候,教师就是"戴着镣铐跳舞"的舞者,需要凭借自己的教育智慧,在镣铐中找到自己的空间,顺势而为,跳出既符合规范要求、又具有个性色彩的舞蹈。

从事数学教学30余年,我一直坚持在教学实践中发现问题,然后带着问题走进教学理论,再提出自己的解决方案,进而在教学实践中检验和完善自己的设想。尽管也曾

① 钱理群.从我的"屡败屡战"看当今教育[J].同舟共进,2007(9):25—26.

困惑、迷茫、彷徨过，也曾绕了很大的圈子还回到自己似曾相识的地方，但我以为，反思与重新审视现有教学的价值是为了更好地走向未来，即使进步不大，反思本身也能够成为自身专业发展的台阶。

我一直在思考：什么样的教学才能称为有效教学？我的数学教学究竟要带给学生什么？如何让数学的减负增效落在实处？近年来，我又在不断地反问自己：我真的了解数学，了解课程，了解学生，了解教学吗？数学课程究竟给我带来什么？我们又该给学生带来什么？我们到底为什么而教？数学教学的意义何在？如何减少死记硬背和“机械刷题”现象？

宁连华在海安中学考察以后，曾这样评价：“在很多人的习惯思维中，常常不自觉地把教学成绩好与‘揂(音 qiǔ)’‘死揂’‘往死里揂’联系在一起。十多年前，我就有这样一个观念，海安中学高考高分人数领先全省，这样的成绩不可能是‘碰来的’，也不可能是靠‘死揂’得来的。他们没有、也不可能比别人多花时间，他们一定有独到的做法，这就是他们的精实之处。事实上，2009 年江苏‘五严’规定出台以后，海安中学的高分人数超过了全省不少设区市所有学校的总和。这反过来更证明了我的观念。”①海安中学毕业生不仅高考成绩优秀，可持续发展的后劲也很足。南京大学的统计表明，2015—2017 三年的南大本科毕业生中，有 142 位海安中学校友，其中 45%的升学，13%的出国。升学的 63 人中，保研 47 人。这个比例超过了南京大学的平均水平，显示了海安中学学生过硬的学习能力。

很多人好奇：在新“教学方法”“教学模式”满天飞的时代，海安中学有没有自己独到的教学模式？回答很明确：“没有，真的没有。”这些年，“打造”已成为不少人挂在嘴边的“热词”，打造教育模式、打造教学名师、打造特色学校，强烈的教育功利性已经把教育教学的规律抛到了脑后。“人无我有，人有我新，人新我精”是商业口号，企业打造品牌，产品追求特色，理所当然。刻意打造的东西，换一个环境，换一批对象，很可能“时过境迁，物是人非”，很快就会被遗忘甚至唾弃。对学校来说，真正的特色不可能速成，它需要实践，更需要时间，是日积月累，是长期积淀和自然生成，并为众人所接受和认可。

教育有其自身的规律，教学有其基本的规范。教育教学需要创新，但这种创新绝不是盲目的、沽名钓誉的。创新要有生命力，就必须有其生发和生长的土壤，有其适用的范围，创新不是别出心裁，也不是过眼云烟，更多的应当是推陈出新，是对已有样态的改良，没有陈就难有新，真正有效的教学改革一定能经得起实践的检验和时间的考验。柳夕浪在首届基础教育国家级教学成果奖评析中指出：邱学华的尝试教学法、洋思教学模式、新绛中学半日授课制是不同时期课堂教学草根式改革的标志性成果，其中都贯穿着如何破除注入式教学，让学生释放生命活力和灵性的主线。不管有意或无意，彼此间有着明显的先后相承、不断创新的关系。后者借鉴前者，不是对前者的简单重复，而是在

① 宁连华. 精实：高中数学减负增效之道[J]. 江苏教育，2015(1)：58—59.

前者基础上有了实质性的改进，不断将课堂教学改革引向深入。①

由此看来，教育理念、教学方法并不是越新越好，越特越好，过分强调与众不同，强调教育教学的创新性、独特性，很可能过犹不及，走向预期的反面。我们既反对因循守旧，固步自封，一成不变；也反对朝秦暮楚，标新立异，哗众取宠。直接以“教学模式”为篇名在网上搜索研究论文，1982 年到 2000 年近二十年只有 3123 条，而 2001 年至 2014 年就多达 79331 条，并且呈逐年递增的趋势。前些年风靡全国的“先学后教”教学模式，被称为是对传统教学的颠覆性改革。其实，早在 1965 年，卢仲衡设计的“自学辅导教学法”，就是典型的“先学后教”。从 1978 年开始，李庚南进行的“自学·议论·引导”教学改革，至今都没有停下脚步。好大喜功、贪大求全是对教学规律的亵渎，对教学改革的糟蹋。我们既要关注到教学模式同质化直接导致的繁荣虚浮，制约了教学模式的健康发展，影响了课堂教学改革的有效进行；②又要注意到目前主流教学模式的实证主义和科学化特征，只求“事理”，而失落了“人理”“人情”，与尊重学生的主观能动性，强调自主性、主体性难以协调。③

我们渴求能解决现实难题的新理念、新方法、新思路，也担心“以其昏昏，使人昭昭”的所谓新主张、新思想干扰我们正常的教育教学秩序。每一个教师、每一个学生都有独特的个性，每一种成型的教学方法都有其适用的范围，没有一个放之四海而皆准的教学模式。我们要求教师尊重学生的个性差异和发展需求，我们也尊重教师自主选择的权利。我们鼓励教师在认真学习、借鉴、传承已有理论和经验的基础上，依据校情、学情和自身实际，优选整合已有的教学方法，把传统的方式做“实”。在教师自身功力达到一定程度的时候，再重构教学方法，逐步形成自己的教学风格，把新的教学范式做“精”，这也许就是海安中学的教育教学特色。

一方水土养育一方文化，海安中学几十年的“精”“实”之路，也成就了学校数学教育的“精”和“实”。2008 年，本人获评江苏省特级教师，不少关心数学教育、关心海安中学的人士希望我总结梳理海安中学学生的数学学习方法，让更多学子分享、借鉴，帮助他们找寻到更适合自己的学习捷径。经过 5 年的打磨，凝聚海中师生集体智慧的《减负增效学数学》由江苏教育出版社出版发行，两年内加印四次。2014 年，江苏人民教育家培养工程要求申报人陈述自己的教学主张，“万般无奈”之下，我只能硬着头皮把“减负增效学数学”浓缩为“精实数学”。我以为，“减负”即为“求精”，“增效”即为“求实”。现在回头看来，从“减负增效学数学”到“精实数学”，应该是水到渠成的提炼和提升。不管什么样的表述方法，如何减负增效，如何用同样的力气，甚至比别人更少的力气，取得比别人更优异的成绩，是每个教师不可回避的问题。进入培养工程以后，导师团队的提携帮

① 柳夕浪. 撬动传统注入式教学的根基[J]. 人民教育，2014(21)：38—41.

② 李允. 繁荣背后的危机：中小学课堂教学模式同质化[J]. 课程·教材·教法，2015(11)：43—48.

③ 刘毓敏. 教学设计的方法论反思[J]. 电化教育研究，2002(2)：11—16.

助，同学伙伴的切磋研讨，让我对“精实数学”又有了新的理解、新的认识。教育教学的减负增效依旧要先解决好为谁培养人、培养什么人的问题，任何时候都不能忘记立德树人的根本任务，为党育人，为国育人，然后才是教学的技术问题，具体到怎样培养人，就不仅要掌握“器”，还要了解“道”，道器必须合一。

1924 年 10 月 16 日，朱自清在浙江省春晖中学校刊《春晖》第 34 期上发表《教育的信仰》：教育的价值是在培养健全的人格，这已成了老生常谈了。教育被压在沉重的功利下面，不免有了偏枯的颜色。太注重“学业”、忽视了“做人”，便成了跛的教育。跛的教育是不能行远的。功利是好的，但我们总该有超乎功利以上的事，这便是要做一个堂堂的人！学生们既要学做人，你却单给以知识，变成了“教”而不“育”，这自然觉得偏枯了。为学生个人的与眼前浮面的功利计，这原未尝不可，但为我们后一代的发荣滋长计，这却不行了。机械的得着知识，又机械的运用知识的人，人格上没有深厚的根基，只随着机会和环境的支使的人，他们的人生的理想是很模糊的，他们的努力是盲目的。①

百年之前有良知的教育者的精辟论述振聋发聩，而如今，尽管“做人”的内涵已经有了很大的变化，但“做人”的基本要求永远不会过时。为什么这么多年过去了，学业与做人“两张皮”的问题依旧没有合理、有效的解决方案？关键是我们“想的”“说的”与“做的”还不完全一致。教育者既要仰望星空，又要脚踏实地；既着眼长远的学生终身发展，又立足当下的减负增效，把能做的、该做的工作统筹好、协调好、落实好，找到现实与未来的连接点，找到既适合学生实际、又适合发展要求的教育路径，真正做到教育教学的“精”和“实”。

“精实数学教学”的追求正在于此。

① 朱自清.教育的信仰[EB/OL].人民教育，2016—12—17. http://mp.weixin.qq.com/s/ZXVFkraa_Yf03krs_g8p4Q.

第一章　精实数学教学的缘起

数学教学过程中，有几个问题看似简单、实则复杂；看似平凡、实则非凡：数学是什么？数学能给学生带来什么？数学给学生带来了什么？我们为什么要学习数学？我们要学习什么样的数学？不同的观念、不同的态度决定了不同的价值取向。数学教学的这些基本问题不弄清楚，精实数学教学就难以落地生根。

第一节　精实是数学学科的重要标志

“数学”(Mathematics)一词来自希腊语，意为“已获得的知识”或“已学会或被理解的东西”，甚至可以理解为“可学会的东西”“可获得的东西”，也就是“通过学习能够获得的知识”。从表示一般知识到专门的数学专业，“数学”一词经历了漫长的演变过程，直到亚里士多德时代才基本完成。而在中国，“数”字最早出现在甲骨文中，并且“数”字本身也多音、多义，算学和数学两个词并用了几百年。[①] 1939 年，清华大学把“算学系”改为“数学系”，各个国立院校也组织了数学学科的统一招生考试，“数学”一词才在全国正式推行。

一、数学是发现的还是发明的？

在古希腊时代，人们就开始思考“数学是什么？”的问题。柏拉图主义者认为，世界有两种存在形式：一类是人能够看得到、听得到、摸得着的具体事物组成的实物世界，这类世界是暂时的、变化的、复合的，属于经验的存在；另一类是人看不见、摸不着的由理智把握的理念世界，这类世界是永恒的、不变的、单纯的，属于理念的存在。理念是思维理性的最高显现。尽管数学研究的对象是抽象的，但这些对象不依赖于时间、空间和人的思维而独立、客观存在，属于理念的范畴。柏拉图认为，数学是一种先天的知识，数学是被发现的，学习数学只是在人出世以后，把忘记的东西回忆起来。因此，苏格拉底的提问式学习是比较理想的数学学习方式。

但随着数学的发展，新的数学真理到底是“被发现”还是“被发明”这样一个看似简

① 胡典顺. 数学：意义的领域——数学教育的哲学审视[D]. 华中师范大学，2009：16－20.

单的问题，却让数学家和哲学家争论了千百年，答案一直没有统一。数学有直觉的成分，也有逻辑的追求。发明与发现是研究数学的两种重要方式，发明是主动的，发现是被动的，两者之间可以相互转化，两者的结合更加彰显了数学的魅力。

数学的许多领域，数学家在开创过程中并没想到会有多大用。但在几十年，甚至若干世纪以后，其他领域的科学家突然发现这个领域的价值。古希腊的阿波罗尼奥斯(Apollonius of Perga)在公元前200年左右写下8大卷的《圆锥曲线论》，当时根本看不出任何实用价值，到了17世纪，牛顿(Isaac Newton)、开普勒(Johannes Kepler)、哈雷(Edmond Halley)等一大批数理天文学家的研究都建立在它的基础上。19世纪初期，伽罗华(Évariste Galois)建立了群论，直到20世纪60年代，默里·盖尔曼(Murray Gell-Mann)和尤瓦尔·尼曼(Yuval Ne'eman)才各自证明了群与基本粒子的联系，这一成果与群理论一拍即合，为描述原子物理理论奠定了基础。所以，不用说《圆锥曲线论》问世了2200多年，就连抽象的群理论问世150年以后，还能衍生出物理学上最有成效的基本粒子分类方法，不能不说是伟大的奇迹。而微积分的诞生则具有明确的指向性。为了了解运动与变化的规律，需要把运动和变化的过程分解成无穷多个小片断来分析研究，牛顿"量身打造"了处理方法，创立了微积分学。

这样的例子举不胜举。人们发明或者发现各种数学概念，有时是带着某种具体目的，有时则纯粹是觉得好玩。这一发明与发现的过程很大程度上是人为的，与柏拉图主义者所标榜的"发现"是两码事，新数学的创立归根结底还取决于人的认知水平和心理场景。人类对物体的数量和边缘比较敏感，善于区分形状不同的图形，算术与几何学才得以兴起和发展。人类反复经历各种因果关系，又促进了逻辑的创立。

发明离不开聪明的脑袋，发明的过程也是让人不断精明、聪明的过程；发现着眼于事实，遵从事实，让人求真务实，实事求是。P.格列菲斯(Phillip A. Griffiths)指出："数学具有双重性：一方面，它是一门独立的学科，其中的价值观取决于精确性与内在美；另一方面，它又是实用世界中各种工具的丰富源泉。这种双重性的两个方面紧密关联。"①

可以说，"精"和"实"是数学学科与生俱来的品质。

二、数学如何定义？

随着数学的发展，人们对数学的认识也在不断深入，对"数学是什么？"这个看似简单的问题也更为关注。对"数学是什么？"的不同回答意味着不同的数学观。对数学教师而言，个人的数学教学观与数学观紧密关联，而教师的数学教学观又直接影响着学生的数学学习观。因此，每个数学教师都必须对"数学是什么？"作出明确的回应，只有明

① [美]Phillip A. Griffiths. 千年之交话数学(Mathematics at the turn of the Millennium)[J]. 数学译林，2000(3)：177－189.

确了“数学是什么?”,才能明确“学生应该学什么”“数学教学应当教什么”,才能掌握教学的方向和目标。

能不能给数学一个统一定义呢?

观察的角度不同,得出的定义也必然不同。方延明搜集了数学的15种“定义”,并以“××说”的形式呈现。[①] 这15种“定义”分别是:(1) 万物皆数说;(2) 哲学说;(3) 符号说;(4) 工具说;(5) 科学说;(6) 逻辑说;(7) 创新说;(8) 直觉说;(9) 集合说;(10) 结构说(关系说);(11) 模型说;(12) 活动说;(13) 精神说;(14) 审美说;(15) 艺术说。每种定义都有一定的道理,但又都具有一定的片面性。

在传统认识中,数学是永恒的、不变的、单纯的。而在数学的发展过程中,数学并不全是永恒和单纯,依据数学的某些特征给数学下的任何定义都可能是不完善的,但有一点却是公认的:“精”和“实”的完美统一是数学学科的一个重要标志。

恩格斯在《反杜林论》中给数学下的定义为:“纯数学是以现实世界的空间形式和数量关系,也就是说,以非常现实的材料为对象的。”恩格斯的定义包含三个关键词:空间形式、数量关系和现实世界,这一定义在较长的时间内得到广泛认可。恩格斯指出:“这种材料以极度抽象的形式出现,这只能在表面上掩盖它起源于外部世界。但是,为了对这些形式和关系能够从它们的纯粹状态来进行研究,必须使它们完全脱离自己的内容,把内容作为无关重要的东西放在一边;这样就得到没有长宽高的点,没有厚度和宽度的线,a 和 b 与 x 和 y,常数和变数。”[②]《普通高中数学课程标准(2017年版2020年修订)》将数学定义为“研究数量关系和空间形式的一门科学”。对“现实世界”的淡化,是数学定义的新发展。数学的有些分支离现实世界比较遥远,也有的与现实世界若即若离,但不管是现实世界,还是思维想象,凡是“数量关系和空间形式”,都可以成为数学研究的对象,数学教学也要把握好实际应用的度,体现出“精”和“实”的和谐协调。

数学究竟是什么?

时代在进步,数学自身也在不断发展,对“数学是什么?”的问题很难有一个普遍满意的答案。伊恩·斯图尔特(Ian Stewart)将数学定义为:“关于模式的科学,大自然中的模式应有尽有。”[③]这里的“模式”是广义的,强调的是形式上的规律,而非实质上的物件之间的规律,是从不断重复出现的事件中发现和抽象出的规律,是对解决某类问题方法、经验的总结、归纳和升华,它可以是图像、图案,也可以是数字、抽象的关系,甚至是思维的方式。数学不仅是现实世界中“数”和“形”的抽象,更多的还指向数学抽象形成的一些结构与模式的探求。乌拉姆(Stanislaw Marein Ulam)在《关于数学和科学的随想》中指出:“究竟什么是数学?许多人给它下了定义,但没有人能真正成功,定义和它

① 方延明.数学文化导论[M].南京:南京大学出版社,1999:2-15.

② [德]恩格斯.反杜林论[M].中共中央马克思、恩格斯、列宁、斯大林著作编译局,译.北京:人民出版社,1971:38.

③ [英]伊恩·斯图尔特.自然之数——数学想象的虚幻实境[M].潘涛,译.上海:上海科学技术出版社,2007:19.

本身总是不尽相符。粗略地说，数学是用模型、关系和运算来处理数和图形的，在形式上它包含公理、证明、引理、定理这些步骤，从阿基米德时代起就没有变过，还知道数学是用来构成一切理性思维的基础的。”①从这个意义上讲，数学来自于现实世界，在解决现实问题的过程中，培养了人的理性思维；这种理性思维不仅是进一步研究数学问题的需要，也是处理现实世界问题的需要，思维能力强、品质好的人在解决现实问题的过程中会占据更大的优势。数学研究也就形成了两种发展方向，一是继续研究纯粹的数学问题，二是研究数学的应用问题，从而派生出两大分支：纯粹数学（也称基础数学，纯数学）与应用数学。

三、纯粹数学与应用数学谁更重要？

在数学原先的定义中，纯粹数学通常表述为“研究现实世界中的空间形式和数量关系”，尽管后来发现“现实世界的变化规律”也可以作为数学的研究对象，而且要对这些研究对象进行抽象概括，但“数学是形和数的科学”的观念还是为社会普遍接受和认可。我国中小学教材中的代数、几何、概率论、微积分等知识，都属于纯粹数学。纯粹数学暂时撇开具体的研究对象，通过抽象概括，以纯粹形式表达事物的数量关系和空间形式。学生感到高中数学难学，一个重要原因就是高中内容的抽象度远高于初中。在高中，符号推理已成家常便饭。刚进高一的学生，首先接触集合的概念：一定范围内的某些确定的、互不相同的对象的全体称为集合，集合的每一个对象称为该集合的元素。这里的每一个词、每一句话都非常抽象，而集合又是整个高中数学、现代数学的基础，初中学习时纯粹数学内容的浅薄、抽象思维训练的欠缺，增加了高中学习的难度。“纯粹数学派”的鼻祖是柏拉图，传说他给自己的数学学校立了一条规矩：“不懂几何的人不要入内。”柏拉图看重的不是数学的具体实用价值，而是数学演绎推理的思想方法。任何精密的思维和精确的语言都不可分割。在这种观念指导下，古希腊把数学抽象的理性价值发挥到极致，通过数学学习来训练严谨的演绎思维和缜密的逻辑推理，开发人的心智功能，为探索现实世界提供逻辑力量，这对古代西方乃至整个人类的进步和发展都产生了巨大的影响和推动作用。纯粹数学的地位和价值不容小视。

数和形的概念又来源于现实世界。数学本身具有的经验性和实践性，决定了数学应用的广泛性，数学的实用价值也就油然而生。数学的应用性突出了数学的“实”，数学离不开现实社会，又服务于现实社会。从古代的计数交换、土地测量，到当今的数字化技术，数学的应用与人类文明的发展如影相随。一方面，现实社会的各种问题，可以通过抽象概括，建立起数学模型，再运用数学知识来解决，数学的应用价值得到充分的体现；另一方面，数学的发展与进步，又为解决现实问题提供了新方法、新路径，也为数学研究的进一步深入带来了生机活力。尽管圆周率用希腊字母“π”表示时被抽象化，但圆

---

① 陈珺．宇宙简史[M]．北京：线装书局，2003：318.

周率却源于现实生活中的圆形物体，在圆形物体的基础上抽象出圆形，再找出共同的规律：圆周长与直径的比值为定值——圆周率。可以说，应用数学是连接纯粹数学与科学技术的纽带，数学的应用价值是数学发展的"助催剂""活性剂"，数学的进步又为数学应用增添了广阔的空间。偏微分方程的稳定性理论是数学问题，最初产生于流体力学和弹性理论，它之所以能引起更多的关注，是因为"无心插柳柳成荫"，它在生育生物学等方面的应用令人刮目相看。

数学的应用非常广泛。马克思有句名言："一种科学只有在成功地运用数学时，才算达到完善的地步。"[①]华罗庚也曾说："数学是一切科学的得力助手和工具。它有时由于其他科学的促进而发展，有时也先走一步，领先发展，然后再获得应用。任何一门科学缺乏了数学这一项工具便不能确切地刻画出客观事物变化的状态，更不能从已知数据推出未知的数据来，因而就减少了科学预见的可能性，或者减弱了科学预见的精确度。"[②]应用数学在社会发展进程中的地位和作用越来越重要，但在应用数学光鲜的背后，离不开纯粹数学强大的支撑。波莱尔(Borel Armand)曾有一段精彩的演讲："纯数学和应用数学就像是一座冰山——水面上的是应用数学，因为它有用，人家都看得见；水底下的是纯数学"。[③] 纯粹数学与应用数学唇齿相依，没有水底下纯粹数学的深厚积累，也就不可能有水面上的应用数学；没有水面上的应用数学，水底下纯粹数学也不会受到社会的重视。哈尔莫斯(Paul R. Halmos)的大作"应用数学是坏数学(Applied Mathematics is Bad Mathematics)"遭到很多人批评，其实他的目的是为了吸引眼球，正话反说。他说："应用数学其实不是坏数学，但它与数学是不同的。""在某种意义下，所有的数学都是应用数学，而在某种程度上，不易区分纯粹数学与应用数学。"[④]他认为：纯粹数学可以是实际运用的，应用数学也可以是优美多姿的；纯粹数学应对的是来自宇宙复杂逻辑结构的挑战，最终的胜利必定属于数学。尽管数学发展迅速，分支众多，但它的思想体系却惊人地统一。没有纯粹数学，应用数学就不能生存，这与食蚁兽离开蚂蚁不能生存是一个道理，但反过来却未必正确，因为有些数学研究的价值不一定能及时地显露出来。

纯粹数学和应用数学，一个侧重求"精"，一个侧重求"实"，无法简单地评判谁更重要。过分强调纯粹数学，贬低甚至诋毁应用数学，只能让更多的人对数学失去兴趣，最终曲高和寡，众叛亲离，让数学的路越走越窄；过分强调应用数学，认为纯粹数学只是少数人玩的游戏，也会让应用数学丢了根，丢了发展的动力，同样会妨碍数学的发展。纯粹数学与应用数学有分有合，相依相伴。一方面，数学通过概念和符号化进行运算、推

---

① [德]弗·梅林. 马克思传[M]. 北京：人民出版社，1965：871.

② 华罗庚. 华罗庚科普著作选集[M]. 上海：上海教育出版社，1984：328.

③ Dreifuss, R. Speech at ICM'94[A]. Proceedings of the International Congress of Mathematicians 1994[C]. Zurich: Birkhauser, 1995: 24 - 27.

④ Lynn Arthur Steen. Mathematics Tomorrow[M]. New York: Springer, 1981: 9 - 20.

理与证明，解决自身的逻辑矛盾；另一方面，数学又通过对现实世界的空间形式、数量关系和变化规律进行抽象概括，在与外部世界的交流中产生活力。纯粹数学和应用数学不能厚此薄彼、顾此失彼。

四、数学的意义在哪里？

学习数学、研究数学，不仅要思考数学的定义，知道数学是什么，还要搞清楚：数学到底能做什么？数学对科技的发展、社会的进步和学生的成长到底能起多大的作用？

数学是科技发展的先行者。有人说："数学是自然科学的皇冠。"而在 100 多年前，恩格斯就说过："数学不属于自然科学。"钱学森也曾提议：数学不应该作为自然科学的一个分支，而应该提高到与自然科学和社会科学同等重要的地位。2019 年 7 月，科技部、教育部、中科院、自然科学基金委联合制定的《关于加强数学科学研究工作方案》明确指出：数学是自然科学的基础，也是重大技术创新发展的基础。数学实力往往影响着国家实力，几乎所有的重大发现都与数学的发展与进步相关，数学已成为航空航天、国防安全、生物医药、信息、能源、海洋、人工智能、先进制造等领域不可或缺的重要支撑。要切实加强我国的数学科学研究。

为什么把数学放在这样一个特殊的位置？因为数学和其他科学研究的对象不同，其他科学研究某些自然现象，可能会存在不同程度的争论，也可能会因为新事实的发现而面临被抛弃的危险。数学学科是形式科学，为自然科学的研究提供基础和工具，在社会科学中发挥的作用也越来越大，它不会因为某些自然现象的发现而被直接推倒，历史上的所有数学危机都是由于数学的内部矛盾而引起，也由于内部矛盾的解决而获得新生。

数学不仅是社会科学和自然科学运算和推理的工具，也是人表达和交流的语言，更重要的是数学为人提供了思考问题的方法、解决问题的思想。《普通高中数学课程标准（2017 年版 2020 年修订）》指出："数学承载着思想和文化，是人类文明的重要组成部分。数学的应用已渗透到现代社会及人们日常生活的各个方面。随着现代科学技术特别是计算机科学、人工智能的迅猛发展，人们获取数据和处理数据的能力都得到很大的提升，伴随着大数据时代的到来，人们常常需要对网络、文本、声音、图像等反映的信息进行数字化处理，这使数学的研究领域与应用领域得到极大拓展。数学直接为社会创造价值，推动社会生产力的发展。"①数学是关于模式的科学，也就意味着数学不仅是一个模式，也不仅是关于数或形的科学，它将数或形的规律上升为模式，研究模式中蕴含的规则。老牌大学哲学系招收数学专业的学生读研究生，是西方的惯有做法，数学归结到哲学的范畴。学习了若干年数学，如果还不会用数学的眼光去观察分析，用数学的思维去思考判断，用数学的语言去表达交流，只是机械地把数学当成工具来使用，说到底还是没有真正学懂弄通数学，没有掌握数学的真谛。

---

① 中华人民共和国教育部. 普通高中数学课程标准（2017 年版 2020 年修订）[M]. 北京：人民教育出版社，2020：1.

数学的意义在哪里？

对教育教学而言，数学的意义就在于数学文化的传承。

数学作为一种文化，无论是过去，还是现在，都大大地促进了人类思想的解放。齐民友认为："一种没有相当发达的数学的文化是注定要衰落的，一个不掌握数学作为一种文化的民族也是注定要衰落的。没有现代的数学就不会有现代文化，没有现代数学的文化是注定要衰落的。"[①]古今中外，任何语言、文字，或者宗教、党派，都受到地域的限制，唯有数学语言严密而简洁，是科学界的"世界语"。当我们说"以直角三角形的两条直角边为边作出两个正方形，然后再画一个以斜边为边的正方形，那么这个正方形的面积就等于前两个正方形面积之和"时，很多人难以明白，但我们说"直角三角形两条直角边的平方和等于斜边的平方"时，一下子就豁然开朗。数学定理可以流芳百世，关键在它的文化特征。数学发展史告诉我们，数学不仅是一种文化，而且其重要的程度、高雅的姿态不逊于其他任何文化。

遗憾的是，中国传统文化并没有把数学放到应有的位置。中国古代的文人是指会舞文弄墨、琴棋书画的人，他们有文化、有知识、有品味；而很少把懂数学的人视为文化人，似乎数学和文化沾不上边，只要做买卖时会算账就行，钻研数学的人是不食人间烟火、不知世情冷暖的"迂夫子"。许多人把数学只看着工具性学科，数学仅仅是"一堆绝对的真理"，或是"一种符号的游戏"，数学学习的过程就是"记忆公式——模仿运用——训练巩固"的模式，追求的仅仅是考试分数，把数学变成打人的"棒子"、过滤的"筛子"，让众多学子谈"数学"色变，把充满活力的数学美女、美丽动人的数学王后，直接透视成X光照片上的骨架。这种对数学文化的理解，是对数学文化的"傲慢与偏见"，只能让学生的数学素养得不到应有的提高，灵性逐渐被泯灭，创造力也不断退化。

"数学文化"可以理解为名词"数学的文化"，其中心词是文化，其次才是文化具有的数学特征。在现实生活中，人所创造的一切非自然的产物都统称为文化。数学是从现实世界中抽象出来的，理所当然是人类智慧的结晶，本质上就是一种文化。数学的语言、观点、思想、方法、精神，以及它们形成和发展的过程与结果，都属于数学文化的范畴。广义上，数学文化还包括数学对人类生活、社会发展、科学技术所做的贡献，数学家、数学史、数学美、数学教育、数学发展中的人文成分，都是数学文化的重要组成部分。

"数学文化"也可以理解为动词，意为"通过数学教化人"。"通过数学教化人"既是一个过程，"数学化人"，用数学的知识、方法、思想去改造人；也是一个结果，"人数学化"，让人具有数学思维的方式、数学表达的语言、数学观察的视角。郑毓信发现数学教师与语文教师的行为举止还真不一样[②]：安排住宿时，语文教师很个性化，每个人都有不同的要求。有的说我不能和别人睡一个房间，因为我神经衰弱、失眠、打呼噜；有的说

---

① 齐民友．数学与文化[M]．长沙：湖南教育出版社，1990：12－13．

② 郑毓信．从"数学文化"到"数学核心素养"[J]．江苏教育（小学教学），2017(7)：19－22．

我看不见阳光就会情绪低落，一定要住向阳的房间……数学教师就很简单、干脆："大家是不是都一样？"听报告的时候，语文教师容易被感染，愿意鼓掌，甚至会站起来鼓掌，听到激动处更是恨不得冲上来和你拥抱……数学教师往往只是冷静地坐在那里，比较含蓄，不太愿意鼓掌，最多露出一点微笑：这个人讲得还不错……回答问题时，语文讲究的就是比喻性，希望给人留下充分的想象空间；数学讲究的是确定性、客观性、精确性。同样回答"什么是中国语文？"中文教授会举出10个例子"推敲不定之月下门""闭花羞月之少女貌"……例子说完就没有了，很生动，很好听，很令人回味，这是语文教学的特有韵味。数学教师一定会给出明确的定义，即究竟什么是"中国语文？"不给定义咋就完事呢？可以说，语文教师与数学教师"生活在不同的世界"，具有完全不同的"味道"。"数学化人"，"人数学化"，数学教师身上特有的"数学味"，就是文化的浸润。

钱伟长也曾深有体会地说："数学本身很美，然而不要被它迷了路。应用数学的任务是解决实际问题，不是去完善许多数学方法，我们是以解决实际问题为己任的。从这一观点上讲，我们应该是解决实际问题的优秀'屠夫'，而不是制刀的'刀匠'，更不是那种一辈子欣赏自己的刀多么锋利而不去解决实际问题的刀匠。"①这是物理学家对数学的理解，不同的人会拥有不同的数学文化观。米山国藏在总结多年数学教学感受的时候说："学生们在初中或高中所学到的数学知识，在进入了社会之后，如果没有什么机会应用，那么这种作为知识的数学，通常在出校门后不到一两年就会忘掉，然而他们不管从事什么工作，那种铭刻在人脑中的数学精神和数学思想方法，看问题的着眼点，会长期的在他们的工作和生活中发挥着重要作用。"②这段话可以说是对数学文化的精准解读，数学文化内化为人的自觉行为，外显为人的数学素养。数学教学不仅是知识的传授、能力的培养，更是数学文化的熏陶、素质的提升，学生在学习数学过程中，受到数学文化的浸染，获得数学文化的体验，产生与数学文化的共鸣，这就是数学素养。

数学在提升人的素养方面，着重体现在"精"和"实"两个字：精准，精益求精；踏实，实事求是。数学可以促进人的优秀品质的形成和巩固：

一是诚实正直，崇尚真理。数学的推理过程对错分明。数学的演绎和证明都必须接受理性法庭的裁决，这一过程所带来的品格必定是认真执着、以理服人、有错必纠。

二是坚韧不拔，敢于攀登。数学的探究过程单调枯燥，没有顽强的意志难以走得很远。数学家的成功主要得益于他们的勤奋、执着、主动性、责任感和自信心。

三是勤于思考，勇于创新。数学讲究严谨，数学的想象不可能天马行空，数学的创新必须以严格与顶真为基础，这也是数学与众不同的地方，这种创新更具生命力。

数学的思想方法是数学文化的精髓，也是数学文化的重要载体。用数学的思想方法发现问题、提出问题、分析问题、解决问题，就是数学学习的意义所在。

---

① 钱伟长．哥丁根学派的追求[N]．文汇报，2002-08-21(8)．

② [日]米山国藏．数学的精神、思想和方法[M]．毛正中，吴素华，译．成都：四川教育出版社，1986：序．

第二节　精实是数学发展的历史选择

一、我国数学发展的历史

在原始社会末期，我国西安半坡的陶器上面已刻有表示1、2、3、4的符号。

西周时期，我国皇家学校实行“六艺”教育，即礼（道德合礼仪规范）、乐（举行各种仪式时的音乐舞蹈）、射（射箭）、御（驾车）、书（识字和自然博物常识）、数（算学、历法和数术），“九数”成为“国子”的必修课程，某种意义上讲，这种教育追求的就是德、智、体、美、劳全面发展。

在春秋战国时期，以算筹为工具来记数和演算的方法已得到普遍的应用，并且这种记数法采用了十进位值制，是当时最有效、最先进的计算方法，这个时期诞生了《周髀算经》和《九章算术》两本专著，是中国古代数学的扛鼎之作。《周髀算经》最早给出了勾三、股四、弦五的勾股弦例子，但未加证明；《九章算术》被视为“管理国家的文书”，它给出了当时最重要的246道实际问题，这些问题多半是由谋士从数学的角度向君王提出来的。如土地的丈量是为了核实财产；土方的计算是为了修筑水利；比例的划分是为了实现税收；方程的求解是为了测量天文与地理。这个时期的《庄子·天下篇》中“一尺之棰，日取其半，万世不竭”，是当时非常罕见的有限与无限对立统一的辩证思想；《墨经》则提出了相反的观点：“非半弗，则不动，说在端”，认为物质也有不可再分割的最原始单位，相当于最早的原子概念，也是一种极限的思想；《孙子算经》给出的不定方程组的解法，被后人称为“孙子定理”。这些成就标志着当时中国数学对整个世界的巨大贡献。

中世纪堪称中国数学最辉煌的时期，圆周率的计算、杨辉三角、剩余定理、隙积术、会圆术、盈不足术、天元术、垛积术，一系列数学成果让世人刮目相看。宋朝秦九韶的《数书九章》，提出了高次方程数值解法和一次同余式的理论，比西方早570多年，代表当时世界的最高水平。由于罗马统治者太注重实用，同时期的欧洲数学却走向黑暗。

元朝朱世杰把“天元术”推广为“四元术”，他的《四元玉鉴》达到当时世界数学的顶峰。但这以后，中国数学家固步自封，仍将主要精力放在天文、历法和账目上，数学发展缺乏新的动力和活力。尽管“世界上最古老的计算机”——算盘诞生在明代，但明代已经到了我国封建社会的没落期，客观上制约了数学的发展。明代数学衰落的另一原因是科举。科举制度起于隋朝，定于唐朝，兴于明朝。科举时代最重视的是功名利禄，伤害最大的是自然科学。钻研数学和自然科学的人，不仅难以获取功名利禄，还要遭到打击迫害，数学被打入了冷宫。“算术”原本就比较狭隘，加上全社会对数学学科的轻视，对自然科学的歧视，数学和自然科学的发展寸步难行。鸦片战争以后，西方传教士相继把解析几何、微积分、概率论等近代高等数学的内容传入我国，才带动了对西方数学思想的学习研究。

二、西方数学发展的历史

公元前1600年，古埃及已有基于十进制的记数法，能够将乘法简化为加法，能够进行分数计算。

公元前6世纪，古希腊已经证明了勾股定理，初步形成了初等几何学，发现了无理数，引起了第一次数学危机。

公元前4世纪，古希腊已经开始进行以公理为依据的数学演绎整理，提出了圆锥曲线，得到了三次方程式的最古老的解法。

公元前270年左右，古希腊欧几里得把前人和他本人的发现系统化，确立了几何学的逻辑体系，诞生了不朽之作《几何原本》，这是世界上最早的公理化数学著作。

《几何原本》的诞生，很大程度上得益于古希腊人对数学价值的认识。《几何原本》从少量原始概念和不需证明的命题入手，按照公理化结构的要求，建立了完整的几何学演绎知识体系，其贡献已经远远超出了数学科学，它孕育了理性精神，改善了思维方式，在世界科学史上的地位无与伦比，被称为人类文明发展史的里程碑。明末科学家徐光启发现了《几何原本》的价值，并亲自把它翻译成中文，但清朝政府不仅不让徐光启把《几何原本》后半部分翻译好，就连已经译出的部分也不肯发行。《几何原本》在我国的使用比西方国家晚了千百年，也就意味着数学理性思维尤其是推理能力的专门培养比西方国家晚很多。

公元5世纪，罗马教会大力兴办学校。大主教区学校对教士和僧侣进行读、写、算方面的教育，逐步形成了被称为“七艺”(Seven Liberal Arts)的学习课程。七艺包括文法(Grammar)、修辞(Rhetoric)、辩证(Dialectic)、算术(Arithmetic)、几何(Geometry)、天文(Astronomy)、音乐(Music)。前三者属于平民的常规知识(trivialize sciential)，后四者被认为是奢侈之物，是神秘技艺，是为专家和精英而开设的。“七艺”和中国儒家“六艺”的共同点在于，都是为贵族提升素养而设立，都体现了一种使人性臻于完善的教育理想。但西方学习“七艺”长达数百年，统治阶级对数学价值的认知程度、重视程度都比中国强得多，数学对个人成长与社会发展的影响在西方国家表现得更充分。公元14世纪以后，我国的数学研究呈衰败趋势，西方国家的数学研究则势如破竹，统治了整个数学界。解析几何、微积分、概率论、离散数学、微分方程、复实变函数与泛函分析、非欧几何，西方的数学成就令人叹为观止。

三、中西方数学成就的特征比较

纵观我国的数学发展历程，古代中国是一个大陆国家，自给自足很容易走向封闭，“重本轻末”，重视的是能够感受到的实物，即农业；轻视从事末作的人，即商人。农耕文化的最大特点是勤劳和精耕细作。受传统思想的影响，古代中国数学最显著的特征就是实用性，追求计算的便捷与精确。中国人特别欣赏“术”，“算术”就是操作计算器具的技术，数学，也就是“算术”，其地位等同于一般工匠的“术”，远没有上升到思维的高度。古代中国的官方很重视历法，“算术”主要为历法与天文现象的观察提供计算方法，突出了应用型和经验型，而缺少严格求证的思想方法和思维习惯。李约瑟认为，“中国人在数学工作中一贯有算术、代数头脑，他们明显地不过问那种与具体数字无关的、单从某些基本假设出发得以证明的定理和命题组成的抽象几何学。”①

《几何原本》的诞生地古希腊是海洋国家，靠商业维持其繁荣。商人打交道首先要用到记载商业账目的抽象数字，然后才是具体的物品，只有通过数字、通过抽象才能理清相互关系。他们以假设得到的概念为出发点，发展了数学和数理推理，也让他们变得更精细、更聪明。古希腊数学家对严密的逻辑推理和论证情有独钟，他们关心的不是这些推理所得到结论的实用价值，而是期望通过抽象推理，训练人的思维严谨性，激发人对美好理想的追求。

《九章算术》和《几何原本》分别是中西方数学的标志性成就，《九章算术》强调“精”，解决实际问题离不开精确，但它的贡献更侧重于“实”，实际、实用，尊重客观现实，强调算法和类比推理；《几何原本》强调“实”，实实在在地对思维进行训练，而它的贡献更侧重于“精”，精明，精进，强调逻辑和演绎推理。“精”和“实”也在数学发展的过程中不断的趋于融合，定积分的定义通过局部研究整体，体现了计算非均匀累计量的思维方法，偏重于“实”，是很有代表性的应用思维；无限分割、以常代变、求和的极限，又突出了“精”，更多地体现了理性思维的特征。

古代中国与古代希腊同为数学的发源地，不同的文化产生了不同的风格，不同的风格又产生了不同的思维方式，东方人由宏观到微观，由表及里，西方人由微观到宏观，由里到表；东方人形象辩证，西方人具体实证；东方人重感性，西方人重理性；东方人重经验，西方人重理论；东方人重结果，西方人重过程；东方人重整体，西方人重个体；东方人带有模糊性，西方人追求精确性；东方人注重功利性，西方人注重目的性；东方人习惯守旧，西方人勇于尝试；东方人趋同，西方人存疑；东方人讲究合“情”合理，西方人讲究合“法”合理。不同的思维方式产生了不同的数学发展方向和不同的数学学习研究方法。

四、中国数学兴衰史的探究

1. 中国古代数学兴起的主要原因

农耕社会靠天吃饭，对天象的观测相当重要。算术是天文学的基础，天文学又反过来促进算术的发展。祖冲之在编制《大明历》的过程中，把圆周率推算到 8 位有效数字；刘焯在制定《皇极历》时，提出了等间距二次内插公式，也领先于世界；郭守敬在制定《授时历》时，运用几何学方法求出了球面三角的两个公式。社会生产的需要促进了算术的

---

① [英]李约瑟. 中国科学技术史(第三卷数学)[M]. 北京：科学出版社，1978：53.

发展，无论是最早发明的算筹，还是后来出现的算盘，包括秦九韶撰写《数书九章》，都强调算术研究的目的是“以拟于用”。中国人长期形成的实用主义观念，在经济社会发展水平不高的时候，显示出强大的生命力。

2. 中国近代数学衰败的主要原因

(1) 国家层面的重视度不够

西方国家的工业化革命，带来了力学科学的迅猛发展，产生的许多新问题需要数学去解决。可以说，力学是数学发展最重要的动力，牛顿在力学体系建立过程中创立了微积分。与此同时的中国仍处在农业社会，封闭的小农经济对数学没有太高的要求，天文学对数学的推动力也基本耗竭，中国的力学知识始终缺乏系统性、理论性，商品经济也刚刚露出嫩芽，导致数学发展的推力和动力不足。中国古代数学先后经历了两汉、魏晋南北朝和宋元三次发展高潮期，这期间整体科技发展也非常迅猛，说明学科互动促进了数学的发展。近代中国数学的衰落，也与科学技术的衰落、整个社会的全面衰落密切相关。

儒家思想重文轻理、重伦理轻技术。中国的“六艺”和西方的“七艺”都把数学排在后面，但西方把算术、几何作为“提高班”，受重视的程度是不一样的。古代中国很少有专门从事数学研究的学者，唐朝国子监所设的科举考试，算学排在“六学”最后，称为“明算科”，通过“明算科”考试的学生官位只能在九品以下，小官只能在衙门里当差，做做计算历法和管账之类的事务，大官的职责是进行土方测量和水渠修造。到了元明时期，更是取消了算学考试，全社会远离数学，鄙视科学，研究数学成了见不得人的事情，数学的地位、数学的发展可想而知。而古希腊的数学流派百家争鸣，浓烈的研究氛围不断催生新的数学思想。徐光启总结了中国数学衰败的原因：“算术之学特废于近世数百年间尔。废之缘有二：其一为名理之儒士苴天下实事；其一为妖妄之术谬言数有神理。”[①]这个总结可谓一语中的，全社会对数学的冷漠是数学停滞不前的主要原因。

(2) 数学架构的完善度不够

中国人发明了算筹，以算筹为工具，提升了加、减、乘、除、开方等运算的速度，发展了独具特色的中国数学文化。但筹算运算的过程无法保留，运演中的错误自然难以检查和校正。西方用笔算法计算，恰好回避了这个问题。算筹表示的仅仅是一般意义上实物的量，对于运演过程的重复步骤如何简缩化、如何程序化，重复的量如何进行统一的表述，如何提炼和总结出一般性的解题规律，都是算筹技术无法解决的难题。后来算盘取代了算筹，计算的速度和效率大大提高，但对数学的理解进一步表面化，把数学运算简化为记口诀，算筹碰到的难题算盘也同样束手无策。可以说，对算盘的陶醉和依赖，更加制约了中国数学的发展。

中国传统数学喜欢“寓理于算”，重应用，轻理论，重模仿，轻证明，并没有真正把

① 周叙岐．数学思想和数学哲学[M]．北京：中国人民大学出版社，1993：118．

“理”讲清楚，只是通过一系列数学问题进行举例说明，供后人借鉴，这在数学知识有限的情况下还能凑合，随着数学的发展，知识的复杂化程度越来越高，数学架构的局限性也越来越明显，许多问题难以通过一两个案例表述清楚，仅仅靠案例就能把复杂问题悟透的人越来越少。形式逻辑和演绎思想缺少产生的根基、发展的空间，与西方形式化理论的差距越来越大。

(3) 文字转换的便捷度不够

中国的象形文字庞杂繁复但易于联想，易于形象思维。中国古代的数学符号大多带有中国文字的印记，不太符合数学语言表达的方式，难写、难认、难理解，并且这些符号大多不能独立表达数学内容，缺少运算符和关系符，更谈不上辅助符。西周以数码字作为记数符号，而数码字也只是算筹的象形字，缺乏完善的符号体系，数学文化也就难以发展。现在看来匪夷所思的事情，当时就实实在在地发生过。李治的“天元术”，未知数用“天元”代表，朱世杰又把“天元术”发展为“四元术”，4 个未知数分别用“天、地、人、物”表示。西方数学传入中国以后，翻译的教材把符号全部中国化，把罗马数字改用汉字一、二、三、四……或甲、乙、丙、丁……来替代；26 个英文字母也用十个天干、十二个地支，再加“天元”中的“四元”来表示。在李善兰与伟烈亚力合译的《代微积拾级》中，用“微”和“积”的偏旁“彳(chì)”“禾”表示微分和积分，将 $xdx+ydy=nydx$ 转换成“天彳天丄地彳地＝卯地彳天”。[①] 一个简单明了的式子，这样一搅和，实在是“出力不讨好”。一味地盯着具体的数字，无视、藐视抽象的概念，不仅不能适应数学符号趋同化的潮流，还增加了数学学习和研究的难度，阻碍了数学的应用和发展。

综上可知，中国数学的兴衰都与把数学完全作为“实用的工具”有关。科学史上有个“李约瑟难题”：“为什么近代科学只在伽利略时期的西方产生，而在公元前 2 世纪到公元 15 世纪一直处于领先地位的中国传统科学却始终处于原始的经验主义阶段，没有能自发地产生出近代科学?”一个重要因素就是中国教育过于功利，过于追求实用。

中国传统文化信奉的是“经世致用”，“重实际而黜玄想”，数学仅仅停留在“术”的层面，远没有达到“道”的境界。适度的求实用，社会发展可以带动数学的发展；但社会发展再好，数学也不一定能得到相应的发展。数学主要有两个发展方向：一是求“精”，把数学做精致，把人变得更精明，也就是纯粹数学；二是求“实”，为现实世界服务，为培养人的数学思维服务，也就是应用数学。换个角度讲，精准地为现实世界服务，精准地培养好人，也是求“精”，“精”和“实”紧密相连。“经世致用”思想有其合理的成分，有其存在的土壤，也有需要调整和改进的地方。依据时代要求和科技发展，从整体考虑，让数学的“精”和“实”都得到充分彰显和协调平衡，这是数学发展的应有之道。

---

① 张奠宙. 数学史选讲[M]. 上海：上海科技出版社，1997：270 - 271.

第三节　精实是教育改革的必然回应

一、国际数学课程改革的历程

在世界各国的数学教育现代化进程中，美国的数学课程改革最有代表性。它的起步早，持续时间长，力度也比较大。

20 世纪 50 年代末，美国已经着手中小学数学教学改革。苏联卫星上天以后，美国就在全国范围内广泛开展了旨在培养数学尖子生的“新数学”运动，要求用现代数学的精确语言去传授公理化的数学体系。“新数学”运动过分强调数学理论的学习，强调数学能力的培养，而忽视了数学基础知识和基本技能，忽视了数学的实际应用，忽视了大部分学生，导致很多学生畏惧数学，家长和社会的批评声不断。

到 70 年代中后期，“回到基础运动”的呼声得到美国政府的支持，“新数学”的课程、教材逐渐被人遗弃，数学基础知识的教学和基本技能的训练又被重新强调。

但在 80 年代末，美国国家研究委员会(NRC)发现这种倒退同样不能适应现代科技发展对学生数学水平的需要，反复讲授和大量练习并不能达到预期的目标，他们把 70 年代的数学教学称为“机械练习的十年(The decade of drill and practice)”，要求数学课程作出重大改革。全国数学教师协会(NCTM)发表了《学校数学课程与评价标准》，这是美国数学历史上第一个统一的标准和要求。该标准提出了考量学生数学素养的五项指标：① 对自己的数学能力有信心；② 懂得数学的价值，了解数学的文化地位和社会价值；③ 学会数学的思想方法；④ 学会数学交流，会读、写和讨论数学；⑤ 有解决数学现实问题的能力。标准实施以后，美国在数学教学上取得了一定的成绩，但批评的意见仍然很多。

1998 年 10 月，美国 NCTM 广泛征求各界人士意见，并在 2000 年春季颁布了新修订的《美国学校数学教育的原则和标准》。新标准实施后，美国国内仍在为数学教育的基础性问题纠缠不休。这场论战形成了两大阵营：一方以数学家为代表，他们强调“双基”，即基本的数学知识内容与运算技能，强调夯实基础的重要性；另一方以数学教育家为代表，他们强调有意义学习的重要性，认为学习必须从学生自身经验出发，不断建构知识、拓展知识，解决问题的能力才会不断地增强。双方唇枪舌剑、据理力争，这场“数学战争”的结果是美国 NCTM 在 2006 年 9 月出版《从学前到八年级数学课程焦点：寻求一致性》，2008 年 8 月发布《高中数学课程焦点：推理和意义建构》，力求改变美国数学基础教育中长期存在的“一英里宽，一英寸深”的现状，力求解决数学教学广而不深、泛而不精的“大杂烩”问题，并积极寻求能够适用于全国、“重点突出且内容一致”的中小学数学课程。

2010 年 6 月，美国州长协会与全美校长理事会联合颁布了《州共同核心数学课程标准》，44 个州都自愿推行该标准。与以往相比，该标准的重要改变在于：更多地关注重点内容，让学生真正理解和掌握数学概念、流畅地使用程序技巧，并将数学知识和技能应用于实践。2015 年 12 月，奥巴马签署"每个学生都成功法"（Every Student Succeeds Act，ESSA），取代小布什 2002 年签署的"有教无类法"（即"不让一个孩子掉队法"，No Child Left Behind Act，NCLB），淡化学生成绩对教师奖惩的影响。

可以说，半个多世纪以来，美国数学教育改革一直摇摆式变化，在"折腾"中前进。20 世纪 60 年代的"新数学"运动否定了传统数学教育，70 年代的"回到基础"运动又否定了"新数学"运动，80 年代的"大众数学"再次对过去英才教育进行了否定，90 年代的"课程标准"运动对前几十年数学课程改革进行了全面梳理和反思，继承和发扬了数学教学改革积极成果，接下来 2006 年的"课程焦点"又对"课程标准 2000"进行了延续和补充，2010 年的"共同核心标准"也对课程标准提出了规范化的要求。这种"钟摆现象"虽然造成了美国数学教育质量的长期徘徊和下降，但每次摆动都是课程改革不断走向成熟、走向完善的过程。[①] "钟摆现象"还具有多极性，也就意味着每一次改革都具有很强的指向性，都朝着"精"和"实"的方向努力。以课程的统一化与差别化为例，国际数学测试成绩表明，统一的国家数学课程标准是取得高水平数学教育的保证。美国政府要求从原先过多的"自由化"逐步走向统一，制定和完善了统一的国家数学课程标准，并在 80 年代后期开展了"课程标准运动"。但他们也清楚：统一化固然能保证整体数学教育的高均值，而高水平数学教育的达成还得依靠对每个个体的差别化对待，只有因材施教、有的放矢，才能保证个体数学水平的最大提升。课程的统一化与差别化孰轻孰重，关键还是要依据实际情况，把握好"度"。

1997 年启动的 PISA 测试又给数学教育带来清新的风。PISA（Programmer for International Student Assessment）是世界经济合作与发展组织（OECD）开展的一项国际性的学生素养评价研究项目，评估对象为接近完成基础教育的 15 岁学生，评估内容为现实生活和终身学习所必需的知识、技能的掌握情况，主要涉及阅读、数学及科学 3 个领域。PISA 认为，学校数学课程不能仅仅是为了培养少数数学家，而更应立足于所有受教育者参与社会生活的需要。PISA 十分重视测评学生在实际生活中的数学能力，注重考查学生在学校课程以外数学知识的应用情况，要求学生学会把现实问题数学化，运用所学数学知识和技能，解决实际生活、工作中遇到的真实问题。

PISA2003 将数学素养定义为：个体识别和理解数学在现实社会中所起作用的能力，做出有根据的数学判断的能力，以及作为一个关心社会、善于思考的公民，为了满足个人生活需要而运用和从事数学活动的能力。PISA2012 又将数学素养定义为：个体在各种背景下进行数学表述、数学运用和数学阐释的能力，包括数学公式的推理，以及使

---

① 白改平，杨光伟．美国数学课程改革的特点及其启示[J]．外国中小学教育，2008(7)：43－46．

用数学概念、步骤、事实和工具来描述、解释、预测数学现象，能够认识到数学在现实世界中的作用，做出有根据的判断和决策，成为具有建设性、参与意识和反思能力的公民。PISA2015 对数学素养的定义与 PISA2012 差不多，数学素养是指在各种各样现实情境中表达、运用和解释数学的个人能力，包括数学推理，以及运用数学概念、规则、定理和工具去描述、解释和预测现象，即作为一个积极主动、关心社会、善于思考的现代公民，能够在现实世界中顺利激活自身的数学知识和数学能力去解决问题，并做出有理有据的数学判断和决策。

从这几个界定看出，PISA 越来越重视数学的学科特征，越来越重视从积极主动地参与学习、较高的学习动机以及良好的自我信念等方面考查学生的学习特征及其与数学成绩的关系。这几个方面既是学生增长知识、提高能力的基础，也是他们终身学习的前提。

纵观国际数学变革，尽管各国的思路和重点不同，采用的方法也各有特色，但没有一种模式可以一统天下，相互学习、相互合作、相互促进、共同发展是时代的要求。2004 年在哥本哈根举办的第 10 届国际数学教育大会上，三个主报告的主题都指向平衡：一是数学家和数学教育家之间的协调，注意数学价值与数学教育规律的平衡；二是大众数学和精英数学之间的平衡；三是数学教育的理论研究和实践探索之间的协调与平衡。寻求更高水平上的平衡，让数学发挥更大的作用，是数学教育发展永恒的主题。数学课程改革追求精准化和实用化的和谐统一，不断通过“精”来实现“实”的目的，通过“实”来达到“精”的要求，求得“精”与“实”的最佳融合。

二、我国数学课程改革的轨迹

我国近代的数学教育兴起于甲午战争之后，基本照搬了当时的日本教学模式。五四运动发出了“科学”与“民主”的口号，人们逐渐意识到数学教育的作用。从抗日战争爆发至 1949 年前后，英美等国的数学教材被大量引进。

中华人民共和国成立初期，国家改编了原有教材，明确数学教学的方向是为社会主义建设服务。

1952—1957 年，在全面学习苏联的基础上，建立了大纲和教材相一致的数学教育体制，提出了“基础知识、基本技能”的双基概念，突出了数学教育的严谨性，为解放后我国中学数学教育奠定了基础。这套教材的弱点是没有认真结合教学实际，生搬硬套、生吞活剥，影响了我国数学课程的水平。

1958—1961 年，教育部调整并增加了中小学数学教学内容，由人民教育出版社编写的《十年制学校中学数学课本》，要求用 10 年学完原来 12 年的中小学课程。数学教学的“大跃进”，过分强调“多、快、好、省”和“高、精、尖”，强调实用主义，对传统教材不适当地删减，削弱了基础知识的系统性和科学性；又把相当多的大学数学教学内容放到中学去，学生学得不好，教师水平跟不上，教学秩序混乱，质量下降。

1961年10月，教育部全面反思了1958年以来数学教育改革的成败得失，重新修订了十年制《全日制中小学数学教学大纲》，1963年又新编了十二年制《全日制中学数学教学大纲(草案)》，首次将计算能力、逻辑推理能力和空间想象能力“三大能力”作为数学的课程目标。这次数学教学改革，博采众家之长，初步形成了具有我国特色的数学教育体系，基本实现了数学教育的本土化。

1966—1976年，教育成为十年“动乱”的重灾区，大搞“三机一泵”“开门办学”，数学教学质量严重倒退。

随着1977年高考制度的恢复，教育部纠正了数学过于工具化的倾向，突出了数学的基础知识和基本能力，1978年2月，又制订了《全日制十年制学校中学数学教学大纲(试行草案)》，修正了数学“三大能力”，把计算能力发展为运算能力，把逻辑推理能力演变为逻辑思维能力，并首次提出“逐步培养学生分析问题和解决问题的能力”作为数学“三大能力”的归宿要求。大纲还首次提出了数学教学改革的“精简、增加、渗透”原则：精简传统的教学内容，增加向量、矩阵、概率统计、微积分和逻辑代数初步知识，渗透近代数学的集合、映射等思想。1983年8月，教育部又出台了《关于进一步提高普通中学教育质量的几点意见》，编写了两种不同要求的数学教材，并在基本要求中设立了必学内容和选学内容。此后，各地的数学教学改革试验风生水起，全国编写了十多种中学数学实验教材。1986年11月，国家教委按照《中共中央关于教育体制改革的决定》的要求，出台了“适当降低难度，减轻学生负担，教学要求尽量明确具体”的三项原则，在课程教材方面实行“一纲多本”。1988年1月，国家教委制订了《九年义务教育全日制初级中学数学教学大纲》，并明确了高考和高中毕业会考的命题范围。经过十多年的努力，高中数学课程在基础知识教学、基本技能训练方面达到了较高水平。但高中数学教学内容陈旧、学习知识面过窄、课程结构单一的问题依然存在，又因为高考只考必学内容，选学内容也就形同虚设。

1992年6月，国家教委颁布了《九年义务教育全日制小学、初级中学课程计划》，出台了各科教学大纲，要求加强学生运用数学知识解决实际问题的能力的培养。1996年5月，又颁布了与之衔接的《全日制普通高级中学数学教学大纲》，提出了数学思想方法的概念，要求对教学内容“精简、更新、灵活、实用”，实现中学数学从“应试教育”向“素质教育”转轨。

1996年7月—1997年底，教育部组织课程专家对义务教育课程的实施状况进行调研，发现数学课程存在的主要问题有：忽视数学课程的教育价值；忽视对数学的科学价值、文化价值和应用价值的挖掘；忽视对学生学习兴趣、信心的激发和培育；忽视学生感悟和思考的过程，被动接受和死记硬背现象比较突出；课程缺乏选择性，缺少与其他学科的联系，缺乏与现实生活相关联的应用性内容和展示数学思想性的内容，没有很好地体现数学思想的本质和现代数学的发展；过分注重和依赖于考试的分数进行评价，教学“掐头、去尾、烧中段”，重知识不重思想，重结果不重过程，过分注重形式化。这些顽固不化的老问题不仅义务教育阶段有，高中阶段也同样存在，有的还有过之而无不及，教学内容繁、难、偏、旧的现象依然如故，甚至愈演愈烈。

1999 年，基础教育课程改革再次启动。教育部开始对中学的教学内容、教学方法和评价方法等方面进行“动真格”的改革，原来的“教学大纲”被修订为“课程标准”，《全日制义务教育数学课程标准(实验稿)》和《普通高中数学课程标准(实验)》也分别于 2001 年和 2003 年出台，5 套高中数学教科书相继通过教育部专家审查供各地选择使用。这次课程改革的标志性主张就是将教学目标分解为“知识与技能、过程与方法以及情感态度价值观”三个维度，特别是将“过程”作为教学目标，要求学生通过自主学习和探究活动，了解“双基”的形成过程，体验数学发现和创造的历程，让学习过程成为“再创造”过程，以便更好地理解数学概念和结论的本质。但在实施过程中困难重重，学术界也各执己见，甚至要求立即停止推行“数学新课标”，尽快修订课程标准。教育部又综合各方意见，修订并印发了《全日制义务教育数学课程标准(2011 年版)》，把“双基”扩展为“四基”，即“基础知识、基本技能、基本数学活动经验、基本数学思想方法”。

2016 年，新一轮普通高中课程改革正式启动。教育部在 2017 年年底公布了新的《普通高中数学课程标准》，这次课程改革的关注点发生了变化，从关注教学内容转向关注学习结果，从关注教材、标准转向关注培养什么人、为谁培养人、怎样培养人，力求让学生学会用数学的眼光观察现实世界，用数学的思维分析现实世界，用数学的语言表达现实世界。与 2003 版的《普通高中数学课程标准(实验)》相比，《普通高中数学课程标准(2017 年版 2020 年修订)》进一步强调了数学在培养理性思维和科学精神、促进学生智力发展、提升实践创新能力方面具有其他学科不可替代的作用。2003 年版的课程目标由 1963 年版提出的三大数学能力演变、拓展为五大数学能力：“抽象概括、逻辑推理、空间想象、运算求解、数据处理”，2017 年版则变成了六大核心素养：“数学抽象、逻辑推理、数学建模、直观想象、数学运算、数据分析”，数学建模是新增的内容，六大核心素养中，“数学建模、数据分析”都与数学应用直接相关，可见国家对数学应用的重视。同时，2017 年版还要求把“数学建模与数学探究活动”贯穿于数学课程的始终，并在考试中保证一定数量的应用问题。所有这些措施，目的都是为了在数学课程中更好地培养实践创新的能力和素养。

1993 年开始，数学应用题成为每年高考的必考题，数学的应用问题越来越为广大师生所重视，但真正把数学建模摆到核心位置还是本世纪的事。2003 年版虽然也增加了数学建模的专题，但数学建模既不属于必修，又不属于选修，只是要求：高中数学课程要以不同的形式把数学建模的思想渗透在各模块和专题内容之中，并在高中阶段至少安排一次较为完整的数学建模活动，学校和教师可根据实际情况，统筹安排数学建模活动的内容和时间。在功利色彩浓厚的环境中氛围里，这种要求难以成为自觉行为。2017 年版给出了数学建模的明确定义：“数学建模是对现实问题进行数学抽象，用数学语言表达问题、用数学方法构建模型解决问题的素养。数学建模过程主要包括：在实际情境中从数学的视角发现问题、提出问题，分析问题、建立模型，确定参数、计算求解，检验结果、改进模型，最终解决实际问题。”并将数学建模纳入必修课程和选修Ⅰ课程，分别安排了5个学时和4个学时，要求学生完成一个“数学建模”课题的研究，包括“选题、开题、做题、结题”四个环节，最后的“结题”报告可以采用“专题作业、制作的实物、研究论文、测量报告、算法程序”等多种形式。课题研究的过程以及研究报告和评价存入个人学习档案，供大学招生参考。

纵观我国数学课程改革的历程，也是在“摇摆”和“否定之否定”中艰难前行。“崇尚实用”是我国历朝历代衡量数学价值的基本标准，也是我国长期形成的知识实用性取向的结果。直至近代，受西方数学思想的影响，纯粹数学的理性价值才被重视起来。新中国成立之后，随着社会价值观的变化，数学教育的价值导向也会忽左忽右，但从总体上讲，我国的数学课程正逐步走向成熟，逐步形成自己的特色。

三、我国数学课程改革的反思

回顾我国数学课程改革走过的路，尤其是本世纪初的课程改革，给整个教育带来的变化有目共睹，但在实践层面，有几个疑虑还值得关注。

1. 教师理念更新：理想很丰满，现实很骨感

“转换教学理念”是这一轮课程改革的高频词语，教师是学习活动的组织者、引导者、合作者，是“平等中的首席”，教师应当成为学生的顾问，成为信息交换的平台，成为学生的榜样、朋友和知己，成为人际关系的艺术家，成为心理治疗工作者，如此等等。平心而论，这些年过去了，教师的教学理念究竟有多大变化？

有人把课程改革的主要障碍归结为教师的惰性，教师身上有“三缺”：一缺理想追求，二缺人文关怀，三缺个性特色。但怎样解决这“三缺”问题，始终没有切实可行的办法。有人批评教师一切以高考为中心、一切围绕分数转，似乎教师是增加学生负担、扼杀学生天性的刽子手，但不改变评价机制、评价方法，把板子全打在教师身上，也未免有些冤枉。凭良心讲，高中数学教师压力大、负担重，他们不是不愿意改变自己，很多时候是不敢改变自己，盲目的改变可能会付出更惨重的代价，这方面有太多鲜活的案例。课程改革描绘了许多美好愿景：针对学生特点进行个别化教学，教学要求只规定下限，没有上限，倡导教师“用教材”而不是简单的“教教材”，但到底如何操作，教师们难以上手。他们纠结的是：学生发展多样性的要求与评价指标的单一性，哪个更重要？教学的不确定性很多，科学合理的评价标准在哪里？

我们不能总埋怨“这一届教师不行”，埋怨教师“不靠谱”，问题是我们要告诉教师“谱”是什么，实现的路径在哪里？比如，鼓励学生自主学习、发现学习、探究学习，但怎么保证教学任务按时完成又是一个难题；过分追求“表面热闹”，是否异化了合作交流的意蕴，蜻蜓点水、浮光掠影，降低了学习的深度和厚度，把学生的主动参与等同于“满堂问”“随意说”？有没有过于追求教学方式的情境化与教学手段的现代化，用“生活化”

“趣味化”冲淡了“数学味”，把数学课上成活动课、游戏课，用精心制作的课件替代本该由学生动手、动脑完成的任务？细细回想一下，那些名噪一时的教学理论方法、先进典型，经过大浪淘沙以后有多少还能持久地产生效应？盲目的求新求异、过度的“催熟”求快，既劳命伤神，又一事无成，还影响了形象。

2. 教学内容设置：进度不合理，衔接不协调

学校反映强烈的课时不足问题，一个重要原因就是课本例题不难，习题却越来越难。教师“用教材教而不是只教教材”，要“大胆地删减教材中不符合课标要求的题目”，“适当改编教材中不符合学生实际的题目”，“创造性地使用教材”，对某些内容，还要“分层教学，螺旋上升”。执行这些要求的结果是该加的必须加，该减的不敢减，教学内容越来越多，最终的压力都转移到学生身上，学生负担重也在意料之中。

课时不足的另一个原因是中国中小学开学和结束时间分别按阳历和阴历安排，每学期的长短都不一样，这给教学进度和教学内容的安排带来困难，容易出现教学进度时快时慢、时松时紧的情况。为了腾出更多的时间进行高考复习，不少地区把新授课教学时间一压再压，把很大部分教学内容“下放”到高一，高一年级还承担着初高中衔接的任务，无论是知识点的衔接，还是学习方法、学习策略的衔接，都是高一不能忽视的问题。大多数地区要求高一学年完成函数、数列、不等式、立体几何、解析几何等内容的教学任务，这些内容都是高中数学的重中之重，也是难中之难。刚到高一就给学生一个“下马威”，让众多学生都感到数学难学，对基础较差的学生而言，更是雪上加霜，两极分化也就在所难免。

这一轮课程改革的力度、速度都显示出国家对课程改革的决心和迫切。但几个学段的课程标准同时编写，又出现了不同学段之间的脱节与交错，不同学科也因为缺乏沟通协调，学科知识不配位的状况难以改变。知识点的删减，本意是为了减负，但由于知识链条的脱节，反而增加了认知的难度，增加了学生学习的负担。比如，高一入学时，首先要学习衔接教材，包括立方和、立方差公式，因式分解的十字相乘法、分组分解法，一元二次方程的韦达定理，在高中教材中，这些知识大多被默认为学生已经掌握的内容，教师稍不留意，就可能成为高中数学学习的障碍。学生没有专门学过解不等式，而高一一开始就要学习函数的定义域、值域，研究集合的运算，有点勉为其难。高一上学期物理的《力学》一章要用到三角函数、向量等知识，而数学中滞后到《必修 4》；高一下学期生物《必修 2》要用概率计算问题，而数学的相关内容在高二上学期《必修 3》中才出现。由于教材的编写时间短，实验周期短，有些教学内容不够完善，加上教师处理教材的能力参差不齐，理想与现实的差距很难弥补。

这一轮数学课程改革对平面几何的争议最多。《义务教育数学课程标准(实验稿)》改变了原有几何推理体系，采取直观几何和推理几何并重的原则，把“平面几何”的名称改成“空间与图形”。教材编写也有两个变化：

一是降低几何推理的难度，把原来的许多证明问题改成了说理，只要求学生经历

“看一看、量一量、做一做”的探索过程，经历观察、操作、推理、想象等环节，就连经典的“三角形内角和定理”也无需证明，只要能通过拼、量等方法得到结论就可以了。这种观念更多的是基于“实用”，平面几何在社会生活中的直接应用确实不多，但我们有没有认真思考过，平面几何的本质是什么？学习平面几何的目的是什么？平面几何的本质是理性思维，它的初衷是帮助学生完成从直观的操作性学习到抽象的证明性学习的过渡，学会用严格的几何语言表述日常生活中的相关概念，通过文字语言与符号语言的互译、互释，分清已知与未知，能够运用“三段论”进行论证。平面几何中蕴含了大量的演绎推理，可以让学生的语言表述条理更清楚，层次更明晰，推理更严谨。很多高中教师都埋怨学生思维混乱，似是而非，“牛头不对马嘴”，尽管经过高中三年的培训，高考答题不规范的情况依然触目惊心。政治教师反映现在的哲学课比以前难教，不是因为难度增加，而是学生的思维能力跟不上；语文教师反映学生怕写议论文，常常漏洞百出，难以自圆其说。谷超豪曾经指出：中学生不学几何，数学学习就少了灵魂。我们不能因为美国对中学几何的教学要求不高，就降低要求。事实上，2018 年 7 月，在中国队获得第 59 届国际数学奥林匹克团体第三名以后，观察员熊斌感叹：以前美国队的平面几何远远不如我们，咱们拼命降低难度，人家反而加大力度，超过咱们是必然的！

二是分离部分内容，挪到高中作为选修模块处理。事实上，高中“几何证明选讲”已经形同虚设，实际效果与设计初衷距离较远。知识学习的碎片化，原先完整的知识体系被搞得七零八落，学生只能在毫无关联的学习主题之间不断地转换。这种浮光掠影式的学习，不仅难以达到预期的学习效果，也影响了学生学习的兴趣和信心，增加了学生的负担。烧饭要一气呵成，想把“夹生饭”烧熟并非易事，学习也是如此。有些家长担心高中学习难度大、任务重，让孩子提前上衔接班，殊不知孩子“满瓶不动半瓶摇”，正式开学后的学习效果大打折扣。有时候，螺旋上升只是美好的愿景，集中打“歼灭战”可能会减少“折腾”，提高效率。为了节约时间，不少教师都会以记忆代理解，只要学生记住几个公式、几个结论就万事大吉。这种“抄近路”的方法有时能投机取巧，有时也会头破血流。2017 年高考江苏卷第 18 题应用题考查了正棱台的概念，不少考生大呼上当，考查的是冷僻知识点，高三复习了一年都没有遇过。但回头想想，这道题并没有超出考试的范围，只要知道棱台从何而来、有何特点。不少教师深有同感，学生对立体几何的许多基本概念没有真正理清，没有达到课程标准的教学要求。

3. 教育规划调整：思想难统一，方向难定位

《普通高中数学课程标准(2017 年版 2020 年修订)》要求：高中数学课程面向全体学生，实现人人都能获得良好的数学教育，不同的人在数学上得到不同的发展。但获得良好数学教育的标准是什么？怎样让不同的人在数学上得到不同的发展？如何保证这些目标的有效实施？没有好的抓手，美好的愿望只能是“水中月，镜中花”。我们嘲笑西方社会在宽松的学习过程中，偷偷完成了社会分层，但我们有没有想过：西方教育为什么要这样做？他们的人民是否答应？我们有必要问问自己：1988 年以来，我国 148 个国际奥林匹克数学金牌的得主中，现在还从事数学研究的只有 6 人，而同期美国获得国际奥林匹克数学金牌的 108 人中，除了去世的 3 人，其他的 105 人都在研究数学。为什么那么多有数学天赋和特长的中国学生都不愿意继续从事数学研究工作，而仅仅把竞赛获奖作为敲门砖？

2013 年 11 月，北京市面向社会征求中高考改革的意见，新浪微博统计结果显示，17 万参与投票的网民中有 13 万人支持“数学滚出高考”。甚至有人指责数学教学不仅没有让学生聪明，反而把学生“越教越笨”，让众多学生沦为做题的机器。与此相反的是华为创始人任正非 2019 年 5 月接受媒体采访时，27 次提及“数学”，强调数学对于华为的重要性：华为 5G 标准源于十多年前土耳其教授的一篇数学论文；P30 手机的照相功能依赖数学把微弱的信号还原；华为拥有 700 多名数学家，华为终端每三个月换一代，作出主要贡献的是数学家。为什么会有截然不同的两种不同声音？原因很简单，不同的人对数学的理解不同、认识不同，这既说明“不同的人学习不同的数学”非常重要，也说明我们的教育理念、教学机制、教学内容、教学方式、管理模式都需要及时调整。

长期以来，不少人把教育公平与教育均衡划上了等号，也出现了简单化甚至“一刀切”的倾向。因材施教的理念，很多地区和学校说得多、做得差。鲍耶尔发现：当班级学生数超过 30 人时，教师对学生的注意中心就从对个体的关注转为对班级的控制。[①] 再看看国内众多的高中学校，有多少班级少于 30 人？在优质教育资源难以满足社会需求的时候，大班额的情况难以改变，用什么办法让因材施教得以落实，这是每个教育者都要思考的问题。中考已经进行了一次人才分流，学生对自己未来方向有了初步的定位。如果我们把成绩“优生”和“差生”刻意地平分到各个班级，看似一视同仁，实质上由于学生的差异过大，教师无法顾及每个学生，表面的公平掩盖了实际的更大的不公平。世界上从没有绝对的公平，任何公平都不可能是百分之百的人人平均。对一部分人的公平，可能就是对另一部分人的不公平。我们在照顾学困生的同时，是否考虑到尖子生的利益？是否真的能让每个学生都得到最好、最充分的发展？

陈志武曾发文探讨“为什么世界一流大学不爱招中国学生”的问题[②]，他认为国内培养的高材生专业比较突出，但思维方式僵化、偏执，社交能力差。很多学生选择学校和专业是任凭父母的喜好和意愿，使得他们对从事的工作没兴趣、无激情，怎么可能创造成绩？中国父母都望子成龙，都想方设法让孩子上“最好”的学校，接受“最好”的教育，不能让孩子输在起跑线上，但他们并没有真正弄清楚“什么是最好的学校”“什么是最好的教育”。无论是对整个教育，还是对数学学科而言，我们都要拉长人生看教育，看看教育是否具有可持续性，让学生终身受益。前几年疯传了一件让全国众多学子顶礼

① 张文质. 我们低估了教师这个职业的难度[J]. 教师博览(原创版)，2017(11)：43 - 46.

② 陈志武. 旧式教育与文化制约国人发展[J/OL]. 财经，2016(47)[2016 - 04 - 11]. http://magazine.caijing.com.cn/ 20160415/4105644.shtml.

膜拜的事:观看春节联欢晚会的时候,还不忘把每个节目与政治的高考考点联系起来,整理出来,家长们感叹"学习无处不在",这种学习精神令人敬佩。但换个角度看,带着任务看演出,是一种什么样的感觉?在全国上下欢聚新年的时候,都不能抽空陪父母、陪长辈、陪亲人,还有什么时间可以叙亲情?这种生活的意义究竟何在?

弗来克斯纳(Abraham Flexner)在《无用知识的有用性》中指出:综观整个科学史,绝大多数最终被证明对人类真正有益的伟大发现都源于这样一类科学家:他们不被追求实用的欲望所驱动,满足自己的好奇心是他们的唯一渴望。[①] 中国人心目中"有用"的知识,大多是今天播种、明天就能收获的知识,这种"马上就用"的功利,短期、短视的功利,时间越长,离期望越远。

回看中国数学教育,一直以来都做得"太实":很"现实",很"务实",积累的问题也很"坚实"。1883年8月15日,美国物理学家亨利·奥古斯特·罗兰(Henry Augustus Rowland,1848—1901)发表演讲时忠告美国人:"假如我们停止科学的追求而只关注科学的应用,我们很快就会变成中国人那样,他们在很多朝代以来都没有在科学上取得什么大的进步,因为他们只满足于科学的应用,却从来没有追问过他们所做事情中的原理。"100多年后,单墫再次指出:正是由于过分地强调实用,许多数学的理论没有在中国产生;也正是过分地强调实用,成为中国近代数学停滞不前的重要原因之一。北京大学历史上任职时间最长的校长蒋梦麟也曾指出:在中国,发明常止于直接的实际用途。我们不像希腊人那样在原理原则上探讨;也不像现代欧洲人那样从个别的发现中归纳出普遍的定律。科学发展在中国停滞不进,就因为我们太重实际。[②] 中国的数学教育又非常"不实",一切围绕考分转,对数学教育的长期目标落实不到位,对学生的个体差异重视不够,对学生自由创造的空间考虑不足。

中国的数学教育又确实"太精":教师、学生包括家长都非常精明,也非常精细,把数学分成"有用的"和"无用的",考什么就教什么、学什么、讲什么、练什么,以考定教,强调"学以致用",减少一切不必要的浪费,把效率尽可能调到最高;中国的数学教育又非常"不精":从教材编写、教学过程到教学评价,对数学的价值定位都出现了偏移,忘了数学教学究竟应当做什么,在思想上、行动上都忽视对数学本质的把握,忽视对理性思维、理性精神的培养,或者虽有想法,却找不到实施的办法。对大多数学生来说,数学问题基本上是教师强加的、灌输的,很少有主动发现、主动探究的机会。整天泡在题海中,经受各种磨炼,照理讲耐挫能力应该很强,但在强烈功利心的驱动下,"只要学不死,就往死里学",谈数学色变,数学学习成了很多人的噩梦。丘成桐曾指出:"中国人通常不太会找问题。我觉得解决问题的能力固然很重要,但是训练寻找问题的能力似乎更重要。你可以一辈子做研究,解决你所得到的第二流问题,但是你却不能捡到第一流的问题。

---

① Abraham Flexner. The Usefulness of Useless Knowledge[J]. Harper's Magazine, 1939(10): 544 - 552.

② 杨骞,涂荣豹. 数学教育的价值与数学教育改革[J]. 学科教育,2003(2):5 - 8.

会主动寻找问题的人，才是第一流人物。训练寻找问题的能力必须从小培养起。在这方面，外国学生找问题的能力，似乎就比中国人强。另外，有关忍受挫折的能力，中国人也是比较差的。”①

数学教育的这种“精”和“实”，并不是精实数学追求的目标。中国人确实太“贪心”，对数学教育求“精”务“实”的欲望永无止境——既要大众数学，又要精英数学；既要教育均衡，又要杰出人才；既要基础扎实，又要创新超群，每个方面的发展进步都会受到其他因素的制约。如何做好协调与平衡，按照人的发展规律和教育教学规律将数学教育做精做实，并不容易。精实数学教学立足于每个学生数学学习的实际，在每个学生数学素养充分提升的前提下，追求教育教学整体效益的最大化。人的发展永远是第一位的，怎样立足数学学科，提升人的综合素养，是数学学科必须认真思考、认真回答的问题。精实数学教学追求的是学生数学素养的提升，考试成绩应该成为数学素养提升的副产品。这样的数学教育才有意义，这样的“精”和“实”才有存在的价值。

---

① 傅海伦. 丘成桐与菲尔兹奖[J]. 数学通报，2003(6)：43－44.

第二章　精实数学教学的内涵

在普通高中新课程改革和高考综合改革背景下，数学教学的内涵也在与时俱进。究竟什么是精实的数学素养？什么是精实的教育理念？什么是精实的教学品质？这是本章试图回答的问题。

第一节　精实的数学素养

素养重在“养”，是个体后天习得的，通过训练和实践获得的从事某项工作所需要的素质与修养。欧盟将“素养”定义为“用于特定情境的知识、技能和态度的综合”。素养由知识、态度和能力三要素构成，台湾课程专家蔡清田给出一个公式：素养＝(知识＋能力)^{态度}，他认为做好一件事，既要相关知识，也要相关技能，更重要的还需要良好的态度，素养是(知识＋能力)的“幂函数”，幂指数是态度。态度的好坏对行为成效的影响很大，积极的态度会让素养获得正迁移，态度越好，迁移的速度越快；消极的态度则让素养负迁移。蔡清田的观点与“三维目标”相一致，但他又将“三维目标”进行了统整，素养不是单一的知识、技能或态度，也不是单一的某项活动，而是某个特定情境中知识、能力、态度的互动与因应，素养目标与“三维目标”既一脉相承，又不断发展、不断超越。“三维目标”从三个维度构建了空间直角坐标系，可以确定立方体的“长、宽、高”，但在现实世界中，“长、宽、高”仅仅给出了立方体的大致“框架”，至于其他指标、综合效应仍难以考量。素养则把知识、技能、态度作为整体考虑，并将这些要素与个人情境、社会情境和职业情境相关联，把抽象、空洞的“框架”实体化、具体化。

一、学科核心素养的研讨

在PISA项目启动以后，OECD又在1997—2003年期间对核心素养的内涵与成分进行了进一步的探索，他们开展了“素养的界定与选择”(Definition and Selection of Competencies，简称DeSeCo)项目，发表了《为了成功人生和健全社会的核心素养》报告。至此，世界各地对核心素养的研究正式启动，欧盟在OECD的研究基础上推出了自己的核心素养框架，美国也在2007年发布了“21世纪学习框架”，强调问题解决能力、批判性思维、交流与合作能力等技能。新西兰在OECD全球中小学教育质量监测中位于世界前列，他们把“思考，使用语言、符号和文本，自我管理，与他人互动，参与和贡献”作为五条核心素养。他们认为核心的主体是人，而不是学科，思考应当放在所有素养的第一位。思考不仅是一种技能，更是一种愿望，其核心是好奇心和求知欲，教师不仅要提供思考的条件，还得让学生愿意思考。

2013 年，我国教育部启动了“学生核心素养总体框架”的研究；2014 年《关于全面深化课程改革落实立德树人根本任务的意见》正式提出“核心素养体系”的概念；2016 年发布中国学生发展的六大核心素养：人文底蕴、科学精神、学会学习、健康生活、责任担当、实践创新。核心素养是学生适应终身发展和社会发展需要的必备品格和关键能力，是素质教育、三维目标、综合素质等素养指标中的“关键少数”“优先选项”。核心素养是综合性的、跨学科的，是对知识、能力、态度的综合与超越。核心素养既要表达“个体需求”，满足个人终身发展的需要；更要反映“社会期盼”，满足社会发展的需要。

在推出核心素养体系的同时，学者又将核心素养划分为“领域素养”和“通用素养”（“跨领域素养”），每门学科都凝练出本学科的核心素养，明确了学生通过学科学习所应达成的关键能力、必备品格和正确的价值观念。但对这种划分的争议一直不断，因为“通用素养”不可能脱离具体的领域知识与技能基础，必须融入“领域素养”，两者之间的逻辑关系具有“一般与特殊”的特征，这种分类方法不符合互斥性原则。每个学科都有自己的“核心素养”，“多核心”很可能变成“无核心”，这与“核心素养”的本义矛盾。对数学学科而言，教学的着力点到底是“数学核心素养”，还是“学生核心素养”，“学科素养”与“学生发展核心素养”能否并行不悖等等，也是值得探讨的话题。突出核心素养的学科特色，势必造成学科分离的裂痕更明显，这既不符合学科融合、统整的时代要求，也会让核心素养变得“窄化”和“虚化”，变得空洞抽象，与预期的目标可能会越来越远。

对核心素养的质疑还包括“究竟什么样的素养能称为核心素养”“核心素养与基础素养是什么关系”“核心与非核心如何区分、如何把握”“不同学科领域的核心素养之间是什么关系，孰轻孰重，是平均用力还是有所侧重”等等，都是仁者见仁的话题。

素养是一个整体，核心与非核心是相对的，界限难以确定。核心素养的“核心”具有根基性、支撑性和生成性，也具有时代性、差异性和发展性，不同的国家、不同的发展阶段对核心素养有着不同的期待，随着时间的推移，“核心”与“非核心”也可以相互渗透、相互转化，不可能一成不变。同时，核心素养也不是各个学科素养的简单聚集，应当相互支撑、相互依存，协同发展、协调发展。教育者眼里不能只有核心素养，更要有完整的人，这才是我们应有的数学素养观。作为独立存在的个体，每个学生都有不同的发展目标，不同的素养提升需求。对群体的关注不能替代对每个个体的关注，普适性的核心素养框架不能替代学生的不同素养需求，要让每个学生都能得到基准的全面发展和充足的个性发展。“核心”应当有两层意思：一是关键，核心素养对个人成功和社会进步都非常重要；二是共同，核心素养指向所有人，而不是某个个体。

崔允漷指出：“核心素养是个体在知识经济、信息化时代面对复杂的、不确定性的现实生活情境时，运用所学的知识、观念、思想、方法，解决真实的问题所表现出来的关键能力与必备品格。这不是我们通常所说的解题能力，也不是指能做某一件生活小事，而是个体在未来面对不确定的情境中所表现出来的真实问题解决能力与必备品格，它是通过系统的学习而习得的，是关键的、共同的素养，具有连续性与阶段性。”①把这一庞大的目标和复杂的任务落实到具体学科，甚至具体的课程、具体的课堂，愿望是美好的，但好经不能念歪了，实际效度还有待时间的检验。

真理越辩越明，方向越辩越清。我们不能仅仅止步于对数学素养、数学核心素养的理论探讨，要在实践中不断完善，不断矫正。正如崔允漷在同文中所言：“重要的是，我们不必纠缠于素养是或不是那个单词，而是要去思考该词在语义与语用层面的问题，即这些词都在说些什么或在什么背景下描述什么。”核心素养可以有不同表达方式，但核心素养的实际价值更为重要。暂时搁置争议，将主要精力用在数学学科素养的落实上，可能更有意义。

二、数学素养的国际态势

“数学素养(Numeracy)”一词由“语文读写能力”迁移而来。1959 年，英国发表了关于“15—18 岁青少年的教育”的报告，将数学素养定义为两个方面：一是会观察、假设、实验和验证，理解现有的数学方法；二是会用量化的方式思考和解释所面临的现实问题，理解现实世界。也就是说一个层面是数学思维，一个层面是数学应用。1982 年，英国又发表了《数学算数》(Mathematics Counts)的调查报告，对 1959 年以来英国中小学数学教育的经验教训进行了全面总结，认为学习数学的目的不只是为了培养运算能力、逻辑思维能力和空间想象力(当时我国数学教育的目的也是这三种能力)，同时还要满足学生两方面的发展需求：一是生活、就业和继续学习，二是把数学作为日常生活沟通方式。数学学习不只是为了获得知识和技能，还要在社会生活中培养学生两方面的数学素养：一是运用数学技能处理日常生活中的实际问题，二是懂得和理解诸如图表、曲线、百分比等数学语言所表达的信息。这个报告拓展了数学素养的内涵，也为欧美国家的学生数学能力测试提供了方向。②

1989 年，美国出版了《学校数学课程与评价标准》，把培养有数学素养的社会成员确定为数学教育的目标。数学素养包括四类：一是生活中的数学，学会制定家庭采购计划，选择适合的保险或健康计划；二是作为人类文化的数学，学会理解和欣赏数学文化和智慧；三是工作场合中的数学，学会运用数学思维和问题解决策略从事专业领域的应用操作；四是科技领域中的数学，专门从事数学密集型领域的研究工作。数学不只为少

---

① 崔允漷. 追问“核心素养”[J]. 全球教育展望，2016(5)：3－10.

② 张侨平. 西方国家数学教育中的数学素养：比较与展望[J]. 全球教育展望，2017(3)：29－44.

数人所用,每个人都需要理解数学。[①] 1996 年,英国提出《国家数学素养策略》(National Numeracy Strategy),认为数学素养由数学学习的内容、学生学习的方式、学习的自信心以及学生对数学的理解这四部分组成,学习内容仅仅是其中的一个重要子项。继英国之后,其他国家也都陆续把数学素养列为数学教育的培养目标,但各国对数学素养的理解差异较大。丹麦和美国注重数学能力的整合,澳大利亚和芬兰重视跨学科的课程整合,而 PISA 又凸显了问题情境的创设。2000 年,《日本数学教育》要求学生深入理解有关数、量、图形等基础概念、原理和法则,学会数学表达的方法和策略,学会数学地解释现象,通过数学活动过程的经历,体验数学思考方法的重要性,形成用数学的正确态度。

PISA 对 15 岁学生数学素养的评估带动了全球对数学素养的关注。PISA 试题重视真实情境的设置,这些情境是学生比较熟悉或是每个公民都必须关注的,这也更体现 OECD 对学生数学素养培养的重视。2012 年的 PISA 测试有这样一道题:

【案例 1】

三翼式旋转门

三翼式旋转门在圆形的空间内旋转。圆形空间的直径是 2 米(200 厘米)。旋转门的三片旋转翼把空间等分成三个部分。下面的俯视图显示了旋转翼三个不同的位置。如图 1 所示。

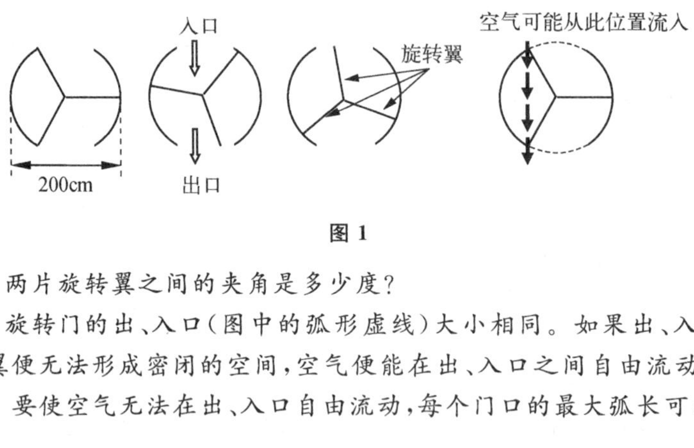

图 1

问题 1 两片旋转翼之间的夹角是多少度?

问题 2 旋转门的出、入口(图中的弧形虚线)大小相同。如果出、入口太宽,正在旋转的旋转翼便无法形成密闭的空间,空气便能在出、入口之间自由流动,造成不必要的热量增减。要使空气无法在出、入口自由流动,每个门口的最大弧长可以是多少厘米(cm)?

问题 3 旋转门每分钟转 4 圈。门的三个扇形部分均最多可容纳两个人。在 30 分钟内,最多能有多少人通过旋转门进入建筑物?

① 胡典顺.数学:意义的领域——数学教育的哲学审视[D].华中师范大学,2009:48.

A. 60　　B. 180　　C. 240　　D. 720

评注　本题来源于现实社会生活。问题 1 涉及的知识是圆心角，知识要求单一。问题 2 有实际背景的介绍，也有示意图，所涉及的知识只是六年级的弧长公式，中国学生感觉困难的是如何将实际问题转化为数学问题。本题的第一个图形可以启发学生，两侧圆弧所对圆心角的度数是 120 度，从而门口圆弧所对圆心角的度数是 60 度，圆弧半径的长度为 100cm。许多学生只顾做每一小题，而忽略了大前提，因而得分率最低。问题 3 只需要乘法运算即可，有些学生只关注了最多可容纳两个人，而忽略或漏看了"三个扇形部分"均可容纳两个人，从而导致结果出错。①

PISA 数学测试将数学素养与学生的个人生活、未来职业生活、社会生活紧密相连，始终强调学生在不同背景下参与数学活动、运用数学和做数学的重要性。为了便于研究和操作，PISA 将试题背景设定为个人、学校、公众和学术四种情境。学生的个人生活是距离他们最近的情境，其次是学校生活、社会生活，最远的是学术情境。学生最关心的也自然是与其个人生活关联度大的问题。

在美国 MA&C(Mathematics Application and Connection)教材中有一道函数题：

【案例 2】

人口增长图表

Huntsville 市的市长试图说服一家大公司投资建厂。他告诉公司近年城市人口增长很快，可以为公司提供充足的有技术的劳动力。当地的环保组织反对这个提案，因为他们通过调查得知这个公司有着污染环境的历史，他们就告诉公司：市里人口的增长并没有市长所说的那么多，试图打消公司建厂的计划。公司便派出调查者来调查具体情况。当三方碰头时，每方都出示了一张图表，如图 2 所示：

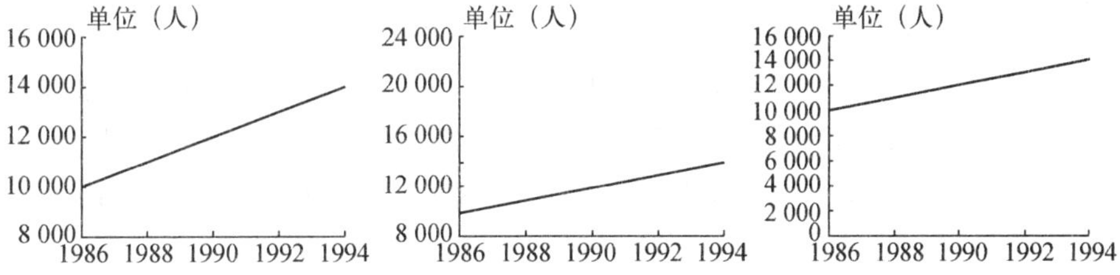

图 2

① 黄华. 从 PISA2012 看上海数学教学改革空间[J]. 上海教育，2013(35)：106－108.

问题1 哪个图是市长的？哪个图是环保组织的？哪个图是公司的？解释你的推理；

问题2 是不是每个图都代表了 Huntsville 市的人口增长情况？为什么？

问题3 描述图表里所显示的人口与时间的关系。

评注 美国的这道"看图说话"题与 PISA"国防预算数据解读"样题(见第六章案例37)如出一辙，都要求学生主动探寻并善于抓住数学问题的背景和本质，将所学的数学知识与特定的问题情境相结合，学会数学地思维，学会用准确、简明、规范的数学语言表达自己的数学思想，避免"数学的误用和滥用"。教育的最终结果是提升素养，检验数学素养最好的路径，就是在一个特定的情境中，考察学生能否数学地思考问题。

PISA 对数学素养的定位与我国当前对素质教育的理解非常接近，素质教育突出社会责任感、创新精神和实践能力，在数学素养中也有充分的体现，反过来也验证了李大潜"数学教育就是素质教育"的主张。近年来，PISA 的测试理念也在发展变化，在动机方面增加了学习的坚持性、问题解决的开放性、学习控制感三个指标，在自我信念方面增加了数学自我概念、数学偏好两项内容，在参与度方面，增加了对学习活动的态度，这种变化让数学教学方向更为精准，也更为切实。

三、数学素养的国内历程

数学素养的概念由来已久。2001 年《全日制普通高级中学数学教学大纲(试验修订版)》已经把提高学生数学素养提升到"提高全民族素质，培养社会主义现代化建设所需要的人才"的高度。2003 年版《普通高中数学课程标准(实验)》指出："数学是人类文化的重要组成部分，数学素质是公民所必须具备的一种基本素质。"普通高中数学课程应"在义务教育阶段之后，为学生适应现代生活和未来发展提供更高水平的数学基础，使他们获得更高的数学素养"。《义务教育数学课程标准(2011 年版)》明确提出，学生只有知识技能是不够的，必须同时发展数学素养的其他方面。《普通高中数学课程标准(2017 年版)》对数学素养提出了更高要求："数学素养是现代社会每一个人应该具备的基本素养。"尽管对数学素养越来越重视，但所有《课程标准》都没有给数学素养下过明确的、严格的定义。《上海市中小学数学课程标准(试行稿)》指出："数学素养是人们通过数学教育以及自身的实践和认识活动，所获得的数学基础知识、基本技能、数学思想和观念，以及由此形成的数学思维品质和解决问题能力的总和。"这是目前比较官方的定义。PISA 数学素养强调的是公民运用数学的能力，也就是公民在运用数学知识、数学方法解决现实情景问题中所体现的能力。而上海课程标准所定义的数学素养涵盖的范围更广，更强调数学素养形成的途径与载体。

《普通高中数学课程标准(2017 年版)》进一步明确了数学、数学核心素养、数学教育的意义和价值："数学在形成人的理性思维、科学精神和促进个人智力发展的过程中发挥着不可替代的作用。学科核心素养是育人价值的集中体现，是学生通过学科学习而逐步形成的正确价值观念、必备品格和关键能力。数学学科核心素养是数学课程目标的集中体现，是具有数学基本特征的思维品质、关键能力以及情感、态度与价值观的综合体现，是在数学学习和应用的过程中逐步形成和发展的。数学教育承载着落实立德树人根本任务、发展素质教育的功能。数学教育帮助学生掌握现代生活和进一步学习所必需的数学知识、技能、思想和方法；提升学生的数学素养，引导学生会用数学眼光观察世界，会用数学思维思考世界，会用数学语言表达世界；促进学生思维能力、实践能力和创新意识的发展，探寻事物变化规律，增强社会责任感；在学生形成正确人生观、价值观、世界观等方面发挥独特作用。"[①]数学在"形成人的理性思维、科学精神和促进个人智力发展"三个方面具有其他学科难以替代的作用。理性思维是基础，也是前提。科学精神是理性思维的外在表现，理性思维能力的强弱直接决定着智力发展的水平。"具有数学基本特征的思维品质"对应的是学科核心素养的必备品格，强调说明数学思维对于数学素养的重要性。也就是说，数学思维能力的培养依然是数学教育的重中之重。

从"双基""三维目标"到"核心素养"，我国的数学课程目标经历了从知识立意到能力立意，再到素养立意的嬗变。每个阶段的教学目标都有其合理性，都与人才培养的目标相关联，都在为学生后续发展打下坚实的基础。

培养数学素养，不只是关心学生在校数学学习的表现，还要关注他们应对未来生活、学习需要的能力；不只是关心学生数学知识的习得，还要关注他们数学学习的过程与思考，关注他们在不同问题情境中应用数学知识的能力；不只是关心学生在数学方面获得的成就，还要关注他们学习中的情感因素，包括数学自信心、好奇心、耐挫力，严谨态度、理性精神、规则意识、责任担当都是数学素养的重要组成部分。

《普通高中数学课程标准(2017 年版)》把高中数学课程分为三类：一是必修课程，按照高中毕业的学业水平考试要求设置，高考必考，是所有学生的共同基础课程；二是选择性必修课程，供学生选择，也是高考必考的内容；三是选修课程，为学生发展数学兴趣提供选择，为学生展示数学才能提供平台，为学生确定发展方向提供引导，可供大学自主招生参考。这样的制度设计，既精准又切实，体现了数学素养的层次性，让不同的学生都能得到充分的、适切的发展。但如何通过考试评价引领学生更好地选择、更好地发展，在理论和实践层面都需要有实质性突破，搞不好就会"走过场"。

四、数学素养的对比分析

每个国家的国情不同，对数学素养的要求也各不相同。我们不妨先比较一下中国数学考试与 PISA 测试的差异。

首先，中国考试与 PISA 测试的功能定位不同。PISA 不受学校课程的约束，测试

① 中华人民共和国教育部．普通高中数学课程标准(2017 年版)[M]．北京：人民教育出版社，2017：1－2．

内容不仅包括学校课程中的内容，还包括可能发生在学校外的学习。PISA 的出发点更关注学生个性发展与成长，而不是筛选与甄别；更关注学生运用数学知识解决问题的能力，而不是知识本身。这种粗分领域的做法，对于具有选拔功能的中国中考和高考来说是不能照搬的。中国的命题老师必须遵照规定的考试范围、难度要求，既要注意知识点的覆盖面，又要注意数学思想方法和能力的梯度要求，既要考虑试卷的难度、信度和效度，又要考虑试卷的区分度。PISA 测试以数学素养作为评价的中心内容，而中国考试评价却受众多因素制约。理想的教育评价应该成为"泵"，把学生吸引到同一个方向，而中国的中考和高考必须同时承担"筛"的角色，把学生分成三六九等，这让所有人都觉得考试需要改革但又难以下手，是一种"无奈的选择"。

其次，中国考试与 PISA 测试的外部环境不同。PISA 测试每三年搞一次，由各国专家联合命题，各国抽取部分学生作为测试对象；而中国的中考和高考每年都要搞，测试的对象覆盖当年所有考生，而且都是高利害的考试，其工作量、压力和影响力是 PISA 测试无法比拟的。为了保证考试的公平公正，像 PISA 样题"国防预算数据解读"这种主观性较强的题目，在高利害考试中不可能出现；像"南极洲的土地面积估算"这样的评分标准也是很难实施的(见第六章案例 38)。中考、高考阅卷还受到时间的限制，"高考作文，90 秒钟定生死"是没有办法的办法，更何况数学学科。

第三，对待测试，我们既不能妄自菲薄，也不要盲目自大。在 PISA2012 测试中，上海学生感觉数学题目超简单、做题很享受，欧美学生却感到苦不堪言。上海学生平均得分 613 分，比第二名高出 40 分，比 OECD 的均分高出 119 分。在国人欢欣鼓舞的时候，也有人泼冷水说："中国学生成绩好是必然的，因为他们只会做题和死记硬背，但不懂创新。"甚至有专家指出："在 PISA 测试中拿到高分，本来就不该是中国教育体制值得骄傲的地方，相反，这恰反映了它的缺陷所在。"①2015 年北京、上海、江苏、广东四个省市组成联合体参加 PISA 测试，排名最好的是数学，列全球第 6，而上海的成绩依然领先。2018 年江苏、浙江、上海、北京四个省市的联合体又重回第一，这个结果更说明我国地区教育的不平衡。中国学生数学学习的效率在参测国中排名非常靠后，为第 46 位；上海学生平均每周做作业时间 13.8 小时，作业负担是日本、韩国的 4—6 倍，比所有参与测试国家的平均值高出近一倍，位列世界第一；学生的归属感指数为－0.19，满意度为 6.64 分，在参测国中分列第 51 位和第 61 位。在个性养成、人格塑造、创新能力、批判精神、独立思考、发散思维等方面，我国学生也都落后于许多西方国家。这些情况更为可怕。

美国奥数国家队主教练冯祖鸣 14 岁进入北京大学少年班，18 岁考入约翰·霍普金斯大学数学硕博连读，毕业后没有选择去华尔街工作，却到埃克塞特教书。在接受香

① PISA 用什么题考"上海学霸"？[DB/OL]. http://www.guancha.cn/GuanChaZheWang/2013_12_06_190965_s.shtml.

港《文汇报》采访时，冯祖鸣直截了当地说："一直以来，亚洲人或者华人似乎有一个误区，认为我们的数学很好，其实那只是到中学为止。进入大学以后，我们的能力，可以说很差。因为太习惯被动去等教师给问题，给公式，不能自己创造。"[①]当然，美国基础教育过于重启发、轻练习，一些初中生连 4×4 这种简单运算都会算错。这样的教育方式，让很多学生畏惧数学，难以用数学进行抽象思维。美国在 PISA2012 数学测试中平均得分 481 分，低于 OECD 的平均水平，说明美国数学教育也不是完美无缺。

外国的月亮不比中国圆。很多人以为国外比国内学习轻松愉快，其实很多国家都存在"择校、应试、家长焦虑"等路人皆知的问题。近几年数学教育界发生的一系列事件让整个世界对中国的数学教育刮目相看。基于 PISA 测试的成绩，英国政府主动邀请中国数学教师开展了中英交流项目。他们发现中式教育特别重视学生基础知识和基本功的训练，"勤学苦练"是学生达到学有所成的重要手段，题海战术让学生拥有了丰富的基础知识，掌握了应试的技巧技能。英国的一些学生因为基础知识掌握不牢、应试能力和方法不到位，数学水平普遍较差，甚至低于中国同龄学生一两个年级；而中国数学教师不断为学生学习搭建阶梯，通过"小步快跑"与"变式练习"，帮助学生把大难题分解为若干个小问题，让问题由易到难，逐步深入，在解决问题的过程中掌握知识的内涵和运算的技能。2016 年 7 月，英国教育部再次宣布向半数的小学提供支持和培训，以改用"中国数学教学模式"，一套名为《真正上海数学》的教材已经走进英国的小学课堂，8000 多所英国学校正在实践"上海数学教学法"[②]。2018 年 12 月，第三轮 86 名英国数学教师来到上海，他们在"浸入式"教学交流中认同了上海优质均衡的教育理念，认为上海很好地把握了记忆与理解、教师引导与学生自主探究之间的平衡。在他们看来，理想的教育状态就是中西结合：西方家长要重视孩子的考试成绩，但不必达到中国家长那种焦虑的地步；中国教育也需要在学生的独立性和思辨性上多下功夫，毕竟许多问题没有标准答案，"度"的把控非常重要。

PISA 主要评估学科成绩。那些更为重要的指标，如身心健康、交往能力、表达能力、社会化程度等等，都不在评价范围之列。2014 年 5 月，80 位专家在英国《卫报》刊登了联名信，呼吁停止 PISA 测试[③]。理由是 PISA 测验的结果不能准确地衡量学生的学习结果，但测验的社会影响大，导致各国更关注短期的改善测验结果排名的方案，而忽视较为长期的改善教育的目标，从而导致那些不能被量化的个人发展指标，如体育、美育等会被忽视。使用单一、狭隘、有偏见的尺度衡量各种各样的教育传统和文化，有可能将学习变成苦难，扼杀学习的乐趣，最终只会对我们的学校和学生造成不可挽回的损

① 周一妍. 专访美国奥数队主教练冯祖鸣：中国学生数学优势止于中学[J]. 中华少年，2014(1)：14－16.

② 黄培昭. 英国教育部宣布将引进中国数学教学方法[N]. 人民日报，2016－07－14(21).

③ 谢爱磊，编译. OECD 与 PISA 正在破坏全球教育[DB/OL]. http://www.theguardiarlcom/education/2014/may/oh/oecd－Pica－tests－damaging－education－academics.

害。这种对 PISA 测试的担忧，需要我们警惕和思考。

五、数学素养的目标定位

数学是思维的科学。

数学就是人类思维的创造物。人类只有通过思维才能学好数学，在学习数学的过程中，思维又可以得到训练，通过思维发展来体现数学的价值。相比其他学科，数学在启迪、培养和发展人的思维的深度、广度、系统性等方面，具有独到的优势。数学思维又称数学思维能力，是人脑和数学对象交互作用的思维过程，也是人脑对数学规律的认识和掌握过程。百度将数学思维定义为：数学地思考问题和解决问题的思维活动形式，也就是用数学的观点去思考问题和解决问题的能力。数学思维能力主要包括：会观察、实验、比较、猜想、分析、综合、抽象和概括；会用归纳、演绎和类比进行推理；会合乎逻辑地、准确地阐述自己的思想和观点；能运用数学概念、思想和方法，辨明数学关系，形成良好的思维品质。

张奠宙认为，“数学素质应该包括数学意识、问题解决、逻辑推理和信息交流这样四个部分。数学素质就是数学思维能力，亦即数学运算能力、逻辑思维能力和空间想象力，其核心则是逻辑思维能力。”[①]素质是素养的上位概念，现在把“数学素质”改换成“数学素养”，是为了突出素养的可塑性，突出其可教、可学、可测的特点。“会用数学眼光观察世界，会用数学思维思考世界，会用数学语言表达世界”是数学核心素养的外在表现形式，数学思维给人重新看世界的眼睛，给人与世界无障碍交流的语言，离开了数学思维，就无法用数学的眼光观察世界，也不可能用数学的语言表达世界。数学思维是数学能力之“核”，也是数学素养之“魂”。

在弄清“数学是什么？数学给学生带来什么？”以后，我们就必须认真思考“数学教学到底应当教什么？学什么？”。数学的教学内容千头万绪，包括数学的基础知识、基本技能、数学思想和观念，还包括帮助学生形成数学的思维品质和解决问题能力，直至解决个人情境、社会情境、职业情境中比较真实的问题。要想把每个方面都做到位是不现实的，必须突出重点，抓住提升“关键能力”的必备条件。

马明在“中学数学教学四十年回顾”一文中把数学教学分为四个层次：[②]

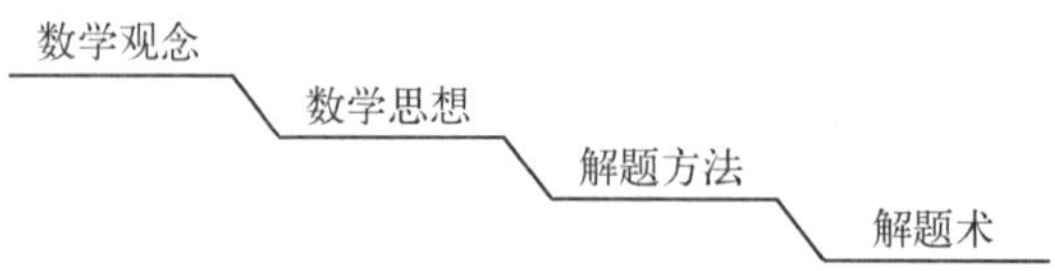

① 张奠宙，李仕锜，李俊. 数学教育学导论[M]. 北京：高等教育出版社，2004：54.

② 钟善基. 中国著名特级教师教学思想录(中学数学卷)[M]. 南京：江苏教育出版社，1996：33.

他呼吁："我们追求的不能只是低层次(解题术或解题方法)，而应是所有层次。"低层是起点，高层是目标。只有深入到"数学思想"层面的数学教学，才是高水平的教学。"数学观念"是长期数学思维活动的成果和结晶，也是数学素质教育追求的目标。数学观念具有较明显的个体差异性，每个学习者处理问题的方法、态度和习惯，所形成的思想、观点，都打上了个人的印记。只有通过自己的思维活动，让自己的心理结构发生变化，才能形成和发展自己的数学观念。从微观看，数学是一种思维活动，数学教育本质上是思维的教育，数学的教育价值更多体现在数学思维方式和数学思维能力的培养；从宏观看，数学是一种文化，数学教育通过文化传承数学观念，数学的文化价值体现在数学理性精神、价值观念和行为规范的传承。

舍恩菲尔德(Alan H. Schoenfeld)用"学做裁缝"做比方①：学做裁缝不仅要学习各种裁缝的技能，还要学习裁缝的"思维方式"和"价值观"。尽管在正规的裁缝课程中没有这些价值观的讲解，但裁缝的"价值观"通过环境的浸染熏陶、通过师傅的言传身教可以潜移默化。学徒边干边学，不仅掌握了裁缝的技能，还接受了裁缝的观点，形成了裁缝的风格。可以说，不同师傅带出来的徒弟都或多或少地保留着师傅的印记。

舍恩菲尔德与马明的观点异曲同工，数学教学必须教会学生数学地思维，教会学生数学的思想观念。否则，学得再多、考得再好，数学素养也不一定高。同时，也要警惕另外一种倾向，把知识、技能、能力、素养分等分级以后，轻视知识，弱化知识教育，这也是非常危险的、违反规律的。素养以知识、技能为基础，有知识不一定有能力，但没有基本知识、基本技能，素养就成了无源之水、无本之木，能力、素养的提升又反过来促进知识、技能的掌握。知识与能力、素养同等重要，相辅相成、相互促进，是一个不可分割的整体，没有明确的先后与层次之分。之所以强调能力和素养，是因为太多的教学过程仅仅满足于知识和技能的即时获取，而没有认真关注和思考获取知识和技能的方法与手段是否科学、是否符合人的发展规律，获取的知识和技能有何价值，与已有知识和技能如何关联。从知识、技能到能力，重在教书；从能力到素养，重在育人。只教书不育人是错误的，只育人不教书也是不现实的。要想教好书育好人，就必须将教书与育人有机融合，既保证基本的数学知识、数学技能掌握到位，又力求数学素养的落地生根。但教学的时间有限，怎么把这些任务统筹协调好？这就是教育的"精"和"实"的问题。

学科素养不是什么都可以往里装的"筐"，这是精实数学教学的一个鲜明立场。数学教学一定要有数学味，要突出自身必须解决好的问题，彰显其他学科无法替代的作用，遵循"不同的人在数学上获得不同的发展"的原则，尽可能避免大一统、齐步走的局面。减少田忌赛马式的功利投机，精心、精细地把数学双基落实好，把数学思维训练好，把数学观念传递好，学生的数学素养才可能真正落地生根。

---

① 张乃达，过伯祥. 数学教育：从思维到文化[M]. 济南：山东教育出版社，2007：88.

第二节　精实的教育理念

在首届基础教育国家级教学成果奖推广会上，叶澜对中国基础教育改革的现状和未来发表了独到见解。她认为：任何改革都要经常回到原始的核心问题去思考。教育的核心问题有两个：一个是为谁而教，一个是怎么教。“为谁而教”决定了教育的目标和价值取向。你是为自己成功而教，是为学校出名而教，还是在为孩子的成长而教？促进孩子成长是教育的直接目的，到底怎么教才有利于学生的身心健康和成长发展，是教育的策略、方法和艺术问题。两个核心问题密切相关，如果你忘了为谁而教，那么“怎么教”的问题就可能偏离方向。惯常的做法是按照书本或教参去教，或者开个所谓的公开课，写些文章。这样的“教”往往会被外在的东西所迷惑，仅仅是“教”而缺乏研究。①

由此看来，教育者首先必须弄清自己的教育理念。

成尚荣讲过一个故事②：大陆特级教师与台湾老师一同借班上课。上课前“热身”时，台湾老师先问了一句：“同学们，我说的话，你们听得清吗？”又在黑板上写了几个字，再问：“同学们，我写的字，你们看得清吗？”而大陆特级教师一上课，就让学生仔细观察老师身上，看看能发现什么。都是“开场白”式的热身，都是自然地与全班同学交流，消除陌生感，但两地教师所关注的重点是不同的。台湾教师关心的是学生们是不是真正听清了、看清了，心中装的是学生，而不是自己。大陆那位教师开门见山，直接引导学生关注自己，培养学生的观察力，这本没有错。但两相比照，可以发现两位教师的关注点不同，心里想的东西肯定不同。也许，问“听得清吗”“看得清吗”的那堂课的课堂气氛平平；而让学生观察自己的课，笑声、赞叹声不少，仅就这一点而言，两个教师开场白的背后，就是教育理念的差异。

一、数学教育价值的追问

在发达国家的科学战略中，数学研究始终居于领先位置。数学的基础性和引领性，决定了它是自然科学的基础。没有原创性的数学研究，就很难产生原创性的科学研究。基础教育与高等教育承载着不同的使命与任务，基础教育不可能达到数学前沿的“高大上”，也不一定要产生数学的原创，但经历数学知识的发生、发现过程，了解数学知识的来龙去脉却是非常必要的。尽管不是每个学生都能成为数学家，但每个人在离开校门之前都应该对数学教育的内在价值有所理解。

那么，中学数学教育的价值在哪里？

---

① 叶澜. 基础教育改革深化之路怎么走[J]. 人民教育，2015(11)：60－67.

② 成尚荣. 我们真的不缺理念吗[N]. 中国教育报，2015－08－26(3).

弗赖登塔尔认为，数学教育主要有六个方面的价值：[①]

一是构建恰当的数学体系。“真正重要的是所教的题材是否符合数学教学的整个体系，能否结合成一个整体。”数学教学既要符合数学的体系，又不能过于强调逻辑性。

二是学会应用数学。学数学的学生必须了解社会、研究社会，教数学的教室不能悬在半空中，始终不要忘记数学在社会中扮演的角色，“应当在数学与现实的接触点之间寻找联系。”

三是进行思维训练。“数学是智力的磨刀石，是一种思维的训练。”“数学教学是逻辑思维的一种训练。”

四是作为筛选的工具。数学有利于智力才能的甄别和区分，而且在具体操作过程中，也比其他学科更可信、更便捷。但如果仅仅把数学教育的目的定位在为了考试时获取好的分数，就背离了数学教育的初衷。

五是理解数学语言。数学语言的精炼、确切、简洁、通用，是其他学科难以做到的，数学语言可以超越数学本身而起作用。对数学语言的准确理解与思维训练同样重要。

六是解决问题。数学的可贵之处，在于它在解决问题中的作用，尤其是一种数学方法能解决一类问题。但问题解决不等于机械套用公式，而在于亲身体验运用数学解决问题过程中的乐趣，体会和感悟将问题和解答简化的方法。

《普通高中数学课程标准(2017 年版 2020 年修订)》指出：高中数学教学以发展学生数学核心素养为导向，引导学生感悟数学的科学价值、应用价值、文化价值和审美价值。如果把审美归入文化的范畴，我们就重点研究数学教育的三种价值。

1. 数学教育的科学价值

数学教育的科学价值包括数学的科学价值、数学教育的科学素养价值和数学教育的数学科学价值三大方面。[②]

数学的科学价值，主要是数学对自然科学各门类的发展所产生的意义和作用。数学的科学价值体现在四个层面：

一是数学知识的应用。数学知识对于科学产生和发展的作用最直接、最广泛。

二是数学(符号)语言的应用。数学符号体系比其他学科的符号体系优势明显。

三是数学思想方法的应用。在科学的产生和发展中，数学计算、推理证明、数学建模等方法至关重要。

四是数学思维方式的应用。数学化、符号化、公理化、抽象化、结构化，以及逻辑分析、推理计算、从数据进行推断、优化等数学思维方式，对科学理论的建构和发展非常重要。

数学教育的科学素养价值，是指数学教育在人的科学素养形成和发展过程中的作

① [荷]弗赖登塔尔. 作为教育任务的数学[M]. 陈昌平，唐瑞芬，等译. 上海：上海教育出版社，1995：65 - 90.

② 杨骞，涂荣豹. 略论数学教育的科学价值[J]. 中国教育学刊，2002(4)：33 - 35.

用和意义。数学与科学形影相随,具体表现在四个层面:

一是数学的科学特质。科学探索包括“观察”“实验”“验证”“证据”“解释”和“预测”等诸多功能,在数学中无处不在。

二是数学的科学方法。科学研究中的实证方法、理性方法,科学发现中的直觉和灵感、类比推理、合情推理,无一不是数学的发现方法。

三是数学的科学精神。民主、平等、合作、求真、求实的精神,敢于质疑、善于思考、勇于创新、顽强执著、锲而不舍的精神,都与数学密切相关。

四是数学的科学应用。数学以问题为驱动,通过发现问题、提出问题、分析问题、解决问题,实现数学的发展,这与其他科学应用的方式和程序一致。

数学教育的数学科学价值,既包括数学的基础知识、基本技能,也包括数学思维、数学理性、数学证明、数学推理等体现数学本质的数学活动。数学教育不是“数学”与“教育”的简单叠加,而是在教育思想的统领下,通过教育过程,实现数学知识、数学能力、数学方法、数学观念、数学精神的传承与发展。

“数学”不仅是教育的“目的”,也是教育的“手段”。作为目的,就是要让学生在学会数学的同时,理解数学、掌握数学,形成正确的数学观和一定的数学意识;作为手段,通过数学知识、数学理论的学习,通过数学解题、数学证明等数学活动的参与,培养数学思维习惯,提高分析和解决问题的能力,形成良好的个性品质和学科素养。数学教育提供给学生的,首先必须是扎实的知识功底、合理的知识结构、广博的知识视野和良好的知识素养,这是基本目标。做实是基础,是前提。这在知识激增时代也不例外,甚至更加重要。通过知识而获得发展,这是一条颠扑不破的教育真理。① 我们要通过减负增效,把数学的“四基”落实好,提升学生的数学学科素养,这是我们的底线。

2. 数学教育的人文价值

数学教育的人文价值包括严谨的做事习惯、理性的思维能力、顽强的意志品质、一定的美学修养等方面。通过数学的学习,让人心中有数,进一步增强数量观念,形成“数学化”的思想;让人思路清晰、条理分明,能够随机应变、举一反三,做事有条不紊、认真细致,力求尽善尽美、好中更好。

数学教育同样承载着立德树人的育人功能,要在培养人的思维能力、创新意识以及形成正确的世界观方面发挥数学特有的功能,促进学生全面而有个性的发展、可持续发展。

长期以来,狭隘的功利主义教育观将数学教育的人文价值丢在一边,不重视数学知识所包含的文化内涵,把数学教育窄化为考试所需要的知识的教学,所谓“考什么就教什么、练什么”,所有的目标全部指向考试,把学生当成接受知识的容器,更谈不上从学生发展的角度、从立德树人的高度理解知识、组织教学。多年的压抑让学生对数学充满

---

① 石中英.关于当前基础教育改革的几点认识论思考[J].人民教育,2002(1):24-26.

了仇恨和怨愤，高考结束后撕书、烧书也就不足为奇。这种偏离方向的“精”和“实”是没有意义的。

3. 数学教育的应用价值

数学教育的应用价值主要表现为运用数学的知识、方法和思想，对现实问题进行提炼、分析、加工和组织的数学教育活动。数学的应用与“应用数学”“数学应用题”和“理论联系实际”不完全等同，它是从具体的生活实践中简缩、抽象、提炼出数学模型，将复杂的生活现象转变为简单的数学问题，利用数学的方法探索研究，并将得到的结果回归研究对象去检验、验证，给现实问题一个完满的解答。数学知识掌握得好，不等于数学应用就一定能做得好。数学的“有用”有时是显现的，可以触摸和感受，但更多时候，数学对人的影响、对社会发展的价值是隐性的，可能需要很长时间才能体现出来。

从数学教育发展的历程来看，我们始终坚信：各行各业都需要逻辑推理、判断真理、识别谬误、分析偏见、估计风险、审时度势，说白了就是需要数学地思维、理性地思维。数学教育是开发人脑潜能、培养创新思维实践能力的重要途径，是培养理性精神的有效手段，数学教育的任务就是培养具有数学头脑的人，这些观念已经为越来越多的人所接受。数学头脑并非数学家的专利，对更多的人而言，当数学知识遗忘以后，那些保留在他身上、铭刻在他脑中的数学精神、数学思想方法，仍会随时随地发生作用，让他终身受益，这就是数学对他的价值，是数学的素养。

1941 年，R·柯朗在其名著《什么是数学》的序言中指出：“数学的教学，逐渐流于无意义的单纯演算习题的训练，固然，这可以发展形式演算的能力，但却无助于对数学的真正理解，无助于提高思考的能力。数学的研究，有过度专门化和过度抽象化的倾向，忽视了应用以及与其他领域之间的联系。”这表明数学家早就对数学教育的价值和意义有了清醒的认识。波利亚在 1965 年研究发现：70％的高中毕业生在参加工作以后几乎用不到任何具体的数学知识，包括数学家在内，要用到数学的也只有 30％。他认为：“一个教师，他若要同样地去教他所有的学生，包括未来用数学和不用数学的人，那么他在教解题时应当教三分之一的数学和三分之二的常识（指一般性的思想方法或思维模式）。教师对学生灌注有益的思维习惯和常识也不是一件太容易的事，如果他在这方面取得了成绩，那他就真正为他的学生们（无论他们以后是做什么工作的）做了好事。能为那些 70％的在以后生活中不用数学的学生做好事，当然是一件最有意义的事情。”①他认为：某种意义上，数学的文化价值比实用价值更重要。

就中国的中学数学教育而言，科学价值、人文价值和应用价值三者之间孰轻孰重、孰先孰后，如何抉择和统整呢？“中间地带”可能是理想选择。中国人讲究中庸之道，物极必反。真正好的教育、好的教学，就是博采众长，和而不同，为我所用，不折腾、不变调、不怠慢。就数学学科而言，寻找中间地带是基于对数学教育价值的深入思考，以求

① ［美］G. 波利亚. 数学的发现（第二卷）［M］. 刘远图，秦璋，译. 北京：科学出版社，1987：181－182.

得学生的良好发展。“中间地带”说到底就是根据具体情况及时调整教学策略，“精”“实”相依，共生共赢，让数学教学既注重效率提升，又彰显人性光辉。张奠宙在总结我国数学教育发展历程时，一再告诫数学教育要避免走极端，始终坚持：教师主导性与学生主体性的辩证统一；接受性学习和探究性学习的适度对接；打好基础与创新发展的有效平衡；数学学科知识与教学知识的有机结合；数学中理解与熟练的交互影响。[①] 他的肺腑之言，正是精实数学教学的努力方向。

二、教学有效高效的边界

2016 年 11 月 18 日，被奉为中国“课改教父”、高效课堂首倡者、高效课堂行动研究代表性人物、当代著名教育改革实践者的李某某因利用职务之便受贿近百万元在北京市海淀区人民法院受审。一时间，各种各样的评论扑面而来，有撇清关系的，有拍手称快的，更多的是六神无主的，曾经风靡一时的“高效课堂”似乎成了人人喊打的“搞笑课堂”。有人欢呼：“扰乱教育界多年，绿头苍蝇般困扰一线教师的伪专家、伪学术的幕后教父级推手被推上审判台，各种拍脑门方式编造的攫取巨额利润的模式和高效课堂面临全面崩塌。也许教育的春天将至，一线教师的幸福真要来临！[②]”

李某某倒下了，一个很普通的经济案件引申出一个非常沉重的教育话题。从李某某出道到跌下神坛，质疑声就一直不断。抛开一切是非恩怨冷静思考：纵然高效课堂有其合理的成分，有让人信服的地方；纵然李某某是操盘高手，也使出浑身解数，但他再大的能耐，要想在全国迅速刮起“李旋风”，让那么多的学校甚至教育主管部门心甘情愿地接受洗脑、接受绑架，也不是容易的事。即便没有李某某，也会出现其他“英雄”。我们不得不问自己：到底是什么原因成就了这场闹剧？

20 世纪以前，西方教育界普遍认为教学是一种个性化的行为，影响教学过程的因素很多，很难用科学的方法对教学的艺术性进行测量和研究。20 世纪上半叶，西方的教学科学化运动催生了有效教学的理念。随着科学和科学思潮的发展，教学的科学性越来越为教育者所重视，人们在研究教学问题时开始运用观察、实验等科学方法，有效教学逐步走入世人的视野。1989 年，美国政府发表了关于未来数学教育的国家报告《人人都得算算》(Everybody Counts)，提出 21 世纪的数学教育将会发生的七个转变，数学教学要转向“有学习动机的有效学习实践模式”，彻底改变“传授知识的‘权威者模式’”。1998 年联合国教科文组织工作报告中明确指出：“在节约教育方面，最有成效的事情就是不浪费学生的时间。”

对有效教学的理论研究和实践探索在国内也广受欢迎。新课程改革以后，数学教

---

① 张奠宙. 数学教育的中国道路[J]. 中国教育科学，2014(4)：59－77.

② 知书先生. 教父级专家受审，高效课堂成笑话，教育幸福真来了[DB/OL]. http://learning.sohu.com/20161208/n475331471.shtml.

学的要求不断提高，灵活性更强；教学的内容不断增加，选择性更大；教学的课时不断减少，而学校又把新课结束的时间一再提前，矛盾更尖锐。教学中，过分夸大学生作用轻视教师主导导致教学无序，过分夸大自主淡化教学目标导致教学无效，过分夸大过程忽略结果导致教学失范，过分夸大情感体验轻视知识技能导致教学质量下降等问题普遍存在，教师如何教、学生如何学才能更有效，就成为摆在教育者面前的严峻课题。大家都清醒地意识到：如果教师的教学效率不高，再好的教学理念都没有说服力。

一般认为，有效教学（effective teaching）主要指教师在达成教学目标、促进学生发展两方面都获得成功的教学行为。有效教学追求高效率、轻负担，要求以尽可能少的时间、精力和物力投入，取得尽可能多的教学效果。它既包括教的有效性，也包括学的有效性，还包括两者之间的交互作用。教学效果怎么样，既不以教师有没有完成教学内容为标志，也不以教师的自我感觉为参照，更重要的是学生有没有学到或学得好不好。学生有无进步或发展是衡量教学是否有效的唯一指标。如果学生不想学或者学了没有收获，即使教师教得再苦也是无效教学，甚至是“负效教学”；同样，如果学生学得很苦，又没有得到应有的发展，也是无效或低效教学。有效教学应能引发学生学习的意向、兴趣，在“想学”“愿学”“乐学”的基础上展开教学，有效教学还体现在适合不同学生发展需要，采用学生易于理解和接受的教学方式，让学生学得深、学得透、学得快，能高效率、优效果、强效益地达成教学目标。从实际操作情况来看，有效教学总体上侧重于教学的科学性，对人的关注也是为了教学目标的达成。

有效教学说到底就是要通过“精”把教学做“实”。精心备课，精心上课，精心批改作业，精心讲评矫正，发现并遵循教育教学的规律，就是求“精”。因材施教、以学定教、循序渐进，启发、引导、体验、探究、变式，无一不是经过实践检验的行之有效的数学教学方法，体现了数学教学的本质属性。教学又以“真”为研究对象，必须准确无误、严谨细致，这也体现了教学的“实”。

教学既要顺应学生的要求，又要照顾到教师的个性风格，艺术性是教学不可或缺的特征。教学的艺术性体现在创造性地协调各教学要素的关系，尽可能发挥好整体功能。课堂上蕴含着太多的不确定性、随机性和多变性，需要艺术地创造，教师的教学也要由技术境界（循规蹈矩）到技艺境界（融会贯通），再到艺术境界（出神入化），教学机智的要求越来越高，这其实也是教学求“精”的过程。

科学和艺术是一枚硬币的两面，相互关联，不可分割，单纯强调某个方面，都是片面的、不完全的。教学的科学价值必须通过教学的艺术处理来获得，“把戏人人会做，各有巧妙不同”；教学的艺术表现又必须符合教学的规律，“从心所欲不逾矩”，教学的艺术需要经过实践的检验。所以，教学既是包含着艺术性的科学，也是隐含着科学性的艺术，教学应当是科学性和艺术性的统一体。法国生理学家贝尔纳有句很有意思的话：“艺术是我，科学是我们。”“我”是个性化的，“我们”是共性化的。艺术永无止境，教学永远是一门遗憾的艺术，没有最好，只有更好，教学的艺术性和科学性同样重要。为了让教学至善至美，就必须在教学的科学性和艺术性之间寻求平衡点。

那么，什么是高效课堂？高效课堂与有效教学的区别在哪里？高效课堂的“效”到底指什么？什么样的课堂可以称为高效课堂？

应该说，把高效课堂与低效课堂、无效课堂相对，是一种简单的望文生义的方法，迎合了社会的一般认知。很多人理解的需要高效课堂解决的问题，都是有效教学能够解决的问题。不少人把高效课堂当作有效教学的高级形态，是“在有效课堂的基础上，完成教学任务和达成教学目标的效率较高、效果较好并且取得教育教学的较高影响力和社会效益的课堂”（“百度百科”定义），是“以最小的教学和学习投入获得最大学习效益的课堂”，还提出了“高效课堂教学模式”的概念。我以为“高效课堂教学模式”的很多提法还原为“有效教学课堂模式”更为妥当，因为市面流行的“高效课堂”的许多原则、方法，用“有效教学”来表述更合适、更贴切。

“高效课堂”应当是教学科学性与艺术性的完美结合，是对教学艺术性提出的更高追求，是每个教师心仪神往、不断追求的教育理想。“乔布斯之问”道出了教育的真谛：教育技术可以助有效教学一臂之力，但再好的教育技术都不可能成为高效课堂的唯一推手。教学的对象是活生生的人，需要心灵的对话，情感的交流，言行的默契，而不只是知识的传递甚至灌输。高效课堂所要解决的应该是有效教学不能解决甚至无法解决的问题，而不是有效教学的简单重复。

成尚荣指出：高效课堂、高效教学带来的结果是学校收获了高分数，失去的却是学生的兴趣、激情、创造力。[①] 有效教学在价值追求上存在三个问题：

一是以“有效”代替价值。有价值的必定是有效的，但有些看起来是低效甚至无效的教学细节，却是有价值的，甚至是学生成长的重要元素。

二是以“有用”代替“有效”。对考试有用的，可能是有效的，但未必是值得追求的。把教育价值理解为“有用”，无论对学生个人发展，还是对国家民族未来，都非常危险。

三是对工具理性与价值理性厚此薄彼。完整的教学过程应当是工具理性与价值理性的协调和谐，结果和过程、效率与动机必须有机统一。工具理性关注和追求的是效率和结果，容易带来浮躁、功利，伤害教学理性。

叶圣陶曾说：“教育是农业而不是工业。”作物生长有其自身的规律，需要缓慢的过程和适当的周期，需要根据农时和作物的特点，春华秋实，顺其自然，急不得，催不得，该播种时就播种，该松土时就松土，该除草时就除草，该施肥时就施肥，渐进的守望，爱心和智慧缺一不可。反季节蔬菜违背了植物的生长规律，对植物本身是一种伤害，长期食用对人体也有害无益。工业强调的是机械化大生产，以固定的模式和流程批量加工，产品整齐划一，虽然速度快了，但灵性和灵气却丢失了。

教育是农业，但教育比农业还要复杂得多，不能奢望生产制造出“教育流水线”，不

---

① 成尚荣．教学改革绝不能止于“有效教学”[J]．人民教育，2010(23)：40－44.

能奢望不切实际的“教育高效”，要让教育成为教育，让教育回归教育。教育教学不应该大跃进，课程改革不应该“运动式”，教育本来就是一种慢的艺术、等待的艺术，教育规律不可违背，教育需要宁静的心态、朴实的做派。教育规律可以发现，但更要尊重；功利心可以有，但不能任由功利心胡作非为。

三、教育均值方差的比析

钱颖一用数学术语“均值”与“方差”揭示了中国教育的问题。① 中国的基础知识和技能传授的“均值”高，上海学生在PISA测试中的突出表现也仅仅是平均水平的反映。这种“模仿和改进”的教育优势，对低收入发展阶段非常适合，因为这个时期特别需要速度和精准度，需要基础知识实、挣钱欲强、模仿力强、执行力强的人，从事规律性、重复性的流水线操作。但在知识与技能“均值”高的同时，“方差”却非常小，两端的人少，出众的人少。而在人的素养、价值等方面，却是“均值”低、“方差”大，中国学生普遍缺乏好奇心、想象力和批判性思维能力。培养不出杰出人才是困扰中国教育多年的老问题，但更严重的问题是造就了不少精致的利己主义者，他们没有高尚志趣、远大志向与人格底线，善于利用制度的缺陷和传统的弊端，学的知识越多，对社会的危害越大。中国教育的“均值”与“方差”问题，既与制度设计有关，也与民众的功利心有关。之所以“高效课堂”满天飞，还是浓厚的功利色彩在作祟。这种功利性主要表现在：

一是学生太功利。中国人比较讲究实际、实用，不少人把知识学习当成获取更大利益的“敲门砖”，把“读书”当成出人头地的“工具”，这在中国的传统文化中可以找到“基因”。古有“学而优则仕”，就连宋真宗赵恒也曾御笔亲作《励学篇》：“富家不用买良田，书中自有千钟粟。安居不用架高楼，书中自有黄金屋。娶妻莫恨无良媒，书中自有颜如玉。出门莫恨无人随，书中车马多如簇。男儿欲遂平生志，五经勤向窗前读。”新中国成立以后，家喻户晓的“学好数理化，走遍天下都不怕”还有一定道理，可整天盘算着“多考一分，干掉千人”，发出“要成功，先发疯，下定决心往前冲！”的雷人口号，却让人胆战心惊。一切围绕分数转，怎么考就怎么学，功利心让人晕头转向。

二是教师太功利。东方教育比较注重学习内容，认为掌握学科知识是教学的主要任务；教学偏于教师主导，学生主动参与的意识不强；教学追求“短平快”，概念教学匆匆而过，接着就是大量的模仿练习；竞争激烈的考试充满着“血腥味”，让教和学都很痛苦。为了考试分数的短期效益，教师常常弱化淡化知识的发生过程，“去数学化”的现象相当严重，学生感受不到学习的意义、价值和乐趣，既不知道学习的知识从何而来，也不知道学了这些知识往何处去，只是机械的模仿和复制，甚至将理解的过程简略为背诵和记忆。数学教学陷入了茫、忙、盲的三“máng”漩涡，面对茫茫题海，整天忙忙碌碌，经常盲

---

① 钱颖一.对中国教育问题的三个观察：“均值”与“方差”[EB/OL].中国教育三十人论坛，2014-12-20. http://www.ce30.cn/? c=show&id=107&m=view.

跟盲从。越忙越盲,越盲越茫,越茫越忙,彷徨迷茫,到最后还可能希望渺茫。

三是练习太功利。数学优等生勤奋努力的经验,以及国际性评估中成绩排名的事实都证明:大量的解题训练和经常性测验考试是提高成绩的有效途径。对数学学科而言,熟能生巧的"巧",本义应为"理解"。要达到理解,就必须有适量的解题训练。练习可以提高分数,但大运动量训练的"题海战术"会让学生和教师不堪承受,为做题而做题。华东师范大学李士锜指出:解题训练在"熟能生巧"的同时,也可能熟能生笨、熟能生厌。这里的"笨"指缺少创造力,也缺乏理解力;"厌",除了指厌烦、失去兴趣外,也泛指其他的不良情感反应。粗放式的反复操练,可能会剥夺学生独立思考、自由发挥的机会,循规蹈矩,思维定势,只顾低头拉车,不会抬头看路,缺少好奇心和主动性。

四是评价太功利。评价不是为了证明,而是为了改进,不是为了甄别,而是为了发展。这是评价应有的本意。弗赖登塔尔指出:"考试本是一种有意义的活动,教师可以通过检查教学过程以发现问题,予以改进;学生可以知道自己是否真正学到了东西,学习态度是否正确,以及是否具备必要的学习能力;同时还有人想知道,学生究竟学了些什么。"①长期以来,考试的功能往往局限于区分教师教学能力的高低和学生学业水平的优劣。评价是个风向标,过分强调经济学意义上的教学效率,甚至把它强调到唯一的地步,可能会牺牲情感态度与价值发展目标,牺牲深层次的认知发展目标,牺牲长远目标、隐性价值、根本利益,来换取可以精确测量的所谓"高效课堂"。②

这些极强的功利行为相互影响,相互纠结,成为阻碍教育改革的"拦路虎"和"绊脚石",裹挟了整个社会。中华民族素有"不患寡而患不均"的传统,不少人认为学校分层教学就意味着对部分学生的歧视,所有学生最终考的是同一份试卷,所以学校的所有学习内容、学习进度、学习时间、学习难度都必须高度统一,其结果是"均值"上去了,学生的整体负担也上去了,"方差"很小,学生的个性潜能没有得到充分的挖掘,因材施教无法得到真正的落实;家长又不希望孩子输在起跑线上,把大量的时间和精力用在对成长毫无意义的知识灌输和技能培训上,这些培训满足了家长"快人一步""不甘落后"的心理,让更多的人按照同一模式去发展,也让孩子对学习越来越反感。

李某某的出现可谓"时势造英雄"。他对教学的顽疾看得还是比较清楚的,对高效课堂特征的理解也是有道理的,他的"套路"也就有了市场。国外鲜有"高效课堂"的提法,大多还保留着"有效教学"的本色。"高效课堂教学模式"之所以在国内广受热捧,是国人在追求功利方面创造力和想象力的集中体现。

功利本身是中性词,功利心是社会进步的基础,让每个学生都能获得适宜、充分的发展,也是一种功利。功利心太强了,就变成了"贬义"。急功近利与真正的教育"不共戴天"。教育的理想状态是功利心与良心、初心相匹配。功利心难以改变,通过考试和

---

① [荷]弗赖登塔尔著.作为教育任务的数学[M].陈昌平,唐瑞芬,等译.上海:上海教育出版社,1995:79.

② 柳夕浪.走向对话的课堂教学评价——从"什么是一节好课"谈起[J].基础教育课程,2010(6):47-50.

评价来引导和规范师生的教学行为是比较有效的方法。一直以来，我们的考试和评价对后续学习的引领和支持不够，大多还停留在对结果公平性和区分度的关注上，导致教学的“浅表化”“实用化”“模式化”。万众期待的公平、完美的考试，所带来的却是平庸、糟糕的教学，“均值”与“方差”都受到质疑。凭良心说，“均值”与“方差”同时达到理想值的可能性不大，但依据国家、社会发展的要求，贴近家庭、个人的功利需求，对两者统筹兼顾、合理调控还是可以的。

上一轮课程改革倡导的“自主、合作、探究”学习方式，对度的把控也是非常重要的。

对于自主，上个世纪 90 年代以来，西方激进建构主义一直把“发挥教师主导作用”视为“学生自主学习”的障碍，认为教师的主导会束缚、限制学生的自主，他们只关注学生的“学”，片面强调学生的自主学习与自主建构，强调“以学生为中心”，把教师的主导作用搁在一边。美国在经历了“建构主义教学：成功还是失败”的大辩论以后，在 2008 年底出版了教师必读书籍《整合技术的学科教学知识：教育者手册》（Technological Pedagogical and Content Knowledge，简称 TPACK），重新强调教师在教育教学中必须发挥关键性的主导作用，有力回应了“以学生为中心”的争论。

对于合作，在对“什么是合作？为什么要合作？”还是一头雾水的时候，很多人选择了盲从，似乎课堂上没有合作，就意味着落伍。在稀里糊涂中进行的所谓“合作”，追求表面上的热热闹闹，让课堂成为“知识的超市，生命的狂欢”，很多学生很多时候“被合作”“伪合作”“过度合作”，“互相说”的多，真正“互相学”的少，成绩好、能说会道的学生出尽了风头，基础差、不善言辞的学生永远是课堂的沉默者，得不到应有的关注，也得不到应有的发展。过分消费“合作”，浅表的互帮互学，不仅没有解决学习中的真问题，反而带来家长的质疑和反感：平时遇到困难有人帮忙，考试时靠谁帮？细细想来，除了合作本身被异化、泛化以外，有没有必要每节课都合作交流？数学思维能力是数学素养的核心，突出思维训练，就必须加强学生独立思考能力的培养。没有高质量的自主探究、独立思考，合作就难以取得实质性的成果。

对于探究，建构主义认为儿童认识世界的主要方式是通过自我探索得到知识和技能，探究活动可以帮助孩子更牢固地记忆所学到的知识，提升认知能力和创造性。但探究什么、怎么探究始终是一个难题。同样的“探究”，能力强的学生马上就能得到结果，能力弱的花了很多时间可能还一无所获；同样的教学内容，教师 5 分钟就能讲清讲透，却让学生用五天时间去“探究”，成本也未免太高了。美国林肯高中双语系主任方帆发现，美国比较差的公立学校都喜欢以“探究”为借口，让师生顺利度过“难熬的时间”，而精英学校根本不用建构主义理论教学。2006 年，Richard Clark，Paul Kirshchner，John Sweller 在美国《教育心理学家》（Educational Psychologist）发表的研究报告指出：把“建构主义”的心理学理论变成教学法，是一个错误的做法。“探究式”学习，只能在参与者已经熟练掌握了相关的知识，甚至是“专家”级，才会有效。效率最高的学习方式，仍然是教师主导的课堂，而不是“以学生为主”的“探究学习”。[①] 应该说，“探究”的难题是如何把握好它的度、如何让它更有效，这方面确实需要不断地“探究”。

如前所述，数学必修课程突出对思维习惯的训练，强调基础与规范；实践课程强调合作与探究；选择性课程强调自主与选择，重在提升学习品质和学习能力，正是“自主、合作、探究”教学理念的具体体现。把三者都落实到位，就既能保证“均值”与“方差”双提升，也为精实数学教学奠定基础，这是一举几得的好事。

四、减轻课业负担的反思

1. 我国减轻课业负担的历程

中华人民共和国成立以后，第一个“减负令”是 1955 年 7 月教育部发出的《关于减轻中小学生过重负担的指示》。真正开始落实减负要从 1988 年 5 月国家教委颁布《关于减轻小学生课业负担过重问题的若干规定》算起，文件规定了小学生每天课外作业的总时间，但实际收效甚微。1990 年 1 月，时任国务院总理李鹏批示：“留作业太多，这件事议过多次，请抓紧解决。”2000 年 1 月，教育部下发了《关于在小学减轻学生过重负担的紧急通知》，时任总书记江泽民又发表了《关于教育问题的谈话》，再次强调“有些学生负担很重”。2004 年 6 月，教育部提出“五坚持，五不准”的减负要求。2010 年 5 月，国务院常务会议审议并通过了《国家中长期教育改革和发展规划纲要(2010—2020 年)》，提出对中小学生减负问题将从国家层面进行制度设计。2013 年 8 月，教育部发布《小学生减负十条规定》征求意见稿，9 月份又公布了再次征求意见稿。一个月内两次征求意见，可见国家对减负工作的重视。

2018 年 3 月 2 日，十三届全国政协新闻发言人王国庆指出：从 1951 年到 2017 年，国家出台了几十份关于中小学学生减负的文件，但减负几十年，孩子们的书包越来越沉，课外负担越来越重，睡眠和休息的时间越来越少，学生每天课外写作业的时间是全球平均水平的 3 倍。以前有句歌词“做完了一天功课，我们来尽情欢乐”，但现实情况是，很多孩子作业做到深更半夜，他们上哪儿去欢乐，到哪儿荡起双桨呢?[②] “着力解决中小学生课外负担重问题”写进了《政府工作报告》，成为 2018 年的重点工作任务。尽管这些年减负的要求已经从减轻课内学业负担转向制度设计，包括遵循教学大纲、控制考试和竞赛次数、限制作业量、控制计划外教辅使用量等方面，要求也在不断升级，“严格执行”“严禁”“必须”，很多方面都是“严”字当头，但社会反响却是波澜不惊，因为大家都心照不宣：喧闹过后，一切照旧；减负减负，越减越负！2013 年 8 月 2 日，人民日报发

① 方帆.“探究式教学法”是一种垃圾教学法理论[EB/OL]. http://www.360doc.com/content/ 15/0419/12/1609415_464332475.shtml.

② 张恩杰. 政协发言人用《让我们荡起双桨》回应中小学生减负[EB/OL]. 法制晚报，2018 - 03 - 02. http://www.fawan.com/2018/03/02/990393t185.html? kuaixun.

文《学生负担过重已成民族之痛》，认为当今中国的一个明显标志就是全民的“教育焦虑”，这种焦虑已经弥漫到社会各个阶层、各类人群，升学竞争的压力已经蔓延到小学、幼儿园，甚至更早。这些年的减负实践表明，不是说考试的学科越少，学生的负担就会越轻，哪怕只有一门学科考试，负担照样存在；也不是说考试的难度越低越好，难度的降低让考试更多地依赖于细心、勤奋和大量模拟练习、死记硬背，让通过“刷题”提高成绩有了更大的可能，家教市场也有了更多的可乘之机。减负的目标有点像西西弗斯的巨石，不断奋力推进、又不断回到原点，年年失望年年望，损害的不仅仅是青少年的身心健康，也不仅仅是政府的声誉，更是国家和民族的美好未来。

“减负令”的一次次草草收场，让学校很无奈，家长很痛苦，学生很受伤，家教机构倒是很受益。中国教育学会2016年12月发布的《中国辅导教育行业及辅导机构教师现状调查报告》显示，2016年，我国中小学课外辅导行业市场规模超过8000亿元，参加学生规模超过1.37亿人次，辅导机构教师规模700万至850万人。参加课外辅导的学生约占全体在校学生总数的36.7%，在北京、上海、广州、深圳等大城市，更是高达70%。2018年2月，教育部、民政部、人力资源社会保障部、国家工商行政管理总局联合下发了《关于切实减轻中小学生课外负担开展校外培训机构专项治理行动的通知》，要求通过一年半的专项治理，切实减轻中小学生课外负担。2018年12月，教育部等九部门又联合出台了《中小学生减负措施》(减负三十条)，进一步明确和强化政府、学校、校外培训机构、家庭等各方责任，但愿这次清理整顿能够取得明显成效。

2. 国外减轻课业负担的经验

减轻课业负担也是国际社会共同关心的话题，不少国家都在积极探索减负的有效路径。

日本在上个世纪六七十年代的教育背景与中国目前的情况差不多。经济的高速发展提升了民众对教育的诉求，激烈的社会竞争将压力传递到学生的学习上，导致学生学习的高强度。家境优越的中产阶层不愿自己的孩子再吃这样的苦，呼吁改革大学入学考试，减轻学业负担。日本政府在深度讨论和调研以后，在1976年年底开始实行“宽松而充实”的教育，少上学、少考试、少学东西，确保孩子们玩得充实。刚开始，这种“减负”新政受到民众热捧，但很快又发现这种“减负”的弊端：一是私立学校和课外补习学校迅速崛起。1976年，日本中学生和小学生课外补习的占比分别为38.0%和12.0%，1985年分别上升为44.5%和16.5%，1993年则分别达到59.5%和23.6%；二是家庭教育负担节节攀升。由于私立学校和课外补习学校学费昂贵，经济条件一般的家庭难承其重；三是学生的整体学习能力、学习欲望持续下降，社会普遍认为这一代学生缺乏常识、缺乏主动性、缺乏忍耐力、缺乏行动力。2008年，日本政府决定将小学课本增加25%的页数；2016年，日本政府决定实行“去宽松教育”，“宽松教育”告一段落。

美国学校设置了各种不同水平和层次的课程，学生想学什么都可以自己“点菜”，学生有较大的自主权和选择权。在这光鲜诱人的背后，其实是社会的悄悄分层。想“偷懒”的学生可以选择轻松的课程，想报考名校的学生都会尽量多地选择那些难度高的课程，因为美国大学都有一个共识：所选课程挑战性和难度越大的考生，学习基础越扎实，学习潜力越大。美国高中为四年制，高中三年级，也就是美国的十一年级，很多孩子夜里都要忙到两三点才睡觉，他们不仅要修完高中毕业要求的所有课程，还要为报考大学做好各种准备，包括通过 SAT 和 ACT 考试，在各种课外活动中积极表现以获得大学的青睐。以数学为例，美国高中毕业的要求相当于中国初中的水平，绝大多数学生的数学水平只能满足基本的生活自理需要，这也容易让人认为美国的数学基础不好。但还有一些对数学感兴趣、有天赋的学生会集中在一起学习研究，有的私立中学很早就开设了高等数学课程，这对中国学校来说是不可思议的事情。

从日美两国的教育实践过程来看，亚洲学生的学习普遍围绕考试展开，教学组织标准化、“一刀切”，而美国学生的学习更多的是为了兴趣，教学组织个性化、差异化，这个根本性的区别也是“减负”能否真正落实的根源。美国要求大多数学生只要掌握“够用”的数学，减少了不必要的浪费和痛苦，热爱数学的学生又可以得到充足的发展，哪怕再辛苦、再超纲，他们心甘情愿，这也是美国数学奥赛成绩进步的一个秘诀。

3. 减轻课业负担的关键所在

学生课业负担重，有主观原因，因为在国人的潜意识中，“唯有读书高”的观念根深蒂固，“读书改变命运”是家喻户晓的学习动力，“剧场效应”也由此而产生，并且愈演愈烈。教育上的“剧场效应”是指在总体利益为常量的情况下，每个人都在追求自己利益的最大化，往往会以破坏他人利益为代价，如果没有有效的遏制办法，这种情形又容易演变成无序的局面，最终导致所有人的利益都不可能最大化，甚至整体利益的最小化。无论是延长上课时间，还是课外补习，都有“剧场效应”的影子，谁都不愿也不敢先停下来，因为“先停先吃亏”是再明白不过的道理。

在“剧场效应”背后，隐藏的是整体教育资源的匮乏和不均。多年来，教育的投入不足，教师的待遇不高，都制约了教育事业的发展。尤其是教育产业化以后，社会办学机构冲击了教育固有的秩序，加重了学生的课业负担。尽管亚洲学生在 PISA 测试中表现不俗，但这些成绩的取得主要靠孩子们双倍的努力和双倍的花费。森迪尔（Sendhil Mullainathan）和埃尔达（Eldar Shafir）在《匮乏经济学：为什么老是在赶 Deadline？为什么老是觉得时间和金钱不够用？》中指出[①]：当人陷入稀缺状态（包括物质、时间）时，稀缺会俘获人的注意力，它不仅会影响观察的速度，也会影响认识的角度。为解决眼下的难题而极度专注时，就无法有效地规划未来。德国学生把更多的精力用在高考备考科目上，因为只有通过考核才能上大学；英国学生上好大学相对容易，他们可以不慌不忙地淫浸在庞大的古典学术中。尽管两国都属于古典学术的学霸类国家，但从长期看，

① 东亚教育体制的源起和未来[EB/OL]. 左思右想，2015 - 03 - 03. https://mp.weixin.qq.com/s/d1xRxUkz8E_wWLap2BAX_A.

英国产生的人才明显要出色得多。在稀缺心态的驱动下，在激烈的考试竞争中，无论是家长，还是学生，包括学校，都无暇作长远规划，也顾不上学业负担的轻重，首先看到的、想到的都是如何赢得眼前利益，“你搞你的素质教育，我考我的清华北大。”

教师不当的教学方法也是加重学生课业负担的重要因素。诺贝尔物理学奖得主中村修二曾经批评亚洲教育体制的复习时间所占比重过大，导致了学习时间的浪费，也导致了太多生命的浪费，扼杀了学生的好奇心、求知欲、想象力和创造力。梁贯成曾对东西方的数学教育进行比较：东方的数学教育过分看重学习内容，并且学习内容又受考试主导；教学的方法也保守过时，认为单单掌握本学科的内容就已经足够；教学班的人数偏多，教学偏于教师主导，学生参与少，主动参与的就更少；教师强调死记硬背，对学习内容不求甚解，很多时候学生在未完全了解教学内容的情况下，就进行大量练习；师生都因竞争激烈的考试而承受极大压力，学生不会喜欢学习。①

教育部教材局申继亮指出：我们先不要简单讨论增加和减少的问题，而要从学生需要学什么、怎么学出发，研究所学的内容对学生素养的养成有没有价值。如果学习的内容对学生成长有贡献，就不能认为是负担，我们要减的是机械训练、死记硬背的负担，是对学生社会责任感、创新精神和实践能力没有帮助的负担。不能简单地把减负等价于少学习、不学习，减负减的是单一的、单调的、过重的、被动的知识学习的负担，同时要增加长期缺失的学生个性化学习的时间和空间。② 只要学生想学、好学、乐学、主动学，只要有利于学生好奇心、求知欲、想象力和创造力的激发与培养，都应当鼓励和支持。哲学家说：最好的除草方法是种上庄稼。减轻课业负担同时要考虑的是减下来的时间用来做什么，该减的负担一定要减，但该加的还得加。负担的轻重因人而异，减负不能简单地“一放了之”，更应关心怎样让学生享受学习、自动学习、创造性学习，这是减负的重要课题。

对数学教育价值的追问，对教学有效高效的探讨，对教学均值方差的比析，对减轻学业负担的反思，是精实数学教学理念落地生根的基础。

第三节　精实的教学品质

“精实数学”以“精”和“实”为基本的评价标准，立足教育教学的实际，既保证学生基本数学素养的达标，又减轻学生不必要的课业负担，力求以教得精、学得精、练得精和教

① F. Leung. In Search of an East Asian Identity in Mathematics Education-the Legacy of an Old Culture and the Impact of Modern Technology[C]. (Japan) IC-ME - 9, 2000.

② 高中新课标古诗文背诵增加学生负担？教育部回应[EB/OL]. 中新网，2018 - 01 - 16. https://www.chinanews.com/gn/2018/01-16/8425429.shtml.

得实、学得实、练得实的过程来实现数学的有效性教学，促进学生数学能力和综合素养的全面提升。“精”和“实”是数学教学的重要标志，也是数学教学的核心价值观。精实的教育品质，主要体现在三个方面：

一、精实教学品质的特征

学生要了解和掌握人类几千年积累的数学知识，不可能全部靠发现和探究，更多的要站在前人的肩膀上，实现知识建构、思维建模。这就要求我们的教学精中求简，简中求实，直击数学本质，凸显数学思想方法，为学生的发展提供坚实的基础。

1. “精”“实”的界定

“精”，意为“精心、精致、精要”。精心是一种态度，精致是一种过程，精要是一种方法。

(1) 精心。意为“专心、细心、诚心”。精心是追求最好和最适合的自我要求。数学课堂从其内部构成要素来看，是由教师、学生、教学内容、教学媒体等多种要素构成的一个复杂系统。这些要素相互联系、相互作用又相互制约，需要教师精心设计和细致调配，才能让它们配合默契、和谐统一。

(2) 精致。意为“精巧细致”。精致教学关注并尊重学生间客观存在的个性差异，强调教学目标的个性化和精准化，致力于每个学生的主动、生动和全面发展，关注每个学生的学业进步和身心健康，谋求学生各方面和谐发展，使不同层次的学生在原有基础上都能获得充分的发展。

(3) 精要。意为“精粹切要”。课堂上哪些东西该讲、讲到什么度，都需要经过认真的思考。教学的“精要”不是数量上的“少讲”，而是质量上的精要，讲课时言之无物、不得要领的少讲绝不是精讲；论如析薪、贵能破理，虽洋洋万言又未必不是精讲。学生作业中的每一道习题都不是可有可无的，作业要增强针对性，要有弹性空间，让学生选择取舍，跳一跳能够得着。

“实”，意为“平实、真实、扎实”。平实是一种状态，真实是一种境界，扎实是一种作风。

(1) 平实。意为“平和朴实”。课堂教学的平实，于平常中显功底，更能体现教学的规律和教学的朴实，更能被广大师生所接受，更能体现教学的实效。平实的课堂没有花架子，没有哗众取宠的调侃和媒体展示，教学手段为教学服务、为学生服务。

(2) 真实。意为“实事求是”。只有真实，才有真知。一堂假课可以毁掉长期累积的、脆弱的“真善美”。教师要用自己的真知灼见，启迪学生的真情实感，真正做到“千教万教教人求真，千学万学学做真人”。

(3) 扎实。意为“牢固结实”。课堂教学的目的，是让学生获得知识技能，掌握学习方法，激发思维活力，提高认知感悟水平，形成再学习的能力。所有教学内容、教学过程，都要面向全体学生来“落实”，既要以“扎实”为出发点，又要以“扎实”为收获点。

2. “精实数学教学”的目标指向

“精实数学教学”的提出，既不是心血来潮，也不是故弄玄虚，而是基于对数学学科本真的思考，基于对学生数学素养提升的思考，基于对国家、民族和学生未来发展的思考。“精实数学教学”既是对既往教学实践的总结，又是对当下教学现状的分析，也是对未来教学走向的勾画，它着眼于建构平实的课堂生态、真实的学科情境、扎实的学科素养，立足于精心的教学态度、精致的教学设计、精要的讲练演绎，努力达成“情智兼容、知能并重、多元共生”的教学目标。

(1) 情智兼容

中华传统文化是和合文化。教与学过程中的“知识与技能”和“情感态度价值观”也是阴阳虚实的有机整合，并通过过程和方法来实现，是工具性(显性知识)和人文性(隐性知识)的统一，是科学精神和人文精神的融合。科学精神的核心是“智慧”问题，人文精神的核心是“情感”问题。“情智兼容”汲取中西文化的精髓，古为今用，洋为中用，最终为我所用。

情智相长，是指学生在学习中的情感和智慧相互引导、彼此丰富，其中的“情”包括情绪、情感和意志等，属于心理结构中的非理性方面，“智”指智慧，属于心理结构中的理性方面，积极的感情投入促进了智慧的发展，智慧的发展又丰富了感情，“情智”相互交融，相互支撑。

对学生而言，学习过程是他们经历的知识与技能形成的过程；学习方法是他们获取知识与技能的方式与策略，在掌握知识与技能的同时，学会学习，学会反思，学会创新，并对自己的学习过程、结果进行有效监控；情感态度价值观则是学生在学习知识、发展能力过程中的感受和反映，包括感知、体验、理解、审美四个层面。任何学习过程都既是获取知识、提升能力的过程，也是情感体验、人格建构的过程。

丰富的情感、积极的态度、正确的价值观是学生数学学习的基础。教学过程中，学生积极参与数学探索和创造活动，认识数学与人类生活的密切联系，感受数学的严谨性及数学对人类历史发展的作用，建立学好数学的信心，锻炼克服困难的意志，形成实事求是的态度以及质疑和独立思考的习惯，都是情智兼容的具体体现。

① 让学生认识数学的基本价值，增强学习内驱力

好奇心、求知欲是促进人不断学习，不断发展，走进科学殿堂的重要推力。通过用数学解决现实生活问题的例子，可以激发学生主动学习的愿望，引导他们观察生活情境，用数学的眼光看身边的事物，学会搜集和处理信息，体验数、符号和图形是有效描述现实世界的重要手段；学会观察、实验、归纳、类比和推断，了解数学对促进社会进步和发展人类理性精神的作用，充分认识数学的价值，在“数学好玩、数学有用、数学能学好”的积极心态下，主动投入到数学学习中，不断增强学习内驱力。

② 让学生学会探究、反思、交流，增强钻研与合作能力

对思维能力、科学态度、理性精神的培养，数学教育负有不可推卸的责任。教师要

鼓励学生敢于怀疑、挑战“权威”，鼓励学生敢于和善于发表自己的看法，尊重与理解他人意见，积极与他人交流。新知教学时，鼓励学生自主探索，经历由已知出发、自主学习或同伴合作的学习过程；学生遇到困难时，教师给予耐心等待，引导学生主动寻找解决方案并及时总结；学生对自己的“数学猜想”缺乏信心时，教师和学生一起找“猜想”的证据。健康、宽松、平等、民主、自主、自信的数学学习情境，独立思考与合作交流的学习方式，是学生非智力因素发展和健康人格形成的重要条件。

③ 让学生发现数学美，感受数学美，提升创造性思维能力

情智兼容的理想境界是学生享受数学学习，并在学习过程中，思维的广阔性、深刻性、敏捷性、批判性、灵活性和独特性得到充分的彰显，这些思维品质又都是创新的基础。罗素(Bertrand Arthur William Russell)说过：“数学，不但拥有真理，而且也具有至高的美。正像雕刻的美，是一种冷而严肃的美。这种美没有绘画或音乐那种华丽的装饰，它可以纯净到崇高的地步，能够达到严格的只有最伟大的艺术，才能显示出那种圆满的境地。数学里最好的东西不止应该当做一种工作来学，而且也应该把它化为日常思想的一部分，要用反复的鼓励常常使它显现在心里。”[①]学生没有发现和感受到数学美，不完全是缺少发现美的眼睛，更多的是功利学习损伤了发现的眼睛。数学的美学价值对人的发展和社会进步潜移默化，意义深远。《普通高中数学课程标准(2017 年版 2020 年修订)》已经把“美与数学”作为教学内容，要求通过学习，使“学生对美的感受从感性走向理性，在形象思维的基础上增强理性思维的能力”。2019 年高考全国Ⅰ卷第 4 题以“断臂维纳斯”雕塑为例，探讨人体黄金分割之美，将美育融入数学教育。

(2) 知能并重

传授知识与培养能力的关系问题，是国内外教育界长期争论的问题。最有代表性的有两种对立观点：一种认为知识是能力的基础，没有知识就没有能力，掌握了知识，自然就会有能力，传授知识比培养能力更重要；另一种认为在知识爆炸的时代，培养能力比传授知识更重要，“授之以鱼，不如授之以渔”。这两种观点都有不少理由论证自己，但又很难有力地否定对方。我以为，传授知识与培养能力的关系可以理解为：

① 知识与能力相互关联

学生对基础知识理解得越深刻，掌握得越牢固，相应的技能越熟练，越有利于能力的发展。离开了掌握知识的活动，能力的培养就成了墙头芦苇，无处生根。能力的发展又为掌握知识搭建了更高平台，掌握知识的速度、难度、巩固度依赖于能力基础，没有一定的认知能力(如感知能力、记忆能力、思维能力等)就不能掌握更高层级的知识。知识掌握受能力的制约，能力越发展，知识掌握得越好；掌握知识的目的，又在于能力的发展。传授知识与培养能力对立统一，相辅相成，两者都是教学的基本任务，都很重要，不应有轻重之分，也不应有先后之别。

---

① [英]伯特兰・罗素.我的哲学的发展[M].温锡增，译.北京：商务印书馆，1982：193.

② 知识与能力本质有差异

知识和能力是两个不同的概念。知识是人们对客观事物及其规律的认识所做的概括，是从实践活动中总结出来的，是客观规律在头脑中的反映；能力是心理过程的个别特点，是在实践活动中形成和发展起来并保证活动顺利完成的个性特征的综合，是获取经验的心理发展水平。实践证明，知识掌握和能力发展不一定同步，同样的考试分数在不同学生身上有着不同的含义。有的学生分数高，发展水平也高，善于观察，反应敏锐，思维有条理，能综合运用所学知识创造性地解决问题；有的分数高是靠死记硬背、机械模仿得来的，理解能力差，运用能力差，思路狭窄，"高分低能"。

③ 知识与能力可相互转化

能力的形成依赖于知识的掌握，但能力的发展不会在传授知识的过程中自发进行。知识和能力的转化需要一定的条件。学生的学习活动对能力发展并不都起促进作用，有时还会阻碍甚至抑制。学生数学能力的高低主要取决于对数学方法的掌握程度。数学思想方法是数学的精髓，是打开数学之门的钥匙，它伴随知识的增长和思维的发展并逐渐被学生所理解和接受。教师要创造有效的条件和方式，让学生在收获数学知识的同时，领悟分析问题和解决问题的方法，体会并掌握数学的基本思想和思维方式，不能因"高分低能"现象的存在就否定知识学习的价值。

(3) 多元共生

每个学生都有其独特的个性，这种独立性是孕育和引发创造性的源泉，只有个性差异才会构成绚丽多姿的缤纷世界。多元共生是教学生态的重要特征。教学工作要坚持统一性与差异性相结合的原则，既遵循教育教学规律，也尊重个性差异，遵循人的发展规律；既适合学生的知识水平和接受能力，又让每个学生的品行素养都得到发展。教学的多元化，包括教学目标、教学内容、教学方式、教育手段、教学评价等诸多方面。

① 教学目标的多元化

高中数学课程"具有基础性、选择性和发展性。必修课程面向全体学生，构建共同基础；选择性必修课程、选修课程充分考虑学生的不同成长需求，提供多样性的课程供学生自主选择；高中数学课程为学生的可持续发展和终身学习创造条件。实现人人都能获得良好的数学教育，不同的人在数学上得到不同的发展"。[①] 每个学生身上都既有该年龄段群体的共同特征，又表现出数学基础、数学素养、数学思维及数学能力等方面的巨大差异。教学要关注每个学生的特殊性，承认差异、尊重差异、善待差异，通过分层教学、分类指导，达到以学定教、因材施教的目的。分层不是对"差生"的抛弃，更不是要抑制优秀生和学生特长的进一步发展，而是顺应天性，使学生的优势得到更好的发挥，让每个学生都得到充分的发展。教师与学生是教学活动的双主体，都是具有多样性的丰富个体，课堂活动是师生共建"生命意义"的过程，既让学生的身心得到发展，又让教

---

① 中华人民共和国教育部. 普通高中数学课程标准(2017 年版 2020 年修订)[M]. 北京：人民教育出版社，2020：2.

师的价值得以体现,“教学相长”“相得益彰”是师生共生共存关系的形象写真。对教师而言,每一次教学,都是对教学本质认识的进一步深化,对教学经验的进一步提升,对教学活动的进一步创造,对某种教学模式操控的进一步熟练;对学生而言,每次教学活动所获得的,不仅是系统的科学知识,还包括对所学知识灵活运用的能力,与他人“交流与合作”的精神,以及积极的态度和正确的人生价值观。

② 教学方式的多元化

多元化的教学内容和多元化的教学对象,决定了教学方式的多元化。在当今教学的流行话语体系中,大多把教学的模式化、程序化视为法宝,无视模式的适用条件和范围,让模式僵化教条,缺少灵活性和针对性。于漪指出:“差不多一个模式,我是比较反对的。大家用一个模式,会出现什么状况呢?标准化的教师。标准化的教师就无法张扬个性,你这个人的才华和潜能自然也就显示不出来了。我们很多中青年教师很有才华,但是被框住了,潜能出不来。因为一个模式定型了以后,已经是死水一潭了。不同的文章有不同的教法,不同的学校有不同的教育对象。难道你用一个模式就可以套住了吗?套不住的。所以我觉得这是一种危害。”①

目前公认的几种教学法,各具特色,也各有千秋。发现法的优点是促进了外来动机向内在动机转移,通过知识的“再发现”,提高智慧潜能;缺点是费时太多,学生很难系统掌握必备的知识技能,对课堂上随时可能出现的意外情况,如何处理、处理到什么度,教学进度如何把控,都没有一个标准答案。谈话法的优点是能集中学生注意力,启发学生思维,培养语言表达能力,有利于调动学生学习的自觉性和积极性,也有利于教师准确把握学生认知的程度;缺点同样是课堂教学的时间难以把控,知识的系统性不够。讲授法的优点是教学进程可以有效调控,知识信息的传递量大,知识掌握的系统性强;缺点是学生被动接受的程度高,不利于主动精神和创造能力的培养。练习法的优点是培养技能技巧,提高解题的熟练程度;缺点是重“技”不重“理”,知其然而未必知其所以然。复现法的优点是教材的知识可以便捷而牢固地熟记,运用知识的技能技巧也可以及时掌握;缺点是使知识形成的过程过于形式化,甚至变成死记硬背,学生的思维,特别是思维的独立性和灵活性,不容易得到充分的发展。问题探索法的优点是有助于知识的理解和掌握,也有助于创造性学习能力的培养;缺点依旧是时间和效率问题。教师指导下的学习法优点是可以找到学习知识的捷径,缩短掌握技能技巧的时间;缺点是教师过于“强势”,可能妨碍学生个性思维品质、独立学习习惯和刻苦钻研精神的养成。每种教学方法都不可能完美无缺,关键是如何扬长避短、取长补短。

③ 教学评价的多元化

《普通高中数学课程标准》要求,“高中数学学习评价关注学生知识技能的掌握,更

---

① 于漪.语文教师必须有教学自信力[J].语文学习,2010(1):4-6.

关注数学学科核心素养的形成和发展，制定科学合理的学业质量要求，促进学生在不同学习阶段数学学科核心素养水平的达成。评价既要关注学生学习的结果，更要重视学生学习的过程。开发合理的评价工具，将知识技能的掌握与数学学科核心素养的达成有机结合，建立目标多元、方式多样、重视过程的评价体系。”①

好的教学必定是适合的教学，适合的不仅是学生和文本，还包括教师本身。每个教师都有自己的个性特长，有的长于言语表达，有的长于动手操作，有的长于网络媒体，将自身优势与教学实际相结合，何必一定要削足适履？中央电视台《百家讲坛》栏目并没有采用先学后教、限时讲授的方式，同样把深奥晦涩的古典文学变得通俗易懂、妙趣横生，深受各类观众的欢迎，你能说这种教学方式低效吗？

“精实”的教学评价体现在尊重学生的发展规律和认知规律，尊重师生的个性差异和兴趣特长，尊重课程的基础性、选择性和发展性，在基本教学要求达成的前提下，考量达成基本教学要求的方法和路径能否再优化，考量学生、教师和课程的生长能否再深化，考量立德树人的根本任务和核心素养的培养任务能否再强化。“精”和“实”不仅是评价目标，也是评价理念和评价方法。“精实”的教学评价坚持以人为本，以学生和教师的发展为本，坚持质性评价与量化评价相结合，重视已有评价方法的优化融合，精心组织和实施各项评价活动，确保评价的实效性和针对性，最终指向学生成长和教师进步，实现真正意义上的教学相长，促进师生更好地发展，让教师把教学活动的重心转移到促进学生学会学习上，让学生学习更积极、更主动。通过评价信息的反馈，让教师更客观地了解自己，了解学生，了解教学过程的适合度，并以此为基础生成新的、更有针对性的教学策略、方案和学习方法，引导学生探索具有个性特点的学习方式，发展数学核心素养，优化数学学习习惯，提高自主学习能力。

对教学的“精”和“实”，不同的人可以有不同的理解，同时又有基本的约定：“精实”教学关注的不仅是教师的教学技艺，更重视教学的生成价值；不仅是学生考试的成绩，更重视学生的学习品质；不仅是学生在数学活动中的外在表现，更重视学生数学素养的达成状况；不仅是学生分析和解决问题能力的培养，更重视学生从数学角度发现和提出问题能力的提升；不仅是学生的平均质态，更重视每个个体数学发展的程度，为其自主、全面、可持续地发展提供支撑。

教学的“精”和“实”离不开评价的“精”和“实”，“精实”的教学评价是“精实数学”目标达成的重要抓手。对课堂教学的评价、作业设置的评价、学生数学素养发展状况的评价，是教学评价不可或缺的三个方面。“精实数学”不仅体现在课堂教学上，力求让每节课焕发出生命的活力；还体现作业设置上，力求让每道题发挥出最大价值；更体现在学生数学素养的提升上，力求让每个学生都能学会学习，都能得到真实的发展。

① 中华人民共和国教育部.普通高中数学课程标准(2017 年版 2020 年修订)[M].北京：人民教育出版社，2020：3.

二、精实教学品质的阐释

精实的教学品质，是成为好老师的必备条件。习近平总书记非常重视教师的作用，重视教师队伍的建设。他指出："教师重要，就在于教师的工作是塑造灵魂、塑造生命、塑造人的工作。一个人遇到好老师是人生的幸运，一个学校拥有好老师是学校的光荣，一个民族源源不断地涌现出一批又一批好老师则是民族的希望。国家繁荣、民族振兴、教育发展，需要我们大力培养造就一支师德高尚、业务精湛、结构合理、充满活力的高素质专业化教师队伍，需要涌现一大批好老师。"①精实的教学品质可以用精心、精致、精要、平实、真实、扎实六个关键词来概括，其中最能反映"精实教学品质"特征的是精心、精致和平实，精心的态度、精致的过程、平实的状态，是精实数学教学的核心要素。本节主要研究这三个方面。

1. 精心的态度是精实数学教学的前提

2014 年 9 月 9 日，习总书记号召全国教师做有理想信念、有道德情操、有扎实学识、有仁爱之心的"四有"好老师。这"四有"中的"三有"都与师德直接相关，而师德又是教师教学态度的核心价值观。只教书不育人的教师是不负责任、不合格的教师。育人是每个教育者共同的责任。教师学为人师，行为世范，教师对学生的影响主要靠耳濡目染，润物无声，教师教学态度对学生的影响远超过其传授的专业知识。

很多时候，我们在各类名优教师的评选中把专业能力放在第一位，却很少考量处于其行为核心的特质——态度。对教师个体而言，教育方法和内容是外在的，教学态度则是发自内心的，它会在教育教学过程中无意识地传递给学生，潜移默化地影响学生。教师看到的到底是"冷冰冰的分"，还是"活生生的人"；教师能不能上好一堂课，学生能不能从这堂课上学有所获，都与教师的教学态度紧密相关。

教学态度，是指教师对教育事业所持的一种平静而持续的情绪，是教师对教学工作和学生的一种心理反应倾向。教师的教学态度包括教师对学生、对工作、对生活的态度，以及与此相关的人格特性和心理品质，以爱心和责任心为显著标志。教师的教学态度直接影响着教师对教学工作全方位的理解，影响着教师的教学主动性、积极性，也影响着教师教学工作的行为方式，进而影响教学质量的提高和学生的全面发展。

教师的教学态度具有相对稳定性，也就决定了其教学行为与态度的相对一致性。如果教师认同学校文化和教育工作，就会忠诚于教育事业，勇于承受各种压力和负担。电视剧《亮剑》有一段台词："一支具有优良传统的部队，往往具有培养英雄的土壤，英雄或者优秀军人的出现，往往是由集体形式出现，而不是由个体形式出现，理由很简单，他们受到同样传统的影响，养成了同样的性格和气质。"培养精心的教学态度，需要个体的努力，更需要学校良好的群体氛围，并通过教师代代相传，形成积极向上的校园文化。

---

① 习近平．做党和人民满意的好老师[N]．光明日报，2014－09－10(2)．

在教学过程中，教师，学生，教学内容，教学媒体，众多要素既相互联系、相互促进，又相互影响、相互制约，只有教师用精心的态度进行精细设计和精致调配，才能促进各要素的协同统一，才能让教育教学取得理想的效益。

2. 平实的状态是精实数学教学的基石

教育需要平静、平和、平等，不忘初心；需要摒弃浮躁，静心修身，安心教书，潜心育人；需要恪守常识，尊重规律，真心实意，实事求是。

“平实”的“平”，一是指“平时”，是教学的常规和常态。公开课应当是日常教学的真实写照，是平时自然生态的本真展示。上课只是手段，是为了教学交流、研讨、分析、诊断和评价的需要。公开课所要研究和解决的问题主要是日常教学的问题，也就要求公开课尽可能接近于日常课堂。事实上，公开课隐藏了许多“不能言说的秘密”。为了磨好一节课，不少学校组织专门团队进行包装设计，每一个环节都精确算计，由谁来回答，由谁来“出错”、在什么地方“出错”，都事先“内定”。这种课，磨一遍两遍、一次两次还可以，磨多了会适得其反。常有人讲，公开课好看不好学，也不能学，不必学。所谓“平实”的教学、“平实”的课堂，首先要还原真实课堂，解决真实问题。能把教学的有效性问题解决到位本身就是对学生的人性关怀，因为它减轻了师生不必要的负担。

“平”的第二层意思是“平和”。教育不可能一蹴而就，需要滴水穿石的功夫，需要静待花开的情怀。学生的认知能力较低，性格也处于发展和完善的过程之中，教师的心态会直接影响学生的成长，教师健全的心理和人格，是构成良好师生关系的基础。教师的人格魅力相当重要，师生之间的矛盾冲突，不一定都是师德有问题，更多的是教师在平时教学过程中没有调整好情绪脾气，没有能处理好师生关系。心态平和的教师培养的学生大多热情、开朗、宽容、乐观豁达，而教师冲动、烦躁、变化无常的情绪会使学生焦虑、害怕，学习效果和身心健康也可想而知。

“平”的第三层意思是“平静”。学校需要平静，杜绝大吹大擂、好大喜功，减少不必要的干扰；教师需要平静，杜绝虚情假意、急功近利，减少不必要的折腾；学生需要平静，杜绝弄虚作假、浮而不实，减少不必要的伤害。教师守得住清静，保得住纯真，耐得住寂寞，熬得住长夜，“宠辱不惊，闲看庭前花开花落；去留无意，漫望天空云卷云舒”应当是教师追求的境界。教学需要宁静致远、淡泊明志，别出心裁、另起炉灶不一定是好事。在教育问题上，有时没有特色也是特色，没有风格也是风格，无形胜似有形，无道却为有道，关键看我们的教学方法、教学理念是否符合学校、学生的实际，能否真正解决教学过程中的问题和困难，获得较好的教学成效。

“平”，还可以理解为“平等”，让学生有自主性、选择性和主人翁意识、责任感。有效教学离不开教师的真诚、民主、平等，师生的平等关系是平实对话的前提。教师以欣赏的眼光平等地对待每个学生，尊重每个学生的人格和个性，用爱去创造教育的契机和奇迹，让每个学生都能在应有基础上得到充分的发展，这才是真正意义上的平等。

对于“平实”的“实”，可以理解为“朴实”。高效课堂的吹鼓手李某某设计了一个非常美好的课堂状态：以学生自学为主，教师少讲或不讲。他借学生的口发出了“我的课堂我作主，快乐课堂我称帝”“课堂是自己的，如果被别人占有，那还了得”的声音，甚至硬性规定每节课教师只能讲几分钟，结果是学生反了，课堂散了，教师也不管了，讲台下岗了，四周全是黑板了，似乎学生可以踢开教师自主闹革命，弄得教师不敢讲，也不知道怎么讲，课堂如超市般热闹。这样的课堂真的有效？在遭遇普遍质疑以后，李某某又提出高效课堂的新诠释：学杜郎口中学，不必砸掉讲台，不必全都镶上黑板，只要记住以人为本，关注生命就可以了。这样翻来覆去，让人无所适从。

教师究竟讲多少为宜，还是要根据教学内容的特点、不同时段的需要和教师本人的风格来确定，不能简单地“一刀切”。教师讲得“好”，讲得“精”，恰到好处、及时有效地指导、点拨和调控，是公认的教学要求，也是解决学生理解不深、领会不透和共性错误的实际要求。

教育需要良知，需要情怀，需要常识，需要朴实①。教育者不唱高调，不贴标签，不吹牛皮，凭着良心和责任心认认真真地完成每一个教育环节，就是“朴实”。教育者既要一视同仁，又要因材施教；既要目标导向，又要顺势而为，把教育当做长线过程、系统工程，这也是“常识”。教师的“良知”体现在境界和高度，坚守自己的道德底线，至少不给学生说连自己都不相信的话，不要求学生做连自己都不愿做的事，抓分数又不唯分数，重排名又不唯排名，仔细分析每个学生的个性特点，在高考压力和道德良知的缝隙中求生存、求发展、求突破，努力追求整体效益的最大化。耐心守候，静心陪伴，是精实数学教学应有的品质。

3. 精致的过程是精实数学教学的核心

教学过程的定位到底是“精细化”还是“精致化”，一字之差，含义与境界都不同。

精细化是工业化的产物，侧重于对事物的管理，强调执行力，要求管理工作做到制度化、格式化、程式化。而精致化主要针对的是人，是对人的精神引领和品质提升，既重视细节、过程，又注重结果；既强调科学精神，又突出人文价值，力求两者的和融共通。精细是一种态度，精致是一种品质，精致化追求的不仅仅是目标的精准，细节的精妙，更体现在协调统整的思想理念和动态和谐的生成机制。精细化是精致化的基础，没有精细就无所谓精致；精致化又是精细化的再完善，是教育教学的理想境界，也是教育者努力追求并矢志不渝的目标。

究竟怎样的教学过程才是精致的？或者说，教学过程的理想境界是什么？

(1) 精致的教学过程以道法自然、无为而治为追求

老子在《道德经(第二十五章)》指出：“人法地，地法天，天法道，道法自然。”老子从天道自然的体悟中，认识到尊重客观规律的重要性。“道”意为自然规律，是对自然欲求的顺应。在他看来，人要顺应天道自然而行动，从合规律性中去实现合目的性。顺应自

① 李镇西. 急功近利是教育的天敌[DB/OL]. http://www.aiweibang.com/yuedu/172311553.html.

然，就是尊重客观，认识变化，承认变化，顺应变化，保持适应生存的能力。这种适应生存，不是消极、被动地受制于自然，而是发挥主观能动性去主动发现、认识和利用自然规律，按照规律顺势而为，主动适应自然、合理改造自然，实现人与自然的和谐相处。数学教育过程中也要努力做到“顺其自然”。教学中的“顺其自然”，就是按照学生的身心发展规律和教育教学规律办事。每个完整的人都需要各方面协调发展，各人的发展需求不尽相同，不能只顾某些人，而忽视其他人；只顾某些方面，而忽视其他方面。违背规律刻意而为，可能偶尔得势，但不会长久，终究经不起时间和实践的检验。

“无为而治”语出《论语·卫灵公》。原文是：“无为而治者，其舜也与？”而最早提出“无为而治”的还是老子。《道德经(第三章)》：“为无为，则无不治。”意思是以顺其自然的态度做事，没有什么管理不好的。儒家所说的“无为”与道家的“无为”思想差距很大。孔子“无为而治”的意思是“有人管无人管一个样”，而通常所讲的“无为而治”，是老子道家的治国理念。无为而治的“无为”，不是什么都不做，一无所为，而是不妄为，不强为，不随意而为，不违道而为。对于那种符合道的事情，必须以有为为之。“无为而治”遵循大千世界的规律，尊重人的个性，有所为有所不为，是一种独特的思维方式。“无为而治”体现在教学过程中，就是教师不应事事躬亲，全面包办，更应顺乎自然，因势利导，给学生自主学习的时间和空间，尽可能发挥学生的主观能动性。

(2) 精致的教学过程以“中庸”思想为统领

“中庸”是儒家为人处世所追求的最高境界，做人不为拘泥，不为偏激，把握好分寸，寻求适度、适当，追求中正之道。“中庸之道”的核心是“中和至善”，“中庸”也就落实在“中”“和”两个字。《礼记·中庸(第一章)》：“喜怒哀乐之未发，谓之中；发而皆中节，谓之和。中也者，天下之大本也；和也者，天下之达道也。致中和，天地位焉，万物育焉。”“道法自然，无为而治”侧重强调行事方式，“中庸”则突出个人修行，强调自我教育、自我约束、自我监督、自我完善。

“中”指“适度”，即“过犹不及”“允执其中”。中庸不是折衷、和稀泥，而是把握好事物的“度”，在事物的两端——“过”和“不及”之间寻找一个平衡点，不偏不倚，恰到好处，最终达到和谐的状态。这种“度”的把握，依据就是“道”。无为而治其实是以无为的方式达到有为的目的。该不为时就不为，该为时就要为，为与不为的度就是“中庸之道”。这是一种恰到好处的“为”，遵守客观规律，顺应事物自然发展趋势，无过不及，不走极端，追求中常之道，讲求协调和谐。“无为而治”的最佳途径是“中庸之道”，“中庸之道”的终极目标又是“无为而治”。

“和”是指不同事物之间相互补充、相互调节，从而达到总体上的和谐共生。孔子在《论语·子路》中明确提出：“君子和而不同，小人同而不和”，儒家所追求的“和”，并不是无原则的和，它同样反对人云亦云、盲目附和。“和而不同”有两条基本原则：一是个体差异性原则，差异是发展的动力，各种不同个性或特长的发展需要相互沟通、交流和碰撞；二是和谐性原则，同心同力，兼容“不同”，集众芳之美，达到新的和谐。“顺其自然”

强调的是发现、尊重和利用自然规律，个体差异本身就是客观存在的事实，是不可抗拒的规律，说到底，它与“和而不同”一脉相承。

“中庸之道”与“无为之治”虽不是同门而生，但两种学说相互影响、相互渗透、交相辉映、水乳交融，构成了中华民族传统文化深厚的哲学思想和治国方略。

“中庸”是一种智慧。如果望文生义，把“中庸”理解为“保守怯懦、模棱两可、圆滑世故、随遇而安”，当做创新的绊脚石，也就成了鲁迅笔下的伪“中庸”。鲁迅在《热风·通讯》中解释说：伪“中庸”，其实是卑怯。《礼记·中庸》：“致广大而尽精微，极高明而道中庸”，儒家的中庸之道并非主张碌碌无为，“不求有功，但求无过”，它也旗帜鲜明地反对“风吹两面倒”的“墙头草”做派，反对不守原则、不作为的“老好人”做派，既有超越的追求，又有现实的态度，这些观念与伪“中庸”有着本质区别。

西方也有“中庸”思想。中西方“中庸”思想总体观点相近，对人类的文明和进步意义深远。杜兰特指出：“在西方，古希腊哲学家亚里士多德就竭力倡导过中庸思想，他认为，任何事情只有做到中庸才是正确的。……柏拉图持中庸立场，所以称美德为和谐的行为；苏格拉底持中庸立场，所以将美德与知识等同起来。希腊七贤开创了中庸传统，在德尔斐的阿波罗神庙刻下了‘物极必反’的箴言。”①古希腊与我国先秦基本处于同一个时代，东西方社会对“中庸”涵义的理解的差异主要体现在：东方的“中庸”人文色彩浓，主观意识强；西方的“中庸”更多的是“中道”，更注重哲学智慧，突出客观公正，科学理性强。到了现代，中庸思想逐渐被冷落，片面强调发展、竞争，追求利润最大化，必然要剑走偏锋、强势推进，导致自然生态和精神生态的畸形。在反省现代之路的偏激和极端之后，“中庸”又被重新拾起。纵观我国教育教学改革发展的历程，众多数学家、教育家一直孜孜以求的就是适合实际需要的“中庸之道”。

精致的教学过程其实就是以“中庸”思想统领的教学过程，它要求教育者博采众长、为我所用，在优选整合的基础上，推陈出新，探索出适合自己的“中间地带”。能发现别人没有走过的“最佳路径”是人人期望的，但不等于别人走过的路就不能重复，关键是要与具体情况相结合，因地、因人制宜，科学地扬弃。教育需要创新，但创新不能丢掉传统，丢掉“根”，更不能“想当然”。实践是检验真理的唯一标准，检验教学理念、教学方法是否有效，主要看其能坚持多久，“中庸之道”可以帮助修正方向，少走弯路。

(3) 精致的教学过程是一幅美不胜收的水墨画

水墨画追求“笔愈简而气愈清，景愈少而意愈长”的布局意境，当疏则疏，当密则密，该聚则聚，该散则散。画水墨画需要画家胸怀一方天地，以简明的方式表达精致的情感。“惜墨如金”是水墨画的重要特征，笔尖上蘸的墨不多不少，运笔时才能恰到好处，画出的线条才不腻不燥、不干不湿。水墨画擅“留白”，可以虚实相映，形神兼备，创造出

① [美]威尔·杜兰特. 哲学的故事[M]. 金发燊，等译. 北京：三联书店，1997：59－60.

无画处皆成妙境的艺术境界。这何尝不是精致教学过程的写照呢？

教学也可以“计白当黑”，“黑”就是师生有声有色的教学活动，“白”就是教师有意安排的“空闲”间歇，给学生留点思考的时间、思维的空间、想象的空地、探索的机会，让他们经历自主学习、自主建构、自主探究、自我完善、自我“陶醉”的过程，在获取知识、提升能力、解决问题的同时，获得独特的体验和感受，从而获得身心的和谐发展。精致在于用心，张弛有度，心中装着教学大格局，面面俱到、把所有时空都安排得“严严实实”的做法，与“精致”的理念格格不入。

孔子倡导“不愤不启，不悱不发”。“愤”和“悱”，实际上就是学生在进入积极思维状态前的心理上的空白。课堂提问前让学生先思考几秒钟，讲授练习前让学生先练上几分钟，课堂小结前让学生先定神几分钟，表面上“浪费”了一两分钟，但对整堂课，对学生的“学”和教师的“教”都会产生事半功倍的效果。

好的课堂不只是追求完美，还应该给学生和教师留下有意义的省略号，在有限中追求无限，努力追求言有尽而意无穷的境界，把师生继续钻研的“胃口”吊起来，把更广阔的思考场域立起来，留出空白，留出精彩，留出师生共同成长的“窗口”。

精心的态度，平实的状态，精致的过程，是精实数学教学品质的三大核心要素。如果把平实的状态看作定义域，精心的态度看作对应法则，那么精致的过程就应该是值域，是顺理成章的必然结果。

三、精实教育的海中样本

1. 海中教师的教学品格

海安中学的教师响亮地提出：为了学生少花一分钟，教师多花十分钟也值得。他们深知，教师多一分思考、多一分辛劳，学生就省一分力气、增一分效果。只有比别人多考虑一点，多辛劳一点，多坚持一点，才有可能比别人好一点。

工作可以平凡，但不能平庸，把平凡的事情做到位就是不平凡，把简单的事情做精致就是不简单。海安中学的教师把教育当成自己的事业，当成自己的责任，当成自己生命的重要部分，为了这份神圣的事业倾注了全部的心血和爱。这种敬业精神和教育情怀，真正体现了习总书记“教师要将桃李满天下、春晖遍四方当作最大荣耀，将青出于蓝而胜于蓝、一代更比一代强当作最大幸福”的期盼。习总书记要求教师做好锤炼品格、学习知识、创新思维、奉献祖国四个方面的引路人，如果教师自己都不愿奉献给学生，凭什么要求学生奉献给祖国？海安中学的教师非常清楚“学生成就教师”与“教师成就学生”哪个更重要，也甘为学生成长的铺路石。在他们看来，金杯银杯远不如老百姓的口碑，名师之名在于为国家、为社会培养了多少有用的人才。老百姓不认可，名头再多也等于零。只有发自内心地把学校的事当成自己的事，把学生当成自己的子女，“精益求精，求真务实”的“精实品质”才会化为切切实实的行动。

如何让每个学生都能在原有基础上获得更好、更大的进步和发展？这也是检验学校教育是否“精实”的重要标志。

十多年来，海安中学一直坚持“教师指导、学生自主、定期流动、管理保障”的分层选班原则，突出了以学定教、因材施教，目的是让每个学生都有机会找到自己的位置，找到最佳的发展方式。学校要求教师依据学生的“最近发展区”，因人而异、因势利导，像给名贵花木输营养液一样，针对每个学生的实际，缺什么补什么，在每个环节上对不同层次的学生都有不同的要求，尽可能做到一人一策，让各层次的学生都能“跳一跳，够得着”，都能在原有基础上得到充分的发展。

海安中学的分层编班不是一次成型、一成不变，每个学年都有“滚动”。相比“一成不变”的编班，班级的稳定性会弱一些，但学生会和更多的教师相遇，会从更多的比较中发现适合自己的教学风格，也会从不同的教师身上获得相互补充的学习方式、思维品质和学科素养。遇到一个好老师是学生一生的幸运，遇到一个不适合的老师可能会影响学生高中三年，甚至一生。由于诸多因素，有些学生不满意自己原先的表现，迫切希望换个新环境“从头开始”，这也是他们不断追求进步的动力。重新编班客观上对教师提出了更高的要求，学生经历了多个教师，对学科教学有了自己的认识和判断，自然会对后来的教师充满更高的期望，这也给后来的教师更大的压力和挑战。

海安中学的分层教学实践，得到了学生和家长的高度认同和大力支持。大家都清醒地认识到，对学生而言，适合的才是最好的，并不会因为选择要求高的班级就变得优秀，而是因为优秀了才能选择要求高的班级。学生对在哪个层次并不十分介意，每年都有学生“宁为鸡头，不为凤尾”，主动放弃上一个层次，客观上保证了每个层次都有领跑的学生，他们更容易获得成功和满足感，做事更自信，心态更阳光，劲头更充足，分层教学的健康生态得以持久保持。

近年来，海安中学根据本校实际，围绕兴趣、学情、需求进行学科选课走班、分层教学。选课走班采取自下而上的原则，让学生根据自己的学科特长和兴趣，自主选择。学校采取跨班级、跨年级组合的方式，进行更有针对性的学科提升，让一批学科尖子生脱颖而出。选课走班安排在选科分班之前，侧重于“选”和“走”，给学生更多主动尝试、自主选择的机会，既挖掘了学生的学科潜能，又为他们的选科提供了重要参考，充分体现了教学的“精”和“实”。学校还与相关高校对接，开设大学先修课程，让学有余力的学生自主钻研。正是每个层次、每个学生的共同进步，才有了整体质量的稳步提升，学生的个性化发展和多样化发展也才得到真实的实现。

2. 海中共识的教学要求

海安中学以精心的态度、求实的作风，在每学期向教师、学生和家长广泛征求意见的基础上，认真总结梳理，形成了课堂教学“345”要义。

“3”指追求三个“突出”：

一是突出学生本位。核心是以学定教，因材施教。教师要目中有人，关注学生的需要和参与，尊重学生、鼓励学生，激发学生兴趣，引导学生动脑、动手、动嘴。教室不是教师的讲堂，而是教学生学习的地方，上课不能只考虑教学内容的重点、难点、分几个步骤，更要考虑学生的需要、学生的可能，考虑怎样充分调动学生的主动性。

二是突出学科基础。突出基础知识，核心知识，有再生价值的知识，突出基本能力，基本习惯。每门学科都有自己的核心，每个教师都要明确所教学科的核心是什么，明晰每节课学生必须掌握的内容，突出重点，在学生脑海中形成深刻印记。

三是突出问题引领。教师要认真思考：什么样的问题涉及教学内容的核心；问题如何排列才能将学生的思维引向深处；如何提问才能帮助学生形成高质量的回答。教师要将发现问题、提出问题、分析问题、解决问题贯穿于课堂的始终，让问题条理化、基础化、核心化，创设问题情境，激发求知欲，以问题引领教学，着眼思维发展。

“4”指坚持四个“强化”：

一是强化激情。教师走进教室，必须精神饱满，眼睛放光，以姿态助说话，借激情感染学生。

二是强化启发。铺设台阶，循循善诱，抓准问题，一石激起千层浪。

三是强化条理。讲授知识、训练能力要有系统性、步骤性，正确不等于清楚，清楚不等于好懂，好懂不等于好记。

四是强化训练。以有效的训练促进知识的积累、能力的形成。教学案既是课堂练习，也是课堂笔记，还是课后巩固的资料。

“5”有两重含义，一重是指教学的五个“环节”：

一是精心导入。营造新知识的学习情境，揭示学习内容的价值、意义，让学生产生求知欲，主动进入学习状态。

二是精讲示范。抓住典型讲清讲透，深入浅出，格物致知。

三是质疑消化。善于发现问题，提出问题，引发学生思考。要留出时间让学生质疑说难，让重点、难点内容在课堂上细磨消化。

四是归纳小结，注重每节课、每个章节的梳理和总结，帮助学生提炼、提升。

五是迁移练习。讲练结合，讲什么练什么要心中有数，举一反三。

另一重是指教学的五个“清晰”：

一是教学目标清晰。切实明确，课课有得。

二是知识体系清晰。系统清晰，得得相连。

三是课堂思路清晰。由此及彼，由浅入深。

四是讲授语言清晰。简洁明快，表达准确。

五是方法点拨清晰。揭示方法，授人以渔。

海安中学课堂教学“345”要义贴近学校实际，体现了为学生成长服务的理念。学校要求教师既要会做加法，把能用的时间尽量用起来，能做的工作尽量做到位，也要会做减法，挤掉不必要的“水份”，包括：教学目标中实现不了的要求；教学内容中的次要部分；多余的教学环节；可说可不说的废话；可做可不做的练习；不恰当的教学手段。课堂教学还要防止“四贪”：

一是贪多。贪多容易主次不分，偏离学科主干。

二是贪高。贪高容易忽视基础，偏离学生实际。

三是贪快。贪快容易走过场，造成消化不良。

四是贪新。贪新容易陷于形式，妨碍对实质的深究。

贪多的反面是求精，贪高的反面是求准，贪快的反面是求稳，贪新的反面是求实。教学要努力追求精、准、稳、实。他们提出：讲题不讲则已，讲则到位，泛泛而讲，不如不讲；做题不做则已，做则到位，泛泛而做，不如不做。通过减少“不必要的浪费”，提高教育教学的效率，从而把更多的精力用到促进学生的发展上。

海安中学教师有一个共识：课堂教学首先要追求“有效”，有效是前提，高效是目标。有效教学可以体现为三个衡量标准，即三个90%：一是本节课90%以上的学生积极参与教学全过程；二是本节课所学内容90%以上能被学生掌握。有了每节课的这两个90%，就能保证教学的最终质量，也就有了第三个90%——高考时，90%以上学生都能够取得理想的成绩。前两个90%只是评价一节课教学效果优劣的前提，还不是评价一节课好坏的全面标准。因为一节课的好坏，除教学效果外，还包括其他方面的内容。但保持一个较好的教学效果，是对课堂教学的基本要求。达不到这个基本要求，其他方面的评价就失去了意义。因此，第三个90%应该是水到渠成的教学质量的最终目标。这不仅是对高三复习的要求，也是对平时教学的要求。

教师在课堂教学中要解决好三个问题：

一是让学生得到什么？这是教学目标的问题。

二是用什么方式让学生得到？这是教学方法的问题。

三是学生究竟得到了什么？这是教学效果的问题。

海安中学以学生的“学”为出发点和落脚点，着力解决这三个问题：

一是“以学定教”(充分了解学生，加强学情研究，学生答题错在什么地方，为什么错，怎样使其不再错)。

二是“以学评教”(关键是教学效果，让学生学会答题)。

三是“以学促教”(促进教学质量的提高，促进教师教学水平的提高)。

学校明确要求不同的年级、班级都要有不同的目标定位，不同的教学方法和教学策略，学习基础偏差的，教师就重点推荐讲练式的教学方法，先讲后练，让学生与教师同步思维，课后让学生自主钻研；基础较好的，则采用练讲式教学，先练后讲，学生有准备的听课，提高了课堂的效率；介于两者之间的，讲练融合交替进行，讲讲练练，练练讲讲，让学生及时消化巩固。学校没有明确界定教师每节课讲授的时间，鼓励教师根据班级大多数学生的需求确定教学起点和教学方法，鼓励学生根据自己的情况合理划分作业时间，尽量避免因“一刀切”而忽视学生的自主性和差异性。实验班学生自主学习钻研的时间比普通班多，教学进度也比普通班快，难度也比普通班大。

以备课为例，精心备课是上好课的基础。好的教师随时随地都在为上课做准备。海安中学要求教师在备课时对五个问题有比较清晰的认识：

一是教什么。教材内容不等于教学内容。教者既要重视基础知识基本技能，又要重视基本思想方法与基本活动经验；既要加强数学活动过程的研究，也要思考在知识以外还能给学生什么。

二是教材的核心与关键在哪里。教材中各知识点的地位和作用不一样，要分清主次轻重，抓住核心问题和关键知识点，避免平均使用力量。

三是学生的困难在哪里。要以学生的视角看教材，充分估计学生在学习中可能遇到的困难，分析困难产生的原因，采取针对措施，力争把问题解决在萌芽状态。

四是结论如何转化为过程。再好的教材也只能算是演出的脚本，要保证演出成功，还必须把脚本"再加工""再创作"，让脚本好操作、易接受、有成效。

五是怎么教。学生学习效率低的主要原因是对基本概念、基本原理没有真正弄通弄透，"夹生饭"难以煮熟。必须重视知识的发生过程，真正做到以学定教。

3. 海中的数学复习策略

2003 年，《中国青年报》约我写了一篇文章《如何提高高考复习的针对性》，介绍海安中学数学高考复习的经验。当时我提出四点建议：

(1) 以纲为纲，明晰考试要求

抓住纲领，可以明确方向，减少盲目低效的劳动。以前的"纲"，主要指《课程标准》《考试大纲》和《考试说明》。现在，实施普通高中新课程的省份不再制定考试大纲，高考复习的"纲"就变成了三类：一是《课程标准》，二是前几年的高考试卷，三是每年的高考评价报告。高考关涉千家万户，关涉社会稳定，必须保持高考的延续性，保证高考的平稳过渡，所以命题老师不可能"随心所欲"，依旧要带着"镣铐"跳舞。前几年的高考试卷就是考试的"纲领"，可以发现命题的规律；每年的高考评价报告，结合高校选人标准的变化要求，又可以帮助把握命题的发展趋势。只有吃透考试要求，把好方向，才能让高考复习既精又实，才能以不变应万变，少做无用功。

(2) 以本为本，把握通性通法

高考数学试题坚持新题不难、难题不怪的命题方向，强调"注意通性通法，淡化特殊技巧"。正如教育部考试中心命题处原处长任子朝所说："不能借口能力考查和理论联系实际而弱化、淡化基础知识和基本理论。"有的知识点看起来在课本中没有出现过，但它属于"一捅就破"的情况，出现的可能也是有的。"注意通性通法，淡化特殊技巧"，就是说高考非常重视具有普遍意义的数学方法和基础知识，命题更多的是从知识网络的交汇点上设计题目，从学科的整体意义、思想内涵上考虑问题。

命题老师不是天外来客，课本题和一些经典的高考题、模拟题是命题老师推陈出新的动力之源。高考答卷的主要问题是考生对基础知识的理解不深刻、掌握不牢固、运用不灵活，尤其是当一个概念以变式出现或与其他内容综合在一起时，就会出现各种各样的错误。在求活、求新、求变的命题指导思想之下，高考数学试题虽然不可能考查单纯识记的内容，也不会考课本上的原题，但对高考试卷进行分析就不难发现，许多题目都能在课本上找到“影子”，不少高考题就是对课本原题的变形、升级及综合。因此，即便到了高三复习，仍要把回归课本作为复习工作的重中之重。只有吃透课本上的例题、习题，才能全面、系统地掌握基础知识和基本方法，构建数学的知识网络。

那么，怎样用好课本？

回归课本，不是要强记题型、死背结论，而是要抓纲悟本，对着课本目录回忆和梳理知识，把重点放在掌握例题涵盖的知识及解题方法上，选择一些针对性极强的题目进行强化训练、复习才有实效。教师要站在学生的角度吃透教材，吃透教材主要体现在三个字：准、熟、灵。“准”就是对每个知识点都要搞准确，不能似懂非懂，模棱两可。看书时不能走马观花，要逐字逐句钻研，务必达到透彻理解为止。“熟”就是对学过的内容都要记准、练熟，用起来得心应手。只看不练是不行的，有些题目学生看懂了，还不一定会做，会做了也不一定规范、准确。“灵”就是要学会灵活运用知识，熟悉基本套路的各种变形和应用，理解它的实质以及和其他知识的内在联系。重视挖掘课本中典型问题的演变、引申和拓展规律，以便让学生弄清知识的产生和发展过程，找到解决一类问题的方法，达到举一反三的效果。

(3) 以“错”纠错，查漏补缺

多数有用的经验都是从错误中总结出来的。我曾提出教学的“渔网理论”：高三所做的各类试题有几十套，甚至成百套。如果把试卷看成是一张一张的网，每次考试都相当于在捕鱼。每次捕鱼时发现有鱼从渔网上漏掉，就要及时修好渔网，才不至于在下次捕鱼时再有鱼从网洞里漏掉。

做题也是一样。做题的目的是培养能力，是发现自己的弱点和不足。师生都要有错题集，学生每天都要进行错题整理和消化，每过一段时间还要把“错题笔记”或标记错题的试卷看一看；教师要把每次学生练习的错误情况进行统计和分析，找出解决问题的办法，并及时反馈给学生，每过一段时间还要组织错题过关。

学生平时做错题笔记时要注意三个方面：

一是记下错误是什么，最好用红笔划出。

二是找出错误原因是什么，包括审题、知识点缺漏、答题规范等方面。

三是错误纠正方法及注意事项。根据错误原因的分析提出纠正方法并提醒自己碰到类似情况应注意些什么。

我们设计了查漏补缺的分析表，如表 1，要求学生每次考试后，都要将试卷中出现的错误进行分类。

表 1　学科知识自查分析表

姓名：________　考试名称：________　考试时间：________

知识点	涉及题号	满分	本班均分	个人(年级)得分	错题分析(题号、错因、启示)
三角函数					
函数、导数					
概率、统计					
数列、不等式					
解析几何					
立体几何					
其　他					

通过对考卷做出进一步的分析，师生都可以及时总结、发现教和学的不足，明确调整方向，确定今后复习的重点，以便找准问题，对症下药，为统一讲评做好准备。

(4) 以考学考，提高应试技能

考试是一门学问。高考要想取得好成绩，不仅取决于扎实的基础知识、熟练的基本技能和过硬的解题能力，还取决于临场的发挥。平常的考试是学生积累考试经验的重要途径。每个学生都要把平时考试当作高考，从心理调节、时间分配、节奏把握、书写规范以及整个考试的运筹诸方面不断调试，逐步掌握应试的策略和技巧。一般说来，考试时首先要调整好心态，不能让试题的难度、题量、题型、熟悉程度影响自己的情绪，力争会做的题不扣分，不会做的题尽量得分。然后认真读题，仔细审题，潜心算题，规范答题。其次，应在规定的时间内完成，讲究快速、准确。平时做题应做到：想明白、说清楚、算准确，即注意思路的清晰性、思维的严密性、叙述的条理性、结果的准确性。力争能准确领会命题老师的意图，站在命题者的角度思考问题。每次考完后，都要认真总结得失，弄清五个方面的内容：① 本题考查了哪些知识点？② 怎样审题？怎样打开解题思路？③ 本题主要运用了哪些方法和技巧？关键步骤在哪里？④ 答题中有哪些典型错误？这些错误是知识上、逻辑上、心理上还是策略上的原因？⑤ 如何针对存在问题调整复习策略，使复习更有针对性？

在大型考试结束以后，学生还要从考试方法、策略上查找原因，积累考试的经验。我们设计了考后反思表，如表 2。

表 2　学科统测考后反思表

姓名：________　考试名称：________　考试时间：________

失分原因	典型案例剖析	解决方案
审题不细		
概念不清		
思考不周		
计算错误		
逻辑混乱		
不规范不严谨		
意志不坚		
时间搭配不当		

学生“会而不对，对而不全”，既是一个能力问题，又是一个习惯问题，是一个老大难问题。怎样避免这个问题，关键是要根据每个学生的实际情况，帮助他们突破薄弱环节，养成良好的解题习惯。有的学生对审题重视不够，题目的条件与要求都没有吃透就急于下笔，至于如何从题目中挖掘隐含条件、启发解题思路就更无从谈起，出错的几率必然大；有的学生平时没有紧张的感觉，不注意解题技巧，解题速度慢，填空题总要小题大做，用时太多，从某种意义上讲，即使做对了也可能意味着“潜在丢分”；有的学生不注意解题的规范性，“丢三落四”造成无谓的失分。考试追求的是单位时间的分数最大化，怎样得到更多的分数，还需学会选择和比较，学会舍弃。

这篇文章带有较强的“应试”色彩，但减负增效的方向明确、效果明显，全国众多媒体纷纷转载，不少地区还把它作为高考复习的指导书。20 年过去了，高考的背景、内容、考查方法发生了很多变化，但高考复习的通性通法、复习的套路还是差不多。新时代育人方式改革要求我们更多地关注学生的发展，实现从“育分”到“育人”的转变，这也是我们从“减负增效”到“精实数学教学”的提升方向。

第三章　精实数学教学的要素

一般认为，教育者、学习者和教育影响是教学的三个基本要素，这三个要素又与教学、学习的过程及知识的掌握程度相关。那么，教学过程应当完成哪些工作？教师的教和学生的学怎样才算“精”和“实”？教师和学生怎样避免成为低级的知识“搬运工”？本章就从知识、教学和学习三个维度对精实数学教学进行进一步的分析。

第一节　知识维度

在“核心素养”成为热词以后，再谈知识教学似乎有些落伍，似乎过去所教的都是死记硬背、机械训练的死知识，妨碍了学生素养的发展，让学生成了“有知识没素养”的人，数学教学更是首当其冲被“炮轰”的对象。现在还需要重视知识教学吗？答案是肯定的，没有知识，能力、素养都是空谈。知识教学不能弱化，但必须精简，把握好知识教学的度。那么，知识掌握到什么度？怎样进行知识教学的精简？

一、我国近四十年知识学习历程的回顾

2004 年 9 月，王策三在《北京大学教育评论》上发表了《认真对待“轻视知识”的教育思潮》，认为不管新课程改革怎么改，总不能轻视知识；钟启泉等人随即在 10 月出版的《全球教育展望》上发表了回应文章《发霉的奶酪——〈认真对待“轻视知识”的教育思潮〉读后感》，拉开了长达五年的学术观点“钟王之争”。真理越辩越明：知识还是不可缺少的，只是“中庸之道”很重要。

上世纪 80 年代，美国心理学家布鲁姆的教育目标分类框架传入我国，认知过程分识记（能够回忆某个概念、原理，或者识别某个概念或原理的案例），理解（能够掌握概念或原理的实质含义及其彼此关系）和应用（能够运用概念或原理解决陌生的问题，或应用到新情境）三类，每个知识点都有明确的学习要求，并在考试评价中体现为“双向细目表”。布鲁姆的理论具有较强的实用性，为解析课程内容提供一个可以衡量比较的分析工具，操作也比较简便，易于被广大一线教师接受，适应了当时社会发展的需要，避免了教学“信天游”现象，减轻了师生不必要的教学负担。

随着时代的发展，布鲁姆理论的局限性也越来越明显。布鲁姆理论过分强调知识

点的落实，容易出现两个问题：一是把完整的学科知识体系肢解为一个个孤立的知识点，将系统的知识零碎化，容易出现“盲人摸象”的现象，对知识的意义及知识之间的关联，对知识点以外的学习行为与动机、情感、态度、价值观关注不够；二是将认知过程三个不同的层次，异化为学习过程的三个必经阶段，以为学生的学习过程是按照识记——理解——应用的顺序进行，把复杂的学习过程过于简单化、线性化和程序化，通过大量简单重复的模仿训练甚至罚抄，达到巩固和掌握知识点的目的，学习的深度不够。尽管这种方法可能在考试中取得优异的成绩，但它的弊端也越来越明显，学生对知识意义的理解程度、解决具体问题的能力，都在不断下降，也就是所谓的“高分低能”。

应该说，把布鲁姆理论使用范围的扩大化，板子不能打在布鲁姆身上。强调“双基”本身没有错，学生数学素养的提升离不开知识，教师的有效教学更离不开知识，教师的责任就是帮助学生在知识学习的过程中，形成数学思维，提升数学智慧和数学素养。数学教育“沦落”为数学知识的教育，功利化的高考竞争是“罪魁祸首”。高考怎么考，教师就怎么教，学生就怎么学，这是难以改变的事实。高考考查数学知识的覆盖面和数学知识的掌握情况，教师的应对策略必然是以快捷、高效的方式，帮助学生落实好相应的知识，这也是减负增效、求精求实的具体表现。但换个角度讲，即使只关心考试成绩的教师也不可能“目中无人”，提升教学效率、教学效益还得以人为本，通过关注人来实现。以人为本，关键是以什么人为本，以人的哪些方面为本，首先要解决的是理念问题。以学生为中心，立德树人，不能仅仅挂在嘴边上，更应落实在行动上，真正把学生当作成长中的人，需要全面、健康而有个性发展的人。

数学知识主要包括数学概念、数学命题（公理、定理、公式、法则等）以及蕴含在概念、命题中的数学思想方法。对数学知识的学习，主要体现在三个“度”：深度、广度和关联度。

(1) 深度。如果仅仅把数学看成是由事实、法则、技巧构成的工具，仅仅依靠记忆和模仿来强化，这样的学习过程可以由机器编程来替代，所获得的知识也只能是“表层知识”，缺少必须经历的思维过程。知识学习要把“死知识”变成“活知识”，把他人经验内化为自己的思想和行为，通过知识理解的认知方式来提升思维品质。

(2) 广度。广度并不是知识学得越多越好，而是强调知识产生的背景。知识具有强烈的依附性，离开知识赖以存在的背景、意义和经验，离开知识所特有情境的思维方式，知识就失去了根，成为纯粹的、无意义的符号。靠死记硬背和机械强化，一时半会不一定能看出差距，但隐性的知识缺陷有时难以弥补。

(3) 关联度。建造师首先要对房屋的整体框架有清晰的认识，然后分层分单元实施，只想到一堵墙、一扇门、一扇窗，房子是难以建好的。知识学习也是如此，从深度到广度，再到关联度，认知在逐层深化。如果把知识比作建房的砂石，既可以单独使用，也可以做成小砖块，制成预制板，还可以浇筑成钢筋混凝土的大梁，其牢固度、品质大不相同。

二、数学知识学习策略的研究

1. 了解已有认知基础,建立学习者与新知识之间的实质性联系

教学最终都指向人,活生生的人,学生是教学工作的落脚点。学校的所有教学活动都要以学生为本,让学生根据自己的实际需要,展开适合的学习活动。"我的手很小,请不要往上面放太多东西。"这是上个世纪八十年代美国向孩子征集"儿童给大人的忠告"中入选的第一句话。"了解学生",说起来容易,做起来并不容易。"了解学生"包括两重含义:一是熟悉学生的学习与生活现状,二是熟悉学生学习与生活的成长方式和目标。课堂教学不能满足于教会学生适应现状、应付考试,更重要的是让学生的数学素养得到应有的发展。

我们经常会遇到类似的情况:

(1) 上届高三的教师转回新高一教学的时候,很长时间不能适应,总是说:现在高一的学生太差了,跟上一届学生根本没法比!本来高三后期学生的学习能力、学习基础、学习习惯和高一新生不可相提并论,但不少教师还停留在惯性思维:讲不讲是我的事,听不听是你的事。我教了一届又一届,他们都考得很好,所以我的教学水平不需要你们来证明,你们到底能学得怎么样要你们自己负责。

(2) 期中考试后,教师把学生叫到办公室:你说这道题老师有没有讲过? 为什么平时讲过了,到考试你还做不出? 老师今天给你再讲一遍,你自己订正后交过来。期末考试前,老师突然想到这个学生、这道题,就把学生再次叫到办公室,让他把题目做一遍。把老师气歪了的是学生还是不会做! 你到底要老师讲多少遍才会做?

(3) 我的一次听课活动实录。教师在简短的开场白之后,开始新课:"前面我们研究了双曲线的标准方程,今天我们继续研究双曲线的几何性质。"然后就喋喋不休地照 PPT 宣科,学生还算给面子,只是不少人提不起精神。下课后,我问执教老师:"今天的教学内容,如果老师不讲,学生能不能掌握?"执教老师迟疑了一会儿说:"大多数人应该能掌握。"我又问:"为什么?"她答道:"双曲线和椭圆不仅方程形式相似,几何性质也相似,大部分内容学生可以联想出来。"我继续问:"既然大多数学生都能够懂,你有没有想过怎么调整呢?"那位教师笑着说:"教材上就这么写的,不讲不行呀。还有些学生,老师不讲就不懂,或者不全懂。"我说:"你说得对。但你知道哪些同学在哪些地方需要老师讲解呢?"她又一笑,说:"不知道。——课上就那么点时间,还有那么多的教学任务,根本就没时间搞清楚呀!""既然不清楚还有几个学生没有懂,也不知道哪些地方没有懂,那你怎么把握教学重点、难点,怎么能因材施教、因人施教呢?"我反问道,这位教师无语了。

为什么会出现这些现象?

一是教师对学生的学习情况不了解，也缺少了解学生的方法。他们习惯于按教材的编排进行教学设计，把学生当成“同起点”，看到的只是教材，只是完成作业，并没有认真考虑学生已经掌握了哪些知识，熟悉了哪些方法，具备了哪些能力，哪些问题学生可以自己解决，哪些还需要教师的讲解点拨。学生考试成绩不理想，都会以“粗心”来搪塞，至于为什么会粗心，根源在哪里，能不能克服，怎么克服，都是难有下文的话题，粗放式的管理偏离了“精”和“实”的要求。

二是教师不相信、不放心学生的学习能力，矮化学生的“学习起点”，甚至当成“零起点”。不讲不放心，什么内容都要反复讲。长此以往，学生对教师的依赖性越来越强，主动性、自觉性、积极性越来越低，什么内容都等着教师讲，恶性循环越来越严重，需要讲的东西越来越多，教师越来越累，课堂也变得更加低效甚至无效。不相信、不放心学生学习能力的根源还是对学生不了解，不少学生上补习班效果不理想的原因也在于此。

我们真的需要问问自己：我们对学生了解多少？我们真的了解学生吗？

2. 充分利用知识表象，形成数学知识之间的沟通网络

头脑中储存的知识很多，教学过程中需要确定唤醒哪些知识、提取哪些信息，主要依赖于记忆表象和想象表象。记忆表象通过激活和复活原有知识经验，为接纳和理解新知识提供基础。想象表象通过想象与记忆表象的组合和改造，形成新的感知。

想象表象主要有两种途径：

一是直接依据新知识所提供的文字或符号，想象出新知识的模样。比如，立体几何中的“点、线、面”，点无大小、线无粗细、面无厚薄，线可以无限延长、面可以无限延展，这些知识的理解主要不是靠已有的知识经验，而要通过教师的讲解，情境的体验，形成概念表象，获得理解新知识所需要的形象支撑，减少抽象知识的理解障碍。

二是通过新知识触发对旧知识表象的新认识，既体现出旧知识对新知识的接纳，也体现出新知识对旧知识的改造，找到新知识的“根”，对旧知识的认识也得以提升。比如，学生在小学就学过圆的面积公式 $S=\pi r^2$，那么，椭圆的面积怎么求？学习解析几何以后，知道了圆的方程可以表示为 $x^2+y^2=a^2$，椭圆的方程可以表示为$\frac{x^2}{a^2}+\frac{y^2}{b^2}=1$，那么，两者之间有什么关系？椭圆由圆压缩而来，与圆上点$(x_0, \pm\sqrt{a^2-x_0^2})$对应的是椭圆上的点$(x_0, \pm\frac{b}{a}\sqrt{a^2-x_0^2})$，也就是说椭圆上每个点的高度都是圆上对应点高度的$\frac{b}{a}$，从而椭圆的面积也应该是圆面积的$\frac{b}{a}$，即椭圆的面积为 $S=\frac{b}{a}\times\pi a^2=\pi ab$。这样一个思维过程主要依赖于想象表象。

理解数学知识，本质上就是用自己已有的知识或生活经验，对新的数学知识改造和重组，使之融入已有的知识体系。在这一过程中，教师要认真分析学生已有的知识经验，研究这些知识经验与新知识之间的关系，促进新的表象与原有知识形象的相互融合。如果新知识与已有知识经验一脉相承，可以采用同化、顺应的方式，根据新旧内容之间的关联去理解新知识，由旧知识直接生长、延伸、拓展，找到新知识的附着点。很多数学知识可以通过类比的方法迁移生成，学习立体几何时，教室的墙壁、天花板、地面、门窗、日光灯，学生的课桌、三角板、笔，这些感性材料和生活原型在学生的长时记忆中已经形成了深刻印象，由它们产生的对数学知识的直观感受远比其他媒体要强得多。如果新知识与已有知识经验有冲突，学生对为什么会产生冲突、如何化解危机特别好奇，矛盾的焦点又可以转化为学生的兴趣点，“点”的选择很重要。初中负数概念的引入，高中复数概念的引入，都是激发学习兴趣的好时机，处理得当会让学生终身受益。

高考命题老师在试题设计时，也会主动设置一定的梯度，让不同基础、不同能力的学生获得不同的分数，以便更真实、客观地考查考生理解数学知识的能力和水平。为了提高命题的信度，创造公平情境，命题老师常常从教材中找“影子题”，并依据实际需要删减、拼凑、组合和改造。即使是原创性试题，也有意做好适当的铺垫，让学生读懂题，易入手，便于知识的同化和顺应。

【案例 3】

“算两次”问题的课本题与高考题

苏教版选修 2—3 第 40 页第 16 题：

我们曾用组合模型发现了组合恒等式 $C_n^m=C_n^{n-m}$，$C_{n+1}^m=C_n^m+C_n^{m-1}$。这里我们使用的方法，实际上是将一个量用两种方法分别算一次，由结果相同构造等式，这是一个常用的思想方法。对此，我们并不陌生，如列方程时就是从两个不同的侧面列出同一个量的代数式，几何中常用的等积法也是“算两次”的典范。再如，我们还可以用这种方法，结合二项式定理得到很多组合恒等式，如由等式 $(1+x)^{2n}=(1+x)^n\cdot(1+x)^n$ 可得，左边 x^n 的系数为 C_{2n}^n，而右边 $(1+x)^n\cdot(1+x)^n=(C_n^0+C_n^1x+C_n^2x^2+\cdots+C_n^nx^n)(C_n^0+C_n^1x+C_n^2x^2+\cdots+C_n^nx^n)$，$x^n$ 的系数为 $C_n^0C_n^n+C_n^1C_n^{n-1}+C_n^2C_n^{n-2}+\cdots+C_n^nC_n^0=(C_n^0)^2+(C_n^1)^2+(C_n^2)^2+\cdots+(C_n^n)^2$，由 $(1+x)^{2n}=(1+x)^n\cdot(1+x)^n$ 恒成立可得 $(C_n^0)^2+(C_n^1)^2+(C_n^2)^2+\cdots+(C_n^n)^2=C_{2n}^n$。

你能用“算两次”的方法证明等式 $A_n^m+mA_n^{m-1}=A_{n+1}^m$ 吗？你能通过“算两次”独立发现新的组合恒等式吗？

评注　本题是一道探究拓展题，研究的是数学中的“算两次”问题，又称富比尼(G・Fubini)原理，它既是从两个方面进行计算比较的解题方法，又是换一个角度看问题的转换思想，还是再发现、再创造活动的重要探索方式。波利亚把“算两次”形象地比喻为“抛两个锚安全系数更大”。对本题而言，前面所给的铺垫必不可少，让学生在阅读理解中不断感悟，有利于知识本身的自我学习和知识框架的自我建构。没有这样的介绍，学生对“算两次”思想方法的认识必然是一头雾水。做好新知学习的适当铺垫，减少学习的弯路和盲区，是减负增效的重要抓手。

3. 掌握有效的学习方法，寻求理解数学知识的合理路径

知识可以分为陈述性、程序性、策略性三种类型。陈述性知识告诉学生“是什么”，程序性知识告诉学生“怎么做”，而策略性知识则告诉学生前两类知识的运用条件及自我调节方法。这三种类型知识实质上代表了三个学习层次：大多数靠死记硬背获取知识的人只能掌握陈述性知识，满足于能“听懂”，会“做题”，能够简单、机械地模仿；部分人能达到程序性知识的层次，能够找出解题的规律，形成自己的解题套路；只有极少数对学科特别感兴趣的人，会思考“除了这些方法以外，有没有其他方法？有没有更好的方法？这些方法有哪些缺陷？能否更完美？”

在知识学习过程中，首先要弄清学生的认知基础，明确思维的起点和展开方向。教材所提供的学习顺序和结构，虽经教材编写者精心打磨，但这种逻辑顺序不一定适合所有学生、所有学校，要依据具体情况合理调整。学生有自己理解知识的方法，教师要尊重学生的自主选择，鼓励他们用自己喜欢的方式、从不同角度理解知识。通过对各种理解方式的比较，引导学生对理解结果的正确性及理解过程的合理性进行自我判断，在比较过程中加深对所学知识的理解，矫正自己的认知错误。这样的知识积累过程是积极的，有意义的，也是有效果的。即使学生对知识的理解一无是处，经历了这样的学习提升过程，也一定是有收获、终生难忘的。

三、对数学知识学习起点的再认识

奥苏贝尔在《教育心理学：一种认知观（Educational Psychology: a Cognitive View）》(1968)一书的扉页上写道：“如果我不得不把教育心理学还原为一条原理的话，我将会说，影响学习的最重要的原因是学生已经知道了什么，我们应当根据学生原有的知识状况进行教学。”学生学习要以已有的知识技能、活动经验、生活背景为基础，新知识的建构离不开已有知识。对学习基础的精准把握，是教学取得实效的前提。1998 年 12 月，美国国家科学理事会发表的报告《人如何学习》指出：“学生在来教室时，也带来了他们对世界已有的看法。如果没有最初的看法，他们可能就无法领会在教室中所授的新概念和信息。”教师只有从学的视角看教学，才能触摸到学生学习的真实情况，准确把握学生的现有认知水平及潜在的认知水平。①

---

① 吴立宝，曹一鸣，秦华. 钻研数学教材的几个视角[J]. 中学数学教学参考，2013(4)：2－4.

1. “鱼牛”故事的启示

在一口不深的井里，住着一条鱼和一只青蛙。青蛙除了坐井观天，还经常跳到井外看世界。鱼十分羡慕，就请青蛙讲井外的新鲜事。青蛙便讲起了见到的牛，说：“牛以吃青草为生，它的身体很大，身上有着黑白相间的斑块，头上长着两只弯弯的角，还长着四条粗壮的腿……”鱼边听边按自己的经验和理解想象着牛的样子：鱼一样的头，鱼一样的身子和鱼一样的尾巴，头上却长了两只角，肚子下面长着四条腿……这就是“鱼牛”（如图 3）。

图 3

对鱼来说，得到这样的结果非常正常，也很不容易。它根据从青蛙那里获得的关于牛的部分信息，结合自己已有的知识经验，把“鱼牛”的形象构建起来。但对于青蛙来说，它要表述的牛与鱼所理解的牛根本不是一回事。青蛙没说错，鱼的想法也很合理，结果与“盲人摸象”一模一样。

这个故事告诉我们：学生已有的经验、信念、价值观，客观存在的事实、概念和模型，都直接影响着新的学习。这种影响如果是积极的，就会促进新知识的学习；如果是消极的，就会阻碍新知识的学习。教学过程中，要关注学生的发展差异，让学生参与有意义的学习，只有到真实的情境中才能认识真实的事物；要客观认识学生已有的知识经验，并不是所有的知识经验都是正确的。

现在，学生学习的渠道比以前宽多了，教师没教过的不等于学生就不知道，学生学过的也不等于就已经掌握。教师必须把握教学的真实起点，了解学生的真实能力。对于一节具体的课而言，教师首先要了解“实际是什么”与“应该是什么”之间的差距，了解：教学目标所要求的学习基础，究竟有多少人掌握了？还有哪些人没掌握？还有哪些方面没掌握？在即将学习的新知识中，哪些需要教师的引导和点拨？哪些可以让学生自主学习？了解学情是为了更精准地确定学习起点，提升备课的针对性和实效性，以便突出教学重点，提高教学效率。

2. 对学生已有知识经验的分类

既然学生不是被动的信息接受者，学习知识也不可能简单地由教师向学生传递，而要基于学生已有的知识经验主动建构，这样的建构过程其他人难以替代。苏霍姆林斯基指出：“教给学生能借助已有的知识去获取知识，这是最高的教学技巧之所在。”[①]美国学者季清华（Michelene T. H. Chi）认为[②]，对于每个即将学习的新概念，学生的初始知识状态至少有三种可能：

---

① [苏]瓦·阿·苏霍姆林斯基. 给教师的建议（修订本）[M]. 杜殿坤，编译. 北京：教育科学出版社，1984：25.

② 苏玉成. 评估学生的已有知识，促进大学物理教学[J]. 大学物理，2010(12)：49 - 51.

(1) 缺乏状态。学生不了解即将学习的概念,没有知识储备。

(2) 不完全状态。学生了解将要学习概念的一部分,有部分符合将要学习概念的知识储备。

(3) 冲突状态。学生已有的知识存在差错,与即将学习的概念相冲突。

季清华对这三种知识状态提出了相应的教学策略:

(1) 补充新知识。也就是一般意义上的新知传授。

(2) 填补知识漏洞。补全所缺的知识。

(3) 改变错误知识。已有的认知错误可能会很顽固,转变的难度大,但这些错误的纠正对新知学习很有意义。

从数学学科特点看,对学生已有的知识经验,有三种类型值得重点关注:

一是待拓展的已有知识。

有些已有知识,蕴涵的思想方法可以直接迁移到新问题的解决中。通过建立新旧知识之间的联系,将新知识纳入到已有的知识结构中来,或者将已有知识作为新知识的实例。

比如,数系从自然数集→整数集→有理数集→实数集→复数集的每一次扩充,都满足了人们对生产和生活的需要,也解决了研究和探索中产生的认知冲突。但不管数系怎么扩充,都遵循三个原则:

(1) 引入新数集 W,与原数集 S 一起构成新的数集 $G=W\cup S$。

(2) 原数集 S 对某种运算"$\oplus$"不封闭,新数集 W 的引入,解决了对运算"$\oplus$"的封闭性问题,即 G 对运算"$\oplus$"封闭。

(3) 原数集 S 内定义的运算及其法则,在新数集 G 中仍适用。

高考考试说明把"能力立意"描述为:"侧重体现对知识的理解和应用,尤其是综合应用和灵活应用,以此来检测考生将知识迁移到不同情境中去的能力。"一个是"灵活应用",一个是"迁移到不同情境中去",它们无疑是"死摸"的克星。这类已有知识需要教师充分地挖掘和激活。

【案例 4】

2006 年江苏高考数学卷第 18 题的错因分析

题目 请您设计一个帐篷。它下部的形状是高为 1m 的正六棱柱,上部的形状是侧棱长为 3m 的正六棱锥(如图 4 所示)。试问当帐篷的顶点 O 到底面中心 O_1 的距离为多少时,帐篷的体积最大?

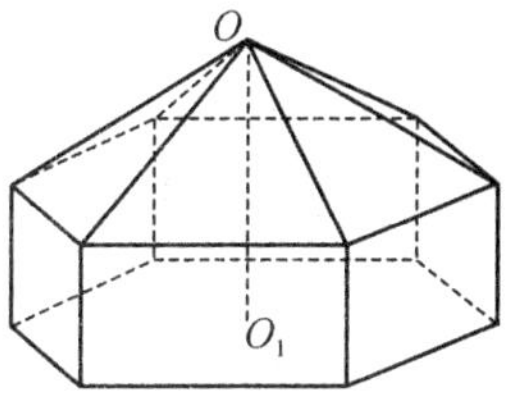

图 4

分析　这道题由教科书上的两道学生都非常熟悉的习题嫁接而成，照理讲难度不大。但江苏全省的统计数据显示，57%的考生该题得分为零，得零分的主要原因有：

(1) 部分考生不会把几何体分割成两部分，再求两部分体积之和，不会用棱锥的体积公式。

(2) 一批考生会求正三角形面积，却不会求正六边形的面积。

(3) 有同学设底面边长为 xm，导致计算较为复杂，不能进行到底，缺乏遇到障碍及时调整策略的能力。

前两种情形，确实让人汗颜。学生对数学公式的理解太肤浅，只止步于机械记忆，并没有真正理解面积公式的推导方法——分割拼补，因而不知道"如果某个图形的面积没有现成的公式计算，就要将图形适当分割或补形成一个可以用公式计算的图形"。

二是待改善的已有知识。

知识都有一定的适用范围，都与特定的情境相关。比如，数系的每一次扩充，除了遵循上述三个原则，还要主动化解原来数系无法解决的矛盾，这些矛盾也曾引起过数学危机。从实数系扩充到复数系，复数系的运算法则对实数系是适用的，因为实数是特殊的复数；而实数系的运算法则对复数系却不一定适用，如实数系具有顺序性，而复数系却不具有。已有知识在新的语言情境、文化背景下不一定正确，对新知识的学习可能产生负迁移。教师要对可能发生的情况进行预判，帮助学生准确辨别。

例如，日常生活中的"或"与数学中的"或"意义不同。日常生活中两个条件之间用"或"表示两者必取其一且只取其一，"你或他去参加比赛"意为你和他两人中有且只有一个人去；而数学中的"或"表达的却是两者中至少有一个，两个集合之间用"或"就表示两者的并集，满足其中一个或两个同时满足都可以。这就有必要提醒学生注意生活语言与数学语言的区别。

再如，函数与方程有什么关系？解析几何中为什么要研究直线的方程、圆的方程，而不是直线的函数表达式、圆的函数表达式？学生容易产生疑惑。函数的一般表达式是 $y=f(x)$，而方程的定义是"含有未知数的等式"，因此函数可以看成方程。而从函数的定义可以看出：对于定义域中每一个自变量 x，都有惟一确定的函数值 y 与它对应。有些方程所对应的图象(如圆)就不满足函数的定义。因此，直线的方程可以化为函数表达式，而圆的方程则不可以。类似的，抛物线 $y=x^2$ 可以看成函数的图象，而 $y^2=x$ 所对应的图象虽然也是抛物线，但它只能称为抛物线的方程。当我们把这些概念厘清以后，对函数与方程的认识就能上升到新的高度。

三是待纠正的已有知识。

这类知识本身就是错误的，而且是非常顽固的，一旦作用于新知识的学习，就可能导致学生曲解新知识，需要教师及时提醒和纠正。

比如，“函数的零点”定义为：对于函数 $y=f(x)(x\in D)$，我们把方程 $f(x)=0$ 的实数根 x 叫作函数 $y=f(x)(x\in D)$ 的零点。函数的零点就是使函数值为 0 的自变量的值，本质上就是方程 $f(x)=0$ 的根，其几何意义为函数 $y=f(x)$ 的图象与横轴的交点的横坐标。所以说“函数的零点不是点”。常有学生把函数的零点写成点的坐标，就是惯性思维在起作用，误认为零点就是点。

与此类似的错误还包括：把函数的极值点当成点。函数极值点的定义为：若 $f(x_0)$ 是函数 $f(x)$ 的极大(小)值，则称 x_0 为函数 $f(x)$ 的极大(小)值点。极大值点和极小值点统称为极值点。极值点的几何意义是函数的某段图象上取得极值时的点的横坐标，而极值就是该点的纵坐标。同样，函数的最值点也不是点，而是取得最值时的点的横坐标。所以，极值点、最值点、稳定点、驻点等概念从字面上看似乎都是点，其实都不是点，都不能用点的坐标来表示，而是相应点的横坐标。可以发现，凡是与函数性质直接相关的，如函数的零点、极值点、最值点、不动点等更多地反映了代数特点，对应的是具体的数值；与函数图象直接相关的，如图象的交点、拐点、切点等更多地反映了几何特征，对应的是点的坐标。有了这样的认识，犯这类错误的机会就少多了。

3. 对学生已有知识经验的探求与应用

学生已有的知识经验往往是内隐的，只有在发生冲突时才呈现出来。怎样弄清学生已有的知识经验状态，找到最近发展区，是精实数学教学的前提。

了解学生已有的知识经验状态，主要有两类办法：

一是交流研讨。不同年龄、不同学校、不同年级、不同班型，学生的认知基础不尽相同。学生的生活环境、家庭背景不同，学习基础、习惯、风格也大不相同。有学生审题能力差，有学生运算能力差，有学生推理能力弱，任课教师在接手班级时要主动与前任教师、班主任和学生家长沟通，及时掌握第一手资料。有些初中不作要求而高中教材默认学生应该掌握的知识，比如韦达定理、立方和(差)公式等内容，初中教学的尺度可能不完全相同，需要了解清楚。

二是教学前测。教学前测由教师组织实施，测试目的是准确把握教学起点，确定教学定位，测试对象为学生，测试时间为课前，测试方式可以借助前一课的作业、教学案和知识网络图。教学前测比较切合高中数学的教学实际。对前一课作业的批改，可以及时了解学生对已学知识的掌握情况；对教学案预习部分的批阅，对哪些问题学生能自己解决，哪些问题需要教师点拨，哪些问题教师帮助后还难以解决，都要心中有数，避免

“会的不教也会，不会的教了还是不会”的尴尬局面。

学生在哪个环节上“掉链子”，哪个环节就需要加强。上复习课前，教师可以通过知识网络图的绘制，让学生发现知识之间的衔接点和自己已有知识的薄弱点。当学生理清知识脉络以后，就能构建属于自己的“数学认知结构”。也只有把整理加工过的知识，依附在自己的认知结构上，才能举一反三，触类旁通。

需要强调的是，精心“备学生”、掌握学生已有的知识经验，不等于给学生铺平道路，不让他们经历障碍。勤劳的教师往往会带出懒惰的学生，因为学生主动学习知识、自主构建知识的机会被老师剥夺了。苏霍姆林斯基曾讲过一个故事：①

> 一位小学教师为了便于学生迅速“领会”应用题，就事先准备了许多图片和表格，甚至把应用题里用到的实物模型都拿到课堂上。在四年级以前，她的学生解应用题都比别的孩子顺利得多。当这些学生升入五年级以后，让所有教师大为吃惊的是：这位公认的讲解算术应用题高手的教师所教的学生根本就不会解算术应用题！事实上，这位教师在整整4年里一直小心翼翼地保护学生，不让他们碰到任何困难，学生根本就没有真正学会积极地思考。

苏霍姆林斯基认为：并不是把教材讲解得越明白易懂，学生的疑问就会越少，对知识的理解就会越深刻。优秀的教师不会把现成的结论、对某一定理的正确证明告诉学生，而是把选择权交给学生，让他们尽可能多地提出自己的观点，这就是教师的精明之处。学生通过对事实和现象的观察，通过自己的思维，证明一种观点，或者否定一种观点。这种情况下，知识就不是消极掌握，而是主动获取，靠自己努力获取的知识更加扎实牢固，学生也会倍加珍惜。真正优秀的教师会让学生该跌倒时就跌倒，该吃苦时就吃苦，只是这些过程都掌控在教师的“预谋”之中。

第二节　教学维度

教师是教学活动的组织者和参与者。教学活动中，教师的主要任务是什么？“以学定教”如何体现？强调学生的“学”、教师“教”的度又如何把握？“教师为主导，学生为主体”如何落实？这些都是精实数学教学必须厘清的问题。

一、数学教学的主要任务

数学教学的主要任务是培养学生数学思维的能力，通过架设学生与数学家之间

① [苏]瓦·阿·苏霍姆林斯基.给教师的建议(修订本)[M].杜殿坤，编译.北京：教育科学出版社，1984：241.

数学思维活动的桥梁，让学生体验、感悟数学思维的过程，提升数学思维的品质。

有了知识不等于就有了能力。法国数学家出过一道题：一条船上有75头牛、32头羊，问船长几岁？这本是一道无法完成的题目，许多学生竟然得到了答案。法国人就检讨自己："是不是学校把孩子教笨了？"国内也有类似的实验，结果比法国还要糟，更糟糕的是高年级比低年级错得离谱。学生都知道两个数相乘或相除都不合适，只有相加或相减，结果直接把两个数加起来，答案为107岁的占26.7%，把两个数相减，答案为43岁的占45.1%，怀疑不能做的只有5.1%。明明知道题目的条件与结论风马牛不相及，学生还是坚信：在中国的试题中，怎么可能有算不出结果的题目呢？老师怎么会出错题呢？在他们看来，问题所给的条件与要求解的问题之间一定是"恰好的"，如果条件多余，解答基本有问题。循着这样的思路，答案43岁的学生比答案107岁的学生还多想了一步，107岁的人早该退休了。前两年，网上有个段子：中国首富马云有1500亿资产，他给全国13亿人每人分1亿，应该还有1487亿，照样是首富，而全中国每个人都变成亿万富豪，这样的好事何乐而不为？

类似的数学笑话还有很多，冷不丁还有一句幽默："数学是××老师教的。"其潜台词就是数学老师应当教学生数学地思维，不教学生思维的教师不是合格的数学教师！事实上，不科学的数学教学，很可能让学生越来越笨。

题海战是获取知识最常见的方法，"反复做题、总结套路、归纳成型"是经过各地多年实践检验的、具有普适性的训练解题能力的有效方法，教师强制灌输，不管过程，只求结果；学生死记硬背，不求甚解，无问西东。学生数学能力的发展滞后于知识的积累，思维能力并没有得到实质性提升。能否将掌握必需的数学知识、形成必备的思维能力、提升数学素养三者融合，是数学教学必须解决的问题。

知识是能力的基础，能力是知识的载体，素养是知识的支撑。素养、能力和知识的关系类似于根、茎、叶。三者之间相互支撑、相互依赖、共同发展、共同成长。

在信息化时代，素养应当成为知识的根基。更多时候，知识就像枝叶一样，看得见，摸得着，知识掌握的程度可以考量；能力就像树干，能力的强弱也可以外显，枝叶必须依附于树干，枝叶也让树干更有生命力；素养隐藏在知识和能力的背后，树能否长得高、长得好，根基起决定性作用，如图5所示。如果只看到枝叶、树干，只想在树叶上喷洒养料，促进枝叶和树干的快速成长，就是典型的急功近利。树根不仅与枝叶、树干相关联，还与周围的土质密切相关。知识也反作用于能力，没有枝叶制造的有机物、提供的养分，整棵树也就停止了生长。教育教学也是如此，强基固本方能行稳致远。怎样做好数学教学的强基固本呢？

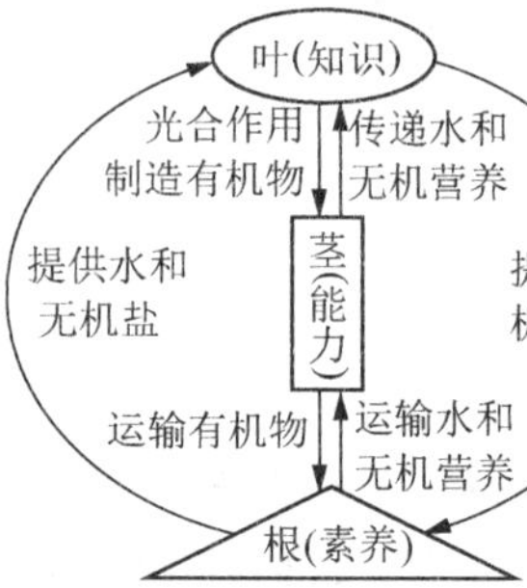

图5

中美两国数学教学的比较可以给我们提供答案。中美两国数学教学的差距主要体现在：美国学生用在探究发现上的时间多一些，学习的效率相对低一些，获取的知识信息也少一些；中国学生用在记忆模仿上的时间多一些，学习的内容相对多一些，可持续学习的能力也弱一些。判断哪种教学方式更好，要看想得到的最终结果。因为学生的总体学习时间有限，在各种因素之间只能求平衡，但数学教学必须突出思维能力的培养是不能动摇的。数学思维上通下达，既可以为学习数学知识提供支撑，也可以为提升素养提供素材，就像树干，为树叶和树根提供营养通道。

数学教学中，教师要突出抓好三项工作：

(1) 备课时，根据数学知识结构，结合学生的思维特点与认知能力，设计教学步骤，尽可能重现数学家发现、创造数学知识的思维活动。

(2) 课堂上，主动暴露自己的数学思维过程，指导、调控学生的思维活动，让他们感悟、体验数学家的思维过程，逐步与数学家思维“同步”。

(3) 课余时间，在答疑辅导、作业批改等环节，加强思维监控，帮助学生总结思维的规律、方法和技巧。

二、数学教学中教与学的平衡

《国家中长期教育改革和发展规划纲要（2010—2020 年）》要求教育教学工作要“以学生为主体，以教师为主导，充分发挥学生的主动性”。“教”与“学”相辅相成，相得益彰。“学生主体”与“教师主导”相对应，学习是学生的基本权利，教师是学生学习的促进者，教师的“教”必须服从、服务于学生的“学”，教师的“教”必须通过学生的“学”来进行信息转换。“教”因为“学”的需要而存在，没有学生“学”的需要，教师的“教”就失去了存在的价值；但没有“教”的引领，“学”就容易迷失方向。对教与学任何一方的轻视、忽视，都会影响教学效果和教学质量。在教学过程中，教师的作用主要体现在学生学习活动的引发、维持和促进，让他们更好地借助旧经验建构新经验，实现新旧经验之间的更好连接。“更好”的比较对象是学生完全自主的学习，在教师的恰当帮助下，学生学得更快、更多、更有意义，也更想学、更会学。

1. 教学过程的存在问题

长期以来，对教学理论、教学方法的研究大多以“教”为核心，教学论变成了“教论”，对“学”的研究始终处于边缘地位。1917 年，陶行知指出：“现在的人叫在学校里做先生的为教员，叫他做的事体为教书，叫他所用的法子为教授法，好像先生是专门教学生些书本知识的人。他似乎除了教以外，便没有别的本领；除书以外，便没有别的事教。而在这种学校里的学生除了受教以外，也没有别的功课。”“先生的责任不在教，而在教学，教学生学。”“教的法子必须根据于学的法子。”[①]教与学必须合为一体，“教授法”应当改为“教学法”。由此，“教学”“教学法”“教学论”这些术语和观点才逐渐为我国教育工作者所

① 华中师范学院教育科学研究所. 陶行知全集(第一卷)[M]. 长沙：湖南教育出版社，1985：87.

接受。陶行知还提出“先生须一面教一面学”，强调教师要处理好自身“教”与自身“学”的关系，“教学合一”的思想也更加全面而清晰。100多年过去了，教学过程中“学”的重要性受到越来越多的关注。但从实际情况看，大多数教师为“教”不为“学”的观念仍旧难以改变，学从属于教，为教服务。只重“教”而忽视“学”的行为主要表现在以下方面。

(1) 重结果呈现，轻过程暴露

几乎所有高中学校都有共同的做法，而且都得到教育主管部门的认可：三年内容两年教，留出一年搞复习。这种做法必然会导致本应展开的教学过程因为“时间紧”而忍痛割爱，学生不知道知识从哪里来，有什么用，怎么去用，把火热的数学思考变成冷冰冰的死记硬背和机械模仿，把有意义、有意思的数学思维过程简化为枯燥的大规模考试训练，学生感受不到学习乐趣，自然不会对数学产生好感。学生膜拜教师，是因为教师的解题方法光鲜而严谨，神奇甚至绝妙，但这种方法从何而来，老师走过哪些弯路，碰到哪些障碍，又如何突破，常常被有意无意地“忽略”，学生缺少痛并快乐着的思维过程，亦步亦趋，能力没有得到真正有效的提升。

(2) 重知识传授，轻方法提炼

不少教师始终没有能解决好“最后一公里”的教学问题，练了那么多题目，讲了那么多解题技巧，但其中隐含了什么规律，并没有能讲清、说透、点到位。学生的数学学习只停留在知识层面，没有达到数学思想方法和数学素养的高度，也就很难突破制约上升的瓶颈。在很多教师看来，学生怎样拿到考试分数才是硬道理，而考试“双向细目表”又将知识肢解为一个个知识点，只要通过大量反复练习来“一对一”巩固，就可以收到立竿见影的效果。但这种方法习得的知识附着力不强，没有能真正融入已有知识结构，甚至没有能通过知识链将所学知识串起来，学生学习新知识的动力和能力又不足，这也是同样的考试内容高考成绩好、大学却考不及格的主要原因。

(3) 重自身感受，轻学生体验

教师教了不等于学生就学了，学生学了也不等于就能够学会了，“教了”“学了”只是教学的过程和手段，而“学会”才是教学的目的和结果。教学过程不是一个简单的信息传递，还包括学生身心的发展状况，素养的提升程度，衡量教学水平的高低主要看学生教学信息转换的数量和质量。为什么社会普遍认可医生的专业度，而对教师的专业度不太认可？很多时候是因为医生会依据对每个病人的观察分析提出个性化的诊疗方案，出发点是病人需要做什么，对症下药不是说在嘴上，而是落实在行动上；班级授课制决定了绝大多数课堂只能采用“粗放式”教学，能够把学生分类、分层指导做到位已经很不容易了，关心每一个学生、关心学生的每一个方面很难落实到位。“粗放式”教学带来了教师的本位主义，只求完成教学任务，至于学生掌握了什么、掌握了多少、如何改进都可能是一笔糊涂账，感觉教学工作“不专业”也是情理之中的事。一旦学生的思维偏离了预设，大多数教师不会再仔细辨别学生思维的合理性，也很少“将错就错”，挖掘思维障碍中包含的教育教学价值。

2. 为什么课堂教学“满堂灌”的问题难以改变

高效课堂追求的是投入的时间、精力和物力尽可能少，而取得的教学效果却尽可能好。在高效课堂遍地开花的年代，“限时讲授”是一个路人皆知的热词，有学校明确提出“教师在一节课上只能讲 8 分钟”，甚至有学校把讲授时间限制到 5 分钟。“限时讲授”的目的是为了解决“满堂灌”问题，但为什么“满堂灌”问题难以根治？说到底还是教师的教学理念难以改变。为什么教师的教学理念难以改变？这不仅是因为教师习惯于讲授，更重要的是要与学生自学比较，以教师讲授为主的课堂与以学生自学探究发现为主的课堂，究竟谁的效率更高、效果更好、效益更大？

(1) 教育专家实证研究的结果

Lizzio Alf 等专家研究发现：好的讲课(good teaching)对学生的作用强度非常大。[①]他们通过图 6 说明：教师讲课水平高，会引发学生的深度学习，促进学生学习成绩和素养的发展，学生对课程的满意度高，课业负担也比较恰当。教师讲课水平高，与学生学习能力的提升没有正相关，这与苏霍姆林斯基《给教师的建议》所讲小学数学教师的故事不谋而合。

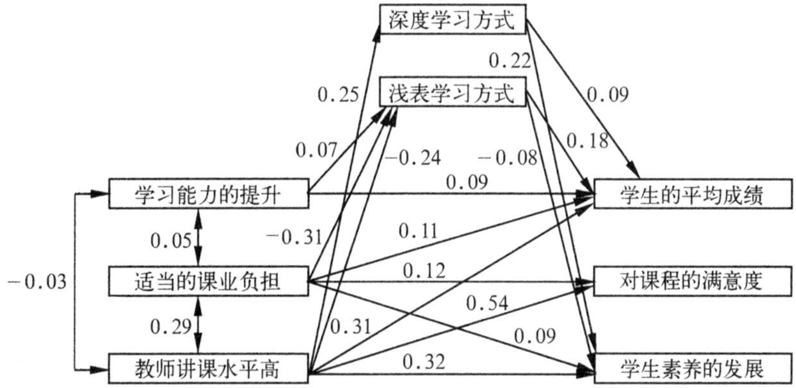

图 6

Marlies Baeten 等人提供的调研数据(表 3)[②]，也说明了同样的道理：

① [澳]Lizzio Alf, Wilson Keithia, Simons Roland. University Students' Perceptions of the Learning Environment and Academic Outcomes: implications for theory and practice[J]. Studies in Higher Education, 2002(1): 27 - 52.

② [比]Marlies Baeten, Filip Dochy, Katrien Struyven. The effects of different learning environments on students' motivation for learning and their achievement[J]. British Journal of Educational Psychology, 2013(83): 484 - 501.

表 3　不同教学方式的教学效果统计表

	纯粹讲授式教学		案例为先导的小组讨论式教学		循序渐进的小组讨论式教学		轮流使用讲授式和讨论式教学	
	平均值	标准差	平均值	标准差	平均值	标准差	平均值	标准差
自主动机(前测)	3.26	0.67	3.42	0.67	3.30	0.63	3.16	0.63
自主动机(后测)	2.28	0.77	2.22	0.84	2.32	0.80	2.39	0.80
控制动机(前测)	3.20	0.84	3.19	0.78	3.33	0.77	3.52	0.64
控制动机(后测)	2.31	0.84	2.16	0.77	2.13	0.79	2.17	0.76
感知到的需求支持	3.53	0.49	3.69	0.49	3.75	0.53	3.74	0.41
知识掌握	5.35	1.38	5.19	1.59	5.10	1.34	5.10	1.43
学业成就	6.36	1.50	5.64	1.35	5.87	1.49	6.62	1.31

四种教学模式相比较，纯粹讲授式教学对知识的掌握效果最好，轮流使用讲授式和讨论式教学对学生能力的培养更有益。

约翰·哈蒂(John Hattie)《可见的学习：对 800 多项关于学业成就的元分析的综合报告》①，通过对 8300 多万儿童进行的 62169 项研究，证实“显性教学”(如指导性教学、对学生的表现给予积极反馈、经常对学生学业表现进行检测等)的学习成效远远优于问题学习、探究学习、模拟和游戏等学习方式。发现学习、体验性学习、探究性学习、基于问题的学习等“少教不教”的教学方式，强调“因需而给”，将学生置于探究性学习情境中，要求学生通过模仿数学家的研究活动自主探索那些公认的基本科学原理，但客观现实要求教学必须做到“多快好省(学得多、见效快、效果好、时间省)”，教师就会自然而然地转到指导性教学上。尽管大家都知道过度的指导会削弱学生主动检索正确答案的能力，但在学生难以突破学习障碍时，大多数教师会引入“脚手架”，帮助学生找到获取知识技能的“便捷通道”，通过大量反复操练获得及时的收效。这也是“满堂灌”恶疾难以消除的根本原因。

亚洲学者的研究结果也大同小异。Beverley J. Webster 在 2009 年 2 月美国《高等教育》第 58 卷上发表的论文《大学生学习经验与学习过程：东方的定量证据》(Undergraduates' learning experience and learning process: quantitative evidence from the East)，也认为好的讲课(good teaching)和明确的目标(clear goals)会促进学生的深度学习，而强调自主性几乎没有任何影响。国际教育成就评价协会组织的 TIMSS 调查表明：数学课上教师与学生讲话的时间占比，西方为 8∶1，香港为 16∶1，都是以教师讲

---

① [荷]保罗·基尔希纳，[澳]约翰·斯维勒，[美]理查德·克拉克. 为什么“少教不教”不管用[J]. 钟丽佳，盛群力，译. 开放教育研究，2015(2)：16－29.

解为主。

不同专家的结论惊人一致：一个教师，先做足讲课的功夫，把课讲得"风生水起"，再变换花样，增强互动，调动学生的兴趣。这是基础（根本）和增量（锦上添花）的关系，也是"皮"和"毛"的关系，"皮之不存，毛将焉附"。只有解决好教什么、怎么教的问题，先站稳脚跟，练好基本功，有了令人信服的成绩，再凭着立德树人、立足长远的教育良心和责任心，才可能让"少教""不教"真正变成自觉的、持久的、有效的行为。

（2）"教师主导"与"学生主体"的定位含混

教学过程中，如何处理"教师主导"与"学生主体"的关系并不是一件简单的事情。"主导"和"主体"都含有"主"，"主导"以"主体"为前提，不是主体，难以主导。之所以强调"以学生为主体"，是为了纠正脱离学生主体地位、片面强调教师主导作用的提法和做法。长期以来，我们受苏联教育观念的影响，将"主导"的重心落在"主"上，"主导"意味着"为主、控制、支配"，突出了教学过程中教师"为主"的地位，学生及其学习过程只能被支配和控制，教学过程更多地关心如何"教"。将"教师主导"与"学生主体"放在一起，"主导"的重心就落到了"导"上，"导"更多地指向"指导、引导、诱导、开导、辅导、劝导"，教师主导作用更多体现为引起和促进学生的主体作用。所以，"教师主导作用"的重心应该在"导"，而在实际教学中却常常落在"主"，"满堂灌"就是典型代表。为了矫正这种思维和行为模式，"学生主体作用"被不断地提高、拔高，甚至认为"教师主导"就是落后的教育思想、教育理念，也是需要警惕的问题。

教师主导与学生主体是外因与内因的关系，外因仅仅是变化的条件，内因才是变化的依据，外因必须通过内因起作用。对教师主导作用的界定，主要看教师在教学活动中如何引发和促进学生的主体作用，"教师主导"与"学生主体"之间谁更占优应当视具体情况而定。

从教学程序看，教学过程可分为两个阶段：一是学习活动的组织和发起阶段，二是学习活动的实际展开直至完成阶段。在发起组织阶段，教师更多地发挥"主"的作用，为主、支配、决定、控制，确定学习的目标，选择学习的内容，设计学习的流程，激发学习的兴趣，规划学习的评价，尽管这些活动要基于学生学习的现状和发展可能性，但更多的还是依赖于教师的主观能动性。在实际展开和完成阶段，教师更多地发挥"导"的作用，引导、指导，起决定作用的还是学生，无论是对学习内容的转换加工、建构完善、体验感悟，还是学习意志的保持、学习方法的优化、学习目标的达成，都不是"控制、支配"能够解决的问题，教师的作用主要体现在过程示范、方法指导、答疑帮助、反馈评价。学习的不同阶段，教师所起的作用、担任的角色是不同的，既不能简单地把"发挥教师的主导作用"等同于讲授，或者把教师发挥的所有作用都视为主导作用，也不能简单地以教师活动占据教学时空的多少和先后作为"学生主体地位"评判的依据，尊重学生的主体地位不能完全以学生活动的多少来衡量。

由此看来，"教师主导"与"学生主体"都要把控好"度"。如果把它们看成是"连续体”的两端，随着学生自主的增多，教师放手的程度也要增大。找准两者之间的平衡点，力求最大的教学效益，是教师的一项重要工作。

(3) “讲授”与“探究”的现实反差

讲授式教学一般分五个环节：组织教学—复习旧知—讲授新课—练习巩固—布置作业。其优点是：条理清楚，过程完整，注重原理知识的推理、归纳演绎和应用，注重知识的系统建构，避免了认知过程中许多不必要的曲折和困难。缺点是：学生处于被动接受的状态，主要通过服从和记忆来感知知识的权威性，个别差异难以顾及，个体主观能动性难以发挥，容易产生“一言堂”。由于信息交流渠道单一，长时间的讲授容易让学生产生疲劳感和依赖性，产生厌学情绪，影响学习的效率、效果和质量。

探究式教学一般有四个环节：创设情景—讨论探究—讲授方法—拓展运用。其优点是：通过探究过程中的质疑、分析，更好地调动学生学习的主动性、积极性，激发他们的观察力、想象力、思维力和创造力，培养他们更全面地认识事物本质的能力。缺点是：“满堂灌”变成了“满堂悟”，教学任务及授课过程难以按计划实施，加上学生知识水平、能力层次的差异，容易造成两极分化，部分学生对教学的重难点、冷热点一知半解，对易错点、易混点似懂非懂，对困惑点、疑难点茫然不解，学科基础不牢，知识的系统性差。

应当承认，讲授式教学和探究式教学都是不可或缺的教学方法，不能简单评价其好与坏。讲授的过程也可以启发学生的思维，教学低效甚至无效的原因是多样的、复杂的，不全是讲授“惹的祸”，不能把讲授式教学一棍子打死。

近年来，全社会对“课上不讲课下讲、课上少讲课后讲”问题深恶痛绝。但反过来想，如果真能“课上不讲课下讲”而教学效果又好，这样的教师水平一定不会差，因为他对讲什么、怎么讲必须了如指掌。没有一个家长会傻到把孩子送给教学成绩差的老师辅导，没有一个教师会不顾各种考核的压力肆意乱为，想做家教的教师更不可能随随便便地“砸自己的牌子”。之所以有“课上不讲课下讲、课上少讲课后讲”的感觉，主要有三个原因：一是教学任务紧，总的教学时间有限，学校开设的课程、开展的活动又多，有些教学内容不可能讲得很细、很到位，只能留到课后继续消化；二是教学能力弱，不清楚哪些内容当讲不当讲、讲到什么度；三是规定待完善，“少教不教”本意是好的，但把它作为硬性规定是有违教育规律的，教师课上不敢讲，学生自学缺少必要的引导和提示，课堂效率低下。这三个方面客观上助推了“课上不讲课下讲、课上少讲课后讲”的不良现象。

所以，教师要从实际出发，根据教学内容、教学目标和学生的能力水平，弄清哪些内容、哪些环节适宜于探究式教学，哪些适宜于讲授式教学。讲授式教学和探究式教学相辅相成，过分强调某种方式甚至强制限定某种方式都不恰当，该讲就讲，该练就练，该思就思，把握好教学手段使用的“度”，教学才可能既精又实。

三、对学生认知负荷的把控

1. 认知负荷的分类

认知负荷理论(Cognitive Load Theory,简称CLT)把认知负荷分为三类:内在认知负荷、外在认知负荷和相关认知负荷。

内在认知负荷,由学习材料的难度、复杂度等内在特征决定。内在认知负荷又是相对的,同样的学习内容,对基础薄弱的学习者而言,需要关注和理解的信息就多,内在认知负荷就高;而基础好的学习者已经获得了同化这些信息的自动化的图式,内在认知负荷就小得多。因此,随着学习者知识水平的提高,内在认知负荷会自然降低。

外在认知负荷,是可以减免的、不必要的认知负荷。学习材料的编排方式不当,或者让学生花费额外精力去寻找适合的学习路径,都可能增加信息加工与获得的"成本",占用有限的认知资源并干扰正常学习。例如,在设计解三角形练习时,同样是求边长和角度,如果要求"尽可能多地计算各个角和边长的值",学生就会根据自己的能力完成一定的任务,并且他们会努力把任务做得更完美、更充分,这比要求学生"计算某个角或者边长的值"更能促进学习。

相关认知负荷,是学习者额外投入认知资源而产生的认知负荷。尽管这种额外投入也增加了学习者的认知负担,但这种额外投入是学习者的主动自觉行为,可以促进学习者的认知努力,帮助他们更好地理解和掌握所学内容,优化认知结构。

激发学生的学习动机,是增加相关认知负荷的常见方法。对于耗时较长的长期学习任务,即使外在认知负荷与内在认知负荷都已经降至最低,学习者的学习效率与质量并不会因此得到明显的提高与改善。[①] 只有把外在学习要求转化为学习者内在的学习需要,才能唤醒、引发学生的认知投入,保证持久学习的毅力和恒心。

提高相关认知负荷主要有三种方法:

(1) 想象效应(imagination effect)

通过想象,学生可以对相关信息元素之间的关系做出自我解释,获得比"就事论事"式学习好得多的学习效果。学习材料的内在关联性越高,想象效应发生的可能性就越大。比如,学习椭圆知识的时候,通过与圆的对比,可以获得新的感受;而双曲线与椭圆又是"好姊妹",弄清它们的相互关系可以更迅速地形成对双曲线的认知。

数学中最典型的想象效应就是数形结合,由数联想到形,由形联想到数,使抽象问题具体化、复杂问题简单化。教育部考试中心明确要求:"在高考中,充分利用选择题和填空题的题型特点,为考查数形结合的思想提供了方便,能突出考查考生将复杂的数量关系转化为直观的几何图形问题来解决的意识,而在解答题中,考虑到推理论证的严密性,对数量关系问题的研究仍突出代数的方法而不提倡使用几何的方法,解答题中对数形结合思想的考查以由'形'到'数'的转化为主。"

---

① 汪明,曹道平. 基于认知负荷理论的有效教学设计研究[J]. 现代教育技术,2013(5):16-19.

想象效应可能促进学习，也可能妨碍学习。在学生缺乏必备知识背景时，要尽量避免想象效应，降低学生的内在认知负荷，让学生集中精力，逐个击破，学习的效果可能会更好。比如，课本上把函数的"单调性"和"奇偶性"安排在同一节，但在教学过程中就不宜一起讲授，因为两者的适用条件、适用范围容易混淆。

(2) 专长逆转效应(expertise reversal effect)

同一教学设计，给普通生带来有效认知负荷，给学优生带来的可能是无关认知负荷，反之亦然。专长逆转效应要求我们关注每个学生的发展状况，求精求实，尽可能少些"齐步走""一刀切"，多些"有的放矢""按需分配"。每个人拥有的图式不同，图式的内涵品质不同，不能指望"大一统"。

随着自身知识的不断积累，学生拥有的结构不良知识可以转变为结构良好知识，减轻了工作记忆负担，释放出更多的记忆容量。教师要根据学生实际，逐步减少重复的解答样例，增加结构不良知识，增加相关认知负荷，提高教学针对性。

(3) 变式效应(variability effect)

变式是通过变更问题的情境或改变思维的角度，变换问题的条件、结论及问题的形式，实现知识的迁移。变式教学则是在教学过程中，引导学生从"变"的现象中发现"不变"的本质，理解知识的发生、发展过程；从"不变"的本质中探究"变"的规律，理解数学问题的演变过程，帮助学生多角度理解学习内容的本质属性，与自身已有知识建立起内在联系。变式虽然增加了相关认知负荷，但问题情境的变化和思维角度的调整，为学生提供了识别数学问题特征的机会，提高了他们的应变能力。

【案例 5】

2014 年中法中学生数学交流活动试卷第 6 题的启示

题目 如图 7，四边形 $ABCD$ 四个顶点的坐标分别为 $A(-4,2)$，$B(2,-6)$，$C(3,6)$，$D(1,2)$。请在答题纸对应图中画出这个平面直角坐标系，并叙述你的作法。

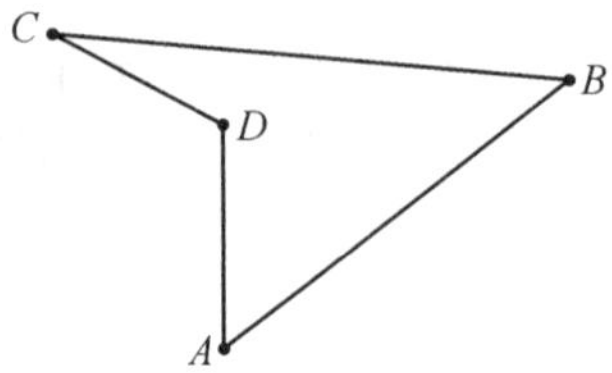

图 7

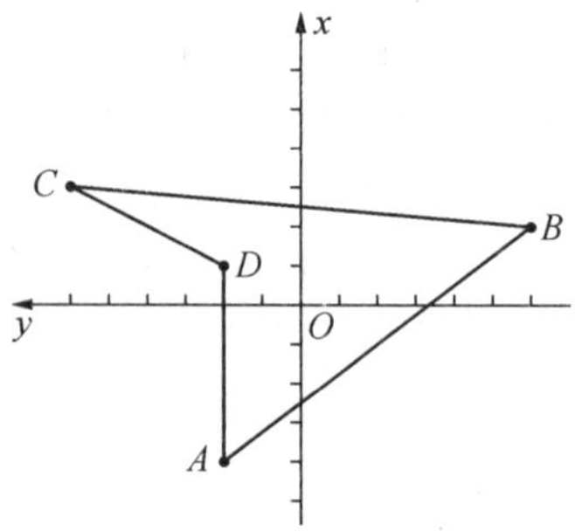

图 8

分析　A,D两点纵坐标相同,所以x轴必与AD平行,又A点的横坐标小于D点横坐标,所以x轴的方向与AD方向相同。AD长度为5,故y轴必经过AD的$\frac{1}{5}$位置,且与AD垂直。A,D的纵坐标为正,B的纵坐标为负,C的纵坐标为正,图象就可以确定,如图8所示。

评注　本题的设计打破了常规的束缚,有新意。命题者没有采用常规的在坐标系中找点坐标的方法,也不允许学生根据自己的意愿建立坐标系,对学生数形结合的能力是一次很好的检验。好的变式可以以少胜多,让学生的学习更高效、更省力。

2. 认知负荷理论在数学教学中的应用

运用认知负荷理论要遵循三个原则:

一是学生承受的认知负荷总量不超过其自身所能承受的最大量。为了促进有效学习的发生,应尽可能控制内在认知负荷,减少外在认知负荷,增加相关认知负荷。一旦认知负荷的总量经常超出学生的承载能力,就会使学习陷入困境。

二是学生承受的认知负荷总量并不是越少越好。只有认知负荷总量适度时,学习的效率才会达到最优。教学设计的一个重要任务就是让认知目标和方法更精准,更切实,更有针对性。

三是同样的认知任务对于不同学生具有不同的认知负荷含义。每个人的学习基础、学习习惯、学习潜能都不一样。在教学设计时,务必充分考虑认知负荷的个体差异,尽可能为每个学生找到恰当的认知负荷量和认知负荷方式。

真实数学问题没有经过"精雕细刻",往往具有信息源杂、信息量大、开放性强的特点,认知负荷常常超出工作记忆的承受范围。通过对真实问题的调节、限制和加工,可以保证课堂教学任务的顺利完成。对"度"的把控是精实数学教学的重要标志。要掌握好认知负荷的平衡,就要重点关注四个问题:

(1) 控制内在认知负荷

学生刚刚接触立体几何的时候,空间观念比较零碎,而课本首先呈现的是三个公理、三个推论,抽象度高,此时借助几何模型可以帮助学生形成空间概念,降低内在认知负荷。学习一段时间以后,教师就要有意识地给学生"断奶"。否则,学生的空间想象力就难以培养。一般说来,降低内在认知负荷的方法有两类:

一是调整主干知识的呈现方式。

复杂问题简单化,是处理复杂问题的基本策略。新授课一般按由简单到复杂、由各个击破到整体提升的任务序列,先抽取最简单的学习任务,把复杂材料划分为若干信息单元,在每个独立单元的学习完成之后,再逐渐增加任务的难度,让学生关注信息单元之间的关联,这是一个由分到合、知识渐进的过程。而在复习课上,宜采用"先总后分"

的方法，先把知识点系统地回顾梳理一遍，再通过样例将教学要点、思路方法归纳总结、拓展延伸，建构和丰富学习图式，促进学习的迁移和效率的提升。

现以《圆锥曲线与方程》一章为例，阐述不同学习阶段的不同策略：

【案例 6】

《椭圆的标准方程》(第一课时)教学片断

(i) 操作实践：

事先准备好两枚图钉和一条细线。上课时先用图钉将细线两端固定在黑板上，再用粉笔将细线拉紧，让粉笔在黑板上转动一周，就可以得到一个椭圆的图形。

(ii) 问题探究：

椭圆上的点是怎么形成的？这些点有哪些共同的特征？细线的长度与两图钉之间的距离有什么关系？能否给椭圆下定义？椭圆的标准方程怎么求？

评注 《普通高中数学课程标准(2017 年版)》指出："数学教学不能仅限于讲授与练习，阅读自学、独立思考、动手实践、自主探索、合作交流等都是学习数学的重要方式。教师要善于根据不同的内容和学习任务采用不同的教学方式以及多元化的学习形式组合，以优化教学，增强学习实效。"通过操作发现椭圆的定义，可以让学生在动手实践、观察分析研究中悟出概念，形成概念，掌握概念。从具象模型到定义生成，再到标准方程的探求，稳打稳扎，步步为营，加深了对椭圆定义的印象，理清了椭圆方程形成的过程，体现了由简单到复杂的学习路径。

【案例 7】

《抛物线的标准方程》(第一课时)教学片断

(i) 旧知温故：

平面内，到一个定点 F 和一条定直线 l(F 不在 l 上)的距离的比等于常数 e 的点的轨迹是什么？

在学习了椭圆和双曲线的第二定义以后，学生已经知道：

当 $0<e<1$ 时，点的轨迹是椭圆；当 $e>1$ 时，点的轨迹是双曲线。

(ii) 提出问题：

除了以上这两种曲线以外，还有哪些情况需要讨论？

此时，学生回答 $e=1$ 是水到渠成的事情。

教师继续追问：$e=1$ 时，点的轨迹是什么？你能不能求出它的方程？

由此顺水推舟，导入本课所要研究的内容。

评注　对椭圆的研究是按知识点的顺序逐一呈现的。经过椭圆、双曲线的学习，学生对圆锥曲线的研究方法有了初步的认识，也具备了一定的自主探究能力。所以，在研究抛物线时，可以在巩固旧知中发现新问题，引出新问题。复习导入看似简单，却如行云流水，一气呵成，平实精炼，既节约了时间，提高了效率，又与学生的“最近发展区”相适应，有利于激发学生解决问题的兴趣。

【案例 8】

《圆锥曲线的复习》（第一课时）教学片断

（i）知识梳理：

① 填空。

<table>
<tr><th colspan="2"></th><th>椭圆</th><th>双曲线</th><th>抛物线</th></tr>
<tr><td colspan="2">第一定义</td><td></td><td></td><td></td></tr>
<tr><td colspan="2">第二定义</td><td></td><td></td><td></td></tr>
<tr><td colspan="2">标准方程</td><td></td><td></td><td></td></tr>
<tr><td colspan="2">图象</td><td></td><td></td><td></td></tr>
<tr><td rowspan="5">简单几何性质</td><td>字母的意义</td><td></td><td></td><td></td></tr>
<tr><td>焦点坐标</td><td></td><td></td><td></td></tr>
<tr><td>准线方程</td><td></td><td></td><td></td></tr>
<tr><td>渐近线</td><td></td><td></td><td></td></tr>
<tr><td>焦半径</td><td></td><td></td><td></td></tr>
</table>

② 写出直线与三类曲线的位置关系、判断方法。

③ 写出与三类曲线相关的常见结论、题型及应对思路（尽可能多地回忆）。

（ii）典例选练：

例 1　已知椭圆 M 的中心在坐标原点，长轴在 x 轴上，离心率为$\frac{\sqrt{3}}{2}$，且 M 上一点到 M 的两个焦点的距离之和为 12，则椭圆 M 的方程为________。

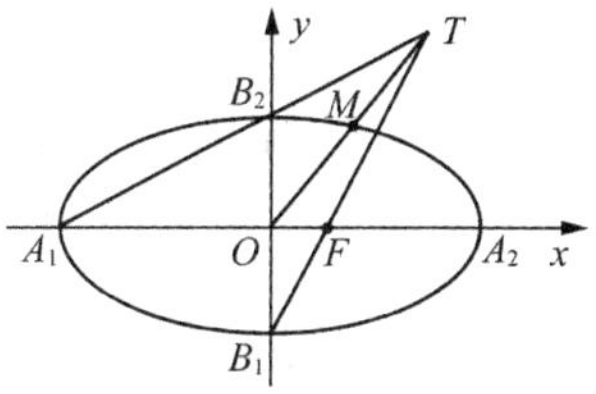

图 9

例 2　如图 9，在平面直角坐标系 xOy 中，A_1，A_2，B_1，

B_2 为椭圆$\frac{x^2}{a^2}+\frac{y^2}{b^2}=1(a>b>0)$的四个顶点，$F$ 为其右焦点，直线 A_1B_2 与直线 B_1F 相交于点 T，线段 OT 与椭圆的交点 M 恰为线段 OT 的中点，则该椭圆的离心率为________。

例 3 已知点 F 是双曲线$\frac{x^2}{4}-\frac{y^2}{12}=1$ 的左焦点，$A(1,4)$，P 是双曲线右支上的动点，则$|PF|+|PA|$的最小值为________。

例 4 过抛物线 $y^2=2px(p>0)$的焦点 F 作倾斜角为$45°$的直线交抛物线于 A，B 两点，若线段 AB 的长为 8，则 $p=$________。

(iii) 归纳总结：

学生小结本节课的学习心得，进一步理清知识间的内在联系。

评注 本设计采用“先总后分”的方法，先通过知识脉络的梳理和方法技巧的再现，迅速唤醒学生对已有知识的回忆，激发起学习的兴趣和欲望；再通过习题的分类演练，总结提升每类题型的解决方法，并逐步融会贯通，拓展延伸，形成举一反三的能力，让每个学生都有所得，避免了简单重复。

【案例 9】

《圆锥曲线的概念》教学设计

分析 苏教版选修 2－1《圆锥曲线与方程》整章设计采用了“总—分—总”的思路，意在避免“先分后总”方法的弊端。先逐一研究三种圆锥曲线，最后整体认识三者之间的相互关系，容易出现知识凌乱、重复过多的现象。让学生先从整体上认识三种圆锥曲线的内在关系，再运用方程思想分别研究三种圆锥曲线的几何性质，最终通过统一定义提升对三种圆锥曲线的认知，让学生经历知识的发生、发展和运用的完整过程，让数学学习“返璞归真”。但这些编写意图能否得到很好的落实？

在新授课第一课《圆锥曲线》中，通过动画演示，学生可以粗略地感受到椭圆、双曲线、抛物线三类曲线的形状(如图 10)，但对曲线的真实特征还不是很清晰。教材中借助图 11 来说明三种曲线的形成规律，这样处理似乎有点“小题大做”、简单问题复杂化的感觉。由于学生缺乏感性知识，缺乏数学活动体验，缺乏必要的空间想象基础，也就很难理解为什么要这样定义，更谈不上“意义建构”了。在图 11 中，要从截面两侧的两个内切球上寻找线段之间的关系，并将 $MF_1+MF_2=PQ$说清楚，实非易事。按照这种方法，绝大多数同学只能被教师“牵着鼻子走”。

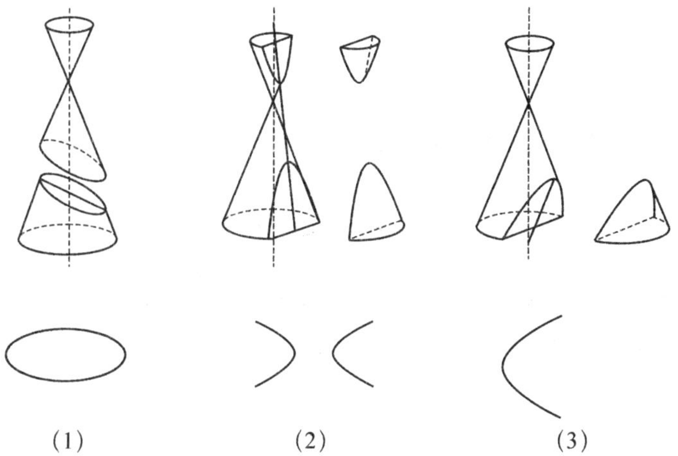

图 10

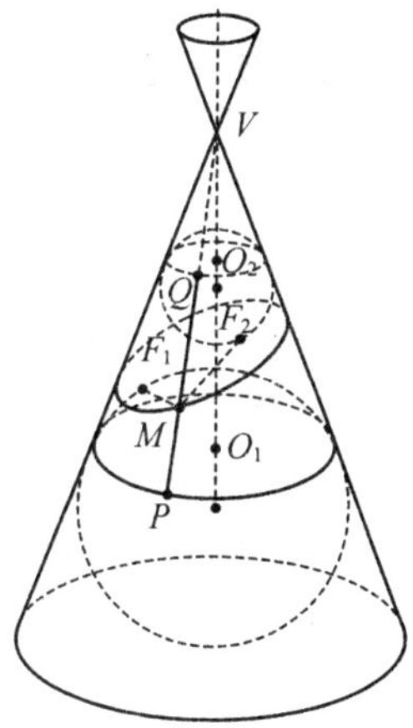

图 11

为什么会出现这种情况？关键是设计起点超出了不少学生的认知水平，超出了学生内在认知负荷的承受能力。内在认知负荷源自学习内容本身，学习内容的复杂程度与内在认知负荷的大小密切相关，重难点的集中出现是教学的大忌。因为学习的内容越复杂，需要同时处理的信息单元也就越多，各单元之间的相互关系又进一步增加了认知负荷。从实际情况看，大多数教师还是采用传统方式，化整为零，在各个知识点突破以后再整合，从第一定义入手，形成统一的第二定义，应该是瓜熟蒂落的事情。

在三种圆锥曲线的定义和性质全部学习以后，可以让学有余力的同学通过查阅资料、自主探究，再对图 11 中椭圆的方程进行探究，或者让学生证明为什么圆柱形水杯倾斜时水面呈椭圆形状。这样处理可能更符合认知规律，既提升了学生参与教学的积极性，也有利于学生对知识的深层次理解。

评注　让学生不断经历螺旋上升的学习过程，是减少内在认知负荷、巩固所学知识、提升学习能力的重要路径，也是数学教学行之有效的策略，但在螺旋上升的不同时期，学习内容的难易度要心中有数，严格把控，尽量避免眼高手低和“想当然”。

二是调整辅助信息的呈现方式。

数学学习获得的知识，可以分为两类：①

一类是专有知识(specific knowledge)，如数学概念。如果教师仅仅是完成任务式的照本宣科，甚至将概念一掠而过，然后是大量习题的反复操练，学生对概念的理解和掌握必然不深不透。如何恰当设置支持性信息，形成有效的问题链，引导学生突破难点，弄懂弄通基本概念，是数学教学求“精”求“实”的基础。

① 赵立影，吴庆麟. 基于认知负荷理论的复杂学习教学设计[J]. 电化教育研究，2010(4)：44－48.

【案例 10】

《函数单调性》教学设计

分析 函数单调性是高一学生接触到的函数的第一个性质,它既是函数概念的延续和拓展,又是进一步研究函数的前提和基础。从函数单调性本身的地位来看,概念形成的过程是教学的重点;从学生学习所处的阶段来看,由于单调性的概念本身比较抽象,其形成过程又是教学的难点。教师可以根据课本引例设计如下问题链。

某地区 24 小时内的气温变化如图 12。

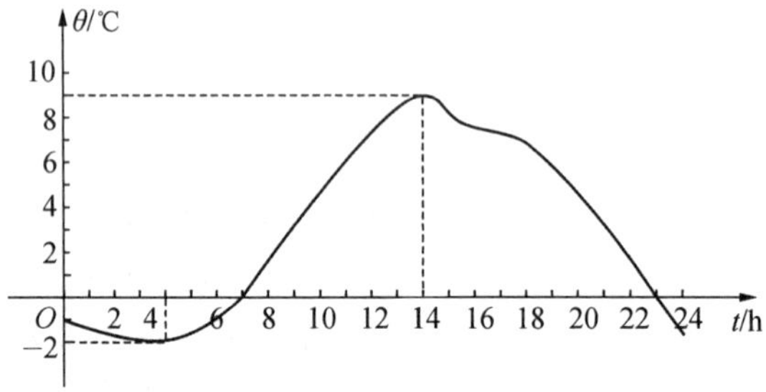

图 12

问题 1 这张图中,气温在哪些时间段内逐渐升高?又在哪些时间段内逐渐下降?

设计意图 问题是兴趣的开始。让学生对单调性形成初步直观感受。

问题 2 能不能用自己的语言来描述这种升高和下降呢?

设计意图 让学生通过文字语言的叙述,产生深入探究的好奇心,认识逐步提高。

问题 3 研究[4,14]这个区间。怎样用数学语言刻画图象的上升和下降呢?

(教师为问题 3 预设三种不同的铺垫,根据学生的学习基础和预习情况选择使用)

铺垫 1 设 $t_1, t_2 \in [4,14]$,当 $t_1 < t_2$ 时,$f(t_1)$与 $f(t_2)$能否比较大小?怎么比较?

铺垫 2 对任意的 $t_1, t_2 \in [4,14]$,当 $t_1 < t_2$ 时,是否都有 $f(t_1) < f(t_2)$呢?

铺垫 3 你能不能给单调增函数下个定义呢?

问题 4 能否类比单调增函数的概念,给出单调减函数的概念呢?

设计意图 让学生从日常的描述性语言提升到用数学符号语言来精确刻画概念,经历"数学化""再创造"的活动过程,是对单调性的第三次认识。

问题 5 能否说清气温图中的所有单调区间?

问题 6 能否再举几个以前学过的函数,说说它们的单调区间分别是什么?

设计意图 在学习函数单调性的概念以后,回头验证以前所学知识,丰富和拓展学生已有的认知结构,让他们经历从感性到理性,再从理性到感性的螺旋上升的学习过程，加深对函数单调性概念的理解，是对单调性的第四次认识。

问题 7　求证：函数 $f(x)=-\frac{1}{x}-1$ 在区间 $(-\infty,0)$ 上是单调增函数。

设计意图　让学生尝试利用函数单调性的定义自主证明，并归纳出证明函数单调性的一般方法和操作流程。通过解题过程的亲身经历和实践体验，完成对单调性的第五次认识。

问题 8　下列命题是否正确呢？

(1) 若函数 $f(x)$ 满足 $f(2)<f(3)$，则函数 $f(x)$ 在 $[2,3]$ 上为增函数。

(2) 已知函数 $f(x)=\frac{1}{x}$，因为 $f(-1)<f(2)$，所以函数 $f(x)$ 是增函数。

(3)若函数 $f(x)$ 在 $(1,2]$ 和 $(2,3)$ 上均为增函数，则函数 $f(x)$ 在 $(1,3)$ 上为增函数。

(4)因为函数 $f(x)=\frac{1}{x}$ 在 $(-\infty,0)$ 和 $(0,+\infty)$ 上都是减函数，所以 $f(x)$ 在 $(-\infty,0)\cup(0,+\infty)$ 上是减函数。

设计意图　通过正反两方面的辨析，进一步加深对函数单调性概念的理解，是对单调性的第六次认识。这些环环相扣的问题链，是学生理解和掌握概念的阶梯。

另一类是常规性知识(routine knowledge)，也就是在不同学习任务中重复出现的比较复杂的知识。这类知识在不同情境中本质属性不会变，蕴含的规律不会变，有一定的套路可循。常规性知识，要在理解的基础上，经过实际操练使其熟练到自动化的程度，以便后续学习时能够迅速激活。数学的思想方法就是典型的常规性知识，如数形结合的思想方法，有三条运用途径：一是以形助数，让代数问题直观化；二是以数助形，让几何问题精准化；三是数形互助，两极问题中间化。涉及数形结合的问题，都可以用这三种思路去尝试。

遇到新问题时，首先要辨别它与已有知识体系的关联度，检索出解题方向，化生为熟，化归为已经解决的问题，从而缩短探究过程。这种解题方式也称为"模式识别"。

(2) 增加相关认知负荷

数学学科增加相关认知负荷的方法有两种：一是自我解释，通过"说数学"促进学生想清楚、讲明白；二是情境干扰，通过一题多解、多题一解提高抗干扰能力。

① 自我解释(self explanation)

数学中的自我解释，也就是通常所说的"说数学"。学生用自己的语言来阐述对所学数学知识、数学问题、数学方法的认识。"说数学"的价值主要体现在三个方面：

一是加深对数学知识的理解，发展数学思维。"说数学"为学生提供了展示内心想法和思维方式的平台。把学到的知识"说"出来，可以促进学生知识体系的主动建构，并自觉进行思维训练，达到不断巩固知识、提升能力的目的。

二是强化学生学习主体地位，帮助他们学会质疑。让学生主动“说”，可以让学习过程成为“再创造”过程。哪些问题需要讲，讲到什么度，以什么方式讲，如何调动学生的积极性，学生“说了算”。学生在“说”的过程中发现的疑问，又促使他们进一步思考和学习。

三是活跃课堂气氛，帮助学生发展合作交流能力。在“说数学”的过程中，师生之间，同学之间真诚交流，各抒己见，相互启发，相互补充，相互取长补短，在学习成就的不断达成中，学会合作与分享，促进了学生的全面发展。

“说数学”活动的设计，要突出抓好三个重要时点①：

一是学习的难点和疑点。抽象的知识往往是数学学习的难点，尤其在应用抽象知识解决问题时思维更容易受阻，比如要用到的关键知识一时想不出，找不到问题转化变通的合适方法。容易忽视的点或模糊点往往因为不重视、不清晰而成为学习的疑点。

【案例 11】

一道对数方程题的教学片断

题目 已知方程 $\lg(-x^2+3x-m)=\lg(3-x)$ 在 $x\in(0,3)$ 内有唯一解，求实数 m 的取值范围。

分析 整个教学过程分为三个活动环节。

活动 1 学生阅读题目获取相关信息，把对数方程转化为关于 x 的二次方程，这里所经历的等价转换、等价变形，是数学语言的第一次转译。

师 这个方程能不能转化为我们熟悉的方程？怎么转化？

生 1 去对数符号，转化为一元二次方程 $-x^2+3x-m=3-x$，再由判别式求出 m 的取值范围。

师 这样转化有没有问题？（这是学生容易忽视的疑点）

生 2 转化过程要注意等价变形，也就是要注意 x 的取值范围，尽管题目要求在 $(0,3)$ 内有方程唯一解，但原方程首先应当等价转化为：$\begin{cases}-x^2+3x-m=3-x,\\3-x>0,\end{cases}$ $(*)$。

活动 2 由于问题难点在于 $(*)$ 式转化，所以学生分析 $(*)$ 式时，师生互动尤显重要。

师 对于一元二次方程根的存在性问题，我们以前怎样讨论？（难点）

生 3 一般是利用函数观点和二次方程实根分布的知识处理的。

师 能不能说得更具体些？

生 3 转化为研究函数 $f(x)=x^2-4x+m+3$ 在 $x\in(0,3)$ 时与 x 轴只有唯一交点

① 韩云桥. 高中数学“说数学”设计策略[J]. 上海中学数学，2015(9)：1－2.

的问题，此时通过图象可以直观地转化为$\begin{cases}f(0)\geqslant 0,\\ f(3)\leqslant 0,\end{cases}$计算得到$-3\leqslant m\leqslant 0$。（疑点）

生4　因为抛物线的对称轴$x=2$，所以抛物线与x轴相切的情形也应当考虑，此时$m=1$.

师　生4补充得很好，对这样一个解题过程，大家还有什么想法？

生5　当$m=-3$时不满足要求，此时在$(0,3)$上方程没有根，因此$m\neq -3$。

师　生5发现了解题过程容易忽视的问题，这种严谨的精神和反思的方法值得大家学习。我们能否再思考一个问题，在解题过程中如何避免这些瑕疵呢？

生6　这道题只要转化为研究曲线的位置关系就可以解决这个问题。

将(*)式转化为$\begin{cases}(x-2)^2=1-m,\\ 3-x>0,\end{cases}$

设曲线$y_1=(x-2)^2$，$x\in(0,3)$，作出图象，根据图象的位置关系可得到：

① 当$1-m=0$时，有唯一解，$m=1$；

② 当$1\leqslant 1-m<4$时，有唯一解，即$-3<m\leqslant 0$。

所以，实数m的取值范围是$m=1$或$-3<m\leqslant 0$。

师　解决数学问题的过程就是对数学语言阅读理解、转译加工和理性表述的过程，在阅读中找准信息很重要，对数学语言的准确翻译，对等式的等价变形，都不能含糊。运用过去的经验解题时，要防止经验性错误。当然，本题还可以用分离参数法，转化为$m=-(x-2)^2+1$，$x\in(0,3)$，通过讨论方程的解的情况来解答，这也是我们常用的处理方法。

活动3　请学生认真分析上述活动过程，根据自己的理解，尝试用尽可能多的方法解决本题，并把完整的解题过程整理出来。

评注　对数学语言的准确理解与等价转化，是突破数学难点的"开路先锋"，必须引起足够重视。在平时教学中，教师要有意识地将抽象的数学知识转化为学生熟悉的直观模型，形成解决问题的基本定式，并借助数学表述，教给学生转译加工的方法。

二是思维的障碍点。解决数学问题的过程，就是将数学命题不断化归、转化与变更的过程，也是不断暴露思维障碍的过程。所谓思维障碍，就是思路不清、找不到合理的转化方式，不能发现所探求的问题与已有数学经验之间的联系。思维障碍点也是思维的转折点，是思维生长的重要契机。

【案例12】

一道数学归纳法问题的教学片断

题目　求证$\frac{1}{2}\times\frac{3}{4}\times\frac{5}{6}\times\cdots\times\frac{2n-1}{2n}<\frac{1}{\sqrt{2n+1}}(n\in\mathbf{N}^*)$。

分析　本题可以从数学归纳法和放缩法两个角度去思考。整个教学分为四个活动环节：

活动 1　说出数学归纳法的关键。

师　看到这个题目，你的第一感觉是用什么方法来解决？为什么？

生 1　题目与自然数相关，我想首选数学归纳法。

师　能不能说说具体的解题步骤？

生 1　首先要验证 n 取第一个值的情况是否符合，然后再假设 $n=k$ 时命题成立，证明 $n=k+1$ 时命题也成立。最后归纳总结，得出结论。

师　这里最难突破的步骤是什么？如何突破？

生 2　从 $n=k$ 到 $n=k+1$ 的证明最难。

假设 $n=k$ 时命题成立，即 $\frac{1}{2}\times\frac{3}{4}\times\frac{5}{6}\times\cdots\times\frac{2k-1}{2k}<\frac{1}{\sqrt{2k+1}}$。

则 $n=k+1$ 时，

左边 $=(\frac{1}{2}\times\frac{3}{4}\times\frac{5}{6}\times\cdots\times\frac{2k-1}{2k})\times\frac{2k+1}{2k+2}<\frac{1}{\sqrt{2k+1}}\times\frac{2k+1}{2k+2}=\frac{\sqrt{2k+1}}{2k+2}$。

要证明左边 $<\frac{1}{\sqrt{2k+3}}$，只要证明 $\frac{\sqrt{2k+1}}{2k+2}<\frac{1}{\sqrt{2k+3}}$ 即可。

事实上，$\sqrt{2k+1}\cdot\sqrt{2k+3}=\sqrt{4k^2+8k+3}<\sqrt{4k^2+8k+4}=2k+2$，

即可推得 $\frac{\sqrt{2k+1}}{2k+2}<\frac{1}{\sqrt{2k+3}}$。

师　生 2 的方法很好，既讲到了证明本题的难点，又讲到了解决的方法。这里的两个关键点要特别注意，一是证明 $n=k+1$ 时必须用到 $n=k$ 时的假设，必须要“凑”假设，不用归纳假设的证明就不是数学归纳法；二是后期证明用的是分析法，思路非常自然。解决问题的目标很明确，就是“凑”结论，也就是证明 $\frac{\sqrt{2k+1}}{2k+2}<\frac{1}{\sqrt{2k+3}}$。除了数学归纳法，还有其他方法吗？

活动 2　引导学生分析不等号左边式子的特点。本题左边是连乘式的形式，帮助学生通过本题发现此类问题的一般处理方法。（关键点）

师　本题左边是 n 项的连乘积，这 n 项有何特点？

生 3　每一项的分子都是奇数，分母都是偶数，并且每一项的分子比分母都小 1，每一项的分母都比前一项的分母大 2。

师　根据这个特点，左边的连乘积能不能化简，怎么化简呢？

生 4　转化不了，没办法逐项相消。

师　刚才我们关注的是不等式左边，再看看右边怎么样？

生 5　右边是根式的形式，可能要采取两边平方的办法。

师　这个想法好。平方后转化为$(\frac{1}{2})^2\times(\frac{3}{4})^2\times(\frac{5}{6})^2\times\cdots\times(\frac{2n-1}{2n})^2<\frac{1}{2n+1}$。平方后，左边的项数不仅不减，反而增加了 n 项，又该如何处理呢？

活动 3　引导学生对左边 n 项连乘积进行变形，通过放缩找出解决问题的方法。(既是思维障碍点，又是关键点)

师　增加了 n 项也未必是坏事，能不能通过放缩达到逐项相消的目的呢？也就是说，增加的项$\frac{1}{2},\frac{3}{4},\frac{5}{6},\cdots,\frac{2n-1}{2n}$能不能经过放缩逐项相消，到最后只与$\frac{1}{2n+1}$相关呢？

生 6　左边能变成$\frac{1}{2}\times\frac{2}{3}\times\frac{3}{4}\times\frac{4}{5}\times\frac{5}{6}\times\frac{6}{7}\times\cdots\times\frac{2n-1}{2n}\times\frac{2n}{2n+1}$就好了，这个式子的运算结果正好是$\frac{1}{2n+1}$。

师　太好了！如果能变成这个式子，离要证明的结果就不远了。大家再仔细分析一下，现在的问题是什么？

生 7　把增加的项$\frac{1}{2},\frac{3}{4},\frac{5}{6},\cdots,\frac{2n-1}{2n}$转化为$\frac{2}{3},\frac{4}{5},\frac{6}{7},\cdots,\frac{2n}{2n+1}$。

师　你认为怎样转化？

生 7　可能要证$\frac{1}{2}<\frac{2}{3},\frac{3}{4}<\frac{4}{5},\frac{5}{6}<\frac{6}{7},\cdots,\frac{2n-1}{2n}<\frac{2n}{2n+1}$，也就是通项规律。

师　为什么？

生 7　因为方向很明确，题目要证前面 n 项$\frac{1}{2},\frac{3}{4},\frac{5}{6},\cdots,\frac{2n-1}{2n}$的乘积小于后面 n 项$\frac{2}{3},\frac{4}{5},\frac{6}{7},\cdots,\frac{2n}{2n+1}$的乘积。应该可以分解到每一项。

师　很好，这个方向又怎么实现？

生 8　如果通项满足$\frac{2k-1}{2k}<\frac{2k}{2k+1}(k\in\mathbf{N}^*)$，所有问题都可以解决。

师　这个思路很好。只要能证明到$\frac{2k-1}{2k}<\frac{2k}{2k+1}(k\in\mathbf{N}^*)$，就必然有$\frac{1}{2}<\frac{2}{3},\frac{3}{4}<\frac{4}{5},\frac{5}{6}<\frac{6}{7},\cdots,\frac{2n-1}{2n}<\frac{2n}{2n+1}$，这就是通项规律。

活动 4　请学生把两种解题思路进行总结归纳，并与同桌交流。强调数学归纳法的适用条件，防止伪证。

评注　数学思维的障碍点也是数学知识和方法应用的关键点。学生不能找到合适的思维路径，往往是由于题意理解不清，解题规律“套路”掌握不熟练，不同数学语言形式之间的转换不灵活，思维缺乏方向感，识别力弱，敏锐性不强。

三是学生学习的兴趣点。学生“说数学”的理想境界就是自己想说话，有话说，能说好。教师在教学设计时，就要有意识地加强数学语言环境的营造，激发学生数学交流的兴趣，产生说数学的动机，在和谐、平等、互助的氛围中乐于表达、善于表达。

【案例 13】

一道三角化简问题的教学片断

题目 化简$\sin^2\alpha\cdot\sin^2\beta+\cos^2\alpha\cdot\cos^2\beta-\dfrac{\cos 2\alpha\cdot\cos 2\beta}{2}$。

分析 本题初看难以下手，实质上切入点较多，只是学生心理上有畏惧，对自己信心不足。关键是看教师如何点拨引导。

师 对于三角函数式的化简，可以从哪些角度入手？

生 1 异角化同角、异次化同次、高次化低次、切化弦等等。

师 题中全是正弦和余弦，没有切化弦，用什么方法能解决这个问题呢？

5 分钟以后，学生说出了 3 种不同的处理方法。

思路一：异次化同次，用降幂公式。

原式$=\dfrac{(1-\cos 2\alpha)(1-\cos 2\beta)}{4}+\dfrac{(1+\cos 2\alpha)(1+\cos 2\beta)}{4}-\dfrac{\cos 2\alpha\cdot\cos 2\beta}{2}=\dfrac{1}{2}$。

思路二：异名化同名，都化为正弦或余弦。

原式$=(1-\cos^2\alpha)(1-\cos^2\beta)+\cos^2\alpha\cdot\cos^2\beta-\dfrac{(2\cos^2\alpha-1)(2\cos^2\beta-1)}{2}=\dfrac{1}{2}$。

思路三：由形开始，“凑”两角和差公式的形式。

原式$=(\sin\alpha\cdot\sin\beta+\cos\alpha\cdot\cos\beta)^2-2\sin\alpha\cdot\sin\beta\cdot\cos\alpha\cdot\cos\beta-\dfrac{\cos 2\alpha\cdot\cos 2\beta}{2}$

$=\cos^2(\alpha-\beta)-\dfrac{\cos(2\alpha-2\beta)}{2}=\cos^2(\alpha-\beta)-\dfrac{2\cos^2(\alpha-\beta)-1}{2}=\dfrac{1}{2}$。

师 同学们想到三种方法，真不简单。前两个思路比较常规，说明我们已经掌握了常用的化简方法，第三个思路是被“逼”出来的，想到它实在不容易。这个方法超越了我们的固有思维，虽然比前两个繁一些，但它是同学们主动探究的结果，这种研究对学好数学和思维训练都很有好处。我们的学习就需要这种积极主动的热情和勇气。

评注 教师的恰当引导是激发斗志和兴趣的助推剂，它能给学生增添学习动力。

“说数学”的设计要突出三点：

一是说出对命题意图的理解。“说数学”首先就要说清题目的要求是什么？实现这个目标需要哪些条件？目前已经有了什么？还缺什么？把这些问题搞清楚，解题才会更具方向性和针对性。

二是说清解题的思路。要让学生说出解决这个问题的常规思路、常规方法是什么？解题过程中需要注意什么？还有哪些解决问题的方法？这些方法和步骤能不能再优化？能把别人“说懂”才是自己“真懂”了。

三是说出解题的心得。让学生说出解题的感受，反思和总结这类问题有哪些特征？可以从哪些角度去思考？这类问题的解题方法还可以延伸到哪些问题？这是学生数学思维、数学素养自我提升的重要环节。处理得当，可以“听到思维拔节的声音”。

② 情境干扰(contextual interference)

所谓情境干扰，就是通过问题情境的变式，让学生对问题的相似特征、相关特征与无关特征的认识更清晰。这种变式在增大相关认知负荷的同时，也促进了学习和迁移。“一题多解”和“多题一解”本质上都属于情境干扰。

所谓“一题多解”，就是对同一道数学题，从不同的角度、不同的思路出发，采用不同的方法和不同的运算过程去分析求解的练习活动。所谓“多题一解”，就是不同的数学问题，所涉及的数学思想方法大致相同或相似，吃透一道题，就可以掌握一类题的解法。一题多解，激发了学生的解题兴趣，开拓了解题思路，引导学生全面观察问题、思考问题，运用已有知识经验寻求解题方法，既加深了对研究问题的理解与认识，又提升了发散性思维能力。多题一解，侧重于寻求一类问题的“通性通法”，促使学生注意方法归纳，主动从解题过程中悟出不同问题的共性解法，达到触类旁通、举一反三的效果。

数学既是演绎科学，又是归纳科学，数学的这种双重性为“一题多解”和“多题一解”提供了很好的注解，前者突出了发散思维，后者突出了聚合思维，目的都是让学生由重解题的数量转为重解题的质量和解题后的反思，真正从题海中解放出来。

我们不妨看看“一题多解”的例子。

【案例 14】

一题多解，以一题带动一片

2007 年重庆文科卷第 11 题：设$\sqrt{3}b$是 $1-a$ 和 $1+a$ 的等比中项，则 $a+3b$ 的最大值为________。

分析　本题题面简洁，表述清晰，入口宽松，解法灵活，可以多角度、多方位、多层次地探索研究。

方法一：利用方程思想处理。将求解的问题转化为方程，是高中数学的常规方法。

令 $a+3b=m$，则 $a=m-3b$。代入 $a^2+3b^2=1$，得 $m^2+9b^2-6mb+3b^2-1=0$。

化简得 $12b^2-6mb+m^2-1=0$，这是关于 b 的一元二次方程。

要使方程有解，则 $\Delta=36m^2-48(m^2-1)\geqslant 0$，即 $m^2\leqslant 4$，所以 $-2\leqslant m\leqslant 2$。

因此，$a+3b$ 的最大值为 2。

方法二：利用三角换元法处理。通过换元可以简化问题的结构，降低问题的难度。

令 $a=\sin\theta$，$\sqrt{3}b=\cos\theta$，即 $b=\frac{\sqrt{3}}{3}\cos\theta(\theta\in R)$。则 $a+3b=2\sin(\theta+\frac{\pi}{3})$。

由 $\theta\in R$，有 $2\sin(\theta+\frac{\pi}{3})\leqslant 2$，所以 $a+3b$ 的最大值为 2。

方法三：利用向量法处理。向量是重要的数学工具，同时具有代数的运算性和几何的直观性，是数形结合的典范。

构造向量 $m=(a,\sqrt{3}b)$，$n=(1,\sqrt{3})$。所以 $|m|=\sqrt{a^2+3b^2}=1$，$|n|=2$。

由 $m\cdot n=|m||n|\cos\theta\leqslant|n||m|$，得 $m\cdot n=a+3b\leqslant 2$。即 $a+3b$ 的最大值为 2。

方法四：利用数形结合思想处理。由数到形与由形到数的交替转换，促成了不等式问题的合理解决。

由 $a^2+3b^2=1$ 即 $a^2+\frac{b^2}{\frac{1}{3}}=1$。令 $a=x$，$b=y$，则 $x^2+\frac{y^2}{\frac{1}{3}}=1$ 是椭圆。

题目变转化为：若直线 $t=x+3y$ 与椭圆有交点，求 t 的最大值。

如图 13，易知直线刚好是椭圆的切线时，t 取最大值、最小值。

所以，当方程组 $\begin{cases}x^2+\frac{y^2}{\frac{1}{3}}=1,\\ t=x+3y\end{cases}$ 只有一解时，t 取最值。

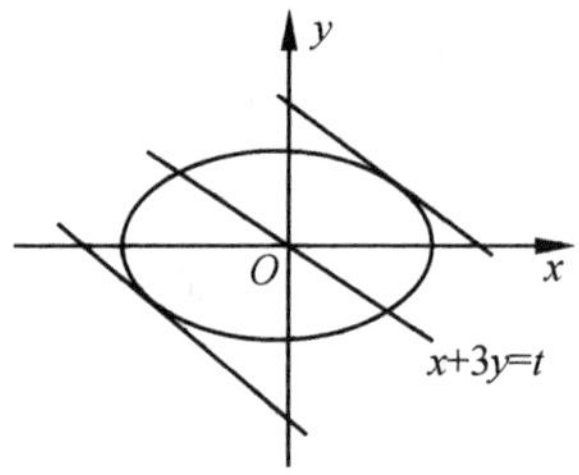

图 13

将 $x=3y-t$ 代入 $x^2+\frac{y^2}{\frac{1}{3}}=1$，

得 $12y^2-6ty+t^2-1=0$ 有两个相等的根。

故 $\Delta=36t^2-48(t^2-1)=0$。得 $t_1=2$ 或 $t_2=-2$。

所以 $a+3b$ 的最大值为 2。

方法五：利用函数单调思想处理。把求最值的问题纳入函数的研究范畴，通过导数的方法求得最值。

由 $a^2+3b^2=1$ 知，只有 $a>0$，$b>0$ 时，$a+3b$ 才可能取最大值。

令 $b>0$，有 $b=\frac{\sqrt{3(1-a^2)}}{3}$。所以 $a+3b=a+\sqrt{3(1-a^2)}$。

设函数 $f(x)=x+\sqrt{3(1-x^2)}(x>0)$，则 $f'(x)=1-\frac{\sqrt{3}}{\sqrt{\frac{1}{x^2}-1}}$。

若 $f'(x)=0$ 且 $x>0$，求得 $x=\frac{1}{2}$。

根据单调性，当 $x=\frac{1}{2}$ 时，$f(x)_{\max}=\frac{1}{2}+\sqrt{3[1-(\frac{1}{2})^2]}=2, x>0$。

所以 $a+3b\leqslant 2$，即 $a+3b$ 的最大值为 2。

方法六：利用等号条件成立猜想处理。看似简单，其蕴涵的思想却非常丰富。

根据经验，当 $a=b=\frac{1}{2}$ 这个简单情形时，$a^2+3b^2=1$，$a+3b$ 取最大值 2。

理由：$(a-\frac{1}{2})(a+\frac{1}{2})-(a-\frac{1}{2})=(a-\frac{1}{2})^2\geqslant 0$，故有 $(a-\frac{1}{2})(a+\frac{1}{2})\geqslant(a-\frac{1}{2})$，

同理 $(b-\frac{1}{2})(b+\frac{1}{2})-(b-\frac{1}{2})=(b-\frac{1}{2})^2\geqslant 0$，故有 $(b-\frac{1}{2})(b+\frac{1}{2})\geqslant(b-\frac{1}{2})$。

因此，$(a-\frac{1}{2})+3(b-\frac{1}{2})\leqslant(a-\frac{1}{2})(a+\frac{1}{2})+3(b-\frac{1}{2})(b+\frac{1}{2})=0$。

得 $a+3b\leqslant 2$，即 $a+3b$ 的最大值为 2。

评注　本题通过一题多解，促进了知识的前后联系，有助于对知识和技能的深刻理解和灵活运用，有助于培养思维的广阔性、灵活性。平时多些这样的思维训练，学习的负担并没有增加多少，却能为数学学习力的提升提供更多帮助。“多题一解”比“一题多解”对思维品质的要求更高，它需要“透过现象看本质”的能力。在数学教学中，认真对某类试题进行总结、归纳和反思，理清这类题型的属性特征，通过对一道题的剖析，可以对一类问题形成整体认识，也就是通常强调的“通性通法”。

平时适度增加有价值的认知负荷，形成和巩固长时记忆，有利于解题经验的积累，实现真正意义上的高效学习，这也是求精求实的具体体现。

第三节　学习维度

古代汉语的“学”与“习”常常分开使用。孔子曰：“学而时习之。”“学”是通过书本阅读、教师讲授，获取直接与间接经验，获得知识与技能，突出感悟；“习”含有温习、实习、练习之意，突出体验。“学”和“习”既有先后顺序，又相互交融，密不可分，“学”是“习”的前提与基础，“习”是“学”的巩固与深化，以学为主，辅之以习，二者统一起来才构成学习的完整概念。

在现代语境中，“学”与“习”已经合二为一，不再分离，也无法分离。学习是对已有经验重新组织、重新解释的过程，是在原有知识和经验的基础上，不断建构、拓展和完善的过程。心理学把学习界定为“个体通过练习或反复经验引起行为或行为潜能产生的

较为持久的变化”。学习有三个关键特征[①]：

第一，学习是一个发展的过程，而不是确定的结果。身体的发育过程、心理的成熟过程、情感的培育过程、社会化的过程等重要的生命发展过程，与学习过程相互交叉，相互影响，相互促进。

第二，学习包含知识、态度、行为或信念的变化。学生进入课堂时，不仅已有一定的知识、技能和能力，社会、情感等方面的经验也会影响他们的价值判断和学习方式。

第三，学习不仅是教师对学生做了什么，更重要的是学生获得了什么。教师在课堂上所做的一切，如果不能引起学生自身的行动，学习就不会真正发生。课堂不是教师展示自身学科素养和才华的舞台，而是引发学生自主学习的场所。

20 世纪形成了三种不同的学习观：行为主义、认知主义和建构主义。这三种学习观对“学习是如何发生的”这样的学习本质问题、“知识究竟是建构的、相对的，还是给予的、绝对的”这样的知识属性问题都有不同的看法。认知主义和行为主义学习观都认为教学过程具有客观性和规律性，其结果可重复、可预测、可观察，这就决定了教学应该遵循固定的程序和步骤。认知主义强调知识的有意义学习，关注知识的获得，但忽视了情感、态度、价值观对学习的影响；行为主义把学习的过程理解为“刺激——反应”模式，认为学习主要靠“重复强化”，也就是“死记硬背”来发生，模糊了人与一般动物的区别。这两种学习观所产生的教学设计都过于强调教师的调控作用，强调教学的程式化，过于关注行动、实践和经验，学习者的主观能动性没有得到应有的重视。学校通过行政推动统一规范的教学行为，忽视了教学过程的动态性、复杂性及不确定性，教学就会因缺乏生机活力而变得僵硬呆板，教师就会对教学中随时可能出现的各种难以预期的教学问题或视而不见，或草草收场。建构主义学习观则认为学生应该处于学习的中心地位，强调学习过程中学习者的主动精神和建构意识，强调非智力因素对学习的促进作用，重视“情景”“协作”在教学中的应用，教师的角色是学习活动的帮助者。[②]

不可否认，建构主义学习观能够克服行为主义和认知主义的不足，但在实际应用中又会走向另一个极端，容易出现忽视教学目标达成、忽视教师指导作用、忽视概念在理解中的重要性等偏向，导致学生知识结构的不完整，在无目标、放任式的教学状态中盲目探寻，影响了教学质量和教学效率的提高。

对这三种主流学习观，我们既要看到其积极的一面，也要尽可能抑制其负面影响，让学习真实、精当地发生。

一、数学认知弹性

20 世纪 90 年代初，斯皮罗(Rand J. Sprio)等人提出了一个比较“折中”与“温和”的

① [美]苏珊·A·安布罗斯，等. 聪明教学 7 原理[M]. 庞维国，等译. 上海：华东师范大学出版社，2012：11－17.

② 曹贤中，何仁生，等. 基于认知弹性理论的教学设计模式[J]. 电化教育研究，2008(1)：80－84.

“认知弹性理论(Cognitive Flexibility Theory)”。这一理论综合了各种学习理论的长处,试图避免各种学习理论的不良偏向,走“中间路线”,它既接受“学习是学习者主动建构内部心理表征的过程”这一建构主义学习理论的基本观点,反对机械地对知识做预先限定,尽量避免被动学习,给学生留有广阔的建构空间;又竭力反对极端建构主义忽视概念的重要性和知识的系统性的一面,主张给建构理解提供必备的基础。

斯皮罗等人将知识划分为结构良好(well-structured domain)的知识和结构不良(ill-structured domain)的知识。数学中结构良好的知识,是指所学知识可以直接转化为公式、定理等规则或原则加以运用,相当于认知负荷理论中的“常规性知识”。比如三角函数的相关公式,立体几何的定理公理,学习以后就可以作为计算的规则、推理的依据,只要按照程序走,不会产生明显的差异。结构不良的知识相对于认知负荷理论中的“专有知识”,难以直接固化为一种模式,它会随各种因素或内外条件的变化而变化,不能用一种公式或一套概念框架来完全表述,表现为概念的复杂性和实例的不规则性。比如,“合作学习”的概念,在不同年级、不同学科中如何理解、如何应用都难以成为固定的样态;“研究性学习”比“合作学习”更难把控,因为“研究性学习”的形式、方法、标准更复杂,“自主学习”“合作学习”“探究学习”等多个概念都是“研究性学习”的重要内涵,不同的处理风格,不同的处理方案与途径,效果的差距会更大。①

为什么学生畏惧数学应用问题?是因为缺乏数学应用的亲身体验,抓不住将实际问题转化为数学问题的关键,特别是遇到文字量较大、情境较为陌生的“结构不良的知识”,更是无从下手。这是多数中国学生存在的共同问题。从1993年高考考查数学应用题以来,国内考试对实际应用题考查的频率越来越高,只是情境的真实性还需要增强。

【案例15】

2004年上海高考第16题评析

题目 某地2004年第一季度应聘和招聘人数排行榜前5个行业的情况列表如下。

行业名称	计算机	机械	营销	物流	贸易
应聘人数	215830	200250	154676	74570	65280
行业名称	计算机	营销	机械	建筑	化工
招聘人数	124620	102935	89115	76516	70436

① 庞坤,李明振.认知弹性理论指导下的中小学教师培训教学[J].课程·教材·教法,2007(4):73-76.

若用同一行业中应聘人数与招聘人数比值的大小来衡量该行业的就业情况，则根据表中数据，就业形势一定是 （ ）

A. 计算机行业好于化工行业　　B. 建筑行业好于物流行业

C. 机械行业最紧张　　D. 营销行业比贸易行业紧张

分析 本题要紧扣“排行榜”的定义。排行榜是按照各行业应聘或招聘人数从高到低排序的，榜上无名的行业应聘和招聘的人数一定低于榜上的最低数。比较两组数据，发现上一组缺少建筑和化工，下一组缺少物流和贸易，显然建筑和化工应聘的人数必定少于 65280 人；物流和贸易招聘的人数必定少于 70436 人。有了对题意的准确把握，答案立马出现，为 B。

评注 本题堪称国内非常优秀的应用题，看似数学味不浓，从小学，到初中、高中，每个层次的学生都可以做，但审题要求高，首先要看清图表，理解数据特征，将实际问题转化为数学问题。这道题包含了众多信息，有的对解题有效，也有的无效，需要学生主动甄别、选择，仅靠题海战术、死记范例及模型化方法已经不太灵验。事实上，国内的许多数学问题，设计的条件既不多也不少，过于理想化。不少学生不能发现真实的数学问题，也不会解决真实的数学问题，就是因为缺乏提取关键信息的能力。

现在，“结构不良的知识”越来越为社会所重视，高考已将其作为命题创新的重要载体，数学建模比赛也已由大学逐步延伸到中学，不仅北京、上海等地区有中学生数学应用能力竞赛，数学建模能力也纳入高校人才选拔的重要考查指标。2017 年，第二届清华大学“登峰杯”数学建模竞赛初赛题目为：

> 交通拥堵是绝大多数城镇普遍存在的问题，直接影响人的生活质量。你们所在的城镇也堵吗？距离理想的智慧城市差距在哪里呢？请充分发挥你们的观察力，设计合理的问题分析路径，凝练出你们所在城镇交通拥堵的突出问题（提出好问题，其实非常不平凡，其重要性绝对不在解决问题之下），拍摄并提交一段视频（手机拍摄就可以）支撑和简单说明你们的论点。建议从你们身边感触最深的痛点入手，哪怕是聚焦一个路口的交通改善。
>
> 交通拥堵问题是人们普遍关心的，但应对策略见智见仁、众说纷纭，各地采取的对策和措施也不尽相同，而且真正有效解决问题的案例（特别对一、二线城市）实在是不多。因为这个问题相当复杂，所以希望你们聚焦研究的重点，不必求全也不要追求使用高深的数学方法，更不要人云亦云，特别不要照搬现成的结论。努力发挥你们的原创精神！
>
> **问题 1** 根据你们凝练出来的问题和你们设定的分析路径，搜集相关数据，特别是关注你们身边的第一手数据和资料，通过数学建模的方法，分析该问题的成因。

问题 2　在问题初步分析的基础上，通过进一步的数学建模，深入讨论并给出交通改善的长期应对策略和可操作的解决方案。

问题 3　在问题 1 和 2 解答的基础上，思考如何更深入系统地研究这个问题。给出你们的研究计划，同时在初赛结束后检验你们的结论，并按研究计划继续开展你们的研究工作。

问题 4　针对问题 1 和问题 2 你们所研究的问题，结合以上讨论内容，用通俗地语言写一篇不超过一页 A4 纸的报告，给城市交通管理部门提供决策参考。

评注　这种试题已经不是简单的数学知识和方法所能解决的问题，而且清华大学的“登峰杯”还将数学建模与数据挖掘、机器人创新赛等结合起来，目的是通过“结构不良的知识”，让数学真正“有用”起来。

斯皮罗等人将学习分为初级与高级两类。初级学习，顾名思义就是简单化学习，学生只要能“学进去，讲出来”，这部分知识主要是结构良好的知识，是一些重要的概念、方法和公式；高级学习则是针对结构不良知识的学习，要求学生直接用所获得的知识去分析和思考问题，并能把这些知识灵活运用到新的、更复杂的情境中。学生学习的方式也随着知识经验的增长，不断由初级向高级转变，高级学习逐渐成为主要学习方式，以应对更加复杂的问题情境，适应社会生活的需要。

不少教师为了让教学的流程更顺利，总是想方设法把需要研究的问题从复杂的情境中隔离出来，用初级学习的方法处理高级学习的问题，苏霍姆林斯基《给教师的建议》所讲的小学数学教师就是典型代表。高中生已经具备了一定的学习基础和学习能力，要提升他们灵活迁移知识的能力，就要有意识地增加高级学习的机会。

斯皮罗等人感兴趣的是高级学习，因为高级学习包含了大量的结构不良知识，需要学习者主动发现知识体系的内在关联，主动适应不同情境的认知要求，并在新情境中灵活运用所学知识分析和解决问题。斯皮罗等人提出随机通达教学（Random Access Instruction）的概念，要求教师指导学生在不同的时间、场景，以不同的目的，从不同的角度进行多次学习，在新的问题情境中不断“活化”结构不良知识，提升学习能力。近几年兴起的 STEM 项目就是随机通达教学的典范，“举一反三”也是重要的随机通达教学方法，它对结构不良知识的学习大有益处。

按照斯皮罗的观点，高级学习更多地依靠学生的主动探究。但探究的方式究竟以“自主”为主，还是以“合作”为主，也是需要厘清的一个问题。

独立学习是学生基本的学习方式，无论怎样的学习方式，都是以个人独立学习为基础。独立思考又是独立学习的核心要素，要把外在的知识经验内化为个人的精神财富，都必须要经历个体的习得、领悟和思考。合作学习同样古已有之，“三人行，必有我师焉”“独学而无友，则孤陋而寡闻”都是耳熟能详的经典名句。合作学习就是把学生进行适当组合，通过互帮互助共同研究或者解决一个问题的学习。

从本质上讲，独立思考学习与合作学习并无优劣之分，两者构成一个纵横交织的共同体。也只有两种学习方式形成合力，才能发挥整体效益。合作的过程，是对个体独立思考的再认识、再提高，也是对独立学习成果的反思、融化和应用。离开了充分的独立学习，学生就很难形成自己的思想与认识，在合作学习中只能滥竽充数，只能当观众和听众，合作学习的效果也就必然大打折扣。强调合作学习，是因为人与人的交往与合作在现代社会尤为重要，有效的合作学习能够营造团结合作、融洽开放、宽松和谐的学习氛围，为每个学生提供平等参与的机会，在交流中借鉴，在争论中启发，实现师生、生生之间的多向交流，既能解决个体无法解决的疑难问题，提高学习的效率，又能学会接受他人、欣赏他人，相容互补，共同进步，增强合作意识与能力。合作学习之前要给学生独立思考的时间，独立学习以后也要给学生充分交流的时间，让他们学会质疑，不盲从；学会说理，敢表达；学会包容，能纳言；学会合作，不武断。

《普通高中数学课程标准(实验)》要求教师“引导学生积极参与、独立思考、合作交流，在掌握知识与技能的同时，感悟数学内容中所蕴含的数学思想，积累数学思维与数学实践的经验，逐步形成和提升数学核心素养水平”。独立思考、合作交流同等重要，独立思考应在合作交流之前。就数学学科而言，独立思考学习的价值不比合作学习差。这不仅是因为在考试中，学生不可能合作交流，所有的考题都由考生自己独立完成。平时过多地追求形式上的“合作学习”，忽视了“独立思考”的价值，限制了学生“独立思考”的空间，表面上热热闹闹，实质上学生的数学能力、数学素养没有得到有效的提升。更重要的是数学学科具有高度的抽象性和严密的逻辑性，学生想象能力、抽象能力和逻辑推理能力的培养必须依赖自己的感悟，别人的提醒永远代替不了自己的思考。

在数学学习中，我们要依据学生已有的认知基础、教材的内容、课堂中不同的教学环节，选择恰当的学习方式。独立思考学习对教学设计的起点要求较高，怎样在“吃得饱”和“吃得了”之间找平衡点不是一件容易的事。合作学习也存在类似的问题，怎样让学生真合作、真交流、真互帮互学，比指导独立学习的要求还要高。值得注意的是，每个学生的认知风格不完全一样，有的喜欢独立思考，有的喜欢与人交流，教师没必要苛求统一。相反的，教师可以帮助学生补齐短板，对于喜欢与人交流的学生，引导他们多一些独立思考，理性思维；对于喜欢独立思考的学生，鼓励他们积极参与交流，合作共赢，让两类学生的个性都得到更健全的发展。但无论哪一种学习方式和调整方式，都离不开教师精心的态度和求实的精神。

认知弹性理论立场“折中”，对“度”的把控没有明确的指向性，这种模糊性应当是科学的、切合实际的，很多问题的处理方法都与现实场景相关联，没有一成不变的机械操作程序，没有绝对的“好”与“不好”，关键是教师的价值判断和应变技能，这对教师的基本素养提出了很高的要求。2019 年 6 月，国务院办公厅印发了《关于新时代推进普通高中育人方式改革的指导意见》，明确提出“学业水平选择性考试与高等学校招生全国统一考试命题要以普通高中课程标准和高校人才选拔要求为依据,实施普通高中新课程的省份不再制定考试大纲”。没有考试大纲怎么进行高考复习,是困扰基层学校和教师的难题。长期以来,我们已经习惯于“按章办事”,每节课都有明确具体的教学目标,都有对教学目标达成度的检查考核,一旦对教学没有明确规范的要求,如何创造性地用好认知弹性理论,将高中教学、高考复习做对路、做到位,如何将数学考试成绩的“实”转化为解决数学问题(包括可以转化为数学问题的现实、真实问题)的“精”,都是我们在教学实践过程中需要不断探索、研究和改进的问题。

二、数学深度学习

深度学习(Deep Learning)的概念源于本世纪机器学习的人工神经网络研究。把这个概念迁移到日常教学活动中,就是要求学习者在理解所学内容的基础上,批判性地学习新思想、研究真问题,不断扩充和完善原有的认知结构,提升学习能力,更好地满足新情境学习、探究的需要。深度学习是一种主动的学习、有意义的学习、提升学习能力的学习。深度学习所要解决的是浅层学习(Shallow Learning)中存在的程式化、形式化和碎片化等问题。深度学习的结果主要体现在三个方面:一是学习结果的深度,为后续学习提供可持续发展的能力储备,表现为“学会”;二是学习方法的深度,能够顺利处理一些结构不良的问题,表现为“会学”;三是学习参与的深度,学习的主动性、独立性得到充分的体现,表现为“乐学”。

图 14

“学会”是第一层次的要求,能够联想、调动、激活以往的知识经验,弄清知识的来龙去脉,举一反三,但“学会”绝不是学生学习的终极目标,要鼓励学生在“学会”的基础上努力做到“会学”,能够建构自己的知识和理解,所获得的知识有逻辑、有体系、有结构,这是知识学习的第二层次的要求,但这两个层次的要求仍然停留在知识的功利价值,我们还要追求学习的第三层次的要求“乐学”,激发继续学习、终身学习的内驱力,这体现了知识学习的精神价值、文化价值。这三个层次的要求也不是一次性就能全部完成的事情,而是一个循环往复、螺旋上升的过程,如图 14 所示。深度学习增强了人自主发展能力、可持续发展的能力。

浅层学习大多是被动应付,被迫去做某件事,缺乏主动精神,满足于“做了”而不是“做好”,至于做得怎么样,不是凭兴趣,而是看回报,高利害的事情就拼命做,一旦任务完成就扔到一边,留下的只是怨恨、厌倦。不少学生平时的学习主要靠机械记忆和模仿,只知道是什么,很少知道为什么,也不想知道为什么,接受的是“营养快餐”,可以应付一时的考试需要,对学生的终身发展究竟有多大作用,却很少认真地考虑。

深度学习的前提是学生对学习的兴趣和好奇心。教师的教学不是一个简单的知识传递过程,没有学生积极主动的参与,教学过程不会完美。崔允漷把课堂的信息传递归纳为两次转换，第一次是从教到学的信息转换，第二次是从学到学会的信息转换。[①] 每一次信息转换都会出现信息的流失和变异，教师的主要任务就是把“教材”“教案”变成“学材”“学案”，帮助学生精加工信息；把看似不相关的多个信息整合在一起，形成新知识；把接受的新信息转换成长时记忆，便于及时提取；把接受的新概念同化到原有概念网中，使之结构化，尽量避免“虚假学习”“游离学习”，让学生在学懂弄通的基础上，不断提升学习热情和斗志，甚至愿意终身从事数学事业。

波利亚把数学学习的过程分为三个阶段：[②]

第一阶段通过活动来感知和探索，处于直观水平；

第二阶段通过引入术语、给出定义和证明，将学习内容形式化，从直观感受上升到概念理解；

第三阶段通过反思批判、归纳总结，把知识体系编织成前后有序、环环相扣的逻辑体系，将所学知识同化、融会于已有智力结构中。

张景中的教育数学三原理与波利亚“数学三阶段”学习理论异曲同工：从学生头脑中找概念，产生直观印象；从概念里产生方法，突出学生的思维过程；从方法中形成模式，将方法体系结构化。[③] 这两种观点与数学核心素养要求的“三会”也如出一辙：用数学眼光观察世界，是一个感知的过程；用数学思维思考世界，是一个产生数学方法、解决现实问题的过程；用数学语言表达世界，是数学素养的外在表现，是一个更高层次的要求，准确、熟练、简明、规范地使用数学语言表达世界，离不开数学地观察、数学地思维，没有将数学知识、数学方法、数学思想融会贯通，就很难保证数学地表达。

无论是“数学三阶段”学习理论，还是“教育数学三原理”，抑或数学核心素养“三会”，学习、体验和实践数学思维是数学学习的重要任务，数学思维的参与度、发展度、耐久度是数学深度学习的重要标志。孔子在《论语·为政》中提出“学而不思则罔，思而不学则殆”，学与思密不可分，没有深刻的思维过程，没有高认知参与，学习只能是浅表的。数学学习的本质是思维，数学学习的过程，一定是数学思维不断激发、不断冲突、不断批判、不断整合、不断提升的过程。《中庸》第二十章提出的五个学习步骤：“博学之，审问之，慎思之，明辨之，笃行之”，对数学学科也同样适用，这是从学到习不断深化的过程，也是学习方式多样选择的过程。

应该说，深度学习理论并不是新鲜事物，在中国古典治学理念中也随处可见，为什么深度学习理论会引起教育工作者的兴趣？因为深度学习强调积极主动的学习态度，深层次理解学习内容，刨根问底、追根溯源地学习新知识，学习既不满足于被动接受，也不满足于机械复制，更注重迁移、联通和统整。

---

① 崔允漷．学历案——学生立场的教案变革[N]．中国教育报，2016－06－09(6)．

② 贺贤孝．波利亚[G]//吴文俊．世界著名数学家传记．北京：科学出版社，1995：1407．

③ 张景中．什么是“教育数学”[J]．高等数学研究，2004(6)：2－6．

海安中学课堂教学“345”要义以三个“突出”引领深度学习：

一是突出学生本位。尊重学生、鼓励学生，激发学生兴趣，因材施教，关注学生的需要和参与，充分调动学生的主动性，引导学生产生正确的学习动机，形成、保持和强化学习的内驱力。通过“学进去，讲出来”等形式，鼓励学生猜想、证明、批判、反驳，用学生自己的话语体系，完善学生的数学认知结构，促进多种思维能力的协同发展。

二是突出学科基础。深度学习也是有边界的。教师要有明确的目标意识，对课堂上“节外生枝”的偶发情况，既不全然回避拒绝，也不被它牵着鼻子走，“度”的把控既需要教师的职业良心，也需要教师的职业素养。突出学科基础，需要教师设计进阶式教学序列，合理选择和组织教学内容、教学方法，帮助学生获得数学学科的“四基”，将数学思想方法转化为学生惯常思维方式。

三是突出问题引领。问题是思维的起点，好的问题可以检验学生对概念或内容的理解和掌握程度，可以帮助学生融会贯通所学知识和技能，建构自己的知识结构，提升迁移与应用能力。没有高质量的问题，就没有深度学习的真正发生。教师要重视数学问题的设计、实施与评价，让问题成为数学学习和思维发展的动力和源泉。

深度学习与理解相伴相随，理解既是学习的手段，也是学习的目的。作为学习的手段，理解是一个循环上升的过程，可以减少不必要的简单重复劳动，为有效教学提供支持；作为学习的目的，理解是学习意义的生成，表现为人的完善发展，以及对未知的认同和超越。理解也是一个不断深入、不断发展的思维过程，数学中数系的扩充就是一个典型的例子。从自然数，到整数、分数，有理数、无理数，实数、复数，还有正在研究的四元数，数集的每一次扩充，都意味着数学理解和数学思维的巨大提升。数学理解从模糊走向清晰，从误解走向确解，从不全面、不完整走向深刻、成熟。确解有时也是脆弱的、暂时的，原来的确解有可能变成新的误解，这是一个循环往复、螺旋上升的过程。

需要说明的是，深度学习并不排斥浅层学习，浅层学习也不是一无是处，浅层学习和深度学习同样可以看成连续的统一体。浅层学习是深度学习的前提，仅仅停留在浅层学习，虽然也可以形成一定的技能，在一段时间内也能模仿解决一定的问题，这种技能却难以持久，更难以主动、自动得到进一步提升。正确的学习过程应当由浅入深，既立足当下获得，又着眼未来发展，将两者相结合，让学生感到数学学习可亲可近，既有美好前景，又有必胜信心，数学才能真正学好。

三、学能否替代教

2016 年 3 月，AlphaGo 以总比分 4∶1 战胜李世石；2017 年 5 月，AlphaGo Zero 又以总比分 3∶0 完胜柯洁。从 AlphaGo 到 AlphaGo Zero，学习的方式方法已经发生了很大的改变，AlphaGo Zero 采用的是自学习算法，完全摆脱了人类经验的传统方法。在人工智能迅猛发展的今天，很多人都在担心，随着技术的不断成熟，学有没有替代教的可能？回答这个问题，就要回到原点问题：教师工作的任务是什么？教书育人是教师的天职！教书仅仅是教师工作的一部分，教师更重要的工作是育人！随着技术的发展，教师传递知识的任务会越来越少，更多的应该落实到塑造灵魂。韩愈在《师说》中说："师者，传道、授业、解惑也。"他把传道排在第一位。"道"，就是真理；传道，就是传播真理，就是立德树人。认为人工智能可以取代教师的人，只是把人当成冷冰冰的机器、传接知识的容器。

这些年，"学可以替代教"的声音被不断放大，认为传统的教学方式束缚了学生的思维，扼杀了学生的创新精神，教师是教学的统治者、操纵者，以自己的教代替了学生的学，学生被动学，越来越不会学，也越来越不想会学。在"培养创新人才"口号满天飞的时候，我们有没有冷静地想一想，如果把培养理解为"按照一定的目的长期地教育和训练，使其成长"，那么"创新人才"真的是学校和教师培养出来的吗？退一步讲，如果教师真的知道怎样成为创新人才，他自己早就应该成为创新人才。既然教师也不知道怎样成为创新人才，他对创新人才的产生贡献又在哪里？

类似的，我们还可以思考：我们的理解能力、学习能力真比学生强吗？如果教师跟学生一起参加高考，就一定比学生考得好吗？由此看来，我们真的要认真反思：通过什么方式教给学生什么内容？学生究竟应当学习什么？教师究竟应当教给学生什么？

两件事必不可少：一是营造一种氛围，一种保护学生好奇心、想象力的氛围；二是把握学生的发展方向，及时给予针对性的诊断和指导。不要埋怨大环境不利于杰出人才的培养，而要扪心自问自己到底给了学生什么，有没有把瓦特、牛顿、爱迪生扼杀在你的教鞭下、冷眼里、讥笑中？尽管我们没有能力改变世界，但可以保有自己的初心，在自己力所能及的范围内激发学生的学习兴趣，呵护学生的健康成长，毕竟"给学生成长的平台和适合的指导"远比"按照理想目的去教育和训练"更切实际。

20 世纪 70 年代，联合国教科文组织在《学会生存》的报告中指出："学习过程现在正趋于代替教学过程……现代教学，同传统的观念与实践相反，应该使它本身适应于学习者。""教师的职责现在已经越来越少地传递知识，而越来越多地激励思考，除了他的正式职能以外，他将越来越成为一位顾问，一位交换意见的参加者，一位帮助发现矛盾论点而不是拿出现成真理的人。他必须集中更多时间和精力去从事那些有效果的和有创造性的活动：互相影响、讨论、激励、了解、鼓舞。"①然而，50 年过去了，这些教育理想在中国实现了多少？与中国教育现实的差距有多少？以学为核心，究竟要不要教？教到什么度？如何把握这个度？如何评价这个度？如何看待东西方教育的相互学习、相互交流？

David A. Watkins 和 John B. Biggs 在《The Chinese Learner-Cultural, Psychological, and Contextual Influences》一书中提出一个"悖论"：为什么华人学习者的教学过程看起来

① 联合国教科文组织国际教育发展委员会. 学会生存——教育世界的今天和明天[M]. 北京：教育科学出版社，1996：262－263，108.

非常陈旧，却能够取得优良的学习成绩？让西方学者无法理解的是：为什么中国的数学教育方式给人死记硬背的感觉，而学生的数学理解能力却不比国外同辈差？西方学者难以解释“中国学习者悖论”，关键在于他们对中国数学教育的理解还停留在理论层面，缺乏对中国教育背景的全面而准确地把握。

课程改革倡导三大基本理念：关注学生发展，强调教师成长，重视以学定教。这三大理念对教与学的定位是非常精准的。学习过程要发挥学生的主动性，突出学生的主体性，启发学生思考，激发学习兴趣，发展学生的自主学习能力，作为教学的要求是非常必要的。我们也要警惕“一刀切”的现象，不顾教育教学规律，矫枉过正，甚至盲目蛮干。以学定教、先学后教、多学少教的理念都是正确的，如果硬性规定教师在一节课上只能讲授几分钟，出发点是好的，但没有教师的及时点拨、提炼，仅凭学生的自学、讨论，学习效率究竟如何；合作学习、探究学习也是正确的，为了合作交流的方便，让学生面对面围在一起，出发点同样是好的，但课堂沉默者的人数如何，收获如何，必须受到关注。

1962 年，叶圣陶在《文汇报》上发表的《阅读是写作的基础》一文中提出“不教而教”的理念：好教师不能仅仅忙于教书，仅仅教给学生知识，更重要的是教学生学会“学”，这是我们教育的真谛。人生必须是自觉的、自动的、社会的、发展的、创造的，学生不可能永远停留在学校里，生活在教室中，依偎在教师旁。“教”的最终目的是让学生入门了，上路了，掌握了学习的方法，形成了学习的能力，能够独立实践、解决问题。引导学生“知变、求变、善变”，是每个教师应当追求的目标。“教是为了不教”，这句话揭示了教育教学与学生成长、学校教育与终身学习、课程教学与课外自学、知识学习与主体发展的辩证关系，落脚点还是“教”。1977 年，叶圣陶给《中学语文》创刊题词中写道：“教任何功课，最终目的都在于达到不需要教。假如学生进入这一境界，能够自己去探索，自己去辨析，自己去历练，从而获得正确的知识和熟练的能力，岂不是就不需要教了吗？”“‘讲’当然是必要的，问题可能在如何看待‘讲’和怎么‘讲’。”①叶圣陶总结了创设情境、探索尝试，教材为例、举一反三，指点学法、逐渐放手等一系列教育教学的基本原则和方法，都是为“不教”而“教”的具体策略。可见，叶老并不反对教师的“教”，而更关心怎么“教”，“不教”是建立在“会教”的基础上。所以，每一个教师都要从学会讲课开始，提高自己“教”的水平。“教师之为教，不在全盘授予，而在相机诱导。”只有自身教学水平达到一定程度，才能游刃有余、随机应变，真正解决好“教”与“学”的问题。

赫斯特和彼特斯指出：“单凭儿童在社会和物质环境中生活和自由探索，以为儿童就能够获得我们希望他们获得的复杂的、受规则支配的原理和程序……是可笑的。”“说许多目标没有‘教学’也能达到，这在实践中是不可能的。”虽然“许多学习的形式，是在没有‘教学’的情况下进行的”，“但如果教学情境是教师精心安排好的话，则学生能更迅

① 中央教育科学研究所，编著. 叶圣陶语文教育论集[M]. 北京：教育科学出版社，1980：152.

速、更可靠地学会绝大多数事情。”[①]对教与学关系的这种定位是中肯的，实事求是的，也是我们每一个教育工作者必须努力追寻的。教学应当是教师的教与学生的学的有机统一，教师的教责与学生的学责权利是平等的，没有教师的教，教学中的学就不会发生。没有好的教，就不可能有学生的深度学习；学生的深度学习，反过来又不断引发教师的深度思考、深度发展。教师的教与学生的学是相互成就的。

【案例16】

2010年江苏高考数学卷第12题的解法分析

题目 设实数 x,y 满足 $3\leqslant xy^2\leqslant 8$，$4\leqslant \frac{x^2}{y}\leqslant 9$，则 $\frac{x^3}{y^4}$ 的最大值是________。

分析 有学生得到正确答案27，但说不清理由：令 $y=1$，分式的问题变成了整式。得 $3\leqslant x\leqslant 8$，$4\leqslant x^2\leqslant 9$，于是就只能有 $x=3$。从而 $\frac{x^3}{y^4}=27$。

这个答案是“巧合”还是“必然”？

只能说这是一个意外的收获！尽管得出了正确答案，其实根本就不会！

考试时靠特殊化、靠“猜”得到答案是允许的，但在平时学习中还是要刨根问底、弄清问题的来龙去脉，开发、深究问题，无论对于“学会”还是“会学”都很有价值和意义。

对于本题，命题者的本意是考查学生知识迁移的能力。这道高考题类似于平时遇到过的问题：已知 $3\leqslant x+2y\leqslant 8$，$4\leqslant 2x-y\leqslant 9$，求 $3x-4y$ 的最大值。可以通过线性规划或者待定系数法求解。$x=3$，$y=1$ 恰好是问题的极端情形。尽管极值点不是最值点的情况确实存在，但这种解法还是具有一定的合理性，毕竟最值点即为极值点的情况较为普遍，只是要借助其他手段进行说明。

评注 像本题这样的问题，要在较短的时间内，让学生弄清楚、说明白，没有教师及时有效地点拨、总结、提炼，是难以达成的。教与学唇齿相依，教是为了更好地学。只要真正理解“教是为了不教”的内涵，教与学的关系是可以处理得更好的。

教师的教不能代替学生的学，学生的学也不能代替教师的教。教与学要区分内容、找准时机、拿捏好火候，当教则教，当学则学。[②] 崔允漷推出学历案，就是学生立场的具体体现。教案更多考虑的是教师如何教，是教师立场，关心教学目标如何达成，关注课堂的呈现与示范方式，却很少顾及学生“何以学会”。医务人员所写的治疗方案叫病历，

---

① [英]赫斯特，彼特斯. 教学[G]//瞿葆奎. 教育学文集：教学（上）. 北京：人民教育出版社，1988：66－68.

② 郭华. 学校不可以“学”代“教”[N]. 中国教育报，2018－02－14(3).

强调的是治病的历程，描述了患者生病、检查、诊断、治疗、发展的全过程，是患者的医疗健康档案。参照病历的设计思路，学历案应运而生。学历案是学生通向目标达成的脚手架，记录着每个学生学习过程的学业表现，既是师生、生生、师师互动交流的载体，也是学业质量监测的依据。尽管学历案不可能像病历一样针对某个个体，但有这种意识的教师就不可能遵循传统意义的"教"，更多地会在不经意间表现为基于学生立场的"导"，真实有效的"学"才得以发生。

第四章　精实数学教学的原则

教学原则，是依据教学目标和教学规律要求而制定的教学基本准则，是指导教师的教和学生的学的基本规范。中学教学需要遵循启发性、巩固性、循序渐进、因材施教和理论联系实际等基本原则。就数学学科而言，为达成“精实”的教育教学目标，还要受简约性、问题性、适切性等原则的约束。

第一节　简约性原则

“简”，意为简单、简洁、明了，与“繁琐”相对；“约”，意为节约、节俭，与“铺张浪费”相反。“简约”表达的是“先质而后文”“重实”“尚用”的审美倾向，简单实用，节约节俭。“大道至简”就是“简约”的理想境界和价值追求。就教育教学而言，简约既是一种思想，又是一种策略，是在遵循教育规律和人的全面发展规律的前提下，力求用“大道至简”的方法来实现最大效益的育人功能。

数学学科一直在追求简洁和形式的完善，“精”和“实”本身就要求用尽可能“少”达到尽可能“好”。恩格斯说：“数学以确定的完全现实的材料作为自己的对象，不过它考察对象时完全舍弃其具体内容和质的特点。”①而那些“完全舍弃其具体内容和质的特点”的过程，正是数学的抽象过程，也是数学化繁为简、以简驭繁的思维过程，是求精的过程。可以说，数学就是一门追求简约特性的学科，旨在揭示其外表特征和内在本质中所蕴含的简单而深刻、丰富的固有品质。

数学教育教学遵循简约性原则，就是在数学教学过程中，精确把握和从实协调结构安排、情境创设、素材选择、媒体使用、活动组织等教学要素，力求把时间、精力用到最恰当的地方，用简单明了的方式表征复杂的现实世界，并从复杂多变的现象中揭示出简单的道理与规则，让课堂更为简洁、流畅、清晰、丰富和深刻。

简约体现在教学的全过程。巴班斯基认为：无论是教学设计、教学内容的选择还是教学策略、教学评价的实施，把简约化作为一项重要原则来指导教学，能使教师和学生

① [德]恩格斯. 反杜林论[M]. 中共中央马克思、恩格斯、列宁、斯大林著作编译局，译. 北京：人民出版社，1971：10－11.

在花费最少的必要时间和精力的情况下获得最好的效果。[①] 简约的数学教学至少有五大特征：简明的教学目标，简练的教学内容，简洁的教学流程，简化的教学方法，简便的教学活动。本章主要对教学目标、教学流程与教学活动进行讨论，下一章将进一步研讨教学内容与教学方法。

一、简明的教学目标

1. 教学目标的内涵

所谓教学目标，就是对学生通过教学活动所达到学习结果的预期。教学目标包含两个要素：行为与内容，二者缺一不可。单独的学习活动、学习内容、知识点都不是教学目标，单独的行为也不是教学目标。教学目标有三个基本要素：

一是行为(可观察的教学行为，我要去哪里?)，通过教学，学生能做什么或说什么。

二是条件(行为发生的条件，我如何去那里?)，也就是分析教学目标实现的路径，包含学习者的起始状态、教学内容的组织形式、教学方法和媒体的选择策略。

三是标准(合格行为的最低标准，怎么判断我已经达到那里?)，也就是如何评价在教学实施中教学目标达成的程度。

课程改革前，教学目的讲得多，教学目标提得少，因为教学目的是对要求教师教什么的说明，侧重于教师的教，是对教学意图的概括和说明，是站在教师角度的描述。教学目的能否达成，主要取决于教师本人的素质，因而带有较大的主观随意性。对教学目的的描述，一般采用描述心理过程的内隐体验动词“了解、领会、体会、掌握、应用”，这些词语的测量比较困难。教学目标则着眼学生学习的结果，以学生为主体，一般采用“说出、归纳、说明”等表述特定动作的外显行为动词来描述，表义具体明确，也便于操作。

顾泠沅从受教育者掌握知识的程度将教学目标分为三个层级[②]：

第一层级，主要标志为记忆，看基本事实、基本方法的记忆水平，以获得的知识量以及掌握的准确性为标准。

第二层级，主要标志为理解，看能否顺利地解决常规性、通用性问题，包括能否圆满地解决综合性问题，以运用知识的水平(如正确性、灵活性、敏捷性、深刻性等)为评价标准。解决问题的前提是理解，是对知识的实质性领会。

第三层级，主要标志为探究，看能否对解决问题的过程进行反思，评判和检验过程的正确性、合理性及其优劣，以思维的深刻性、批判性、全面性、独创性为标准。从记忆到理解，再到探究，这种分类方式层次清，有抓手，易操作。

教学目标是教学的出发点，也是反思和评价教学效果的主要依据。要想达到数学教学的“精”和“实”，减少教学的盲目和任性，就必须有清晰的教学目标。目标规定了人类一切有

---

① [苏]巴班斯基. 教学过程最优化——一般教学论方面[M]. 北京：人民教育出版社，2007：77.

② 顾泠沅. 教学改革的行动与诠释[M]. 北京：人民教育出版社，2003. 130.

意识活动的基本行为取向。江苏高考数学阅卷组组长涂荣豹曾经披露:江苏高考数学近20年满分考生没几个,而零分考生却有不少。事实上,江苏高考数学《考试说明》要求:必做题部分的容易题、中等题和难题在试题中所占分值比例大致为4∶4∶2。换句话说,江苏160分的必做题中,难题只有30多分,即使打个8折,绝大多数同学应该超过100分。我们真的要问一问:学了那么多年数学,每节课、每个阶段的教学目标都去了哪儿?

海安中学要求教师解决好三个教学问题:让学生在课上得到什么;用什么方式得到;学生究竟得到了什么。三个问题其实就是教学目标的三个基本要素。

2. 教学目标设计中存在的主要问题

长期以来,忽视甚至无视教学目标的现象屡见不鲜,不少教学目标含糊其辞,缺乏针对性。不知道如何确定教学目标,照抄课程标准或教学参考书的现象大有人在。对于为什么要写教学目标,不少教师还很茫然。教学随意性大,教学目标完成到哪里,完成到什么度,都听天由命。有些教师将教学阶段目标、过程目标与整体目标混为一谈,一节课承载了太重的目标任务,甚至“说一套,做一套”,教学目标统辖教学过程的作用未能得到有效的发挥。我们确实要反思:教学目标设计的问题到底出在哪里?

目前,教学目标设计的问题主要表现在四个方面:

(1) 目标行为的主体错位

《普通高中数学课程标准(2017年版2020年修订)》所规定的教学目标通常是指通过一段时间的学习后学生行为变化的最低学习水平或表现水准。教师的教和学生的学都不是教学目标,而只是达成教学目标的载体。目标行为的主体是学生,行为目标描述的也是学生的行为,是学生通过学习后行为变化的情况,最终检验的自然也是学生学习预期的达成度,而不是教师完成教学任务的情况,教学任务的完成并不一定意味着教学目标的达成。因此,教学目标应该避免通过教学“使学生了解……”“使学生认识……”“使学生掌握……”等语句,表述为“学生应该……”“学生经历……”才是正确的方法。

下面这个案例就混淆了目标行为主体。

课题:二面角

教学目标:

① 使学生正确理解二面角、二面角的平面角的概念;

② 让学生会用不同的方法作二面角,并能根据已知条件进行简单计算;

③ 通过引导学生发现二面角的平面角的定义,培养他们的观察能力、类比能力、归纳总结能力。

(2) 目标行为的表达模糊

教学目标是对学生学习行为结果的规定,是学生必须到达的“目的地”,而不是教师的教学程序或活动安排。教学的目标达成必须可预期、可操作、可观察，一般每节课的教学目标不超过 4 个。单独的学习内容、活动、知识点不能作为教学目标，比如“梳理等式的性质，探索等式性质和不等式性质的共性和差异”就是一个学习的过程；“函数的零点”就是一个学习的内容，而都不是学习预期的目标。

既然教学目标是教学预期的结果，那么同样的教学目标“理解函数的奇偶性概念”，就可能有几种不同层次的学习期望：① 能判断一些常见函数的奇偶性；② 能抓住函数的奇偶性对定义域的特殊要求；③ 能利用函数的奇偶性解决一些问题。不同的学习目标，就要采取不同的教学策略。又如，一道题有五种解题方案，作为面对全体学生的教学目标，就不能要求所有的学生都完成所有解题方案，把教学目标表述成“至少写出三种解题方案”“80％的学生都能答出五种解题方案”等，就能将教学目标落到实处，教师和学生都心中有数。《课程标准》的有些要求比较抽象，具体到课堂学习目标时就不能照搬。如《椭圆》的教学要求为“掌握椭圆的定义、标准方程及简单几何性质，进一步体会数形结合思想”，如果把它直接作为教学目标，那么获取的知识究竟达到什么程度才算“掌握”，从哪些层面佐证学生“体会”到数形结合思想，都难以考量。

(3) 目标行为的条件缺失

实现教学目标必须依赖适当的方法和路径。《高中数学课程标准(实验)》要求“了解抛物线、双曲线的定义、几何图形和标准方程，知道它们的简单几何性质”，把它作为教学目标也存在类似的问题：通过什么途径“了解”“知道”？是阅读课外书籍，还是上网查阅资料，是听教师讲解，还是动手操作，或是小组合作？需要多长时间？都没有交代清楚，也就意味着教学目标的设计不完整。

(4) 目标内容的人为割裂

《高中数学课程标准(实验)》按三维目标把教学任务分解为三个方面。在“知识与技能”层面，说明“学会什么(是什么)”；在“过程与方法”层面，说明“怎么学(如何获得是什么)”；在“情感态度与价值观”层面，说明“为什么学”，在获得是什么的过程中内化为自己的相对稳定的东西，三者相互包容，融为一体。不少教师误认为每节课都要完成三项任务，所设计的目标生搬硬套，缺乏关联，没有能作为整体来考虑。学会、会学、乐学是一个相互促进、螺旋上升的学习过程，与教学的三维目标相对应。在三维目标的交融共进中，提升了学科素养，促进了人的发展。在表述教学目标时，融合式分述比并列式分述更全面准确、简洁合理。核心素养时代，贴标签的现象更为严重，说的与做的“两张皮”问题更为突出。

在第五届全国中青年数学教师优质课观摩与评比活动中，同样的课题“方程的根与函数的零点”，两位教师给出的教学目标分别为：①

① 章建跃. 数学教学目标再思考[J]. 中学教研(数学)，2012(1)：1－5.

教师 L

知识目标：理解函数零点的定义以及方程的根与函数的零点之间的联系，了解“函数零点存在”的判断方法，对新知识加以应用。

能力目标：渗透由特殊到一般的认识规律，提升学生的抽象和概括能力，领会数形结合、化归等数学思想。

情感、态度与价值观目标：认识函数零点的价值所在，使学生认识到学习数学是有用的；培养学生认真、耐心、严谨的数学品质；让学生在自我解决问题的过程中，体验成功的喜悦。

教师 Z

知识与技能：

(1) 结合方程根的几何意义，理解函数零点的定义；

(2) 结合零点定义的探究，掌握方程的实根与其相应函数零点之间的等价关系；

(3) 结合几类基本初等函数的图象特征，掌握判断函数的零点个数和所在区间的方法。

过程与方法：

(1) 通过化归与转化思想的引导，培养学生从已有认知结构出发，寻求解决棘手问题方法的习惯；

(2) 通过数形结合思想的渗透，培养学生主动应用数学思想的意识；

(3) 通过习题与探究知识的相关性设置，引导学生深入探究得出判断函数的零点个数和所在区间的方法；

(4) 通过对函数与方程思想的不断剖析，促进学生对知识灵活应用的能力。

情感、态度与价值观：

(1) 让学生体验化归与转化、数形结合、函数与方程这三大数学思想在解决数学问题时的意义与价值；

(2) 培养学生锲而不舍的探索精神和严密思考的良好学习习惯；

(3) 使学生感受到学习、探索发现的乐趣与成功感。

章建跃认为，这两种课堂教学目标，虽然在形式上有些差异，但问题是共同的：目标分类混乱、不准确、不聚焦，条目繁琐(教师 Z 给出了十条目标)，“多中心等于无中心”，表达不确切，空话、套话连篇，重心游移，每一个要求都难以落实，对课堂教学活动的定向功能太弱。所导致的结果是：课堂教学失去基准和方向，没有一以贯之的思想主线统领课堂，教师教学行为的随意性大，“无效劳动”多。

如果将教学目标调整为：

(1) 针对具体方程(如二次方程),说明方程的根、相应函数图象与 x 轴的交点以及相应函数零点的关系;

(2) 借助具体函数的图象,解释“函数零点存在性定理”的条件是充分而不必要条件;

(3) 利用函数图象和性质研究某些函数的零点个数(可使用计算器);

(4) 将特殊方程的有解问题转化为函数的零点问题,并会判断存在零点的区间。

调整后的教学目标没有按照三维目标面面俱到,在情感、态度与价值观方面看似没有充分体现,实际上这方面的要求已经隐藏在四个目标中。只要这四个目标能够达成,学生就一定会感受到学习、探索、发现的乐趣与成功感。

《普通高中数学课程标准(实验)》和《普通高中数学课程标准(2017 年版 2020 年修订)》都要求:“评价既要关注学生学习的结果,更要重视学生学习的过程”,《普通高中数学课程标准(实验)》强调“要重视学生在数学活动中所表现出来的情感与态度,更要重视学生核心素养发展水平的达成”,要求糅合三个维度的指标;而《普通高中数学课程标准(2017 年版)》更强调“将知识技能的要求与数学学科核心素养的达成有机结合,建立目标多元、方法多样、重视过程的评价体系”,“帮助学生提高兴趣、认识自我、增强自信,激励学生学习,促进学习质量的不断提升”,这里的“提高兴趣、认识自我、增强自信”都属于情感、态度与价值观的范畴,强调了三维目标的整体性,这种理念有利于学科素养的系统整合,也为我们制定教学目标提供了依据。

3. 教学目标的评价与调整

所谓教学目标的达成度,是指在一定的教学活动以后,所确立的教学目标实现的程度。教学目标的达成度是评价课堂教学成效的有效依据。教学目标为其自身的评价提供了标尺,而评价又为调整目标提供了依据。依据目标的达成度,我们可以从两方面校正自己的教学行为:一是校正自己的教学思路、教学方法,使之更利于教学目标的达成;二是校正设定的教学目标,使我们的教学内容更适合绝大多数学生。评价与调整有三个不同阶段,分别为课前、课中和课后,如图 15 所示。

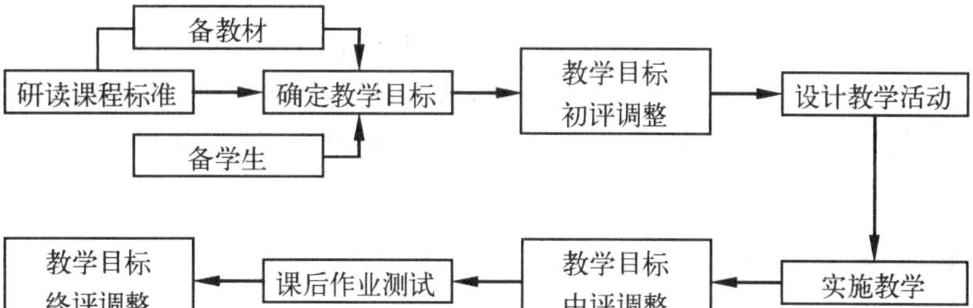

图 15

课前评价与调整是在教学目标制订之后、教学活动设计之前，由教师依据已有经验和对学生的初步了解，经过与同伴的共同研讨，对这些目标的表述方式再加工，对目标的定位求“精”求“实”。

课中评价与调整主要依赖教师本人。目标是既定的，但又不是一成不变的，目标必须切合学生的学习实际。教学过程中可能发现原来的预设有偏差，设定的教学目标不一定符合学生的实际；课堂学习又是动态的，有些教学“意外”也会打乱原来的教学节奏，影响既定目标的实施，这些情况都需要即时进行“效益评估”，是调整、修正教学目标还是调整教学节奏和教学结构，如果调整原有目标，需要怎么调整，怎样在教学价值的最大化和教学效率的最大化之间寻求平衡，背后是教师的教学理念和教学机智。

课后评价与调整则安排在教学任务完成以后，重点围绕教学目标的实施过程进行总结反思。此时的评价与调整具有终极性、全面性，也更具深刻性。

教学目标的评价与调整可以使用表 4。

表 4　教学目标评价与调整报告单

课题		参与讨论的教师	
课程标准中的相关表述			
原有目标			
与教参中确定的教学目标有无变化，为何变化			
目标内容是否符合数学的学科本质和学习序列			
目标设计是否符合学生年龄特点和认知基础的情况			
目标内容的关键词是否落实，有无调整			
学生前测获取的信息是否得到回应			
学生作业、测试反馈信息分析			
学生的认知负荷是否合理，有无调整			
调整后的目标			

在由目标到评价再到目标的多次反复过程中，既强化了目标意识，教师会及时主动地评判教学目标的要求是否适合，能否实现；又发挥了教学评价的定向和反馈功能，让教与学都按照目标导向有效实施，促进了教学目标精准度、适切度和达成度的提高。这也是精实数学教学的重要目标策略。

二、简洁的教学流程

好的教学流程应当“天然去雕饰”“自然流淌”“水到渠成”，应当“简洁”“清晰”“流畅”，好的教学流程拒绝矫揉造作、故弄玄虚、不切实际。

1. 不同教学流程的案例分析

【案例 17】

一道不等式证明题的教法比较

题目　证明不等式 $n^{n+1}>(n+1)^n$（$n\in\mathbf{N}$，且 $n>e$）。

分析　方法一：构造函数 $f(x)=\dfrac{\ln x}{x}$。由 $f'(x)=\dfrac{1-\ln x}{x^2}$，

当 $x>e$ 时，$f'(x)>0$，得 $f(x)$ 为单调递减函数，

所以 $f\left(\dfrac{\ln n}{n}\right)>f\left(\dfrac{\ln(n+1)}{n+1}\right)$，即 $(n+1)\ln n>n\ln(n+1)$。

故 $n^{n+1}>(n+1)^n$（$n\in\mathbf{N}$，且 $n>e$）。

方法二：数学归纳法. 所证不等式可变形为 $n>\left(1+\dfrac{1}{n}\right)^n$。

(1) 当 $n=3$ 时，不等式显然成立。

(2) 假设当 $n=k(k\geqslant 3)$ 时不等式成立，即 $k>\left(1+\dfrac{1}{k}\right)^k$，

则当 $n=k+1$ 时，$k\left(1+\dfrac{1}{k}\right)>\left(1+\dfrac{1}{k}\right)^{k+1}$，即 $k+1>\left(1+\dfrac{1}{k}\right)^{k+1}$。

又 $\left(1+\dfrac{1}{k}\right)^{k+1}>\left(1+\dfrac{1}{k+1}\right)^{k+1}$，故 $k+1>\left(1+\dfrac{1}{k}\right)^{k+1}$。

所以，当 $n=k+1$ 时不等式也成立。

由(1)(2) 可知，不等式 $n^{n+1}>(n+1)^n$（$n\in\mathbf{N}$，且 $n>e$）成立。

评注　本题是关于正整数 n 的命题，方法一用的是导数法，技巧性相对较强；方法二用的是数学归纳法，证明过程虽不如方法一“高大上”，但学生更容易想到。什么样的解题方法是真正的好方法？好方法一定是学生容易想到、容易掌握的方法。好的教学方法自然流畅，客观上缩短了教学流程。技巧性过强的问题或习题，可能会冲淡教学主题，浪费学生时间，给学生增加不必要的负担，成为教学的累赘。有些解题技巧，尽管新奇别致，但学生不容易想到，时间一长又会忘得一干二净。要保持教学流程的顺畅，提升教学的效率，就要讲究三个“规矩”：学生已经掌握的不讲，学生通过努力可以勉强掌握的少讲，学生通过认真努力仍然难以接受的以后再讲。数学教学，要围绕这三个要求对教学内容和方法进行调整与选择，让教学的思路、方式来得更自然、更简单些。

2. 教学流程中存在的主要问题

教学流程有问题的课堂大多会一盘散沙。散乱的教学结构阻碍了学生结构化思维的形成，影响了教学效果。教学流程的问题主要有：

（1）情境创设喧宾夺主

教学情境创设的目的是为了促进认知因素和情感因素的“双提升”。在认知方面，可以帮助学生建立新旧知识的联系，让学生理解新课程学习的背景知识，让教学内容直观化、形象化，为新课的顺利展开铺设台阶、排除障碍；在情感方面，通过对新课程学习意义的呈现，让学生意识到新课学习的重要性，激发学生学习的积极性，促进学生有意义的学习。但在实际教学过程中，生动有趣的故事讲述、视频播放、动画展示，常常会把学生的注意力吸引到故事情节里难以自拔，不愿进入新课的学习。情境创设不等于越精彩越好，再好的教学情境也是为教学服务的，不能主次颠倒，当用则用，该弃就弃。

（2）课堂小结形式繁杂

课堂小结是对整节课教学的归纳梳理，帮助学生对所学新知进行总结提炼，强调课堂讲授的核心知识、重点内容，对整节课起到画龙点睛的作用。课堂小结容易出现两种极端情形：一是对课堂小结不够重视，没有能意识到课堂小结的重要性，课堂内容太多、容量太大，课堂小结草草收场，甚至不了了之；二是过于刻意，先由个别学生提问总结，再由教师与学生你问我答总结，最后教师做总结的总结，有些无关紧要的内容也会多次反复、重复，给人无病呻吟的感觉，有些内容硬贴标签，一定要体现数学思想，体现情感、态度、价值观，拔高过度反而让学生心生怨气，以为“事不关己，高高挂起”。两种情形都影响了课堂小结的效果。

（3）课堂提问重量轻质

课堂提问之所以受热捧，是不少人把“提问”误以为是“提出问题”的简称。课堂提问并不是越多越好，关键是要在恰当的时机提出恰当的问题。数学课上有一种现象：教师给出某道综合题的解题方法后，有学生自告奋勇还有其他方法。让其展示时又漏洞很多，中途主动打退堂鼓，其他同学像看笑话似的乐一乐。学生提出的问题教师事先没有考虑到是正常的情况，教师在课上可以适当冷处理，待时机成熟再讨论。学生提问应该鼓励和支持，但对提问的质量和火候要把握好，如果学生提出的问题缺乏普遍性，没有太多的研究价值，或者教师难以断定其研究价值，就不必作出及时回应，不必让全班学生都把时间和精力浪费在无意义的讨论中。

（4）课堂练习梯度不足

知识点需要通过练习来巩固。但练什么，怎么练，练到什么程度；同一类题、同一种难度，究竟需要练多少遍，学生才能掌握，都很有讲究。我们不妨看看函数值域练习的一种编排方法。

【案例 18】

《必修 1》两道函数题的变式

苏教版《必修 1》教材有两道习题：

(1)（第 36 页习题 13）已知一个函数的解析式为 $y=x^2$，它的值域为$[1,4]$，这样的函数有多少个？试写出其中两个函数。

(2)（第 52 页习题 10）已知函数 $y=x^2$，值域为$\{1,4\}$，这样的函数有多少个？

分析　这两题的区别在哪里？值域。前者为包含无数个元素的区间；后者为只含有两个元素的集合。满足前者要求的定义域有无数个，后者的定义域有 9 种。这两题怎样进行拓展推广？

将(2)的值域变得复杂些，可以得到如下变式：

变式 1　已知函数 $y=x^2$，值域为$\{1,4,9\}$，这样的函数有多少个？

变式 2　已知函数 $y=x^2$，值域为$\{1,4,9,\cdots,n^2\}$，这样的函数有多少个？

这两种变式体现了教学的两个层次。由变式 2 可以总结出此类问题的一般性解题规律。

对于(1)，如果在定义域中增加字母参数，可得到如下变式：

变式 3　已知函数 $y=x^2$，定义域为$[-1,a]$，值域为$[0,4]$，求实数 a 的取值范围。

变式 4　已知函数 $y=x^2$，定义域为$[-2,a]$，值域为$[0,4]$，求实数 a 的取值范围。

再变一下，在定义域中增加字母参数，值域不定，可得到如下变式：

变式 5　已知函数 $y=x^2$，定义域为$[-1,a]$，求函数的最大值和最小值。

变式 6　已知函数 $y=x^2$，定义域为$[a-1,a]$，求函数的最大值和最小值。

围绕函数的表示方法，还可以设计更为开放的、符合教学改革“潮流”的问题：

变式 7　请写出函数 $f(x)$的几个不同解析式，使 $f(1)=1$，$f(2)=4$。

评注　这组练习囊括了与二次函数定义域、值域、解析式相关的知识点和解题方法，每道题都代表一种方向，梯度比较明显。有了这样的重组和变式，就可以以一当十，以不变应万变。这种拓展延伸涉及的面比较广，只能在复习课上完成，能变到哪一步，还要根据学生的具体情况进行调整，不能急于求成。

有些教师要求学生课堂笔记记录完整，这种“满堂抄”增加了学生的认知负荷，学生疲于应付，不管有没有听懂，有没有理解，记笔记都作为首要任务，却忘记了记笔记的“初心”。课堂练习时，简单题无需板演，板演的学生刚刚走上讲台，大多数同学都已经完成了，板演没有意义。板演最好安排 2～3 人同时进行，人太多，讲台上难以施展；只安排一个人，如果解题速度太慢，又让其他同学“等得慌”，客观上影响了课堂容量。

3. 解决教学流程问题的一般方法

(1) 增强教学流程的条理性

教学流程的条理性，主要指教学流程的设计既要符合知识发生的逻辑顺序，又要符合学生认知的心理顺序。数学学习是一个循序渐进的过程，如果“基本概念匆匆而过，大题量训练接踵而至”，让学生通过反复模仿，可以达到知识学习的即时表面效果，但学生的思维训练没有到位，学习能力没有得到应有的提升，精实数学教学不需要这样的“精”和“实”。高中数学的逻辑性、系统性和连贯性都比较强，坚持精心导入——精讲示范——质疑消化——归纳小结——迁移练习的“五步”教学流程，帮助学生实现从已知经验向未知知识、具体事实向抽象表征、临摹模仿向独立完成、浅易感知向综合能力的顺利过渡，遵循了知识发展的一般规律和人的一般认知规律，增加了思维梯度，缩短了学习时间，提高了教学效率，为教学的简约化提供了可能。

(2) 增强教学流程的结构性

教学的流程应当与知识结构和认知结构相匹配，教学流程的结构取决于教学内容的特点。知识的生长有其自身的规律，按其生长方式可以分为串联结构和并联结构。

串联结构要求教学紧扣知识主线，将关键知识点按序串联起来，适用的情形是：学生对于知识的生成已有心理准备和心理预期，清楚需要做什么，实现了多少，还需要做什么，怎么做。比如，学习《双曲线的简单几何性质》，可以通过与“椭圆的简单的几何性质”的类比组织教学，从“椭圆有哪些性质”——“怎么探究这些性质”——“还有哪些特殊的性质”的教学流程，自然联想到双曲线的教学顺序安排，教学的主线清晰明了，教学的思路自然生成，学生又容易接受，避免了机械重复。

并联结构，主要是构建知识体系横向和纵向的有机联系，帮助学生拓宽知识面，形成知识网络，产生知识板块，促进结构化思维。比如，在学习《数列的概念与简单表示法》时，可以通过生活实例归纳出数列的概念，通过与集合元素的特征比较，发现数列中项的特性：一是有序性，二是项可以相同，三是项的不确定性，在类比中发现差异，也发现相似，由有限集、无限集联想产生有穷数列和无穷数列的概念，同时也总结发现出数列是特殊的函数。再从函数的角度，得出递增数列、递减数列、常数列、摆动数列的概念。

串联的结构简单清晰，主线明确，新授课使用较多；并联的结构可以帮助学生弄清问题的来龙去脉，构建知识间的关联，复习课更为适宜。但无论是串联结构，还是并联结构，都要以去除不必要的情景创设和学生活动为前提，都要站在系统思维的高度，对整节课进行通盘考虑，通过与已有知识的关联度分析，通过类比迁移，帮助学生抓住问题本质，发现学习规律，发现新旧知识间的相似点和不同点，便于举一反三，融会贯通。当然，这里的类比迁移也要把控好“度”，盲目迁移会影响教学目标的完成，影响教学质量和效率，这也是教学“精”和“实”的要求。

三、简便的教学活动

随着教学资源的不断丰富，有些教师已经沦落为教学设备的奴隶。不少公开课变成表演课，好端端的课堂教学变成了教学手段的“大比拼”，甚至有了不成文的约定：不用多媒体，观摩课就上不了档次，优质课就获不了大奖，示范课就成不了特色。先进的教学设备成了表演的工具、炫耀的资本，也成了束缚教师手脚的工具。课堂上教师不敢“越雷池一步”，生怕先进设备“不听话”，被动地跟着视频、幻灯片的节奏走，难有精力顾及学生的即时真实感受，学生成了教师表演的“活”道具。

在教学资源匮乏的时候，教师把重点教学内容板书在黑板上，学生可以随时系统地了解课堂学习的主要内容，也清楚本节课的教学重点。好的板书不仅给学生以美感和享受，而且便于学生梳理知识，形成知识体系，知识框架、重点内容一目了然。现在，多媒体的画面丰富、生动，学生能不能把精力都集中在教学内容上是个很大的考验，回看幻灯片就更不容易。原本以为丰富的形声手段可以引发学生的学习兴趣，帮助学生更愉悦、更直观地接触新知识，实际上却可能冲淡教学的主题，甚至偏离教学的方向。教师用有限的“模拟形象”代替了数学“想象”，用“具体直观”取代了数学“抽象”，用“快速显示”省去了师生板书的过程，大容量，快节奏，看似饱满，其实肤浅，看似一件件小事，却无时无刻不在减弱学生的数学思维训练。教学活动的过饱和，充其量是提高了教师的表演水平，学生的受益、教学的效益可能还不及以前。

语言是交流的纽带。苏霍姆林斯基指出：“教师的语言修养在极大程度上决定着学生在课堂上的脑力劳动的效率。”[①]教师课堂语言表达的水准制约着课堂教学质量的高低。顾明远将教师分为浅入浅出型、浅入深出型、深入浅出型、深入深出型四种类型。[②]深入浅出型教师最受学生欢迎，他们自己深入研究教材，研究学生，研究教学要求，通过自己的理解，借助自己高超的教学艺术，注重教学的精准性、逻辑性、启发性和实效性，把艰深的学问浅显化、通俗化，言简意赅、简练流畅、接地气，“四两拨千斤”，让学生有豁然开朗之感。教学的深入浅出，正是教学简约性的具体体现。简约的教学语言首先表现为“清爽”，清楚、明白、干净、利落，讲解、点拨的时机、火候都恰到好处。提问语言具有导向性和启发性，诱发学生深入地思考；过渡语言具有衔接性和自洽性，激起学生共鸣和继续研究的兴趣；总结语言具有精炼性和深刻性，“一语道破天机”；评价语言具有切实性和精当性，让学生清楚自己学习的真实情况。

简约不是简单，不是随意，更不是无为。简约是一种科学态度，是面向理想的踏实追求；简约是一种思想方法，指向事物的精髓和本质。简约，讲究对教学环节的精确把握和精当妙用，但不是所有环节都可以无原则、无限制地削减，不是一切与提高学习成

---

① [苏]瓦·阿·苏霍姆林斯基．给教师的建议（修订本）[M]．杜殿坤，编译．北京：教育科学出版社，1984：496．

② 顾明远．谈谈学风问题[J]．中国教育学刊，2006(3)：1－2．

绩不相干的元素都要摒弃，考试“无用”的不等于真无用。数学教学与思维训练紧密相连，数学教学不只是知识传授和练习刷题，更承载着培养思维能力、促进人格健全的责任，这也是精实数学教学理念的具体体现。数学教学，要舍得在解题分析上下功夫，舍得给学生足够的思考时间，通过学生的思考，特别是独立思考，完成提升思维能力的任务。简约，该减的要减，该有的“一个都不能少”，适度、适量的原则要把握好。

第二节　适切性原则

《国家中长期教育改革和发展规划纲要(2010—2020 年)》要求学校和教师“关心每个学生，促进每个学生主动地、生动活泼地发展，尊重教育规律和学生身心发展规律，为每个学生提供适合的教育”。“适合的教育”已成为政府、学校、社会、学生与家长的共同选项。葛道凯认为“适合的教育”有三个方面的要求：一是以学生为本、因材施教；二是适应经济社会需要；三是全社会共同参与。①

对学校教育教学而言，“适合的教育”就是教学要有适切性。适，恰好；切，切合、符合。适切性首先要解决适合谁的问题，到底是适合国家的需要，还是社会的需要、学校的需要、学生的需要？每个需要都有足够的理由，但内因是变化的依据，只有适合学生的个性特点和现有基础，才能从根本上解决好教学的适切性问题。适合学生，是每个不同的个体，还是不同的群体？两者都应当兼顾。

古代社会的私塾制堪称个别化教学、小班化教学的典范，这种方式有助于实现教育的适切性，但这种方式的受众面小、效率低下。班级授课制是工业化大生产的产物，通过规模化、标准化、规范化的教学方式、方法，解决了教育普及的问题。班级授课制优点与缺点并存，因为规范统一，容易机械死板，缺少灵活性；因为批量生产，难以照顾个性差异，缺少针对性。再高明的教师，也无法顾及每个学生的个别需求，但现实条件又不允许重回个别化教学的老路。可以说，近代班级授课制的集体教学是对古代个别教学的否定，现在要对班级授课制再否定，否定之否定就应该向个别指导回归。这种回归，不是简单地否定和废除班级授课制，而是在班级授课制集体教学的框架下，寻求可行的出路，最大限度地谋求对学生的个性化指导。②

互联网+教育是不可抗拒的趋势，新的教育技术也在不断涌现、日臻成熟，技术的发展为个别化指导提供了许多便捷，让原来的许多不可能成为可能，每个人在知识点的缺漏、练习题的选择、自学的方案等方面都可以通过人工智能得到比较精准的回复，从而创造出更高的学习效率。以 MOOC 为例，不仅有一流大学的名教授亲自授课，

---

① 葛道凯. 适合的教育[N]. 江苏教育报，2017-07-21(1).

② 冯建军，刘霞. “适合的教育”：内涵、困境与路径选择[J]. 南京社会科学，2017(11)：141-149.

MOOC 课程还通过对学习过程的大数据挖掘和分析，及时了解每个学习者的学习状态，期望为学生提供更有收效的学习体验，激发他们的兴趣潜能和学习积极性，促进个性化的学习。有专家甚至预言：现在中国大学最能做也是最迫切要做的，就是用 MOOC 模式来提升教学质量。但事实究竟如何？有人甚至预测网络化学习将取代传统学习方式。但何时可以取代呢？“乔布斯之问”也提出同样的疑问：为什么在教育领域信息技术的投入很大，却没有产生像在生产和流通领域那样的效果呢？

果壳网 2013 年 11 月的调查显示，只有约 6％的 MOOC 最终完成了课程学习，远低于校园内有组织的传统课堂中课程完成的比例。美国的调查数据也表明，MOOC 的辍学率保持在 90％以上。密歇根大学教授发现：选上自己 MOOC 的 2849 个学生中，只有 200 人至少完成过一次作业，70 人学完所有课程资料，比例低于 2.5％。① 邱勇指出：MOOC 教育只能作为学校教育的一种补充。“人和机器不一样，和动物也不一样，人重要的特质是想象力、情感和价值取向，这是科学技术包括机器人很难替代的。教育是有温度的，机器可能部分取代老师的言传功能，但身教功能是取代不了的。”②甚至有专家学者发出“为慕课、微课、翻转课堂唱哀歌”的感叹。大学生的学习尚且如此，我们不难想象，在没有教师指导、督促的情况下，靠学习者自我驱动、自主学习，中学生的学习困难会更多。2020 年新冠疫情期间，网上学习创造的奇迹、带来的问题都是这种担忧的延续。

教学是一种非常复杂的智力和情感交融的过程，再好的教育技术也难以取代人与人之间心灵的对话，教师与学生的情感交流、默契共鸣，都是目前技术手段难以企及的愿景，教师的一个眼神、一个动作、一句话语都可能成为学生终生难忘的记忆，我们不能只看到冷冰冰的分，看不到活生生的人。

2018 年 12 月 12 日《中国青年报》推出深度报道《教育的水平线》（冰点周刊微信公众号《这块屏幕可能改变命运》）：国家级贫困县云南禄劝的两个学生在成都七中直播网课的帮助下，考取了清华北大，引起了社会的广泛关注，似乎找到了教育均衡的金钥匙。12 月 13 日，《鹿鸣财经》就以《这块屏幕可能无法改变命运，但却能造就亿万富豪夫妻》给出了质疑；12 月 14 日，凤凰网财经启阳路 4 号推出《反转？“这块屏幕可能改变命运”背后：行贿、挪用资金、股权冻结》；12 月 15 日，央广网推出《实地探访，“这块屏幕可能改变命运”靠谱吗？》，整个剧情发生了“大逆转”，网校负责人的“慈善”动机也受到普遍质疑。靠成都七中的影响力，减少了禄劝优质生源的流失，这是最关键的因素。高校招生时，国家对贫困地区的“农村专项计划”也是不可忽视的条件。就算报道的内容都是客观、真实的，直播网课教师的水平比禄劝教师高，但网课教师所讲授的内容是否切合贫困地区学生的实际？贫困地区把大部分的财力、精力都放在这些“尖子生”身上，有

---

① 祁涛，王应解. 关于慕课若干认识误区的思考[J]. 中国电化教育，2015(10)：28 - 32.

② 万军伟，段伟朵. 邱勇谈教育热点问题——机器无法取代老师的身教功能[N]. 大河报，2017 - 03 - 24(AI04).

没有考虑其他学生的感受？有没有考虑教师的感受？

在现代教学技术为教学注入新鲜血液的同时，有识之士也在担心这些“时髦”的教学手段能否真的带来教育教学方法的革命，让教学取得更好的效果，实现教学目标的高效达成。现在，全国多个地方开展了“电子书包进校园”行动，并首先在数学学科进行了尝试。上课的时候，教师和学生都可以把纸质作业拍下来，直接在投影上分享，学生的随堂测试刚完成，教师就立即知晓错误率，然后有针对性地进行讲评，分层教学可以得到有效的实施，可以达到“精”和“实”的教学效果。但教师和家长也担心，长期借助电子设备上课会不会对视力有影响？长时间很少动笔写，书写的能力会不会退化？考试必须有完整规范的书写格式，这样的课堂教学能保证吗？教学效果究竟如何？坦率地说，这种担心不是没有道理。这种担心也是精实数学教学的担心。

应该说，现代手段和传统方法各有优势和不足，两者之间同样也要把控好“度”，通过现代技术弥补传统方法的不足，促进两者的优势互补，让互联网＋教育发挥更大、更有效的作用，不能“捡了芝麻，丢了西瓜”。

差别化指导、个别化教学是教育的理想状态，这种理想能否实现，很大程度上决定于教师能否有效地调控。教学的适切性，不等于时时处处都要个性化指导，毕竟教学的时间、资源有限，有些教学内容也不需要多次简单重复，毕竟相似的部分还是占大多数。我们既要考虑每个学生的独特性和差异性，也要发现和充分利用学生群体的共性特征，课堂上教师关注的对象应当存大同求小异，首先要把握班级的整体情况，了解大多数人的需求，解决大多数人的共同问题。尽管我们强调“一个都不能少”，但为了个别人，忽视绝大多数人也不是解决问题的最佳办法。对于个别情况，成绩差的可以建立互助组，发挥团队的帮扶作用；成绩好的可以鼓励自学，并让其给同伴分享学习心得，激发主动发展。解决个别问题，需要教师牺牲自己的时间，进行针对性的指导和帮助。适切性并不直指每个人的充分的个性化成长，更应致力于让群体中的大多数人真受益，分层教学、分类指导正是基于这样一个基本要求。共性和个性、普遍要求和差异发展都是教学中必须处理好的关系，不能顾此失彼，走极端。

由此看来，数学教学的适切性可以分为三个层次的要求：

第一层次是遵循青少年身心发展的特点和规律，教学内容符合学生年龄特征，教学方法贴近学生发展需要。

第二层次是让不同的群体都能获得良好的数学教育，教学目标切合教育教学实际，贴近“最近发展区”，学生达到数学课程标准所规定的基本要求。

第三层次是让不同的人在数学上得到不同的发展，让每个学生的数学潜能都能最大限度地挖掘，得到最适宜的发展。

从学校管理角度讲，可以通过分层、分类减少学生的差异度，减少教学调控的难度。但无论如何调整，学生之间的差异都是客观存在的，即使同一个考试分数，其思维模式、学习基础、学习习惯、学习动机都会有较大的差异。作为教师，既要承认差异，发现差异，又要尊重差异，善待差异，找到应对差异的最佳处理办法，力求让每个学生都得到充分的发展，这才是教学适切性的最好表述。

“适合的教育”说穿了就是“以学定教”。在很多人看来，“以学定教”是一个约定俗成、可以望文生义的概念，在简单、朴素中阐明了一个复杂而深奥的道理，精辟描述了教学活动逻辑的理想状态。的确，众多教育者之所以心悦诚服地接受，就因为这句话大道至简，从字面上就能理解八九分。360百科的解释就是：“所谓以学定教，就是依据学情确定教学的起点、方法和策略。这里的学情包括学生的知识、能力基础，学生的年段认知水准，学生课前的预习程度，学生对新知的情绪状态等学习主体的基本情况。而‘定教’，就是确定教学的起点不过低或过高，在恰当的起点上选择最优的教学方法，运用高超的教学艺术，让每一位学生达到最优化的发展。”也就是说依据学法确定教法，教学的方法必须与学法相适应。分层教学、分类指导就是这样一种教学理念的具体体现。

现代脑科学的研究成果表明，人的学习潜能是有差异的，每个人的成长过程对学习和生活的环境都会有不同的要求。尽管各人的认知风格和学习喜好存在差异，但其本身并没有高低和优劣之分，当教师的教学策略与学生的学习特质相匹配时，教学的效果才能达到最佳。分层教学与教育公平并不矛盾，关键是以什么样的心态和方法来实施。班级授课制在教学效率上有了很大的提高，但随之而来的是不可能照顾到每个学生的需求。分层教学是目前解决这个问题的比较有效的办法，它既不是削高就低，也不是对“差生”的抛弃，更不是抑制学生特长的进一步发展，而是顺应天性，根据学生的具体情况，扬长避短与扬长补短相结合，当补则补，当避则避。尽管它不能保证每个学生都得到充分而有个性化的发展，但通过对学生的分类指导和个别化“滴灌”，已经能有效弥补班级授课制的不足。分层教学、分类指导、以学定教、因材施教，都是精实数学教学思想的生动体现。精实数学教学力求贴近实际，尽可能整合各类教学资源，将现有资源的效益最大化，让每个学生的数学潜能都得到充分的挖掘。

成尚荣曾忠告：教师“节外生枝”的一段教学过程，和教学几乎没有关系，但恰恰是教师开的这段“无轨电车”可能影响了学生一生的发展。教学过于拘泥于教学的有效与无效，往往丢弃了最重要的价值。[①] 成尚荣的忠告体现的是一种人文情怀，是对教师“旁若无人”的“纠偏”。过分强调教学计划的落实，强调按部就班，不顾教学过程中的“突发事件”，可能会错失教育时机，也可能抑制甚至扼杀学生的批判性思维，强化他们盲目崇拜书本、迷信权威的思维习惯，不敢怀疑、质疑，由不要问、不爱问到不想问、不会问，不知道怎么问，好奇心、想象力、求知欲和主动性逐渐被磨灭，妨碍了学生认知主体作用和能动性的发挥，遏制了学生创新思维和创造能力。但对“无轨电车”究竟能开多少码、怎么开、开多长时间，就要由教育者的教育理念、教学态度和临场机智来决定。而且，在教学的不同时期、不同阶段，对“无轨电车”的驾控要求不一样。临近考试，就不可

---

① 成尚荣. 教学改革绝不能止于“有效教学”[J]. 人民教育，2010(23)：40-44.

能像平时的课堂那样“潇洒自如”，更不能“信马由缰”，万一教学目标、教学任务不能按时按质完成，学业成绩不能保证，那也是教学事故。就像驾驶员开车，除了基本的动作要领以外，更多时候是凭经验、凭感觉、凭良心，同一件事情可以有多种处理方式，采用哪一种方式，体现的是驾驶员自身的素养和价值观。

前几年关于“预设”与“生成”的争论，也是对教学适切性的研讨。

预设与生成既有统一的一面：两者互补共存，如鸟之两翼，缺一不可。预设是生成的基础，也是生成的催化剂，是促成生成的必要途径；生成又是教学追求的更高境界，是对预设的丰富、拓展或调节、重建，生成让预设更精彩。精湛的预设有助于教师的教，为生成创造条件，动态的生成更有利于学生的学，是对预设的成功超越。不少有价值的生成就是突发奇想的神来之笔，甚至是对预设的背离、反叛和否定，可能会让学生铭记终生。知识学习的逻辑和效率固然重要，生命体验的过程和质量也不能遗忘。预设与生成也有对立的一面：预设重视的是显性的、标准性的、结果性的目标，生成则关注隐性的、个性化的、过程性的目标。强调预设可能会忽视学生学习的自主性，挤占生成的时间和空间；强调生成也同样会影响教学计划的实施，导致预设目标难以落实。主观预设多了，动态生成就少了；动态生成多了，主观预设就没用了。课堂缺少预设，一定是教师不负责任；课堂缺少生成，课堂就难有灵气。

课堂教学的理想状态应当是“预设”和“生成”的互相融合，预设中有生成，生成中有预设。并且随着教学经验的积累，预设与生成在教学中的占比也要不断地变化。新教师的课堂驾驭能力较弱，预设应当更充分一点，要把课堂上可能出现的情况考虑得周全一些，应对的方案更细致一些。老教师的课堂可以有适当的“留白”，允许用教学机智“临场发挥”来应对“始料不及”，但这种发挥不是天马行空，而是基于平时的积累，基于对学情的预判，是教学预设与教学经验共同作用的结果。课堂预设不是可有可无，只有精心准备、胸有成竹，才能在课堂上挥洒自如，才会产生有积极意义、有较高价值的“课堂生成”，才会采取更为理性和机智的方法，减少低效、无效生成，让学生思维“归队”，回到预设的轨道上来。教师的责任就是在预设与生成之间寻求“平衡点”，让两者相互适配、共同发展，让课堂更有效、更精彩。

所以，对“以学定教”也同样存在着“度”的把握问题。教育的目的是为了学生，但“为了学生”又不能简单等同于“以学生为中心”。学生是学习的主人，学生依据自己的学习基础、学习能力、学习喜好和学习需要，制定学习目标，选择课程内容，组织自己的学习，并对自己的学习负责，这才是“以学生为中心”。平心而论，这样的学生究竟有多少？教育家杜威的“学生(儿童)中心论”用意是好的，矫枉必先过正，但“过正”的时间如果过长、过度也未必是好事。一旦把学生的主体地位与教师的主导作用对立起来，认为学生是决定整个教育过程的主体，其地位至高无上，把教师当成学生的附庸，一味满足学生的兴趣爱好，学生想学什么，教师就教什么，这是对学生的“捧杀”，是不负责任的表现，学生的素质、教育的质量也必将受到质疑。“以学定教”并不否定教师的主导作用，正因为有教师教的主导，学生在课堂上的收获才不同于自发的经验获取。学校是什么？学校就是学习和校正的地方。学校允许学生犯错误，学生一边学习一边校正，在试错的过程中不断成长，除了学生的自我校正，教师对学生学习的指导、方向的引领、错误的校正责无旁贷。而这也正是学校教育的价值和意义所在。

“以教师为中心”和“以学生为中心”可以看成是开口向下的抛物线的两个端点，对称轴在两个端点之间。当学生的学习能力、主体意识非常强的时候，教学活动向“以学生为中心”偏移会提高教学的效率和效益，此时教师的主导作用难以发挥；当学生的学习能力、主体意识都比较弱时，教师的主导作用就非常重要。经过一段时间的引导、培养，学生的学习能力和主体意识会不断增强，教师的主导作用可以适当弱化，教学的最佳状态向中间靠拢。所以，真正的好的教学，一定是适合的教学，停留在对“以谁为中心”的争议上没有太多意义。

其实，不仅是教学“以谁为中心”的问题，任何教学策略、教学手段，处在两极位置的时候，学习效果都会大打折扣，学习效率、效益的最大值必定是在两极之间的某个点处取得。我们可以设计一个教学成效的“倒 U 型”模型，横坐标是学习时间、作业量等与教学相关的数据，纵坐标是学习成效，如图 16 所示。

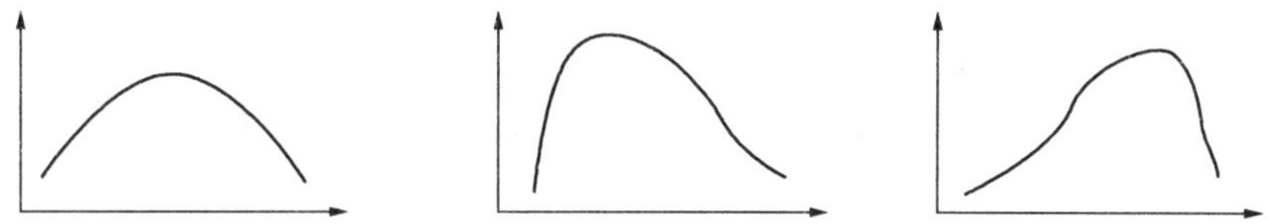

图 16

这个“倒 U 型”模型，可以是抛物线型，也可以是不规则变化的图形，但总体上都是“中间高两头低”，怎样通过对教学目标、教学内容的研究，对学生真实学习状态的分析，找出适合的教学方法，让更多的学生得到更好的发展，就是精实数学教学的追求。

从教育的本义讲，教学是一类有目的、有计划的育人活动。“以学定教”的落脚点应该是教师如何教，而不仅是教什么。“学生的学”是教师“教”的目的和依据，是教师“教”的起点、方法和结果。要在教和学的“平衡”中找出理想的结合点，这个结合点就是陶行知所倡导的“教学合一”。

陶行知曾经批评“教学分离”的现象：“学校里的学生除了受教之外，也没有别的功课。先生只管教，学生只管受教，好像是学的事体，都被教的事体打消了。论起名字来，居然是学校；讲起实在来，却又像教校。这都是因为重教太过，所以不知不觉地就将教和学分离了。然而教学两者，实在是不能分离的，实在是应当合一的。”“一方面先生要负指导的责任，一方面学生要负学习的责任。”①教与学相互依存、相互支撑，“教”离不

① 方明. 陶行知名篇精选（教师版）[M]. 北京：教育科学出版社，2006：1－4.

开“学”,“学”也不能离开“教”。“教”与“学”之间既不是买卖关系,也不是操纵和控制关系,而是民主、平等、协作、互助的“伙伴”关系。

陶行知认为,“教学合一”有三个基本要求:

一是教师的责任不在教,而在教学,在教学生学;

二是教师的教必须依据学生的学;

三是教师不仅要让自己的教法与学生的学法有机整合,还要与自己的专长联系起来。

教学的过程必须遵循人的认知发展规律和学习规律,这是陶行知前两个要求所表述的含义,也是“以学定教”的前提和基础。教师的教要体现出四个“有利于”:一是有利于学生认知水平和能力的提升,二是有利于学生学习经历和体验的实现,三是有利于学生积极情绪和主观能动性的调动,四是有利于国家教学意志和教学目标的达成。这四个“有利于”既是“教学合一”的拓展延伸,也是对“以学定教”的另一种理解。

“以学定教”不仅要求教师以学生的“学”定教,也要以自己的“学”定教。陶行知认为:“做先生的,应该一面教一面学,并不是贩买些知识来,就可以终身卖不尽的。现在教育界的通病,就是各人拿从前所学的抄袭过来,传给学生。看他书房里书架上所摆设的,无非是从前读过的几本旧教科书;就是这几本书,也还未必去温习的,何况乎研究新的学问,求新的进步呢?先生既没有进步,学生也就难有进步了。这也是教学分离的流弊。那好的先生就不是这样,他必定是一方面指导学生,一方面研究学问。”教师既是“教者”,又是“学者”,而且首先应当是“学者”。教师不仅要研究学生,研究教材,也要研究自己,知己知彼,把自己的教学风格、教学主张、教学特长和教学实际有机结合。

陶行知所理解的“教学合一”,本质上就是“以学定教”,目标指向为“教学相长”。“教学相长”有三层含义,一是教师的教与学生的学,二是教师的教与教师自己的学,三是学生的教与学生自己的学。子曰:“学然后知不足,教然后知困。知不足,然后能自反也;知困,然后能自强也。故曰:教学相长也。《兑命》曰:‘学学半。’其此之谓乎!”(《礼记·学记》)孔子的这段话清晰勾画了教与学的关系,他所提倡的“教学相长”与陶行知“教学合一”的第三个要求异曲同工,教师边教边学、边学边教,对当下的教师专业成长很有意义,不仅是教师,所有人要想获得进步和发展,学习能力尤显重要。而且,在当今的教学话语体系中,“教学相长”的“长”也衍生出不少新意。“长”的主体已经由“孤立”的教师或学生变为教师和学生双主体,“长”的内容不仅是知识、方法、技能,还包括意志品质、行为习惯、道德情操和智慧才干,“长”的方式是师生共生、共赢、共同发展、有机生长,而不是仅仅为了某一方而忽视甚至丢弃另一方,师生之间的理想形态应该是学习共同体、生命共同体。教学相长是精实数学教学的理想状态。

如何保证数学教学的适切性?如何做到数学教学的“以学定教”?

首先要在备课时做好多种准备,随时应对可能出现的突发情况。特别是同时任教两个悬殊较大的班级,更要精心考虑班级学生组成的差异,要有切实可行的预案。

【案例 19】

一道集合问题的难度设计

题目　设集合 $A=\{1,2,3,\cdots,10\}$。

(1) 设 A 的 3 个元素的子集 A_i 的个数为 n，求 n 的值；

(2) 设(1)中集合 A_i 的 3 个元素的和分别为 $a_1,a_2,\cdots,a_n$，求 $a_1+a_2+a_3+\cdots+a_n$ 的值。

分析　对于不同基础的学生来说，本题的完成感受是不一样的，我们可以根据自己对知识掌握的情况，作这样的变式：

变式 1　将集合改为 $A=\{1,2,3,4\}$。

变式 2　将集合改为 $A=\{1,2,3\cdots,n\}$。

基础差一点的同学可以采用变式 1，利用列举法，通过"退"，足够的退，挖掘解题规律。从 $(1+2+3)+(1+2+4)+(1+3+4)+(2+3+4)=3(1+2+3+4)$，剔除表面，得到关系式 $3\times C_4^3=m\times 4$，从而得 $m=C_3^2$，可以发现 m 的本质。基础好一点的同学还可以采用变式 2，从特殊到一般探得规律。

评注　设置不同变式的目的，就是照顾不同群体的需求，让基础弱的学生"吃得了"，达到课程标准规定的基本要求，让学有余力的学生"吃得饱"，得到充分的发展。教师要始终坚持为每个学生提供适合教育的理念，通过个别辅导的形式，通过"滴灌"的方法，尽可能满足更多学生的个性发展需求，否则因材施教、以学定教、有的放矢和教学的"精"和"实"就是一句空话。

在教学测试、评价的设计中，也可以体现适切性原则。

【案例 20】

2007 年上海春季高考第 17 题的解法赏析

题目　求出一个数学问题的正确结论后，将其作为条件之一，提出与原来问题有关的新问题，我们把它称为原来问题的一个"逆向"问题。

例如，原来问题是"若正四棱锥底面边长为 4，侧棱长为 3，求该正四棱锥的体积"。求出体积 $\frac{16}{3}$ 后，它的一个"逆向"问题可以是"若正四棱锥底面边长为 4，体积为 $\frac{16}{3}$，求侧棱长"；也可以是"若正四棱锥的体积为 $\frac{16}{3}$，求所有侧面面积之和的最小值"。

试给出问题"在平面直角坐标系 xOy 中，求点 $P(2,1)$到直线 $3x+4y=0$ 的距离"的一个有意义的"逆向"问题，并解答你所给出的"逆向"问题。

分析 点$(2,1)$到直线 $3x+4y=0$ 的距离为$\dfrac{|3\cdot 2+4\cdot 1|}{\sqrt{3^2+4^2}}=2$。 ……4 分

"逆向"问题可以是：

(1) 求到直线 $3x+4y=0$ 的距离为 2 的点的轨迹方程。 ……10 分

解：设所求轨迹上任意一点为 $P(x,y)$，则$\dfrac{|3x+4y|}{5}=2$，

所求轨迹为 $3x+4y-10=0$ 或 $3x+4y+10=0$。 ……14 分

(2) 若点$(2,1)$到直线 $l:ax+by=0$ 的距离为 2，求直线 l 的方程。 ……10 分

解：$\dfrac{|2a+b|}{\sqrt{a^2+b^2}}=2$，化简得 $4ab-3b^2=0$，$b=0$ 或 $4a=3b$，

所以，直线 l 的方程为 $x=0$ 或 $3x+4y=0$。 ……14 分

意义不大的"逆向"问题可能是：

(3) 点 $P(2,1)$是不是到直线 $3x+4y=0$ 的距离为 2 的一个点？ ……6 分

解：因为$\dfrac{|3\cdot 2+4\cdot 1|}{\sqrt{3^2+4^2}}=2$，

所以点$(2,1)$是到直线 $3x+4y=0$ 的距离为 2 的一个点。 ……10 分

(4) 点 $Q(1,1)$是不是到直线 $3x+4y=0$ 的距离为 2 的一个点？ ……6 分

解：因为$\dfrac{|3\cdot 1+4\cdot 1|}{\sqrt{3^2+4^2}}=\dfrac{7}{5}\neq 2$，

所以点 $Q(1,1)$不是到直线 $3x+4y=0$ 的距离为 2 的一个点。 ……10 分

(5) 点$(2,1)$是不是到直线 $5x+12y=0$ 的距离为 2 的一个点？ ……6 分

解：因为$\dfrac{|5\cdot 2+12\cdot 1|}{\sqrt{5^2+12^2}}=\dfrac{22}{13}\neq 2$，

所以点$(2,1)$不是到直线 $5x+12y=0$ 的距离为 2 的一个点。 ……10 分

评注 "逆向"是变式的一种，本题的命题方法本身也是变式的一种尝试。本题属于结论开放型，答案的花样多，尺度的把握难，阅卷的强度大，但它有效区分了学生的数学能力、数学素养，对中学教学的导向还是非常明显的，也让师生对变式教学有了更深刻的理解。变式教学不仅有助于学生理解所学知识，优化认知结构；也有助于学生积极主动学习，增加了相关认知负荷；同时还有助于减轻学业负担，让每个学生都能变中求进，进中求通，达到数学教学的预期目标。

第三节　问题性原则

所谓问题，就是矛盾，是由某些不协调、不一致产生的。问题是数学的心脏，数学与问题并肩而行。问题又是思维的起点、兴趣的源泉。数学教学就是培养学生数学思维的教学，思维又以问题为载体，数学教学的目的是让学生学会从数学角度思考问题，提升数学素养。离开了数学问题，数学思维就无从谈起。

一、数学问题从何而来

从本质上讲，数学是由问题和解所组成的。问题的质量主要看其激发解题者思维活动的程度。数学问题一般来源于两个渠道：一是现实生活，将实际问题抽象、概括、简化、提炼，变成数学问题；二是数学本身，通过逻辑和直觉的方法重新审视原有的数学知识结构，找出新的生长点、增长点、矛盾焦点，产生新的数学问题。

现实生活情境和数学学科情境，哪种情境更有利于数学教学？是突出数学的实际应用价值还是数学对人思维方式的改善作用？数学教师必须认真思考。长期以来，我们一直不重视数学的生活情境，造成了社会误解，以为数学仅仅是“折磨人”的游戏，“让数学滚出高考”的呼声，就容易激起共鸣。但实际问题怎样转化为数学问题，并不容易。数学应用问题可以有两种处理方法，一是对于背景天然生成、比较简单的实际问题，可以直接拿来使用，二是对于背景比较复杂的实际问题，可以作为学生探究作业来处理，通过查阅资料、合作学习等课外学习来完成。必须看到，实际问题浩如烟海，让学生自选研究问题的难度很大，很多问题的研究价值也难以预判，课堂学习时间又非常有限，从数学内部产生问题可以减少周转环节，缩短建构数学的过程，降低学习成本。同时，我们还要看到，创设问题情境的根本目的是为了学好数学，从数学内部产生问题可以挖掘数学发展的内在规律，加深学生对知识的理解，激发学生对即将学习知识的好奇心，也同样可以培养解决实际问题的能力。

从数学自身产生数学问题的方法主要有：

1. 类比推出新结论

从特殊到一般，从有限到无限，从具体数值到字母情形，从函数到数列，从平面到空间，从三角形到三棱锥，从圆到椭圆，从椭圆到双曲线，从椭圆、双曲线、抛物线到圆锥曲线，相似的对象之间总存在千丝万缕的联系。通过对某些特征关系进行类比，推测出新数学对象的特征。这种推测可能是正确的，也可能是错误的，需要通过严格的论证加以证实，或者通过举反例推翻猜测。

【案例 21】

《选修 2－1》"椭圆内弦的斜率乘积"习题拓展

苏教版《选修 2－1》第 42 页习题 2.3(1)第 5 题：在$\triangle ABC$中，$B(-3,0)$，$C(3,0)$，直线AB，AC斜率乘积为$\frac{9}{4}$，求顶点A的轨迹方程。

答案是$\frac{x^2}{36}-\frac{y^2}{81}=1(y\neq 0)$。

如果把斜率乘积改为$-\frac{4}{9}$，又会出现什么情况？

思路分析 设A点坐标为(x,y)。

由$k_{AB}\cdot k_{AC}=-\frac{4}{9}$，得$A$的轨迹方程为$\frac{x^2}{9}+\frac{y^2}{4}=1(y\neq 0)$。

那么，这里的 9 和 4 与题目中的$-\frac{4}{9}$有无联系？是偶然巧合还是必然结果？

能否猜想$-\frac{b^2}{a^2}=-\frac{4}{9}$？

也就是说是否有一般性结论：如图 17，若动点A与两个定点$B(-a,0)$，$C(a,0)$连线的斜率乘积等于定值$-\frac{b^2}{a^2}(a,b>0)$，那么点A的轨迹方程是$\frac{x^2}{a^2}+\frac{y^2}{b^2}=1(y\neq 0)$。

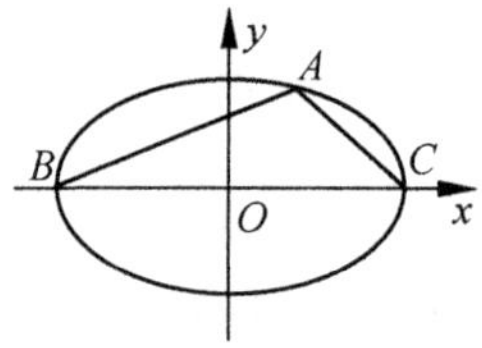

图 17

这个猜想可以证明是成立的。

那么，这个命题的逆命题是否成立？也就是说：

椭圆$\frac{x^2}{a^2}+\frac{y^2}{b^2}=1(a>b>0)$长轴的两个顶点与椭圆上除这两个顶点外的任一点连线斜率之积为$-\frac{b^2}{a^2}$。

特别的，当$a=b>0$，椭圆问题就转化为圆的问题，BC就是这个圆的直径。可以发现，上述命题和它的逆命题均成立。在圆中，直径BC不在x轴上的时候，结论也成立。

类似的，把椭圆中长轴BC换成经过原点的任意一条弦，结论还成立吗？

可以证明：如图 18，椭圆$\frac{x^2}{a^2}+\frac{y^2}{b^2}=1(a>b>0)$上经过原点的任意一条弦的两个端点与椭圆上异于这两点的任一点连线斜率（斜率均存在时）之积为$-\frac{b^2}{a^2}$。

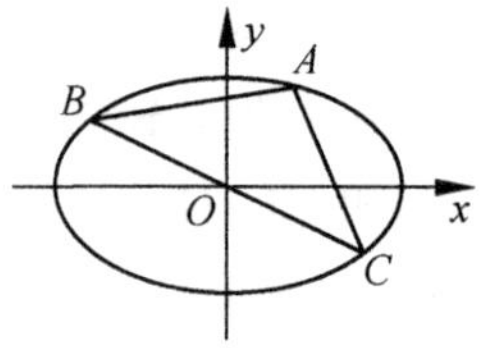

图 18

这是一个相当有意义的结论：椭圆上过原点的任意一条弦的两个端点与椭圆上异于这两点的任一点连线斜率之积为常数，且这个常数与椭圆的长短轴的长相关。

有了这一抓手，一类问题就能迎刃而解。比如：

2011 年江苏高考数学卷第 18 题

如图 19，在平面直角坐标系 xOy 中，M，N 分别是椭圆 $\frac{x^2}{4}+\frac{y^2}{2}=1$ 的顶点，过坐标原点的直线交椭圆于 P，A 两点，其中点 P 在第一象限，过 P 作 x 轴的垂线，垂足为 C，连接 AC，并延长交椭圆于点 B。设直线 PA 的斜率为 k。

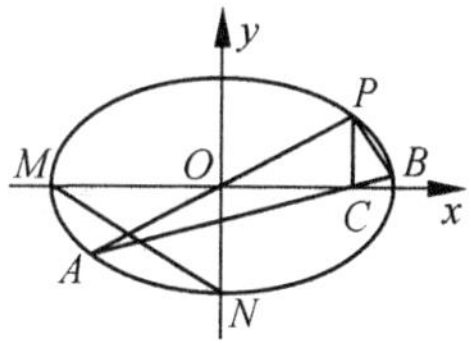

图 19

(1) 当直线 PA 平分线段 MN，求 k 的值；

(2) 当 $k=2$ 时，求点 P 到直线 AB 的距离 d；

(3) 对任意的 $k>0$，求证：$PA\perp PB$。

思路分析　本题的核心部分第(3)问可以这样解：

先求得 $k_{BA}\cdot k_{BP}=-\frac{1}{2}$，再由 $k_{AB}=\frac{-kx_0-0}{-x_0-x_0}=\frac{k}{2}$，可得 $k_{BP}=-\frac{1}{k}$，

从而 $k_{PA}\cdot k_{PB}=-1$。命题得证。

又如 2010 年北京高考数学卷理科第 19 题

在平面直角坐标系 xOy 中，点 B 与点 $A(-1,1)$ 关于原点 O 对称，P 是动点，且直线 AP 与 BP 的斜率之积等于 $-\frac{1}{3}$。

(1) 求动点 P 的轨迹方程；

(2) 设直线 AP 和 BP 分别与直线 $x=3$ 交于点 M，N，问：是否存在点 P 使得 $\triangle PAB$ 与 $\triangle PMN$ 的面积相等？若存在，求出点 P 的坐标；若不存在，说明理由。

思路分析　本题的第(1)问也与上述结论相关。

因点 B 与 $A(-1,1)$ 关于原点对称，得 B 点坐标为 $(1,-1)$。

设 P 点坐标为 (x,y)，

则 $k_{AP}=\frac{y-1}{x+1}$，$k_{BP}=\frac{y+1}{x-1}$，

由题意得 $\frac{y-1}{x+1}\cdot\frac{y+1}{x-1}=-\frac{1}{3}$，

化简得 $x^2+3y^2=4(x\neq\pm1)$。

即 P 点轨迹为：$\frac{x^2}{4}+\frac{y^2}{\frac{4}{3}}=1(x\neq\pm1)$。如图 20。

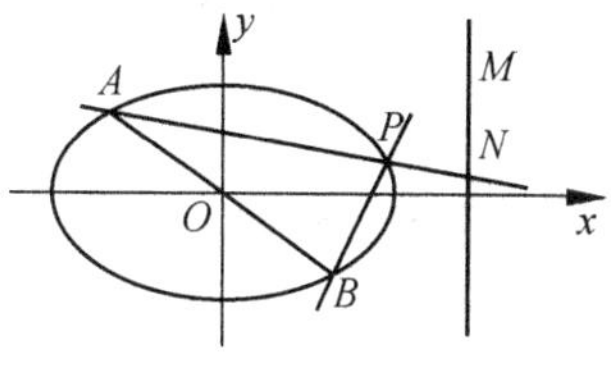

图 20

类比推广 在椭圆的问题解决以后，很自然地会追问：这个结论在双曲线中成立吗？

同样可以证明：双曲线$\frac{x^2}{a^2}-\frac{y^2}{b^2}=1$上经过原点的任意一条弦的两个端点$B$，$C$与双曲线上异于这两点的任一点$A$连线斜率（斜率均存在时）之积为$\frac{b^2}{a^2}$。

设$B(x_0,y_0)$，$C(-x_0,-y_0)$为双曲线$\frac{x^2}{a^2}-\frac{y^2}{b^2}=1$上过原点的弦的两个端点，$A(x_1,y_1)$为双曲线上任意一点。

则$\frac{x_1^2}{a^2}-\frac{y_1^2}{b^2}=1$，$\frac{x_0^2}{a^2}-\frac{y_0^2}{b^2}=1$，因此$\frac{x_1^2-x_0^2}{a^2}-\frac{y_1^2-y_0^2}{b^2}=0$。

从而$k_{AB}\cdot k_{AC}=\frac{y_1-y_0}{x_1-x_0}\cdot\frac{y_1+y_0}{x_1+x_0}=\frac{y_1^2-y_0^2}{x_1^2-x_0^2}=\frac{b^2}{a^2}$。

也就是说：双曲线上过原点的任意一条弦的两个端点与双曲线上异于这两点的任一点连线斜率之积也为常数，且这个常数也与双曲线的长短轴的长相关。

2. 逆向提出新问题

上一节2007年上海春季高考第17题阐述了数学命题的一种方法：在求出数学问题的正确结论后，将命题的部分条件与结论位置对换，可以得到一个与原问题相关的新问题，也就是原问题的一个“逆向”问题。这种方法也有利于弄清数学知识结构、加深数学知识理解、把握数学方法规律。

【案例22】

等差数列前n项和公式推导过程的探究

公式有三种形式：$S_n=\frac{n(a_1+a_n)}{2}=na_1+\frac{n(n-1)}{2}d=An^2+Bn$。

探究1 若数列$\{a_n\}$的前n项和$S_n=An^2+Bn$，问数列$\{a_n\}$是不是等差数列？

探究2 若数列$\{a_n\}$的前n项和$S_n=\frac{n(a_1+a_n)}{2}$，问数列$\{a_n\}$是不是等差数列？

分析 探究1是师生都非常熟悉的问题，探究2就相对生疏。我们可以做如下尝试：

由$a_n=S_n-S_{n-1}=\frac{n(a_1+a_n)}{2}-\frac{(n-1)(a_1+a_{n-1})}{2}$，

得$(n-2)a_n-(n-1)a_{n-1}+a_1=0$，

因而$(n-3)a_{n-1}-(n-2)a_{n-2}+a_1=0$，

相减，得 $a_n-2a_{n-1}+a_{n-2}=0$，

变形，得 $a_n-a_{n-1}=a_{n-1}-a_{n-2}=\cdots=a_2-a_1$（常数），故$\{a_n\}$是等差数列。

这种解题思路，也可以用来证明 2005 年江苏卷理科卷第 23 题：

设数列$\{a_n\}$的前 n 项和为 S_n，已知 $a_1=1, a_2=6, a_3=11$，且$(5n-8)S_{n+1}-(5n+2)S_n=An+B$，$n=1,2,3,\cdots$，其中 A，B 为常数。

(1) 求 A 与 B 的值；

(2) 证明：数列$\{a_n\}$为等差数列；

(3) 证明：不等式 $\sqrt{5a_{mn}}-\sqrt{a_m a_n}>1$ 对任何正整数 m，n 都成立。

3. 转换角度新天地

同样的问题，从不同的角度思考，可以有不一样的精彩。一题多解、多题一解都有助于提升学生的思维能力、对问题的识别能力，提高思维的灵活度。

【案例 23】

“阿波罗尼斯圆问题”的探究

2008 年江苏高考数学卷第 13 题：满足条件 $AB=2$，$AC=\sqrt{2}BC$ 的三角形 ABC 的面积的最大值是________。

分析　学生一眼就看出这是一个三角问题，三角方法求解也很顺当。

解：设 $BC=x$，$AC=\sqrt{2}x$。

则 $\cos B=\dfrac{x^2+4-2x^2}{4x}=\dfrac{4-x^2}{4x}$，

$\sin B=\sqrt{\dfrac{-x^4+24x^2-16}{16x^2}}$。

$S_{\triangle ABC}=\dfrac{1}{2}\times 2\cdot x\cdot \sin B=\sqrt{\dfrac{-(x^2-12)^2+128}{16}}$。

由$\begin{cases}\sqrt{2}x+x>2,\\ x+2>\sqrt{2}x\end{cases}\Rightarrow 2\sqrt{2}-2<x<2\sqrt{2}+2$，

所以当 $x=2\sqrt{3}$ 时，三角形 ABC 面积最大。

这道题有没有其他解法呢？

从解析几何的角度，题目可以转化成：

在平面直角坐标系 xOy 中，设 $A(-1,0)$，$B(1,0)$，且满足 $AC=\sqrt{2}BC$，求 C 点到

AB 距离的最大值。

其实，苏教版教材中还有不少与此类似的题目：

(1) [必修 2 习题 2.2(1)第 10 题]已知点 $M(x,y)$ 与两个定点 $O(0,0)$，$A(3,0)$ 的距离比为 $\frac{1}{2}$，那么点 M 的坐标应满足什么关系？

(2) [选修 2－1 习题 2.2(2)第 7 题]已知点 M 到椭圆 $\frac{x^2}{13^2}+\frac{y^2}{12^2}=1$ 的左焦点和右焦点的距离之比为 2∶3，求点 M 的轨迹方程。

(3) (选修 2－1 第 57 页例 2)求平面内到两个定点 A，B 的距离之比等于 2 的动点 M 的轨迹方程。

把这四道题放在一起，能否发现一些规律呢？能否总结和提升呢？

这几个问题归结起来就是：已知一个动点到两个定点的距离之比等于常数，求这个动点的轨迹方程。

解：设两个定点为 $A(-a,0)$，$B(a,0)(a>0)$，动点 P 的坐标为 (x,y)，P 到两个定点的距离之比为正数 $\lambda(\lambda\neq1)$，则 $\sqrt{(x+a)^2+y^2}=\lambda\sqrt{(x-a)^2+y^2}$，

化简整理得 $\left[x-\frac{(\lambda^2+1)a}{(\lambda^2-1)}\right]^2+y^2=\frac{4\lambda^2a^2}{(\lambda^2-1)^2}$。

故点 P 的轨迹为以 $\left(\frac{(\lambda^2+1)a}{(\lambda^2-1)},0\right)$ 为圆心，半径为 $\frac{2\lambda a}{|\lambda^2-1|}$ 的圆。

实际上，这就是阿波罗尼斯圆：平面内到两个定点距离之比为正数 $\lambda(\lambda\neq1)$ 的动点 P 的轨迹是圆。

当学生掌握这个规律以后，就能很自信地求解 2013 年江苏高考数学卷第 17 题：

如图 21，在平面直角坐标系 xOy 中，点 $A(0,3)$，直线 l：$y=2x-4$，设圆 C 的半径为 1，圆心在 l 上。若圆 C 上存在点 M，使 $MA=2MO$，求圆心 C 的横坐标 a 的取值范围。

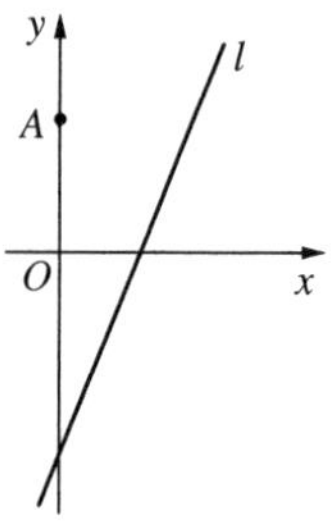

图 21

思路分析 点 M 到两个定点 A，O 的距离之比为 2，这又是一个阿波罗尼斯圆的问题。

因此，点 M 同时在两个圆上，也就是两个圆的交点，两个圆的位置关系就是相交，问题就变得非常清晰明了。

结合教材中的相关知识，我们可以总结如下：

到两定点的距离之比为定值的点的轨迹是阿波罗尼斯圆；

到两定点的距离之和为定值(大于这两点间的距离)的点的轨迹是椭圆；

到两定点的距离之差为定值(小于这两点间的距离)的点的轨迹是双曲线。

继续研究还可以发现：

到两定点的距离之积为定值的点的轨迹是卡西尼卵形线。

到两定点的距离的平方和为定值的点的轨迹是圆。

到两定点的距离的平方差为定值的点的轨迹是垂直于两定点连线的一条直线。

评注 通过本题，学生不仅理清了知识点，掌握了处理一类问题的方法，更主要的是体验了知识的生成过程，积累了数学学习的经验，提高了自身的数学思维品质。

问题是教学组织实施的纽带，也是提升数学思维的主要载体，教学又是制造问题的重要平台。教学不仅有一个从“有问题”到“没有问题”的发展过程，还要有一个从“没有问题”到“又有问题”的开创过程。只有在“有问题——没有问题——又有新问题”这样循环往复、螺旋上升的过程中，学习才真正发生，学生也才会强烈期盼新学习，始终保持对学习的兴趣、求知的渴望，真正变“要我学”为“我要学”。教学最大的问题是没有问题，表面上解决了所有问题，很多时候让学生失去了继续探究的动力。真正的教学应该是问题教学，问题应当贯穿于课堂教学的始终。

二、梳理数学核心问题的基本原则

教师要认真规划每个单元、每节课需要解决的问题，包括需要教师启发引导的问题和学生探究的问题、需要课堂生成的问题和学生可能提出的问题。课堂要突出问题引领，以问题贯穿课堂的始终。课堂主干部分呈现为：发现与提出问题——分析问题——解决问题——再提出新问题的不断递进、不断攀升。

(1) 发现与提出问题：启发思维，鼓励质疑，创设教学情境；

(2) 分析问题：独立思考，合作探究，享受学习过程；

(3) 解决问题：归纳小结，教给方法，适度迁移练习。

高中数学教学的目标是让学生“三会”：会用数学的眼光观察现实世界，会用数学的思维思考现实世界，会用数学的语言表达现实世界。数学的眼光就是抽象，数学的思维就是推理，数学的语言就是模型。① 所以，数学教学也应当以抽象、推理、模型三个核心问题为突破口。

数学教学的课时有限，能解决的问题也不是很多，因此每节课都必须认真梳理核心问题，并拿出解决核心问题的办法。真正好的课堂不求面面俱到，更重重点突破。这样日积月累，掌握的知识、方法才会牢固，能力和素养才会有效提升。贪多求全，什么都不想放弃，最终只能是蜻蜓点水，难以掌握核心知识，形成核心能力，提升核心素养。

所以，核心问题的梳理既要求“精”，又要求“实”。多重点等于无重点，多中心就是无中心。“伤其十指不如断其一指”，核心问题的梳理要像在木板上钉钉子一样，丁是丁卯是卯，每一颗都能真正起作用。

海安中学要求教师在教学设计时认真考虑三个问题：

---

① 史宁中. 学科核心素养的培养与教学[J]. 中小学管理，2017(1)：35 - 37.

(1) 问题的关联性。什么样的问题涉及教学内容的核心?

(2) 问题的条理性。如何排列问题才能将学生的思维引向深处?

(3) 问题的深刻性。如何提问才能帮助学生形成高质量的回答?

三、如何通过问题驱动数学教学

问题驱动教学,就是通过问题激发学生思考,明确学习目标,让学生主动参与到"问题解决"的过程中,通过思维碰撞,弄清知识之间的关联,并以自己的认知方式重组知识、发展能力,增强师生的课堂互动与情感交流,提升教学效率和教学质量。

1. 让数学题形成"问题链"

真正好的问题都具有一定的挑战性。如果是及时生成的恰当的问题,既让学生保持新鲜感,又激起学生的挑战欲,需要学生耗费一番精力、经过一番"磨难"才能解决,这样的结构不良问题才是真正的问题。结构不良问题往往表现在问题本身具有复杂性和开放性,解决问题的过程具有挑战性和多样性,解题结果的应用具有广泛性和可迁移性。

【案例 24】

"等比数列前 n 项和"问题情境设计

方案一 从古代印度关于国王对国际象棋发明人奖励的故事引入,要求学生计算国王需要激励麦粒的数量。

方案二 从虚拟情境入手。A 同学想创办企业,他想让 B 同学入股。B 同学提出一个投资方案:"B 连续 60 天给 A 的企业投资,第一天投入 10 000 元,第二天投入 20 000元,第三天投入 30 000 元,也就是每天比前一天多投入 10 000 元。作为回报,从 B 投资第一天开始,A 在第一天还款 1 元,第二天还款 2 元,……,也就是后一天还款是前一天的两倍,60 天以后我们就两不欠债了。"

A 同学听了,怎么想怎么开心……。

你能不能帮 A 同学算一下,他占了多大便宜?

评注 方案一的情境学生非常熟悉,体现了数学的文化价值,但熟悉的地方无美景,这个案例的答案学生了如指掌,已经无法激发学生探索的兴趣,学生只是干巴巴地等待教师进入下一个教学环节。

方案二与方案一的本质完全相同,但这个情境学生有探究的欲望,他好想知道 A 同学到底能赚到多少钱?当他发现 A 不赚反亏时,就会困惑这到底是为什么?无需教师提醒,学生进一步探索的兴趣已经油然而生。

一个简单的设计变化,结果却是简约而不简单。

2. 让问题直通主战场

问题情境设置的目的，是构建学生已知与未知之间的通道。情境设置宜“短平快”：文字的长度要“短(精炼)”、叙述的内容要“平(平实)”、切入的速度要“快(精准)”，不能喧宾夺主。好的问题情境应当直指问题中心。

【案例 25】

“平均变化率”问题情境设计

方案一　结合章头图的立意，播放一段“过山车”的视频，学生直呼过瘾，要求教师再播放一遍。

方案二　直接引用课本的引言案例“气温曲线图”，反映了“陡增”的概念。

方案三　教师展示事先调查的近 10 年城区房价变化曲线图，让学生感受。

方案四　教师展示事先调查的某支股票 1 年内变化曲线图，让学生感受。

评注　这是某次教学比赛引入新课的几种设计方案。方案一让大多数学生长久的“想入非非”；方案二中规中矩，但气温变化只有上升，没有降温的情况；方案三比方案二有诱惑力，学生对房价的兴趣比气温的兴趣要浓得多；方案四与部分学生的距离有些远，教师不得不对图表的内容作出解释，偏离了教学的方向。还有教师用了三个方案来引入新课，尽管每个方案都非常精彩，但方案多了就显得冗杂，同样冲淡了主题。

3. 让学生学习有问“提”

学贵有疑。大疑则大进，小疑则小进。很多教师在下课前都会问上一句：“大家还有问题吗?”学生异口同声地说“没有”！教师很开心，学生很快乐。但为什么做作业时就出现问题？为什么同样的题目当天会做，到了考试就一筹莫展呢？实质上，平时“没问题”只是一种假象，只是问题没有暴露，或者问题被掩盖、被忽视。教师在课堂上要随时根据教学的情况做好调整，帮助和指导学生及时发现问题，提出问题，解决问题。对学生而言，自己主动发现问题与教师给出问题的价值完全不一样。当学生回答不了教师提问的时候，教师应立即盘算：这个问题是否恰当？学生为什么答不出？思维障碍在哪里？有没有调整和补救的办法？不要一味责怪学生，或者让其他人回答。

【案例 26】

“平均变化率”课本例题的追问

苏教版《选修 2－2》第 6 页例题 3：已知函数 $f(x)=x^2$，分别计算函数 $f(x)$ 在区间

[1,3],[1,2],[1,1.1],[1,1.001]上的平均变化率。

解：函数 $f(x)$ 在[1,3]上的平均变化率为 $\frac{f(3)-f(1)}{3-1}=\frac{3^2-1^2}{2}=4$，

函数 $f(x)$ 在[1,2]上的平均变化率为 $\frac{f(2)-f(1)}{2-1}=\frac{2^2-1^2}{1}=3$，

函数 $f(x)$ 在[1,1.1]上的平均变化率为 $\frac{f(1.1)-f(1)}{1.1-1}=\frac{1.1^2-1^2}{0.1}=2.1$，

函数 $f(x)$ 在[1,1.001]上的平均变化率为 $\frac{f(1.001)-f(1)}{1.001-1}=\frac{1.001^2-1^2}{0.001}=2.001$。

分析 学生完成前两个小题的速度都很快，后两小题的速度却越来越慢。为什么出现这样的情况？

因为前两小题中的数据为整数 3,2，平方的时候比较顺当；后两小题的数据不再是整数，1.1,1.001 的平方运算就没那么容易了。

换个形式，就能发现问题所在：$\frac{f(3)-f(1)}{3-1}=\frac{3^2-1^2}{3-1}=4$，$\frac{f(2)-f(1)}{2-1}=\frac{2^2-1^2}{2-1}=3$，$\frac{f(1.1)-f(1)}{1.1-1}=\frac{1.1^2-1^2}{1.1-1}=2.1$，$\frac{f(1.001)-f(1)}{1.001-1}=\frac{1.001^2-1^2}{1.001-1}=2.001$。按照前两题的方法直接求 1.001 的平方，当然需要时间；想到平方差公式，运算可以迅速简化。

事实上：$\frac{f(x+\Delta x)-f(x)}{(x+\Delta x)-x}=\frac{(x+\Delta x)^2-x^2}{(x+\Delta x)-x}=\frac{(\Delta x)^2+2x\cdot\Delta x}{\Delta x}=2x+\Delta x=(x+\Delta x)+x$。

也就是运算结果为两端点的值之和。

如果画辅助图，可以发现平均变化率就是经过两个端点的直线的斜率，也就是抛物线的割线的斜率，当割线的两个端点越来越近的时候，割线就趋近于切线。尽管这个内容不是本节课的重点，但适当提醒可以点明这道题的命制意图。恰当的引导可以让学生不断发现新问题，增强求知欲，产生继续向前的动力。

数学知识本质上是数学问题的结果，数学知识体系也可以看成是数学问题的体系。数学能力，则是通过数学思维完成数学学习、研究活动的比较稳定的个性特征。数学知识和能力都是数学思维活动的产物，都伴随着数学问题发现、提出和解决的过程，数学思维物化的成果是数学知识，内化的产物则是数学能力。问题是把学生从“被灌输”的境遇中拯救出来进入思考状态的重要载体，也是精实数学教学的重要抓手。

第五章　精实数学教学的策略

教学策略，是指为了完成特定的教学目标，达到一定的教学效果，将教学的内容结构、方式方法、技术手段所进行的统筹规划和安排。教学策略是教育思想的具体体现，它能转化为师生的具体行动，具有较强的可操作性。策略又是灵活的，会依据学生、场景、要求和课型的变化而调整、调节，不存在万能的、普适的策略。教学策略的有效性、灵活性和精准性是精实数学教学的重要特征。

第一节　甄选学习内容

第斯多惠认为，课堂教学内容要简明精炼，钩玄提要。年复一年大力地精简教材，认真选取那些典型性、基础性、基本性的知识，把那些完全多余或可有可无的内容毫不可惜地删掉，做到少而精，最后达到必不可再少的最低程度，这才是真正的教师。教师要教给学生最本质的、最主要的东西，才能加深学生的印象，切切实实掌握教材。[①]

语文教学界的“吕叔湘之问”：“中小学语文教学效果很差，中学毕业生语文水平低，大家都知道，但是对于少、慢、差、费的严重程度，恐怕还认识不足。……十年的时间，2 700多课时，用来学本国语文，却是大多数不过关，岂非咄咄怪事！”[②]40 年过去了，是不是还可以再追问一句：这样的局面改变了多少？

对于 2004 年浙江省优质课比赛获奖的语文课《竹影》，王荣生发表了不同的看法：这是一堂由多人谋划、演练多次、具有较高教学技巧教师执教的课，在我看来一无是处。其一，教师不知道在教什么（教学内容有多处错误），听课的人从语文的角度也分析不出在教什么（有许多与语文、与《竹影》的解读鉴赏无关），想必学生也弄不懂这堂课在学什么，这样的课久而久之学生也已经不想弄懂自己在学什么。其二，一堂课从文章的开头到结尾，从文本的“可讲处”到“可衍生处”，大大小小，几乎有二十个“教学内容”，实际上等于什么也没教、什么也教不会。应该说这堂课欠简约、欠务实，教学内容庞杂，教学环节繁多，目标达成度低。合宜的教学内容是一堂好课的最低标准，其中有两个起码要

---

① 张焕庭．西方资产阶级教育论著选[M]．北京：人民教育出版社，1979：361．

② 吕叔湘．语文教学中两个迫切问题[N]．人民日报，1978－03－16(3)．

求：一是教师对自己的教学内容有意识，即知道自己在教什么，并且知道自己为什么教这些内容；二是一堂课的教学内容要相对集中，使学生学得相对透彻。①

其实，不只是语文课，其他学科也都存在同样的问题。数学教学应当教什么，一直争议不断。有人认为，亚洲国家普遍不重视涉及情境的项目学习，我国数学教材 90% 左右的习题不涉及背景，而英国教材有应用背景的习题占 60% 以上，这就导致我国数学教学过于强调技巧性，而忽视情境性。但怎样让有限的教学时间发挥更大的效益，也是不容忽视的问题，英国政府引进上海数学教材是对这个问题很好的说明。单墫曾经指出：数学课的主要（或首要）任务是教数学、学数学、解数学问题，而不是解决实际问题。将实际问题化为数学问题，不是数学的主要任务。解决实际问题能力的培养需要各门学科的综合，不能全由数学课来承担。在数学课时已经不多的时候，数学课更应当坚持讲数学，少讲其他无关的内容。② 教学既要会做加法和乘法，也要会做减法和除法；既要有所为，又要有所不为，这样才能大有所为。

在上一轮课程改革中，高中数学课本推出了选修 3、4 系列，其中选修 3 系列包括《选修 3－1：数学史选讲》《选修 3－2：信息安全与密码》《选修 3－3：球面上的几何》《选修 3－4：对称与群》《选修 3－5：欧拉公式与闭曲面分类》《选修 3－6：三等分角与数域扩充》，选修 4 系列包括《选修 4－1：几何证明选讲》《选修 4－2：矩阵与变换》《选修 4－3：数列与差分》《选修 4－4：坐标系与参数方程》《选修 4－5：不等式选讲》《选修 4－6：初等数论初步》《选修 4－7：优选法与试验设计初步》《选修 4－8：统筹法与图论初步》《选修 4－9：风险与决策》《选修 4－10：开关电路与布尔代数》。在这两个系列 16 种教材中，图 22 所呈现的 6 种选修教材，有的已经停产了，有的根本就没有出版过。江苏学生还算幸运，在选修 4－1、4－2、4－4、4－5 中选择了两种，不少地区的学生连选修 4－1、4－2 的教材模样都没见过。

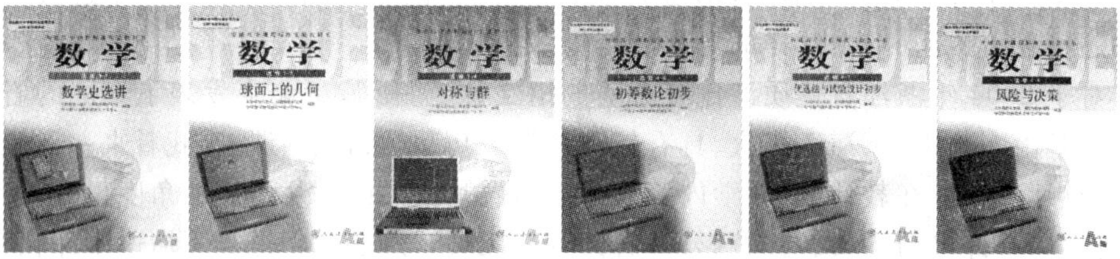

图 22

已经绝迹的《选修 3－2：信息安全与密码》，通过初等数论的整除、同余等基本概念的介绍和学习，让学生了解数论在现代信息安全中的不可代替的作用。其中的欧拉定

---

① 王荣生. 听王荣生教授评课[M]. 上海：华东师范大学出版社，2007：8.

② 单墫. 数学课应当讲数学[J]. 中学数学研究（华南师范大学版），2006(11)：44.

理和费马小定理、威尔逊定理、欧拉函数、离散对数、拉格朗日插值公式等诸多内容，大多数中学生确实难以学好，即便教师想要讲清楚也非易事，但教材已经编出来，内容也不错，不用很可惜，让谁用、怎么用、怎么体现使用价值又是需要认真考虑的问题。

小学数学教师马芯兰从 1977 年开始进行教学实验，发现教材给出的 179 个数学概念太多，只要 36 个就足够了。这 36 个概念只要 4 年就能学完，一二年级不必上数学课。而中学的反馈信息也表明，小学只学 4 年数学的学生，数学基础并不比学 6 年的学生差。这就是典型的求"精"求"实"。

一、教学内容的主动瘦身

数学教育主要包括科学、人文和应用三方面的价值。什么都想要，什么都想好，只能是一个梦想。回到数学教育的原点，我们必须回答：数学教育有哪些特质是其他学科无法替代的？学生到底为什么学数学？对每个人而言，学不学数学，有什么区别？在"生活化"与"数学化"之间，怎样把握好度？

【案例 27】

"平均变化率"课本例题的反思

依旧以苏教版《选修 2－2》"平均变化率"的例题说事。

如图 23，水经过虹吸管从容器甲中流向容器乙，t s 后容器甲中水的体积 $V(t)=5e^{-0.1t}$（单位：cm^3），试计算第一个 10 s 内 V 的平均变化率。

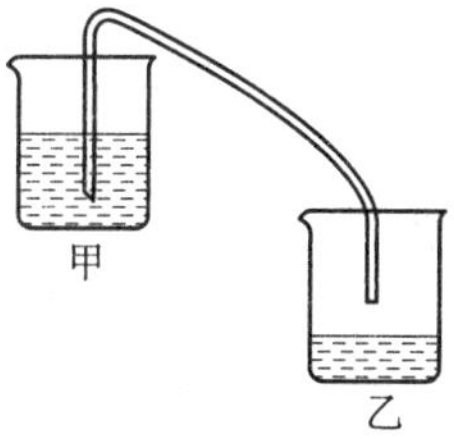

图 23

评注 这道题的命题意图就是考查学生如何套用平均变化率公式。但学生的思维障碍在哪里？不少学生一直纠结在何为虹吸现象，特别是文科生，有的学生畏惧体积公式的形式，两种情况都分散了学生的注意力。而且这道题本身仅仅是为了体现公式在实际问题情境中的应用，但在很多课堂中却把很多的时间耗费在问题情境的理解上，确实有点尴尬。

强调学科融合、强调数学教育生活化本身没有错，但数学学科教学还是要有边界的。否则，舍本逐末，"肥了别人的地，荒了自己的田"，最终没有人对学科负责，也是学科教学的大忌。在立德树人的总要求下，我们必须分清哪些知识、哪些素养是学科教学必须完成的任务，这些必须掌握的基础、核心的学科知识和学科素养，如何去落实到位，如何去检查评估，都要有所界定。

《普通高中数学课程标准（2017 年版 2020 年修订）》将数学课程分为必修课程、选择性必修课程和选修课程。必修课程依据学生全面发展需要设置，选择性必修课程依据学生个性发展和升学考试需要设置，两部分都作为高考内容，前者全修全考，是规定动作，后者选修选考，是自选动作；选修课程由学校依据实际情况统筹规划，学生自主选择，为学生就业和高校自主招生提供参考。这种课程理念比较切合国家实际，基本教学内容需要瘦身，突出主干知识和思维训练，要求每个学生必须掌握；选择性必修也要净化，突出大学学习必须掌握的公共课程，寻求最大公约数。一直以来，选修课程并没有得到真正的落实，齐步走的多，"按需分配"的少。要改变这种局面，让学生不仅能考试，还要善学习，善钻研，可以从大学自主招生、强基计划开始，高校根据专业的招生需要对选修内容提出要求，既可以通过大学先修课程考试，让学生选择自己力所能及又感兴趣的课程参加权威机构的测试，实行双向选择；也可以通过研究性学习等方式来完成数学应用、数学与其他学科融合等相关内容的学习，大学组织考核、答辩和认证，让不同的学生依据自己的兴趣和能力，量力而行，接受不同的数学教育。

数学教学内容的选择性，体现在对不同教学对象的不同要求，体现在学习目标的多元化和精准度。学生已经学会的不教，学生自己能学会的尽量不教，教了也不会的坚决不教。自主选择、灵活取舍、精准定位，找准学生的学习起点，减少那些对学生发展不必要的，甚至可能干扰学生数学思维和能力发展的知识，给学生腾出时间和空间，集中精力把最该做的事做好、做实、做到位，这是教学内容瘦身净化、减负增效的重要路径。

数学课要有"数学味"，这个数学味就是数学的思维方式。大多数数学问题来自数学内部，数学的直接研究对象是超越了现实生活和具体情境的抽象模式，现实生活中的数学问题仅仅是数学问题的一小部分。舍费尔德曾经反思"问题解决"运动："尽管我在1985年出版的书用了《数学解题》这样一个名称，我现在认识到这一名称的选用是过于狭窄了。我所希望的并非仅仅是教会我的学生解决问题——特别是别人所提出的问题，而是帮助他们学会数学地思维。不用说，问题解决构成了数学思维的一个重要部分，但这并非全部内容。在我看来，数学地思维意味着：(1) 用数学家的眼光去看待世界，即具有数学化的倾向：构造模型，符号化，抽象，等等；(2) 具有成功地实行数学化的能力。"①作为"问题解决"运动的代表人物，能够站到新的高度，提出新的认识，值得我们每个人思考。数学教学不能仅仅满足于问题解决，数学应用，更要在培养数学思维方式、思维品质，提高数学素养和数学能力上下功夫。高中数学要有意识地区分两个方向，一是数学的核心知识、核心素养、关键能力，突出数学思维的抽象性、概括性；二是数学应用，包括数学的实际应用和自身内部应用，突出选择性和自主性，两者不要混为一谈。

在2018年人教A版高中数学教材的编写说明中，删除了以往高中数学教材中映

---

① [美]A. Schoenfeld. What is All the Fuss About Problem Solving[A]//A. Schoenfeld, Lawrence Erlbaum. Cognitive Science and Mathematics Education. Hillsdale, NJ: Erlbaum 1987:189 - 215.

射、命题、三视图、曲线与方程、微积分等内容，还降低了抛物线、计数等内容的难度，这是教材瘦身的具体体现，随之而来的是“教材设计不合理”“删得支离破碎”等抱怨声和质疑声。如何让教材体系完备，避免教材删减带来的缺陷，又是教材编写者必须思考的问题。一纲多本是好的，但为了赶工期，没有经过完整的一两轮试验就全面推开，教材的严肃性、严谨性不够，可能会导致教材的生命力不强，这也是不容回避的问题。

二、教材意图的深入探究

李善良指出：教科书并不是教学的范本，教科书本身为教师的再创造留有较为广阔的空间，需要教师依据教学实际和个性特质进行加工，探索出适合的教学范式；教科书也给学生留有足够的空间，充分考虑学生的不同需求，为学生的不同发展提供较大的选择空间，为所有学生发展提供帮助。教材不等于教学内容，教学内容可以根据教学的实际进行调整。教师要在使用教材的过程中融入自己的科学精神和智慧，选取更适合的内容对教材深加工，充分有效地将教材的知识激活，设计出活生生的、富有个性的课案，形成富有教师教学个性的课程。[①] 对教学内容的挑选、取舍、加工的过程，就是一个求“精”求“实”的过程。

【案例28】

苏教版《数学》必修1“集合”一章导入语的作用

章头图是一群非洲大象在沙漠上行走。

引言部分引用了数学家狄尔曼的一段名言：

“数学也是一种语言，从它的结构和内容来看，这是一种比任何国家的语言都要完善的语言。……通过数学，自然界在论述；通过数学，世界的创造者在表达；通过数学，世界的保护者在演讲。”

接下来是章首语：

蓝蓝的天空中，一群鸟在欢快地飞翔；

茫茫的草原上，一群羊在悠闲地走动；

清清的湖水里，一群鱼在自由地游泳；

……

鸟群、羊群、鱼群……都是“同一类对象汇集在一起”，这就是本章将要学习的集合。

其实，在学习“自然数”“有理数”等内容时，我们已经使用了“自然数集”“有理数集”等术语。我们知道，所有的自然数在一起就构成“自然数集”，所有的有理数在一起就构

① 李善良.关于数学教学中问题的设计[J].高中数学教与学，2008(1)：1-5.

成“有理数集”。这里，用“集合”来描述研究的对象，既简洁又方便。那么，我们不禁要问：

集合的含义是什么？

集合之间有什么关系？

怎样进行集合的运算？

评注 不少教师都跳过这些内容，直接进入新授课的教学，就连教科书所给的本节课教学案例也忽略了这些内容。如果我们顺着教材的思路：先播放“一群大象在草原上漫步”“一群鸟儿在天空飞翔”“一群羊在草原上走动”“一群鱼在湖里游泳”的图片，然后让几个学生分别介绍自己的家庭、现在的班级、原来就读的学校，接着抛出问题：“大象、鸟儿、羊、鱼、家庭等概念有什么共同的特征？”在学生回答后，教师再要求学生分组讨论，举几个集合的例子，最后教师把集合的表示方法、元素与集合的关系等知识结构用幻灯片呈现出来。这样处理，既演绎了章头图、引言、章首语的本义，也让学生对集合概念有了更清晰的认识，其教学效果不比其他方法差。教师不一定要用教材教，但弄清教材编写意图，用好教材，也不失为上好的教学策略。

苏教版高中数学教学参考书的《说明》中专门明确了引言的意义与价值。引言主要由两部分构成：一是本章的主背景，这个背景在这一章中将多次按不同层次或方向出现，是本章核心内容的原型，通常以入口较浅、学生能理解的生活实例，引发学生思考，可以作为全章教学情境创设的主线。二是引领本章内容的问题，所给问题具有较强的指向性和高度的概括性，对全章教学内容的学习起统领作用，它既是本章核心内容或研究方法的出发点，也是本章学习内容的生长点，有益于激发学生的求知欲和好奇心。回头再看看上面的章首语，确实很好地践行了当初的设想。为什么说鸟群、羊群、鱼群都是“同一类对象汇集在一起”？因为鸟群里不包含其他动物，如果包含了其他动物就不能称为鸟群，所以鸟群里的所有对象都是鸟。鸟群里有 10 只鸟，那就意味着这 10 只鸟是确定的、不同的，又都属于同一类，引入集合的概念就顺理成章。下面的“自然数集”“有理数集”，是告诉学生集合的概念在初中就有了，同学们在没有理解集合概念的时候已经在“悄悄”地使用了。最后面的三个问题是这一章必须弄清的核心概念、核心内容，是学完这一章以后学生要能说清的问题。引言的目的是告诉学生学习集合乃至整个数学学习的意义，数学不是无聊的符号和烦冗的计算，数学而是一种国际通用的语言；学习数学不仅是为了考试，也是为了学习创造世界、保护世界的本领。这个引言不仅帮助学生了解学习内容的意义，也为教师更新教育观念、调整教学行为提供了参考。本章章头图的信息量非常丰富，比如大象里面的成年象与幼象构成不同的象群，在讲授并集、交集的概念时都可以借图说事。

每一本好教材都经过众多专家的千锤百炼。只有对教学内容反复斟酌、精心揣摩，才能加深对教材编写意图的理解，才便于教材的二次开发，让教学内容更符合教育规律，贴近教学实际，增强教学效果。

苏霍姆林斯基曾指出："教师越是能够运用自如地掌握教材，那么他的讲解就越是情感鲜明，学生听课以后需要花在抠教科书上的时间就越少。这是教师素养一个非常微妙而又非常重要的特征。"①领会教材，一般要经历《课程标准》——教材——教参——教材的四个步骤，最后再结合学生的情况确定教学内容的取舍增删。这个过程也是一个螺旋上升的过程，每一个步骤都意味着对教材理解的深化。教师在把握整个课程框架结构的基础上，对每一学段的课程设置有了总体的了解，对教学要求有了比较清晰的定位，避免了教材理解的盲目性和教学设计的随意性。阅读教材时，不仅要看例题和习题，对教材的所有内容，包括导语、栏目、图表、文本都要仔细浏览，认真揣摩教材导语是基于何种目的进行教材编排，又是如何基于学生已有经验引出新知识的；教材中"感受与理解""思考与运用""探究与拓展"等栏目，研究的什么内容，通过什么方法研究，引导学生开展哪些活动，有哪些意义和价值。这些问题的探索对把握教材具有非常重要的意义。教学参考书是进一步理解教材编者意图的捷径，通过将自己的认识与编者思路的对比，可以找出自己对教材理解的偏差。条件许可的时候，还可以对各种版本的教材进行对比，发现差异，这也是提高教学水平的有效途径。有了这样的深入研究，对教材的理解会更深刻、更准确，教材也才能真正为我所用。

【案例29】

函数概念的引入

苏教版《必修1》第21页"函数的概念和图象"开篇写道："在初中，我们把函数看成是刻画和描述两个变量之间依赖关系的数学模型。从本节开始，我们将进一步学习有关函数的知识。"这句话引发学生对初中函数问题处理方法的回顾，也暗示学生对所给案例研究的角度。一个"进一步"又告诉我们，高中处理函数问题的角度和方法与初中不完全一样，在学习了集合以后，可以借助集合对函数问题进行新的思考。

教材给出了贴近学生实际的三个实例，通过数学情境的创设，激发学生研究函数关系的兴趣和欲望，也更有助于学生对函数概念本质的理解。三个实例分别通过解析法、列表法和图象法给出，意在呼应下一节的三种表示法。

三个实例完成以后，教材又给出一段话："在上述的每个问题中都含有两个变量，当一个变量的取值确定后，另一个变量的值随之惟一确定。根据初中学过的知识，每一个问题都涉及一个确定的函数。这就是它们的共同特点。"这段话与开篇的导语一脉相承，让学生很自然地由初中"运动变化的"物理意义上的函数概念向高中"映射"观点下

① [苏]瓦·阿·苏霍姆林斯基.给教师的建议(修订本)[M].杜殿坤，编译.北京：教育科学出版社，1984:424－425.

的函数概念转变,避免了割裂的“代沟”,接下来的设问“如何用集合语言来阐述上述三个问题的共同特点?”也是水到渠成的事情。

三个实例都是为引入函数新定义服务的,接下来就从“映射”角度给出函数的新定义。尽管学生在教师的引导下可以归纳、形成函数的新定义,但对函数新定义的理解还非常肤浅。

苏教版《必修1》教学参考书第26页专门提醒:在函数定义的教学中,需突出以下几点:

(1) 集合 A 与集合 B 都是非空数集;

(2) 对应法则的方向是从 A 到 B;

(3) 强调“非空”“每一个”“唯一”这三个关键词。

教学时,这些要点可以由教师告知学生,但最好还是由学生主动发现。

教学参考书还特别提醒:注意发展学生的数感、符号感。$f(x)$是一个抽象的符号,可以理解为:对应法则 f 对自变量 x 的作用。符号 $f(a)$与 $f(x)$既有区别又有联系,$f(a)$是 $f(x)$在 $x=a$(a 为具体的数)时的函数值,$f(a)$是一个具体的数值,而 $f(x)$是一个变量。

这样的提醒,是教材编者为教师提供的路标,降低了教师对教材理解和把握的难度,增加了准度,还可以成为教师教学的点睛之笔。

回头再看教材的时候,感觉就充实多了,但从实例到新定义之间似乎还缺点什么,还有话要说。因为不少数学教师都不一定能说清楚“对应关系”,想让学生独立地、清晰地认识和理解谈何容易?为了强化学生新概念的意识,在三个实例完成后,有必要增加几个问题:

(1) 这三个实例是否都表示函数关系?为什么?

(2) 这三个实例涉及的集合有哪些?表格、关系式和图象分别起什么作用?表格、图象与关系式之间能否相互转化?

(3) 这三个实例有哪些共同特征?怎样用集合的语言来表述?初中遇到的函数都有这样的特征吗?你能否再举一些“函数”的例子?

(4) 比较初中的函数概念与现在的函数概念,它们有没有本质区别?为什么?

(5) 在函数的定义中,你认为最需要注意什么?

这些问题为学习“用集合与对应的语言来刻画单值对应,领悟函数就是从一个数集到另一个数集的单值对应”埋下了伏笔,扫除了障碍,让教学过渡更自然。

翻开旧教材,就会发现以前教材中“映射的概念”一节安排在“函数的概念”之前,为什么要调整这样的顺序呢?教材编者已经发现映射概念比较抽象,难以理解、难以掌握,教学难度大。这样处理的目的是让学生由感性到理性,由易到难,符合学生的认知规律,方便教学的组织实施。当然按照以前教材的编排也同样能顺利完成教学任务,就看教者如何设计了。

再看看“人教A版”“北师大版”的同一课题，[①]每个版本也都由三个实例引入，都是在研究“函数的概念”以后上升为“映射的概念”，但实例的用途各不相同。人教A版与苏教版相似，都是用三个实例引出函数的三种表示方法，每个例子都发挥了应有的功能；而北师大版却先后用了九个例子来引入函数的概念，说明函数的表示方法，直接给出的例子太多，还不如让学生举例的效果好。人教A版的例子包括物理、环保、经济三种背景；苏教版的三个例子分别为人口、物理、天文三种背景；北师大版用高速公路上的三种依赖关系分别引出三个变量关系，其他的例子也都与物理相关。说明物理与数学的关系特别紧密，人教A版、苏教版的三个例子背景不同，而北师大版尽管例子多，但情景单一，都属于同一类型。在定义的给出方式上，三个版本都从学生已掌握的具体函数和函数的描述性定义入手，由特殊到一般，由具体到抽象，构建出函数的一般性概念。2003年的人教版教材在函数概念的引入时采用的方法是：先设置问题情景，抛出学生关心的问题：“既然我们已经学习了不少函数，为什么还要学习函数呢?”这种方法很容易吸引学生的注意力。接着又抛出用初中知识难以说清的两个问题：“$y=1(x\in\mathbf{R})$是函数吗?”“$y=x$与$y=\frac{x^2}{x}$是同一个函数吗?”让学生思考。学生产生认知冲突以后，自然转到从新的角度来考虑。这种处理方法抓住了原有概念的缺陷，激发了学生继续学习的热情。与老教材相比，这三个版本在函数概念的引入上还是略逊一筹：初中对函数的表述方法有哪些不足？为什么要引入函数的新概念？这些问题交代得都不是很清楚。在函数概念的表述方法上，三个版本不完全一样：对于“f”，人教A版和北师大版称之为“对应关系”，而苏教版称之为“对应法则”，“法则”意为规律、规范、方法，容易误认为函数都可以用解析式来表示。事实上，有些函数，如狄利克雷(Dirichlet)函数，尽管它完全满足函数的定义，但它既不能用解析法，也不能用列表法和图象法表示。所以，把f称为“对应关系”可能更容易理解。对集合A中的元素x，人教A版、北师大版都称之为“自变量”，苏教版采用算法的思想方法，称之为“输入值”；与x的值相对应的y值，在人教A版中称为函数值，所有函数值的集合$\{f(x)|x\in A\}$(A为定义域)叫做函数的值域，北师大版直接将集合$\{f(x)|x\in A\}$(A为定义域)叫做函数的值域，没有出现“函数值”的说法，而苏教版则将与A中每一个x对应的y称为输出值，将所有输出值y组成的集合称为函数的值域，这样处理体现了学科知识的融通。通过比较，我们对教材的认识又达到一个新的高度。需要说明的是，三个版本教材所叙述的函数定义本质是一样的，即都是两个数集之间的单值对应关系。

教之道在于度，学之道在于悟。理解教材是教学的前提。许多教师教学的第一粒“扣子”没有能扣好，对教材意图的理解、教材内容的领会、教学要求的把握没有能精准

① 彭上观，刘护灵. 三个版本高中数学新教材概念引入的比较[J]. 数学教学研究，2005(11)：10－12.

到位,教学的“度”也就容易失控。

三、教材内容的二次开发

弗赖登塔尔认为“再创造”是学习数学唯一正确的方法,教师的任务不是向学生灌输现成的知识,而是引导和帮助学生“再创造”,学生所要做的工作就是重新发现或创造所要学习的东西,经历一个“再创造”的过程。他说:数学家向来都不是按照他创造数学的思维过程去叙述他的工作成果,而是把思维过程颠倒过来,从结果出发,把其他相关的东西推导出来,这就是“教学法的颠倒”。这种颠倒,掩盖了数学家创造的思维过程,经过艰苦曲折的思维推理获得的结论,常以“显然”二字一笔带过。① 如果学习者不进行“再创造”,就难以真正理解学习的内容,更谈不上灵活应用了。在过于功利化的教学实践中,弗赖登塔尔的忠告常常变成耳边风,只盯眼前利益的短视行为比比皆是。

教师是教材与学生之间的协调者,教材不可能照顾到每个用户,需要教师在对教材的“再创造”过程中,准确理解教材的编写意图,恰当挖掘跳跃和省略的过程,及时帮助学生进行思维“搭桥”。发掘就是对教材资源的开发,对教学过程的完善,对教材隐藏信息的解密,将教材的功效发挥好。

对教材二次开发的主要方法有:

(1) 把教材中的“潜台词”说明白

限于篇幅,教材有可能对某些过程没有详细说明,会让部分学生因为未能跨越某个环节而产生思维的障碍。在教学过程中,教师就要根据学生真实的理解状况,及时调整教学策略,适时补充教学内容,以便学生更好地理解教材。

【案例 30】

《正弦定理》教材解读

在苏教版《必修 5》第 5 页的《正弦定理》一节中,有这样的提示:“我们可以通过下面的途径尝试证明上述结论……”问题是这里的 4 种证明正弦定理的思路(或途径)是怎么想到的? 这 4 种思路怎样呈现所带来的效果会更好?

认真研读教材以后,可以发现,这 4 种思路有的可以由学生自主探索,也有的需要教师分析引导,但有一点是共同的:教学过程中必须充分暴露思路产生前的思维过程。正弦定理的证明方法很多,教材也要求“尝试用其他方法证明正弦定理”,鼓励学生课外钻研、合作交流,这是巩固正弦定理、理清相关知识体系的重要途径。

接下来《余弦定理》一节,教材给出的证明方法只有一种,而且是“强制的”:“上节

---

① [荷]弗赖登塔尔.作为教育任务的数学[M].陈昌平,唐瑞芬,等译.上海:上海教育出版社,1995:编译者序.

中，我们通过……向量等式$\overrightarrow{BC}=\overrightarrow{BA}+\overrightarrow{AC}$转化为数量关系，进而推出了正弦定理。还有其他途径将向量等式$\overrightarrow{BC}=\overrightarrow{BA}+\overrightarrow{AC}$数量化吗?”由此引出了向量法证明余弦定理。尽管在定理证明之后也留有思考题“回顾正弦定理的证明，尝试用其他方法证明余弦定理”，但总体感觉这种处理方法不一定是最佳方案，教材编者的意图是突出向量的工具价值，强化向量的应用，但大多数学生对向量法处理问题还比较陌生，学生非常纠结：向量等式$\overrightarrow{BC}=\overrightarrow{BA}+\overrightarrow{AC}$是怎么想到的？余弦定理的证明方法很多，由于不少学校先开设《必修5》课程，借助已有的基础，学生最容易想到的是解析法和平面几何法，这是他们的最近发展区。因此，引导学生先尝试以下两种方法较为适宜：

一是解析法。建立平面直角坐标系(如图24)。

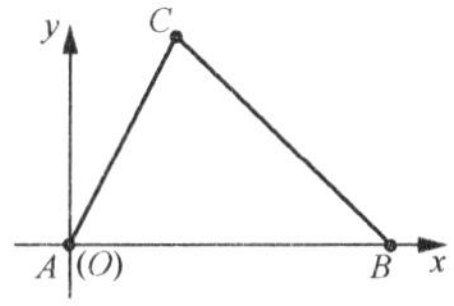

图 24

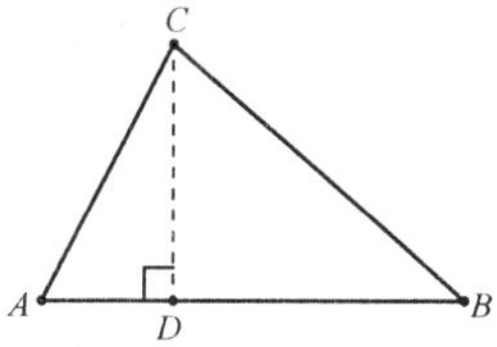

图 25

设点$A(0,0)$，$B(c,0)$，$C(b\cos A,b\sin A)$，

由两点间距离公式得$a^2=(c-b\cos A)^2+(0-b\sin A)^2=c^2-2cb\cos A+b^2$。

即$a^2=b^2+c^2-2bc\cos A$。

二是平几法。过点C作$CD\perp AB$于D。

此时有三种情形：D在射线AB上，D与A点重合，D在AB的反向延长线上。这里只讨论第一种情形(如图25)。

在$\mathrm{Rt}\triangle ACD$中，$AD=b\cos A$，$CD=\sin A$。

从而$BD=AB-AD=c-b\cos A$。

在$\mathrm{Rt}\triangle BCD$中，由勾股定理可得

$BC^2=BD^2+CD^2=(c-b\cos A)^2+(b\sin A)^2=c^2-2cb\cos A+b^2$，

即$a^2=b^2+c^2-2bc\cos A$。

评注　这两种方法自然流畅，一气呵成，教师可以顺水推舟，追问：能否用其他方法证明？在正弦定理证明过程中，我们用过哪些方法？还有哪些方法可以去尝试？也就顺利地转移到教材所强调的向量方法上来。

(2) 对教材中的“瑕疵点”动手术

教材给出的只是教学的一种预案，不可能适合所有用户的需求。教材编者很难对教材进行全面的教学试验，学生又在不断地变化与成长，因此教材的编写与教学之间永远存在差距，需要教师拉近两者的距离。

高中数学教材设置的练习题大都是为了巩固基础知识，不同学生需要巩固练习的量不同。有的基础知识简单易懂，教材设置的练习题数量就显得偏多，教师可以适当地挑选、删减。在《必修 1》"函数模型及其应用"一节中，为了突出函数的重要性和数学的应用性，教材中所给的练习题量充足，所给函数模型的题材和处理方法重复度较高，没有必要全讲全练，需要教师根据学生的接受程度进行选择和变式，不为教材所困，不为练习所累，把该省的时间省下来，提高教学的效率。在《必修 4》"三角函数"、《必修 5》"解三角形"等章节中，为了体现情境的"逼真性"，教材给出的许多例题、习题需要学生借助计算器处理，目的是让学生熟悉计算器的功能，其实这些技能不需要专门时间进行训练，加上不少省市高考时不允许使用计算器，大多数教师教学时将教材中的一般角改回特殊角，这与编者设计意图大相径庭。反过来讲，如果把非特殊角转换成特殊角，经过适度的精准加工改造，这些题完全可以发挥更大的实效。

【案例 31】

《必修 4》"拐角问题"习题拓展

苏教版《必修 4》第 49 页习题 17：

一铁棒欲通过如图 26 所示的直角走廊，试回答下列问题：

(1) 证明棒长 $L(\theta)=\dfrac{9}{5\sin\theta}+\dfrac{6}{5\cos\theta}$；

(2) 当 $\theta\in\left(0,\dfrac{\pi}{2}\right)$ 时，作出上述函数的图象（可用计算器或计算机）；

(3) 由(2) 中的图象求 $L(\theta)$ 的最小值（可用计算器或计算机）；

(4) 解释(3) 中所求得的 L 是通过这个直角走廊的铁棒的长度的最大值。

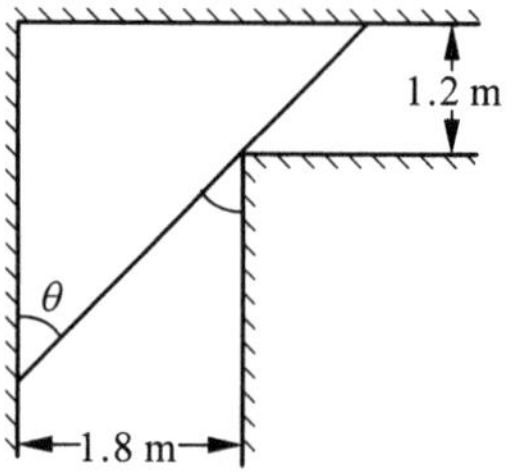

图 26

这道题稍作改编，让直角走廊两侧的宽度相等，就是非常"实用"的题目：

一长为 L 的铁棒 AB 欲通过如图 27 所示的直角走廊，已知走廊的宽 $AC=BD=2\text{m}$。

(1) 设 $\angle BOD=\theta$，试将 L 表示为 θ 的函数；

(2) 求 L 的最小值，并说明最小值的意义。

这样改动以后，(1)的结果为：

$$L=\frac{2}{\sin\theta}+\frac{2}{\cos\theta}=\frac{2(\sin\theta+\cos\theta)}{\sin\theta\cdot\cos\theta},\theta\in\left(0,\frac{\pi}{2}\right)。$$

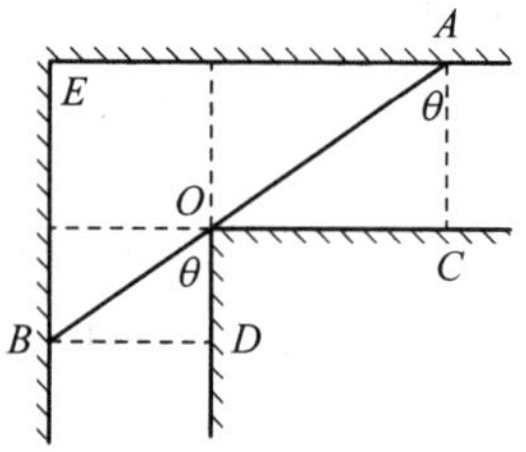

图 27

只要设 $x=\sin\theta+\cos\theta=\sqrt{2}\sin\left(x+\frac{\pi}{4}\right)$，

则 $x\in(1,\sqrt{2}]$，$\sin\theta\cdot\cos\theta=\frac{x^2-1}{2}$。

$L=\frac{4x}{x^2-1}=\frac{2}{x+1}+\frac{2}{x-1}$。

可以证明，当 $x\in(1,\sqrt{2}]$ 时，L 为 x 的减函数。L 的最小值为 $4\sqrt{2}$。

L 最小值的意义是：在拐弯时，铁棒的长度不能超过 $4\sqrt{2}$。

否则，铁棒无法通过。也就是说，能够通过这个直角走廊的铁棒的最大长度为 $4\sqrt{2}$ m。

这还不够。我们还可以再考虑，如果不是铁棒，改成板车行不行？

一辆宽度为走道宽度一半的平板车要通过这个直角走廊，如图 28，平板车的长度最大为多少？

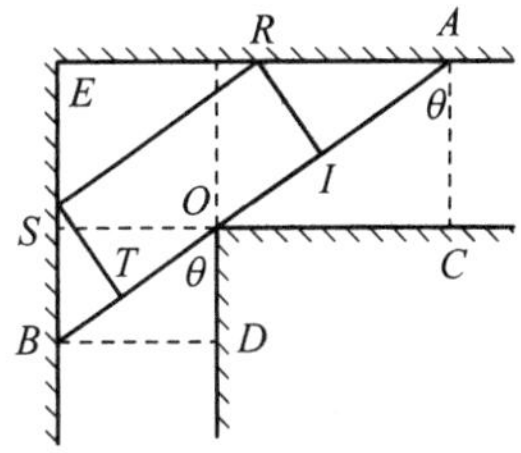

图 28

此时，$RS=IT=AB-AI-BT=\frac{2}{\sin\theta}+\frac{2}{\cos\theta}-\frac{1}{\tan\theta}-\tan\theta=\frac{2(\sin\theta+\cos\theta)-1}{\sin\theta\cdot\cos\theta}$，$\theta\in\left(0,\frac{\pi}{2}\right)$。

接下来的工作与前题基本一致。

我们可以再尝试：

如果不是直角弯，改成圆弧行不行？

如图 29，一走廊外侧是直角，内侧转弯处是四分之一圆弧，半径与走廊宽度相同。一辆宽度为走道宽度一半的平板车要通过这个走廊，平板车的长度最大为多少？

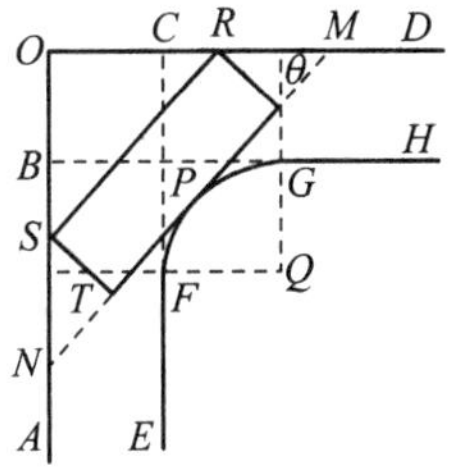

图 29

我们还可以再追问：

刚才是一侧为直角，另一侧为圆弧，改成两侧都是圆弧，行不行？

一走廊拐角处的横截面如图 30 所示，已知内壁 FG 和外壁 BC 都是半径为 1 m 的四分之一圆弧，AB，DC 分别与圆弧 BC 相切于 B，C 两点，$EF\parallel AB$，$GH\parallel CD$，且两组平行墙壁间的走廊宽度都是 1 m。

(1) 若水平放置的木棒 MN 的两个端点 M，N 分别在外壁 CD 和 AB 上，且木棒与内壁圆弧相切于点 P。设 $\angle CMN=\theta$ rad，试用 θ 表示木棒 MN 的长度 $f(\theta)$；

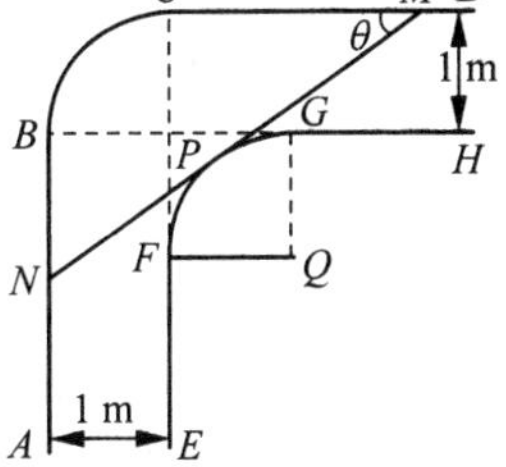

图 30

(2) 若一根水平放置的木棒能通过该走廊拐角处，求木棒长度的最大值。

我们还可以进一步思考，比如：能不能把圆弧形拐角设计成同心圆？

评析 数学教学的主要任务是培养学生的数学思维方式和思维能力。对教学内容的深挖，对命题条件的变换，既可以激发学习的兴趣，也可以提升数学思维的深度与广度。

新教材中每一章节都设置了问题与情境，有的比较切合，有的还可以优化，这就要求教师多动脑筋，让问题情境更好、更直接地为教学服务，为激发兴趣、打开思维服务，在与教师、学生、环境的相互作用中，实现课程价值和意义的最大化。

【案例 32】

“平均变化率”教学设计

苏教版《选修 2－2》“导数的概念”第一节“平均变化率”，教学参考书要求“通过大量实例的分析，经历由平均变化率过渡到瞬时变化率的过程”。章头图给出的是游乐场过山车的运动情景；引言给出的是某日某地气温曲线图，这张曲线图作为教材新课引入的问题情境；例题给出的是婴儿从出生到第 12 个月的体重变化图以及虹吸现象中的体积公式；练习给出的是企业排污达标检测结果图，以谁作为教学情境更为合适呢？

学生熟知“温水煮青蛙”的故事，如果就此制作短片：美国康乃尔大学的研究人员精心策划了一次试验，他们把一只青蛙冷不防丢进煮沸的油锅里，千钧一发之际，这只青蛙用尽全力，跃出滚烫的油锅，安然逃生。过了一段时间，试验人员将这只创造奇迹的青蛙放进同样大小的铁锅，铁锅内放了同样多的冷水，慢慢地以炭火加温，刚开始，青蛙在温水里游来游去，安然自得，等它意识到危险临近，想再度奋力一搏的时候，已全身无力，最终葬身锅里。看完短片后，教师发问：这个故事大家都耳熟能详，蕴含的哲理发人深省。从数学的角度看，为什么青蛙能逃离煮沸的油锅而死于舒适的水温？

评注 这样的设计，数学建模的味道更浓，也更容易引起学生的共鸣，为新课的教学创设了良好的开端，让学生在新知面前“欲罢不能”。

教师对教材的二次开发还表现在对教材内容的批判性掌握。教材的编排体系是按照逻辑顺序，而知识的发生、发展与逻辑顺序不吻合的情况在所难免。当教材中出现知识点之间衔接不紧密、表述和结构安排上不合理等问题的时候，教师要敢于修正，按照知识“再创造”的过程重新组合教学内容，调整教材的顺序结构。各地教材安排的整体顺序由教育主管部门确定，但同一章节的教学安排属于教师的职权范围，一切顺序的变化以尊重教学规律、提高教学质量为依据。有的练习与知识点的关联度不大，不能非常恰当地反映知识点的精髓，就要进行适当的调整。有些与高中关联度较大的知识可以适当强化，如二次函数、二次方程等内容虽然也是初中的重点，但与高中的要求还有一定的距离，需要教师恰当的补充。

(3) 统整创生教材体系，合理重组教学内容

统整就是将两个或两个以上相关的概念、事物或现象组成一个有意义的整体。创生意为创造产生、生而成长。统整创生教材体系，要求教师在课程标准的统领下，从学生的实际需要和实际水平出发，立足教材，活化教材，对教学资源进行有效的重组，关注学生创造发现和个性发展，帮助他们夯实基础，拓展和延伸发展空间。统整创生既不是对教材内容的简单叠加，也不是简单删减，而是"整体把握"，整体把握课程标准的要求，整体把握教材知识的架构，整体把握现有资源的特质，帮助学生减轻负担，培养创新精神，促进生命成长。

从"教教材"到"用教材教"，不仅是教师教学理念的转变，也是教师教学能力和实力的标志。用教材教，意味着教师不再是知识的搬运工，教材不仅是教师引导学生学习的工具和媒介，而且是教师整合课程资源的好参照，通过对不同教学资源和学生学习状况的认真思考和分析，更准确地理解教材，让教材所蕴藏的价值得到充分的激发和提升。

教材中的一些典型题目是教学创生的好素材，通过对题目的深层次剖析，可以挖掘知识之间的相互联系，巩固和拓展属于自己的数学知识网络，体验数学知识发现和发展的历程，激发创造、创新的灵感。

对教学内容有效性的认识和理解，主动权在教师手上，不同的处置方式必然会有不同的结果，这些结果最终都转移到学生身上。如何把握教学目标，选择和加工教学内容，是提升教育教学质量的前提，也是做"精"做"实"数学教育的保证。

第二节　巧选教学方式

教学有法，教无定法，贵在得法。不同的学科、不同的学段、不同的学生、不同的教学目标，都必须以不同的教学策略来适应，选择最佳切入点。"有法"强调的是教学要遵守基本的规范要求，尊重学生，从学生的实际出发，从教学的目标要求出发；"无定法"强调的是教学要依据具体的学情而定，"精"和"实"相结合，灵活巧妙地优化整合各种教学资源，努力发现最佳路径和方式。

一、"学案导学"的探讨

教学从备课开始。前些年风靡一时的"学案导学"，无论是"学案""导学案""教学案"，还是"课案"，尽管名称不尽相同，形式却都差不多，大多是把教师的教案、学生的学案以及学生的随堂练习结合在一起，并贯穿课堂教学的全过程，一环套一环，环环紧扣，

步步为营。导学案既是学生课前预习、课堂学习、课后复习的有效抓手，也是教师教学实施的主要载体。导学案的目的是通过固定的文本资料和教师的适时指导，促使学生主动建构知识，师生共同合作完成规定的教学任务，其价值主要体现在发展了学生的学习能力，引发了学生自主学习，让他们集中精力做更重要的事，提高了课堂教学效率，减轻了学生的学习负担，也促进了教师的专业发展和共同进步。导学案对提升教学成绩的帮助比较明显，为全国众多地区和教师所青睐。

导学案的打磨工作做得好，可以缩短新教师的成长周期，促进教师钻研教材，但凡事都具有两面性，过分地强制统一，又会制约教师的个性化发展和教学风格的形成。如何把握好导学案打磨的度，既有规范要求，又有适当自由，既让教师得到磨炼，又不至于增加太多的负担，确实需要很好的调控。

导学案在研究学生方面也有类似问题。苏霍姆林斯基说过："在人的心灵深处，都有一种根深蒂固的需要，这就是希望自己是一个发现者、研究者、探索者。而在儿童的精神世界中，这种需要特别强烈。"①导学案的使用常常有生产流水线的感觉，教师只是生产流程的执行者，教学主导地位被弱化甚至被导学案替代；学生被强制入轨，好奇心也在不知不觉中消磨殆尽。不使用导学案时，教学内容的神秘感让学生欲罢不能，他们期待在教师引导下一步一步地深入探究，而当导学案摆到他面前时，这种神秘感就完全消失了，只能按照预设方案去学习，就像看足球比赛，知道球赛结果再看比赛回放，与现场观战的感觉是完全不同的。

导学案将知识问题化，把知识点拆分、组合，设计成一个个具体的、指向明确甚至是环环紧扣的问题，让学生带着问题走向自主学习，带着思考走进交流平台。应该说这样做的出发点是好的，设计的问题全面性、层次性、流畅性、探究性都很强，但带来的新问题是学生在教学过程中根本不需要自己去发现问题，因为需要学生思考的问题已经印在导学案上，每一个步骤都精雕细刻，学生只要看书找答案就可以了。导学案也像铁轨，尽管没有限制学生不能"越轨"，但"不越轨"已成为学生学习的常态，表面上教学的效率提高了，而实际结果是学生的思维受制约，主体地位被漠视，长期训练下去，惰性会越来越强，无须也不想动脑筋发现问题、提出问题，与设计初衷背道而驰。导学案使用不当，就是另一种形式的"过度教学"。

【案例 33】

《基本不等式》第一课时"导学案"研讨

下面是某校的"导学案"。

---

① [苏]B. A. 苏霍姆林斯基. 公民的诞生[M]. 黄之瑞，译. 北京：教育科学出版社，2002:47.

在"(1) 自学质疑,交流展示"以后,接下来的内容为:

(2) 深化认识,加强理解

① 均值解释:$\sqrt{ab}$叫做正数 a,b 的________,$\frac{a+b}{2}$叫做正数 a,b 的________。基本不等式 $\sqrt{ab}\leqslant\frac{a+b}{2}$也叫做均值不等式,其代数意义为________________________。

② 几何解释:如图 31,AB 为圆 O 的直径,点 C 是 AB 上一点,过点 C 作垂直于 AB 的弦 DE,连接 AD,BD。设 $AC=a,BC=b$。则线段 CD 长为________,OD 长为________,线段 CD 和 OD 之间有怎样的关系?

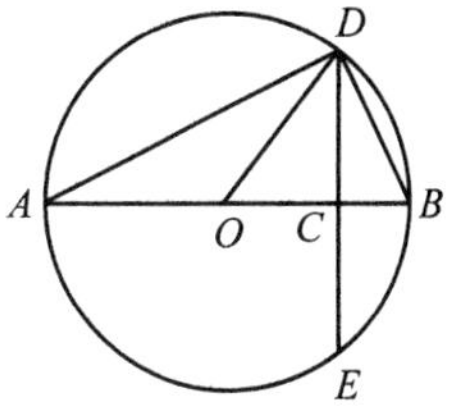

图 31

基本不等式的几何意义是:________________________。

③ 公式变形:

$a+b\geqslant$________________(当且仅当________时等号成立);

$a\cdot b\leqslant$________________(当且仅当________时等号成立)。

(3) 互动探究,精讲点拨

第 1 关:小试牛刀

判断下列推理是否正确:

① 若 $a\in\mathbf{R}$,则 $a+\frac{1}{a}\geqslant 2\sqrt{a\cdot\frac{1}{a}}=2$ ( )

② 若 $0<x<1$,则 $\sqrt{x(1-x)}\leqslant\frac{x+(1-x)}{2}=\frac{1}{2}$ ( )

③ 若 $0<x<\pi$,则由 $\sin x+\frac{4}{\sin x}\geqslant 2\sqrt{\sin x\cdot\frac{4}{\sin x}}=4$,得 $\sin x+\frac{4}{\sin x}$ 的最小值是 4 ( )

④ 若 $a,b>0$ 且 $a+b=18$,则 $a\cdot b\leqslant\left(\frac{a+b}{2}\right)^2=\left(\frac{18}{2}\right)^2=81$ ( )

第 2 关:渐露锋芒

陶渊明打算用篱笆围一个面积为 100 平方米的矩形菊花园,问这个矩形的长、宽各为多少时,所用篱笆最短?最短篱笆是多少?

第 3 关:智慧闪光

陶渊明打算用一段长为 36 米的篱笆围成一个矩形菊花园,问这个矩形的长、宽各为多少时,菊花园的面积最大?最大面积是多少?

(4) 归纳小结,反思提高

学习了这节课,你有哪些收获?你认为哪些事需要特别注意?

评注 整个导学案设计细致周到、步步为营,每个问题都环环相扣、条理清晰。这若干个子问题把本节课的教学要求化整为零、化大为小,只要把它们分割而治、各个击破，本节课的教学任务就可以顺利、圆满地完成。通过问题引领，细嚼慢咽，小步快跑，可以直指教学目标，减少了教学的盲目性和随意性，课堂的容量也大大增加，有利于及时有效地提升学生当场巩固率。但细细想来，这样一个程式，这样一种高强度、多层次的仿真"强化训练"，是否对所有班级、所有学生都适用？这样的学习方式，学生所有的疑惑都可以在课堂上解决，但学生的学习能力是否得到应有的提升，还值得商榷。这样的学习方式，精致到忘却自己"为什么要出发"，忘记了我们的培养目标是什么，究竟是要培养一个"人"，还是一个"应试机器"；忘记了我们需要的是一个自主体验的认知过程，是一个真正促进知、情、意、行协调发展的学习过程。这种精致与精实数学教学追求的目标相距甚远，人的发展比分数的提升更为重要。

二、"好课"标准的反思

尽管不同的人对"好课"有不同的评判标准，但有些核心要素却是统一的。

国内有较大影响力的评价标准是叶澜的"5 实"：扎实、充实、丰实、平实、真实。[①] 她认为好课主要表现在 5 个方面：

一是有意义，学生能够感受到上课前后在知识、能力、情感体验等方面的变化，有进一步学习的强烈愿望；

二是有效率，对全班学生都有效，每个人都受益，都有事干；

三是有生成性，不完全按部就班、按图索骥，能够因势利导，师生真实互动多；

四是常态性，恰如其分的准备，恰到好处的表演，除了学生，教师"目中无人"；

五是有待完善，真实的课堂总会有缺憾，这种缺憾恰好是教师进步成长的契机，也是教师不断强大的动力。

国际上比较认可鲍里奇的"有效课堂教学五特征"：(1) 清晰的教学思路；(2) 多样化的教学方法；(3) 任务导向明确；(4) 学生投入；(5) 成功率高。[②] 其实这也是"好课"的一种评价标准。

布卢姆把教学质量定义为：如何向学生提供线索或指导；学生参与(外显地或内隐地)学习活动的程度；以及如何给予强化以吸引学生学习。教学质量的四个关键要素是：线索、参与、强化和反馈——纠正。[③] 依据布卢姆的定义，结合国内的实际，教学质量可以理解为教学对学生达到预期教育结果的促进程度，预期教育结果又可分为若干子项，如学习活动是否合理、恰当，是否考虑了学生年龄、先前知识、动机等重要特征。影响教学质量的因素众多，教师对学生和教学内容处理的方式方法，对学习任务和教学

① 叶澜．扎实　充实　丰实　平实　真实——"什么样的课算一堂好课"[J]．基础教育，2004(7)：13－16．

② [美]加里·D．鲍里奇．有效教学方法[M]．易东平，译．南京：江苏教育出版社，2002：8．

③ 施良方．学习论[M]．北京：人民教育出版社，2001：342．

活动组织的有效程度，都是关键性的考量指标。

真正好的教学，应该在提高考试成绩、提升教学效率、关注生命价值、促进健康发展诸方面求平衡、求共赢，求协调发展。考试成绩不是教学质量的全部，更不是教育质量的全部。只关心考试分数、关心升学率的国家是没有竞争力的。学校的教学质量，最终还是体现为学生的学习质量，普遍认可的标准是学生毕业后对社会需要的适应度。这个标准让教学质量具有模糊性、动态性、迟效性，没有考试成绩做支撑，社会必然对教学质量产生怀疑。再者，考试成绩与教学质量之间并非冰火不容，应试是人生绕不开的课题，应试能力也是综合素质不可或缺的组成部分。不关注分数、不关注学业成绩提高的教师，是不负责任的教师。教学质量高的学校，学生的考试成绩一定不会差。

就数学教学而言，伍鸿熙曾经提出五个基本原则①：

(1) 每个数学概念必须精确定义，而定义构成逻辑推理的基础；

(2) 数学表述要精确，在任何时候，什么已知、什么未知都要很清楚；

(3) 每个结论都是逻辑推理的结果，推理是数学的命脉，是解决问题的平台；

(4) 数学是连贯的，数学的概念和方法组成了一个逻辑严密的整体；

(5) 数学是目标明确的，每个数学概念和方法都有其目的。

作为数学家，更关心数学自身的传承与发展。用这五个基本原则作为评判重点高中数学课是否教数学以及数学素养落实情况的标准，也无可厚非。概念的精确定义要求概念教学不能走过场，教师要带领学生弄清概念的来龙去脉；数学精确表述要求重视从概念和定理出发思考和解决问题，减少“题型＋技巧”的机械模仿，也就是重视逻辑推理；数学连贯性要求以数学核心观念统领课堂，重视学生原有基础，避免每节课都“从头再来”；目标的明确性则要求所选的例题、习题要围绕核心概念，减少缺乏关联的题目，减少教学的盲目性，避免低效、无效甚至负效的劳动。理解数学思想方法，说到底就是要理解数学概念，特别是数学核心概念。围绕核心概念组织知识，是一种非常经济和有效的教学活动方式。

数学教学必须充分认识演绎性与经验性的辩证关系，正确处理论证推理与合情推理的互补互助联系。但再好的教育理想都必须与教学实际相结合，崔允漷的“好课12字方针”：“教得有效、学得愉快、考得满意”，可能更接地气，也更好记忆。仅有前两者，没有相应的教学质量，还不足以令人信服，三者缺一不可。

我们在第二章已经分析了发现法、谈话法、讲授法等诸多教学方法的利与弊，教学过程中，教师要根据具体情况灵活把握。波利亚把数学分为两种：一是教科书所呈现的演绎形式的理论科学，二是数学实际发展过程中以发现为主的实验科学。尽管发现法学习会耗费学生很多的时间，有时候花费了很多的精力还未必能达到预期的效果，但学生经历发现的过程，既可以加深对所学知识的理解，更能学到研究的方法，提高学习的

---

① 伍鸿熙，赵洁(译). 凤凰涅槃——让核心数学标准焕发生机[J]. 数学通报，2012(4)：1-12.

能力，激发求知的欲望和学习的兴趣。所以，波利亚特别重视数学发现的过程，他的“问题表”为数学发现指出了通道，他一直强调不管什么学习内容，通过自己主动发现是最佳学习途径。在时间许可的情况下，我们不妨也尝试发现法教学。

下面是我用发现法教学的一个实录。

【案例 34】

一道初中生就能解决的高考题

2002 年全国高考数学文科卷第 22 题，广东、广西、河南、江苏卷第 21 题：

(1) 给出两块面积相同的正三角形纸片(如图 32①、②)，要求用其中一块剪拼成一个正三棱锥模型，另一块剪拼成一个正三棱柱模型，使它们的全面积都与原三角形的面积相等，请设计一种剪拼方法，分别用虚线标示在图①、②中，并作简要说明；

(2) 试比较你剪拼的正三棱锥与正三棱柱的体积的大小；

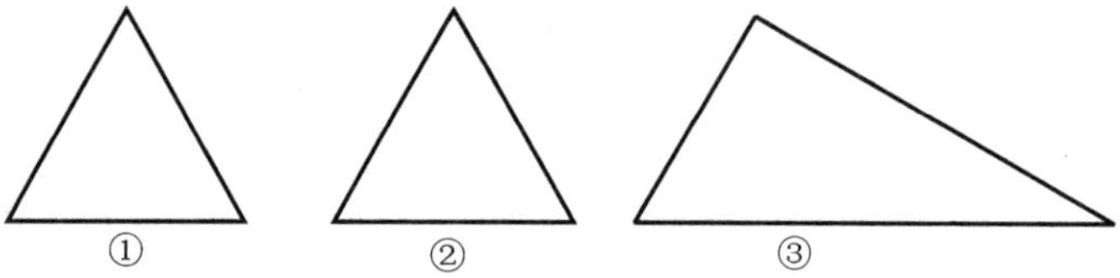

图 32

(3) 如果给出的是一块任意三角形的纸片(如图③)，要求剪拼成一个直三棱柱模型，使它的全面积与给出的三角形的面积相等，请设计一种剪拼方法，用虚线标示在图③中，并作简要说明。

背景 这道高考题满分为 16 分，当年全国平均得分只有 2.48 分。学生的动手能力差、想象能力弱，这些普遍存在的共性问题，在本题的解答过程中也得到充分的体现。

其实，本题所涉及的数学知识并不是很多，在初中课本上就有类似的问题：怎样把一个长方形剪拼成无盖的长方体？只须去掉边上的四个角，而且这四个角都必须是全等的正方形。那么，怎样把一个正方形剪拼成一个有盖的长方体？顺着前面的思路，我们可以把正方形横、纵方向都四等分，先去掉四个角上的小正方形，得到的长方体下底面是正方形，其面积就恰好等于边上的四个小正方形面积之和，如图 33。也可以把正方形对折两次，得到四个小正方形，以其中 1，2 两个正方形为底面，再把另外两个正方形对折，得到的四个长方形作侧面，就能拼出一个长方体，如图 34。

能不能将长方形剪拼成有盖的长方体呢？图 33 的方法显然不能。可以用类似于图 34 的方法，先将长方形对折，得到 1 和 2 两个正方形，剩下部分变成四个侧面。

初中生在日常生活中已经多次接触形状为棱柱和棱锥的物体，对棱柱和棱锥已有一定的了解。学生都能够通过图 35 的方法得到正三棱锥。那么,怎样得到正三棱柱和直三棱柱?每年高一新生进校的时候,我都把这个剪拼任务交给他们。

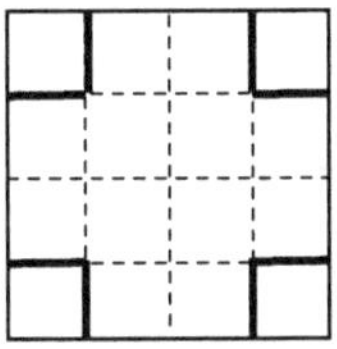

图 33

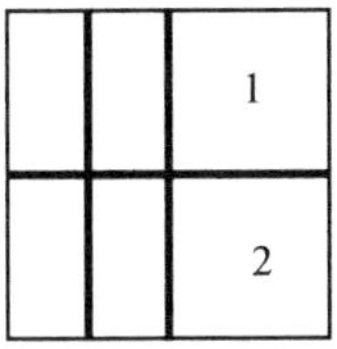

图 34

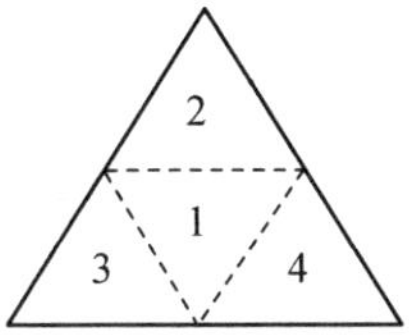

图 35

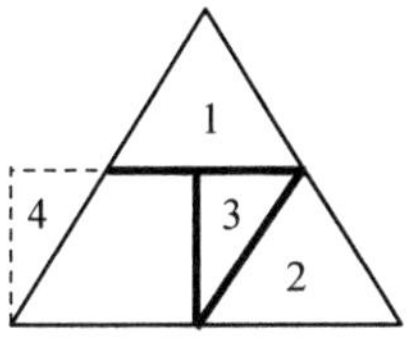

图 36

教学实录 学生分小组活动,集思广益,共同探究。

生 1 受以前知识的启发,我们可以通过作中位线得到两个全等的正三角形作为上下底面,如图 36,作出三角形的两条中位线,把正三角形分割成两个小正三角形 1,2 和一个菱形,再将菱形中的小直角三角形 3 割补到 4 的位置,就可以把菱形剪拼成长方形,再将长方形三折后剪成三个小长方形作为三棱柱的侧面。

生 2 也可以只作一条中位线,得到一个正三角形和一个等腰梯形。这个小正三角形作为正三棱柱的一个底面,把等腰梯形再分割成两个全等的直角三角形和一个长方形,如图 37,只要再把长方形三折后剪成三个小长方形作为三棱锥的侧面,两个直角三角形拼成三棱柱的另一个底面,就能拼成正三棱柱。

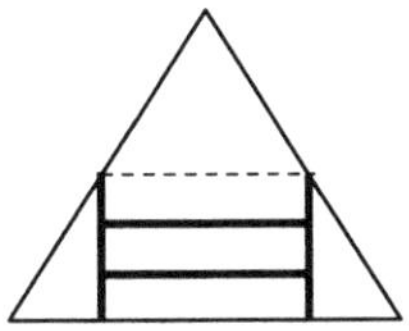

图 37

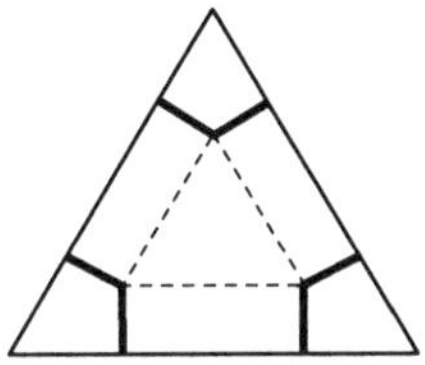

图 38

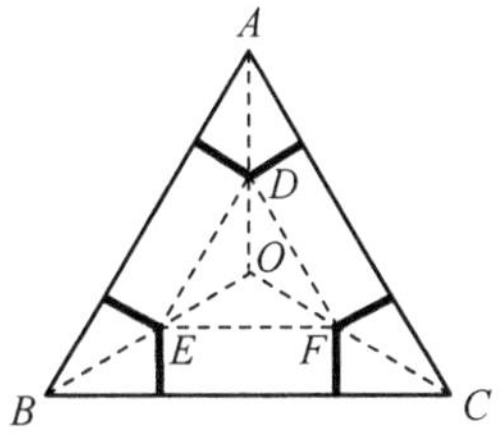

图 39

师 还有其他方法吗?

生 3 可以在中间先留出一个三角形,保证它三边外侧的宽度相等,如图 38,剪拼出三棱柱的侧面,剩下部分拼成一个三角形。

师 你是怎么想到的?留的这个三角形位置怎么确定?怎么保证三个"角"一定能拼成三角形?

生 3 有这样的三棱柱形状的包装。如图 39,取正$\triangle ABC$的中心 O,连 AO,BO,CO,并取它们的中点 D,E,F,这三个点就是留出的三角形的三个顶点,此时 D,E,F 到$\triangle ABC$三边距离必定相等。再过 D,E,F 向$\triangle ABC$的三边作垂线,得到三个矩形作为侧面,它们的高度相等,此时剩下的部分一定能拼成和$\triangle DEF$全等的三角形。

师　很好。那么，一般的三角形怎么剪拼成直三棱柱呢？

生 4　可以跟图 38 一样处理。

师　具体说说看。

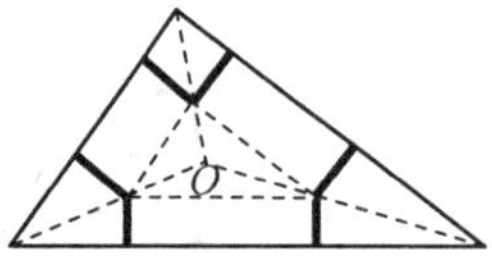

图 40

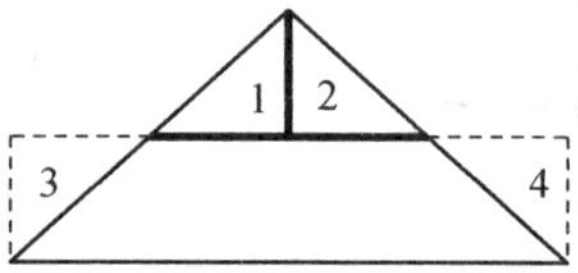

图 41

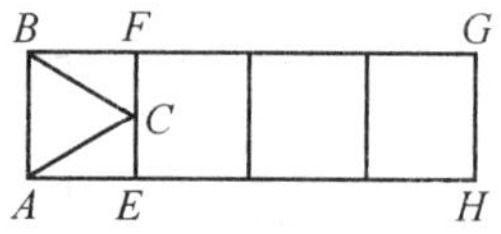

图 42

生 5　如图 40，只要 O 点是三角形的内心就可以了，它到三边距离相等，刚才的问题也只用到角平分线的性质。

师　可惜啊，高考的时候，不少考生没想到图 40 的方法。大家有没有其他方法？

生 6　我们可以参照将长方形变成有盖长方体的方法，先把三角形变成矩形。如图 41，沿三角形一条中位线剪开，再把小三角形一分为二，将 1 拼到 3 的位置，2 拼到 4 的位置，就变成了矩形。以这个矩形的短边 AB 为边作正三角形 ABC，再从 C 点作垂线，就可以得到三棱柱的两个底面，一个是$\triangle ABC$，另一个由$\triangle ACE$ 和$\triangle BCF$ 拼成，如图 42，剩下的矩形 $EFGH$ 三等分作为侧面就可以了。

师　我们的同学真了不起！什么叫活学活用？这就是活学活用！大家看看，还有什么方法？

生沉默。

师　参照图 36 的方法，我们画出图 43。三角形 AFE 和三角形 EDC 可以作为两个底面，问题是能否把平行四边形 $BDEF$ 变一下，使得一边长和三角形 AFE 相等，面积又不变？

学生分组讨论后，连续举手发言。

生 7　我们可以在平行四边形 $BDEF$ 的边 EF 上取一点 M，使 BM 等于规定长度，再以 BD，BM 为邻边作平行四边形，这个平行四边形的面积与平行四边形 $BDEF$ 的面积相等，一条边长也符合要求。

师　太好了。如果 M 点不管怎么移，即使移到 E 点，BM 的长度都不够，怎么办？

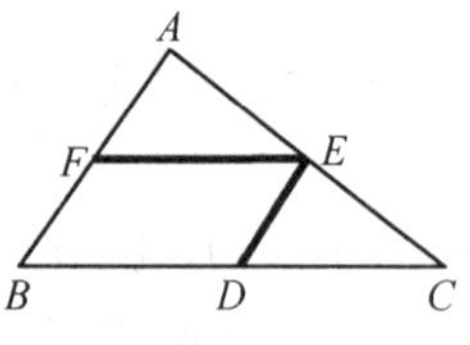

图 43

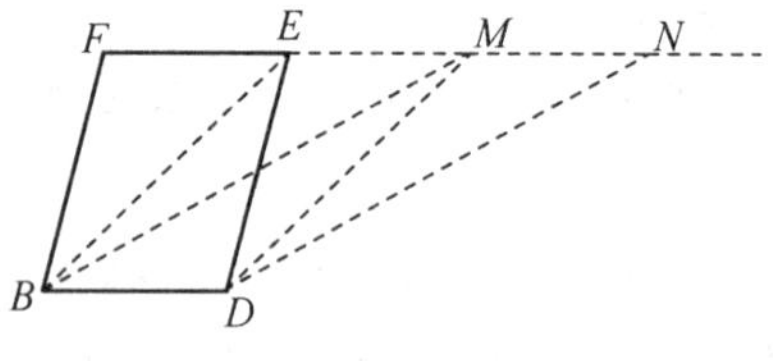

图 44

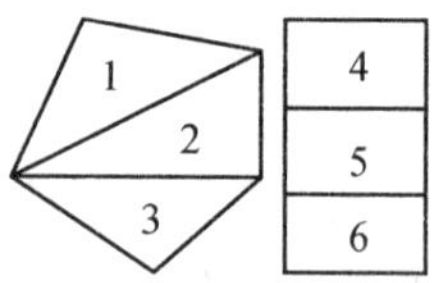

图 45

生 8　如图 44，先把平行四边形 $BDEF$ 变到 $BDME$，看看 BM 的长度够不够。如果不够，再作平行四边形 $BDNM$，以此类推，一定可以得到我们所需边长的平行四边形。

师　不简单。你们可能还不知道，你们不仅解决了这样一道高考难题，还发现了一个重要结论。请生 8 同学把你刚才的发现复述一遍。

生 8　对于任意一个平行四边形，我们都可以通过不断地变化，把它变成面积不变并且一条边长等于规定值的平行四边形。

师　我们把刚才这个结论命名为"生 8 大定理"，是我们同学刚刚进高一的时候发现的，它解决了高考的压轴题。任意一个平行四边形，都可以变换为面积不变并且一条边长符合规定要求的平行四边形，然后再变换成长方形。如果是一般多边形呢？

生 9　对于一般的多边形，我们可以先把它分割成三角形，再把它们变成一边长度相同的长方形。如图 45，1 和 4、2 和 5、3 和 6 的面积分别相同。

师　同学们太了不起了！大家的结论已经远远超出这条高考题的要求。任意一个多边形，都可以把它变形成面积不变并且一条边长符合规定要求的长方形。理论上讲，这道高考题的剪拼方法有无数种。只要先剪出符合要求的底面，再把其余部分剪拼成相应的侧面即可。也就是说，任意一个图形都可以剪拼成规定长度的长方形，任何两个面积相等的多边形都可以通过割补的方法让它们全等。如果把多边形改成多面体，那么任何两个体积相等的多面体都可以通过割补的方法让它们全等吗？这是 1900 年数学家希尔伯特提出的 23 个问题的第 3 个问题，有兴趣的同学还可以继续研究。

评注　初中水平的学生解高考题，从"好玩"开始，到"玩好"结束，让学生在"深入浅出"中感受到学习的乐趣和信心，在"浅入深出"中感受到学习的价值与满足。在"好玩"与"玩好"之间，在"发现探索"与"点拨引导"之间，也同样有"度"的把握问题，起始年级要在"好玩"上多下功夫，让学生多发现、多感悟，毕业年级要在"玩好"上多出实招，让学生多体验、多受益，但"好玩"与"玩好"必须贯穿于学习的全过程，在两者之间寻求精致的平衡，也是"精实数学教学"的具体体现。

三、教案打磨的实例

学案立足于学生的立场，侧重表达学生需要完成的学习任务；教案则更多地站在教师的立场，是教师完成教学目标的书面计划，包括教学内容的组织实施流程、方法、路径等程序性、过程性要素。如前所述，无论是教案的设计，还是学案的设计，都既有同伴在课前切磋、课上观察、课后研讨的痕迹，又有教师个体学习、钻研、反思的印记。有了前者，眼界更宽，发现的问题更准，所谓"旁观者清"；有了后者，研究更透，分析的问题更深，所谓"解铃还须系铃人"。

我们还以苏教版《基本不等式》第一课时的课堂引入为例，呈现一下教案打磨的细节。在同课异构的评课阶段，先由开课教师汇报各自的设计意图，然后共同研究每种处理方法的成败得失，达到求同存异、形成共识、共同提高的目的。

【案例 35】

“基本不等式”第一课时教案的打磨

方案 1

(1) 情境引入

问题 1　你会比较下列各组数的大小吗？

$\frac{1+2}{2}$________$\sqrt{2}$；$\frac{7+5}{2}$________$\sqrt{35}$；$\frac{\frac{1}{2}+\frac{3}{2}}{2}$________$\frac{\sqrt{3}}{2}$；$\frac{5+5}{2}$________5。

(2) 自主探究

问题 2　根据上面各组数的大小比较，你能否得到更一般性的结论？

（通过对上面几组不等式结构特点的观察比较，鼓励学生自主发现、自主探究，然后组内交流共享，并推选代表展示本组成果。）

问题 3　你能否证明自己得到的结论？

（学生自己动手尝试，教师在各小组间巡视，及时发现和纠正学生探究过程中暴露的问题，同时安排两个学生板演证明过程。）

设计意图　从学生已有的知识入手，新知识的发生、发展亲切自然、顺水推舟。问题 1 充分考虑到学生的学习能力与认知水平，易于上手，让学生迅速体验到初战告捷的满足感，激发继续探究的求知欲。问题 2 和问题 3 靠船下篙，由几个特殊的案例猜想出一般性的结论，很自然地渗透了由特殊到一般的数学思想方法，通过教师的追问、学生的辩论，引导学生经历观察、猜想、归纳、抽象、概括的数学形式化过程，数学地发现、提出、分析和解决问题，逐步完善和提高学生的数学语言表达能力和逻辑思维能力。整个流程浑然一体、一气呵成，有利于学生生成和保持积极、良好的情感体验。

方案 2

(1) 复习导入

教师提问引导：任何一个实数的平方都是非负数。

那么，对于任意的实数 x,y，有 $(x-y)^2\geqslant 0$ 恒成立，即 $x^2+y^2\geqslant 2xy$。

问题 1　分别用 $\sqrt{a}$，$\sqrt{b}$ 代替上面不等式中的 x,y，可以得到什么样的式子？

问题 2　对上述实数 a,b，需有什么限制条件？

问题 3　得到的上述不等关系中，何时取到等号？

(2) 新知探究

问题 4　上述不等关系，还可以怎么证明？

设计意图　教师的提问引导开门见山，直奔主题，再通过问题 1～3，用较短的时间接触到本节课的主体知识，问题 4 意在通过思维发散，让学生掌握本节课的核心内容，体验知识的发生过程。时间短，节奏快，便于教学任务的顺利完成。

方案 3

(1) 复习旧知

问题 1　已知正实数 a,b，那么它们的等差中项和等比中项分别是什么？

问题 2　这两个数的大小怎么比较？

(2) 新知探究

问题 3　你所得到的结论能否推广到一般性的情形？

问题 4　除了刚才的比较方法，还可以怎么证明这个不等式？

设计意图　和方案 1 一样，让学生感受由特殊到一般的数学思想方法。也和方案 2 一样，希望用较短的时间直奔主题，让学生掌握本节课的核心内容。

方案 4

(1) 创设情境

如图 46，AB 为半圆的直径，C 为圆周上一动点，$CH\perp AB$，H 为垂足。设 $AH=a$，$HB=b$，把 $\frac{a+b}{2}$ 称为 a,b 的算术平均数，把 $\sqrt{ab}$ 叫作 a,b 的几何平均数。

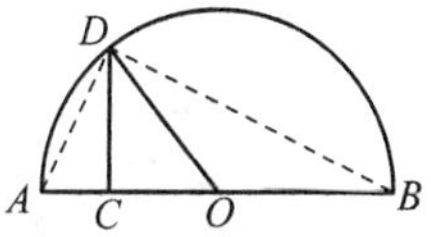

图 46

问题 1　图中哪些线段的长度分别是 a,b 的算术平均数和几何平均数？

问题 2　能否比较这两者的大小关系？

(2) 新知探究

问题 3　这个结论对一般情形适用吗？需要什么条件？

问题 4　除了刚才的证明方法，还可以怎么证明？

设计意图　从算术平均数和几何平均数的几何背景出发，让学生认识每个量的几何意义，增加对所学内容的感性认识，感受学习的价值，提高学习的兴趣。

方案 5

(1) 创设情境

通过动画显示，以 $\sqrt{b}$ 为腰长的等腰直角三角形固定不变，以 $\sqrt{a}$ 为腰长的等腰直角三角形随着腰长的变化向左上方伸缩，如图 47。

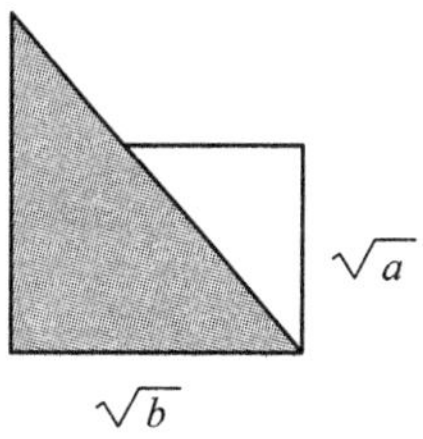

图 47

问题 1　小矩形的面积为多少？两个等腰直角三角形的面积之和为多少？

问题 2　你能得到什么不等关系？如何用代数方法证明？

(2) 新知探究

问题 3　这个结论对一般情形适用吗？需要什么条件？

问题 4　除了刚才的证明方法，还可以怎么证明这个不等式？

设计意图　以动画显示代替枯燥、单一的讲解，让学生在感性体验中理性思考，积累多样的活动经验，锻炼思维的灵活性，加深对新知识的理解，进一步激发学习热情。

方案 6

(1) 创设情境

第 24 届国际数学家大会 2002 年在北京召开。大会的会标如图 48 所示，是根据中国古代数学家赵爽的弦图设计的，看上去像一个风车，代表热情好客的中国人民欢迎各方来客。你能在图中找出一些相等关系或不等关系吗？

教师将“风车”抽象成图 49。在大正方形中有 4 个全等的直角三角形。

图 48

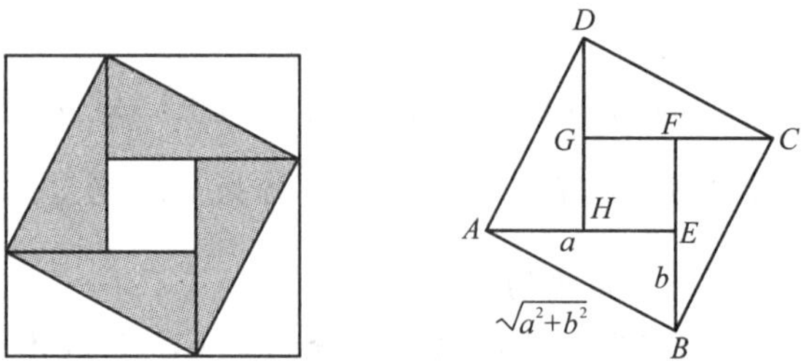

图 49

问题 1　设直角三角形的两条直角边的长为 a,b。那么，图中每个直角三角形的面积是多少？面积和是多少？正方形 $ABCD$ 的边长是多少？面积是多少？

问题 2　正方形的面积与 4 个直角三角形的面积和有什么关系？可以得到一个什么样的不等式？

问题 3　正方形的面积与 4 个直角三角形的面积和能否相等？如果可以相等，什么情况下相等？

(2) 新知探究

问题 4　如果 $a>0,b>0$，分别用 $\sqrt{a}$，$\sqrt{b}$ 代替上面不等式中的 a,b，可以得到什么样的式子？

问题 5　刚才我们从几何图形的面积关系获得了不等式 $\sqrt{ab}\leqslant\frac{a+b}{2}(a>0,b>0)$，能否利用不等式的性质，直接推导出这个不等式呢？

问题 6　填空：

要证　$$\frac{a+b}{2}\geqslant\sqrt{ab},\quad ①$$

只要证 $a+b\geqslant$__________， ②

要证②，只要证 $a+b-$________$\geqslant 0$， ③

要证③，只要证 (________ − ________$)^2\geqslant 0$。 ④

显然，④是成立的。当且仅当 $a=b$ 时，④中的等号成立。

设计意图 本方案使用的是人教版教材的相关素材，从数学史中的问题引入，利用中国古代数学家赵爽证明勾股定理时的弦图上的面积不等关系引入，让学生感受到数学文化的魅力。由于在此之前学生从未接触过“分析法”的证明方法，这里通过填空的方法强制“入轨”，养成规范答题的习惯。

方案 7

(1) 创设情境

在天平的一个盘子上放一个物体，另一个盘子上放砝码，使天平平衡，此时称得物体的质量为 a。如果天平的两臂长略有不同(其他因素不计)，那么天平就难以精确，a 并非物体的实际质量。此时我们还有一种补救的办法，把物体调换到天平的另一个盘上，第二次测量称得物体的质量为 b，那么如何合理地表示物体的质量呢？

问题 1 把两次称得物体的质量“平均”一下，以 $A=\frac{a+b}{2}$ 表示物体的质量，这种做法最简单，但得到的结果对不对？

问题 2 如果不对，怎样操作得到的结果才合理？

问题 3 题目中“天平的两臂长略有不同”意味着什么？要用到什么物理知识？

问题 4 要利用杠杆原理，就要知道力臂的长度。假设该物体的实际质量是 M，天平的左臂长为 l_1，右臂长为 l_2，可以得到什么关系式？

问题 5 物体的实际质量 M 可以怎么表示？

(2) 新知探究

问题 6 这里得到的两个量 A 和 M，分别称为正数 a,b 的算术平均数和几何平均数。它们的大小怎么比较？

问题 7 这个结论对一般情形适用吗？需要什么条件？

问题 8 除了刚才的比较方法，还可以怎么证明这个不等式？

设计意图 本方案使用的是苏教版教材的相关素材，从其他学科问题引入，利用物理中的天平称重问题引入，激发学生的学习兴趣，增强学生数学应用的意识。

研讨结论 方案 1 属传统的处理方法，问题情境有虚假之感，凭什么就要比较诸如 $\frac{1+2}{2}$ 和 $\sqrt{2}$ 之类的一组数的大小呢？看似体现了从特殊到一般的数学思想方法，但更多地依然停留在知识灌输的层面，如同苏教版教材给出的一组数据一样，为什么要取这些数据？学习这些知识有哪些价值？给人感觉是缺少意境和韵味，但这种方法的指向性和功利性很强，在较短的时间内就能过渡到课堂教学的重点，教学效率高。同时，问题

2 和问题 3 之间的合作交流可以省略，学生自己发现、自己证明，然后再交流，似乎更顺理成章，过多地细化反而影响了教学的效果。

方案 2 从学生熟知的平方数的性质出发，得到重要不等式，再顺水推舟，通过替换得到基本不等式，学生理解起来也不困难，但这种处理方法省略了最精彩的、最值得学生主动探究的知识发生过程。当学生先入为主，了解了这种处理方法以后，对其他的处理方法就会食之无味，人文价值也就打了折扣。

方案 3 也和前两个方案一样，有“告知”的嫌疑，为什么要比较两个正数的等差中项和等比中项？显得有些唐突。新课程改革把“过程与方法”作为课程的重要目标，要求教师在传授新知识时，不仅要关注学生对基本技能的掌握，还要理清知识的来龙去脉，结论的背景、产生过程及意义，理解和掌握知识技能的形成过程，这些都是这三个方案所缺乏的，如果能在学习新知识以后，采用“回头看”的方法，补上知识发生过程的缺陷，也不失为一种好的教学方式。

方案 4 用的是课本上说明基本不等式几何意义的图形，让学生对基本不等式先形成整个感受，然后用代数的方法去证明。这种方法比前几种有了进步，但人文价值和实际应用仍显不足。

方案 5 和方案 4 的本质差不多，但这种动态显示更直观形象，也更能激发学生探究新知识的欲望。

方案 6 采用的是人教版教材提供的学习背景和处理方法，教材的简明性决定了教材不可能将教材的编写意图充分地表达出来，需要上课的教师不断地体悟、创造，真正吃透教材内容的“为了什么和为什么”，才能挥洒自如，游刃有余。课本上“你能在这个图中找出一些相等关系或不等关系吗?”可能会让学生云里雾里，不知所措，因为这里的“相等或不等”，可能会是线段长，可能会是角的大小。必须有教师及时地跟进“打补丁”，才能让学生明确努力的目标和方向，但问题 2 和问题 3 又搭设了过密的台阶，思维没有障碍反而不利于学生学习能力的提升。问题 6 采用填空的形式，想要强制“入轨”，让学生掌握分析法的操作规范，愿望是好的，但实际效果可能事与愿违，分析法的解题过程需要教师边示范、边讲解，学生边练习、边修正，这些都不是填空题能够解决的。此处只需让学生对分析法有初步的认识。

苏教版与人教版对这一章节设置的课时数不同，重点也不同，所以教学方法也不一样。但方案 7 与方案 6 有着同样的缺陷，新课导入情境比较复杂，数学课要解决物理题，而且是初中物理要求较低的“不等臂天平”问题，很多学生茫然，导致教学耗时较长。本节课的教学任务多，要让学生掌握基本不等式的证明过程并会初步应用，熟悉比较法、分析法、综合法等证明方法，把过多的时间花在情境导入上，偏离了教学目标。这里的问题 2 和问题 3 是一步一步地接近解题的关键，到问题 4 的时候才告诉学生要使用杠杆原理，还不如及早告知所需工具。可以把教学方案调整为：

问题 1　购买黄金制品使用的计量工具是天平，天平依据我们初中学过的杠杆原理来工作。如果这个天平的左臂长是 l_1，右臂长是 l_2，左边放的黄金质量是 M，右边放的砝码质量是 a，可以得到一个什么样的等式？

问题 2　第一次把黄金放在左边，右边砝码质量是 a；第二次把黄金放到右边，左边砝码的质量是 b。那么，黄金质量能不能求出？是不是 $\frac{a+b}{2}$？如果不是，又是多少？

这样的处理方法缩短了学生在杠杆原理上的纠缠时间，可以集中精力办“正事”。任何一个教学情境的设置都是为教学服务的，精巧的设计可以让学生既体会到数学学习的价值，又感受到数学探究的乐趣。

评注　上述 7 种处理方案各有特色，研讨分析也入情入理。经历这样一个认真细致的打磨过程，可以弄清、弄透一个问题，可以举一反三，提高教育教学的精准性和有效度。这样的打磨过程，是精实数学教学的必经之路。

第三节　精选反馈练习

通过练习来巩固所学内容，反馈学习状况，是数学学习不可缺少的环节。学生练习需要多少时间、多大容量、以什么样的方式进行，是众多教育工作者共同关注的话题。张奠宙指出[①]：“中国教育大多是练习、练习、练习，熟能生巧，懂不懂不知道；西方教育则是理解、理解、理解，懂了就好，熟不熟不重要。把熟能生巧和理解对立起来，就将它异化和丑化了。如果只讲熟练，不重理解，只是经过大量重复训练，从表面学会了解题步骤和套路，长此以往是难以适应变化的，解题能力、思维发展就会受到很大限制，甚至产生熟能生笨的负面效果；同样，只讲理解，不问熟练，也是不行的。”可以说，中西方教学理念上存在较大的差异，不能简单界定学习方法的优劣。

陈省身说：“有些工作一定要重复，才能够精，才能够创新，才能做新的东西。”华罗庚也认为，搞任何东西都要熟，熟了才能有所发明和发现。但“熟”并不是死记硬背和机械刷题，而要经历“由薄到厚”和“由厚到薄”两个必备过程，先把每个细节都弄清楚，这是求“实”的过程，再消化、提炼，那就是求“精”、生巧的过程。真正的熟，应当是精熟，是在经常读书、思考和解题中，反复揣摩，弄清前人发现和发明这些定理、公式、法则的过程。学习的过程，仅有记忆不一定能转化、借用、引申，更谈不上融会贯通；仅有理解又不一定能在有限的时间内达成预期效果，甚至会偏离教学目标，最好的办法还是中间道路，既有一定的熟练程度，也注意强化理解，两者不可偏废。

---

① 张奠宙．熟能生巧：是精熟，不是烂熟[J]．数学教学，2013(5)：封底．

一、扣紧“核心”建网络

学生经常会有两个疑惑：

一是到了高中，有些初中没有弄明白的问题，怎么一下子就开窍了？

二是有些问题平时会做，到了期中、期末考试怎么就突然想不起来了？

其实，这两个问题的答案都非常简单。之所以到了高中就觉得初中数学容易，是因为在高中的很多内容里，不知不觉地又把初中的许多知识重学了一遍，有的还不止一遍，把过去没有搞清楚的那些点弄通了，也就达到了“学会”的要求。同时也说明高中数学没学好，并不是每一块都没有学好，只是或多或少的有些问题没有能弄通。

平时每天完成的作业与课堂讲授的内容相配套，主要是巩固当天课堂讲授的知识和方法，即使当天没有上课，看看课本的例题也能明白七八分。可为什么到最后差距那么大呢？这是因为有的学生当时就已经理解了解决问题的方法，也有的学生主要靠模仿。时间长了，学习的知识多了，就容易混淆。到考试时，要想在自己的知识仓库里搜寻到对应的方法和策略，必然是千头万绪、无从下手。不少学生做作业时喜欢讨论，这也是不好的习惯，因为这些讨论大多停留在浅表层面上，严格说来不是真正的讨论，而是思路和答案的直接传递。能够得到正确答案的学生不一定能讲清思维的过程，而听者很可能是一知半解。有的学生喜欢问老师，应该是好事。但问了老师以后，有没有再反思一下问题的症结究竟在哪里？有没有再找类似的问题亲自试一下？这也许是很多人没有能觉察到的问题，或者说是司空见惯、熟视无睹、被忽略掉的问题。很多时候，学生的学习并不是真正的“学会”，更谈不上“会学”。

珀金斯把这种知识掌握不到位的情况称为“脆弱知识综合症”。① 他把知识掌握不到位的情况分为三类：

一是惰性知识，对整个学习没有影响，平时用不着，靠考前强记，一丢就忘；

二是幼稚知识，已有的错误直觉非常顽固，学习以后难以改变；

三是模式化知识，解决问题靠“套路”，知道执行规定程序，但对原理不理解。

怎样的知识学习才能称为“真正学会”和“真正理解”呢？奥苏贝尔等人从四个维度对“理解”进行了界定：

一是通过丰富的概念网络建立起知识之间的联系；

二是对所学知识进行验证与判断，并建构领域内的知识；

三是运用所学知识解决更大范围内的问题；

四是通过不同形式在不同情境中表达知识。

要摆脱“脆弱知识综合症”的困扰，真正理解知识，灵活运用知识，少做简单重复的无效劳动，提升数学学习品质和效率，就必须抓住核心概念，理清概念的相互关系，把相

① 郝京华. 脆弱知识综合症就在我们身边[N]. 中国教育报，2009-10-09(6).

关知识附着到概念网络上。

以《数列》复习为例，教师可以布置学生在课前画出"树形"网络图。从树根画起，数列主要研究了三大块：数列的概念、等差数列、等比数列。数列的概念又包括数列的分类、数列的表示法等，等差数列着重研究等差数列的概念、通项公式、前 n 项的和等等，等比数列也有类似的研究方向。这样，我们从根、茎、叶逐步拓展，逐步延伸，构成了枝繁叶茂、根深蒂固的知识树（如图 50），一目了然，脉络明晰，对整个《数列》一章的骨架知识及其来龙去脉就有了比较直观的印象。

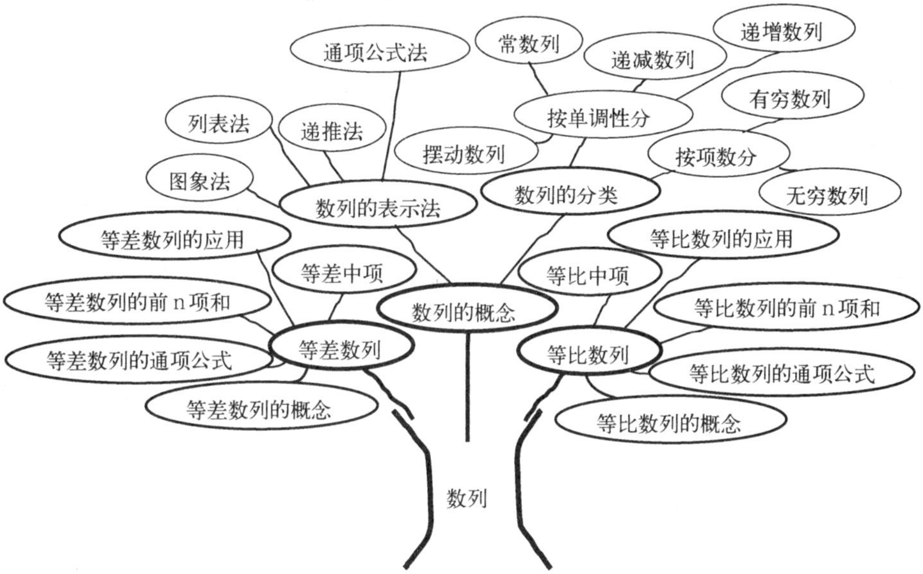

图 50

知识系统化的有效方式是用知识点、知识点之间的连接点、连接点上繁衍出来的生长点这"知识三点"形成网络图。知识点要夯实，连接点要形成网络，而生长点则将解决问题所需要的知识点重新整合，形成新的解决问题的知识网络。从知识点到连接点再到生长点的形成是一个解读信息，调动、运用知识，重新整合的思维过程。

知识树形成的路线是线性的，与国外学者的核心概念图异曲同工，本质一致。但知识树适合平时的学习过程，可以随时添加整理，对学习基础要求不高，适用范围广，更适合中国教学的实际。一旦知识按照一定的结构组织起来，其产生的力量可以呈几何级数增长，远远超出单个题目学习效率的简单叠加，可谓磨刀不误砍柴工。

摆脱"脆弱知识综合症"的第二种办法是抓住"题根"。波利亚曾形象地指出："好问题同某种蘑菇有些相像，它们都成堆地生长。找到一个以后，你应当在周围找一找，很可能附近就有好几个。”[①]“题根”是一类问题的根基，是这簇蘑菇共同的命脉。正是因为拥有相同的基因，只要发现“题根”的基因解码，就能找到同类题目的通式处理方法。众多新题都是从题根生长出来的，做会一道题，就能弄通一大片。

我们不妨从一道高考题说起。

【案例 36】

2006 年上海高考第 22 题品析

题目 已知函数 $y=x+\dfrac{a}{x}$ 有如下性质：如果常数 $a>0$，那么该函数在 $(0,\sqrt{a}]$ 上是减函数，在 $[\sqrt{a},+\infty)$ 上是增函数。

(1) 研究函数 $y=x^2+\dfrac{a}{x^2}$（常数 $a>0$）在定义域内的单调性，并说明理由；

(2) 对函数 $y=x+\dfrac{a}{x}$ 和 $y=x^2+\dfrac{a}{x^2}$（常数 $a>0$）作出推广，使它们都是你所推广的函数的特例。研究推广后的函数的单调性（只须写出结论，不必证明），并求函数 $F(x)=\left(x^2+\dfrac{1}{x}\right)^n+\left(\dfrac{1}{x^2}+x\right)^n$（$n$ 是正整数）在区间 $\left[\dfrac{1}{2},2\right]$ 上的最大值和最小值（可利用你的研究结论）。

评注 本题从熟知的“勾形函数” $f(x)=x+\dfrac{a}{x}(a>0)$ 的性质出发，探究了函数 $y=x^2+\dfrac{a}{x^2}$ 的单调性，又推广到 $y=x^n+\dfrac{a}{x^n}$（n 是正整数）的情形，最后上升到函数 $F(x)=\left(x^2+\dfrac{1}{x}\right)^n+\left(\dfrac{1}{x^2}+x\right)^n$（$n$ 是正整数）的高度，需把它化为 $C_n^0\left(x^{2n}+\dfrac{1}{x^{2n}}\right)+C_n^1\left(x^{2n-3}+\dfrac{1}{x^{2n-3}}\right)+\cdots+C_n^r\left(x^{2n-3r}+\dfrac{1}{x^{2n-3r}}\right)+\cdots+C_n^n\left(x^n+\dfrac{1}{x^n}\right)$ 的形式，利用 $y=x^n+\dfrac{1}{x^n}$（n 是正整数）的单调性性质得到相关的结论，题目设计流畅，很好地体现了知识生长的过程，也给考生提供了解题“脚手架”。尽管最终的结果省略了证明的过程，看似猜想，但没有前两题的铺垫，没有对“题根”的透彻理解和把握，就很难找到解题的方向。本题的高明之处就在于：有抓手，让学生从简单情形出发，每个人都“有事可做”；有梯度，由低到高，层层深入，步步为营；有区分度，不同数学能力的学生都有可能达到自己应有的高度，但又很难投机取巧。这给中学教学鲜明的导向：重视基

① [美]波利亚. 怎样解题[M]. 阎育苏，译. 北京：科学出版社，1982：33.

础，重视知识网络的构建，重视数学思想的运用，弄清知识的发生过程，数学思维才能落地生根。

顺着本题的变化拓展思路，还可以以基本结论为"题根"，如图 51，通过增加制约条件，揭示题目可能的变化路径和情形，把与"勾形函数"相关的重要问题"一网打尽"，达到"牵一发而动全身"、事半功倍的效果。

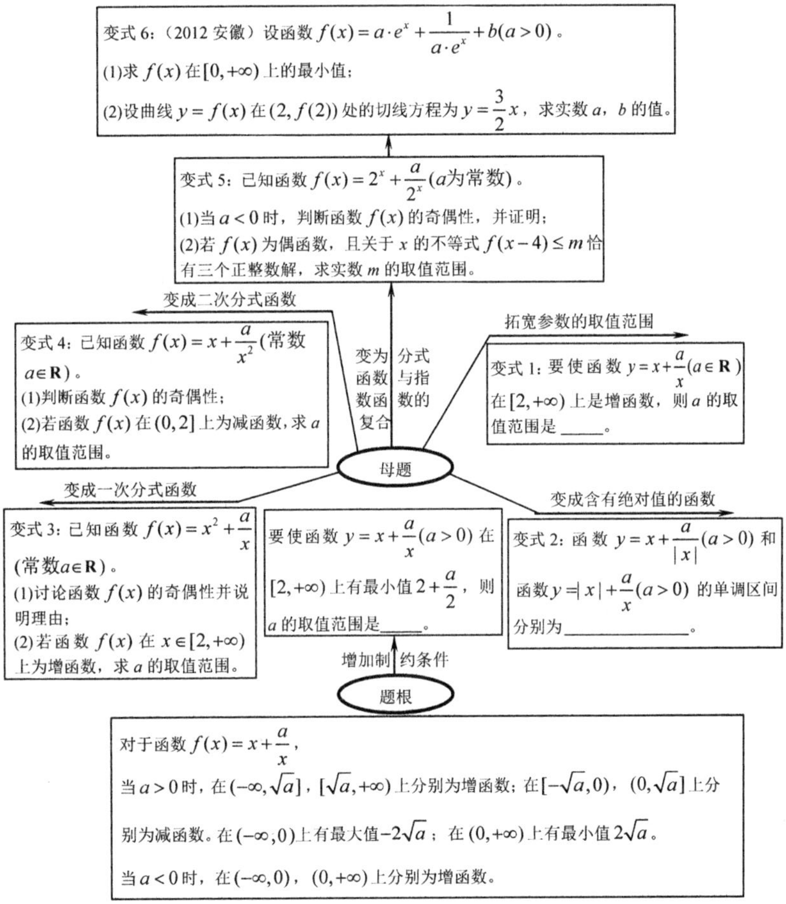

图 51

评注　图 51 由"勾形函数"的单调性出发，把与"勾形函数"形似、神似的问题进行了很好的整合。尽管题目的形式、设问的方式各不相同，但这些题目却具有相同的"基因”，它们的“根”都是“勾形函数”单调性这一基本性质，这也是另一种形式的知识网络图。很多时候，“擒贼先擒王”还是很有道理的，只要抓住了“题根”，就“俘获”了整个题族、题群，弄清了题解的来龙去脉。事半功倍，何乐而不为？

二、“刷题”也要讲技巧

“刷题”是网络语言，意思是使用题海战术不停地做题。一个“刷”字将现代人急切的功利心体现得淋漓尽致。“刷”之意在于追求效率，通过不断重复某种操作而获得游戏中有价值的奖励和刺激。

美国奥数队现任主教练罗博深是1999年国际数学奥林匹克比赛银牌得主。从参赛队员，到两届国际数学奥赛主教练，罗博深对做数学题感触颇深。他认为刷题是学生学习的一种方式，不必大惊小怪，但刷题也是技术活，不是想“刷”就能“刷”好。所选题目的难度务必与学生的实际能力相匹配，因为真正有效的刷题不是在同一个知识点或同一种方法上重复很多相同难度的题，而是要做一些需要花费一定时间才能解出的题，这才是有效的学习方法。他评价中国式数学教育特别强调打基础，而美国奥数培训更突出创造力的培养，鼓励学生循序渐进地做那些有难度但并非不可能解出的题目，并找出与众不同的解题方法。对学生有挑战的题目可以激发学生对数学的兴趣，学生“不应该做那些做对几率达到90%以上的题目，而应当把更多的精力用在那些做对可能性在25%～75%的题目”，在同一水平层次上的反复练习无助于数学能力的提升。①

在同一水平层次上反复练习的作用主要体现在提高熟练度。提高解题速度，对中国现行高考还是很有用的。在现行高考制度下，学生脱离“题海”是不现实的，只是如何找准前进的方向，减少不必要的低效、无效甚至负效劳动，提高做题的质量、效率和效益，还大有文章可做。高考是学生综合素质的较量，没有相应的速度，没有把相关知识甚至题型达到“自动化”的程度，考试肯定不占优势。一般说来，基础好的学生对所做的题目都有一定的判断和识别能力，能够估猜出这道题难度如何，有没有做的必要，以前有没有遇到过类似题，可以用什么方法、思路去处理。有了这样的思维过程，解题的方向就比较明确，速度也会明显加快，速度快了又可以刷更多的题，难度也可以根据自己的需要进行调整。一旦进入良性循环的节奏，学习成绩和效率也就自然上去了。

如何选择练习题？怎样减少练习的题量，又不影响训练的效果？怎样的数学题才是好题目、有价值的题目？

好题目不在于题目的难度和新颖程度，而在于符合自己的学习实际，在于方法的典型意义，在于击中教材的重点，在于抓住平时学习中的“常见病”“多发病”，紧扣知识的

① 吴妍娇. 两次带领美国奥数队夺冠的主教练说，我不反对刷题[DB/OL]. http://mt.sohu.com/20160811/n463641462.shtml.

易混点、易错点。解题过程中的许多错误不是孤立的错误，而是对概念、公式、定理等知识的误解。因此，减负的前提是自己对自身的学习状况心知肚明，然后根据需要有所取舍。基础较好的学生，可以主动舍弃那些已经掌握的、内容重复的题目，把更多的精力放在自己薄弱环节上的问题，跳一跳够得着的问题，有典型意义、能够"扩散"的问题。基础较差的学生更要学会舍弃，要知道"基础夯实了，难题才能有所为"的道理。从学习任务达成的角度讲，同样学了一小时数学，有人领悟了一个高考常考的重点内容，有人硬啃一个高考从未要求的冷僻难点，日积月累下来，前者对高考考点的掌握程度肯定远大于后者。盲目的在那些不重要的题目、自己能力达不到的题目上倾注了太多的时间和精力，才会觉得数学难，觉得学习量大，这也是很多人畏惧数学、半途而废的原因。毕竟高考的压力大，每节课、每道题都要"精打细算"，尽可能减少无谓浪费，把应付题海的时间省下来，又可以做更多的自己感兴趣、有意义的事情。

高中新课程改革变革期也会出现类似的情况：已经弱化的旧内容舍不得放，旧要求舍不得降，新增的又在拼命加，学生苦不堪言，教师疲于应付，备课的时间、精力少了，又会导致恶性循环。

为什么很多人不敢舍弃那些不重要的问题？这固然跟备课的精细度和教学水平相关，但更重要的是心态。常有人说，高考考的是同一张试卷，凭什么同样的题目让张三做而不让李四做？这不公平！以这种心态学习，肯定会在对自己不重要的题目上浪费大量的时间。要做的题过多会让人失去耐心，遇到对自己真正有用的题目反而提不起精神。所以，"刷题"也要讲技巧，减负不仅是为了学生，也是为了教师；教师不仅要会做加法，还要会做减法，能减则减，能简则简。

舍恩菲尔德(Alan H. Schoenfeld，1994)提出"好的数学问题"的五条标准，得到社会的普遍认可：

一是容易接近。表述自然流畅，题意一目了然，解决问题不需要太多的技巧，方法大众化、常规化。在问题入口处不需要太多正规的背景、特殊的知识或者方法，不让学生被复杂的背景所限制。

二是有多重解题方法。通常可以从多种途径去解剖，而且不只是简单地得到一个答案，更重要的是发现数学的关联和思想，学会控制和选择，锻炼思维的灵活性，激发求知的渴望。

三是蕴含了重要的数学思想。突出通性通法，从小的视角出发，力求反映一个大的问题，说明一个大的观点，让解题者领悟一个大的意境，真正促进数学基础知识和基本技能的掌握。

四是不故意设陷阱。人为设置过多的陷阱，会使学生过于谨小慎微，缺乏创新的勇气和胆量。教师不宜在与数学本质关系不大的那些细枝末节上纠缠，不刻意制造无聊的陷阱去"套"学生、坑学生。

五是可以进一步开展和一般化。这也是最重要的一条原则，问题应该成为丰富的数学探究活动的起点，让解题者不仅有成功的乐趣、心灵的震撼，还有继续回味、深入思考、将问题穷尽的冲动。

数学“好题”首先要满足“好的数学问题”的基本要求，具有趣味性、探究性、开放性和挑战性等共性特征，同时又具有自身特色。数学问题的知识涵盖范围广，甚至可以跨学科、跨领域；而数学习题则受到课程标准、教学目标的制约，“好的数学问题”不一定是数学“好题”。数学习题是教学内容的常规训练，是对课本知识的巩固和运用，必须围绕教材内容和教学要求，具有很强的指向性和目的性，它直接为教学服务，为教学目标的达成服务。数学习题所受到的这些制约，客观上对教师提出了更高的要求，要在茫茫题海中，选择或编制既适合具体的教学内容或者教学目标要求，又能够有效训练学生思维的练习题，这是每个数学教师每天要做的基础工作，也是教师数学素养、数学能力的具体体现。① 真正的好题，一定是可以“借题发挥”的题目，可以从多层次、广视角、全方位地认识、研究的题目，可以一题多解、多题一解、一题多变的题目。这样的题目，可以通过不同的思考角度、不同的解题策略，发展学生观察、想象、探索、思维的能力。

以下案例可以让我们看到好题的产生过程。

【案例 37】

抛物线焦点弦的性质

苏教版选修 2-1 教材第 49 页习题 9：设过抛物线 $y^2=2px$ 的焦点的一条直线和抛物线有两个交点，且两个交点的纵坐标为 y_1, y_2，求证：$y_1y_2=-p^2$。

分析 本题的原型是 2006 年高考重庆文科卷第 22 题：对每个正整数 n，$A_n(x_n, y_n)$ 是抛物线 $x^2=4y$ 上的点，过焦点 F 的直线 FA_n 交抛物线于另一点 $B_n(s_n, t_n)$。试证：$x_ns_n=-4(n\geqslant 1)$。

在本题基础上，可以得到 2015 年福建高考文科卷第 19 题：

如图 52，已知点 F 为抛物线 E：$y^2=2px(p>0)$ 的焦点，点 $A(2,m)$ 在抛物线 E 上，且 $|AF|=3$。

(1) 求抛物线 E 的方程；

(2) 已知点 $G(-1,0)$，延长 AF 交抛物线 E 于点 B，证明：以点 F 为圆心且与直线 GA 相切的圆，必与直线 GB 相切。

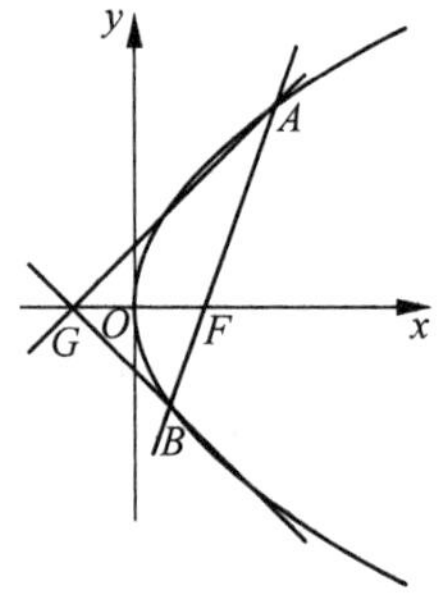

图 52

分析 以 F 为圆心且与直线 GA 相切的圆必与直线 GB 相切，也就意味着点 F 到直线 GA，GB 的距离相等，故只要证明 $\angle AGF=\angle BGF$ 即可。

① 冯启磊. 对教师选择和编制中学数学习题的案例分析[J]. 北京教育学院学报(自然科学版)，2010(2)：16-22.

本题所得的抛物线方程为 $y^2=4x$，G 点与 F 点是关于 y 轴的对称点，也就是说 G 点是抛物线的准线与 x 轴的交点。那么，本题的结论是否具有一般性呢？

设抛物线的方程为 $y^2=2px$，则 $F\left(\frac{p}{2},0\right)$，$G\left(-\frac{p}{2},0\right)$。

设 AB 方程为 $my=x-\frac{p}{2}$，$A(x_1,y_1)$，$B(x_2,y_2)$，

则由 $y^2-2pmy-p^2=0$，得 $y_1y_2=-p^2$。

此时 $k_{AG}=\dfrac{y_1-0}{x_1+\frac{p}{2}}$，$k_{BG}=\dfrac{y_2-0}{x_2+\frac{p}{2}}$，$k_{AG}+k_{BG}=\dfrac{y_1\left(x_2+\frac{p}{2}\right)+y_2\left(x_1+\frac{p}{2}\right)}{\left(x_1+\frac{p}{2}\right)\left(x_2+\frac{p}{2}\right)}$，

又 $y_1\left(x_2+\frac{p}{2}\right)+y_2\left(x_1+\frac{p}{2}\right)=y_1\left(\frac{y_2^2}{2p}+\frac{p}{2}\right)+y_2\left(\frac{y_1^2}{2p}+\frac{p}{2}\right)$

$=\frac{y_1y_2}{2p}(y_1+y_2)+\frac{p}{2}(y_1+y_2)=\frac{-p^2}{2p}(y_1+y_2)+\frac{p}{2}(y_1+y_2)=0$。

所以，$k_{AG}+k_{BG}=0$，故 x 轴平分 $\angle AGB$。

再思考：如果不是连接 GA，而是连接 OA，情况又怎么样？

这就是苏教版选修 2－1 教材第 63 页习题 6，也是 2001 年高考全国理科卷第 19 题：

如图 53，设抛物线 $y^2=2px(p>0)$ 的焦点为 F，经过点 F 的直线交抛物线于 A，B 两点，点 C 在抛物线的准线上，且 $BC/\!/x$ 轴。证明直线 AC 经过原点 O。

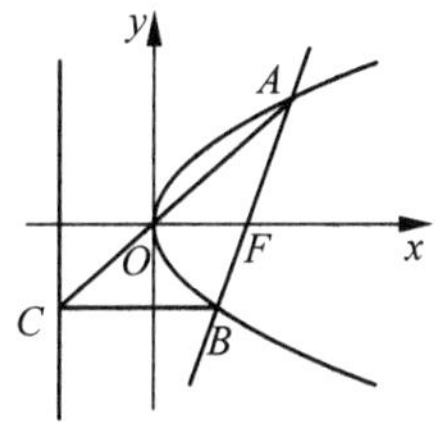

图 53

反过来，若直线 AO 交抛物线的准线于点 C，则 $BC/\!/x$ 轴。命题也成立。

把这些命题聚集在一起，发现它们都与抛物线的焦点弦有关。对相关图形及其性质的深入探讨，可以帮助学生形成解题模式，快速激活解题思路，看清命题意图。

由这样一道课本题，还可以变化出下列问题：

过抛物线 $y^2=2px(p>0)$ 焦点 F 的一条直线 l 和此抛物线相交，两个交点的坐标分别为 $A(x_1,y_1)$，$B(x_2,y_2)$。则：

(1) $x_1x_2=$ ________；$\overrightarrow{OA}\cdot\overrightarrow{OB}=$ ________。

结合 $\overrightarrow{OA}\cdot\overrightarrow{OB}=|\overrightarrow{OA}||\overrightarrow{OB}|\cos\theta$（$\theta$ 是 $\overrightarrow{OA}$，$\overrightarrow{OB}$ 的夹角）及三角形面积公式，得：

(2) 设 $\overrightarrow{OA}$，$\overrightarrow{OB}$ 的夹角为 θ，$\triangle AOB$ 的面积为 S，写出函数 $S=S(\theta)$ 的解析式，并求该函数的定义域和值域。

这是学生应知应会的常用结论。

2014 年新课标全国卷Ⅱ理科第 10 题：设 F 为抛物线 C：$y^2=3x$ 的焦点，过 F 且倾

斜角为 30°的直线交 C 于 A,B 两点，O 为坐标原点，则$\triangle OAB$ 的面积为________。

2012 年重庆卷理科第 14 题：过抛物线 $y^2=2x$ 的焦点 F 作直线交抛物线于 A,B 两点，若$|AB|=\frac{25}{12}$，$|AF|<|BF|$，则$|AF|=$________。

由点 A,B 处的切线斜率分别为$\frac{p}{y_1}$和$\frac{p}{y_2}$，而$\frac{p}{y_1}\cdot\frac{p}{y_2}=-1$，从这道题又可得到：

(3) 抛物线在 A,B 两点处的切线互相垂直。

求出两条切线的方程后，还可以求得它们的交点为$\left(\frac{y_1y_2}{2p},\frac{y_1+y_2}{2}\right)$，即$\left(-\frac{p}{2},\frac{y_1+y_2}{2}\right)$。由此得：

(4) 抛物线在 A,B 两点的切线 l_1,l_2 和该抛物线的准线共点。(如图 54)。

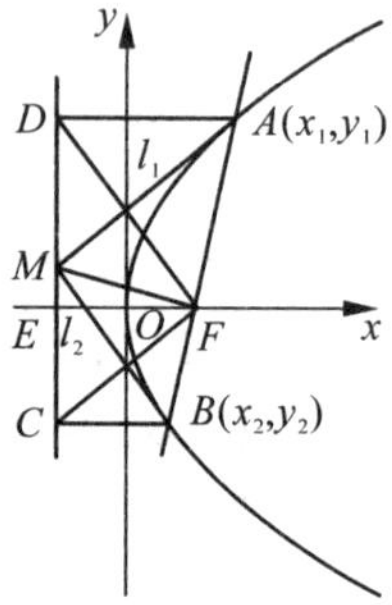

图 54

(5) 以抛物线焦点弦的两个端点为切点的切线与准线的交点恰好是直角梯形 $ABCD$ 腰的中点。

由第(3)(4)两题，又会产生新的联想：

(6) 过抛物线准线上一点作抛物线的两条切线，那么这两条切线互相垂直，并且两个切点与焦点三点共线。

(7) 若抛物线的两条切线互相垂直，那么它们的交点必在准线上，切点弦过抛物线的焦点。

这组结论又是不少高考题的“题根”，可以通过模式识别提高解题的速度和质量。

如 2009 年湖北卷理科第 20 题：

过抛物线 $y^2=2px(p>0)$的对称轴上一点 $A(a,0)(a>0)$的直线与抛物线相交于 M,N 两点，自 M,N 向直线 $l:x=-a$ 作垂线，垂足分别为 M_1,N_1。

(i) 当 $a=\frac{p}{2}$时，求证：$AM_1\perp AN_1$；

(ii) 记$\triangle AMM_1$，$\triangle AM_1N_1$，$\triangle ANN_1$ 的面积分别为 S_1,S_2,S_3，是否存在λ，使得对任意的 $a>0$，都有 $S_2^2=\lambda S_1S_3$ 成立。若存在，求出λ的值；若不存在，说明理由。

评注 这道题涉及的图形与图 54 相似。

由抛物线的定义，直角梯形 MNN_1M_1 的斜腰的长度恰好等于上下两底的和。

这个直角梯形有哪些重要特征呢？

利用平面几何的知识，可以对这个基本图形进行深挖。

如图 55 的①和②，以直角梯形 MNN_1M_1 的直角腰 M_1N_1 为直径的圆与斜腰 MN 相切，切点恰好是抛物线的焦点 F，M_1N_1 就是抛物线的准线；以斜腰 MN 为直径的圆与直角腰 M_1N_1 相切，切点恰好是直角腰 M_1N_1 的中点。

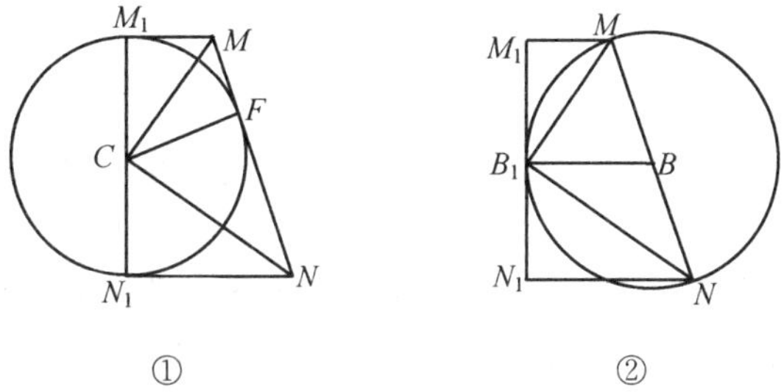

图 55

那么，抛物线怎么作？

先在直角梯形 MNN_1M_1 的斜腰 MN 上确定焦点 F 的位置，再从点 F 作直角腰 M_1N_1 的垂线，垂线段的中点就是抛物线的顶点。如图 56 的①和②。

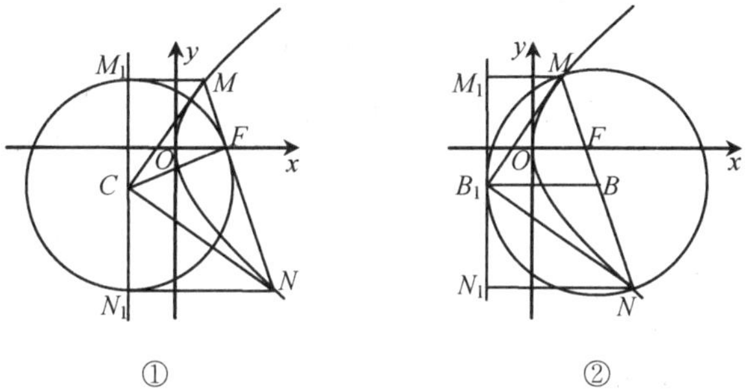

图 56

从平面几何的角度看抛物线，可以理顺初高中知识之间的关系，让学生对抛物线有了更为感性和深刻的印象。以下问题也可以更直观地理解：

(8) 若以焦点弦 MN 为直径的圆交抛物线的准线于点 B_1，则 MB_1 和 NB_1 是抛物线的切线。

(9) 以焦点弦 AB 为直径的圆与抛物线的准线相切。

(10) 设点 M,N 在准线上的射影分别为点 M_1,N_1。则 $M_1F\perp N_1F$。

(11) 以 M_1N_1 为直径的圆与焦点弦 MN 切于焦点 F。

此时，再回头看中考试题，居高临下的感觉就会油然而生。

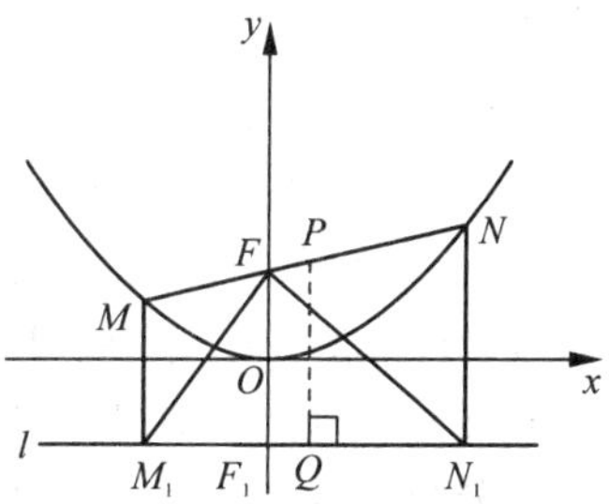

图 57

2011 年湖北黄冈中考第 24 题：如图 57，过点 $F(0,1)$ 的直线 $y=kx+b$ 与抛物线 $y=\frac{1}{4}x^2$ 交于 $M(x_1,y_1)$ 和 N

(x_2,y_2)两点。其中 $x_1<0,x_2>0$。

(i) 求 b 的值；

(ii) 求 x_1x_2 的值；

(iii) 分别过 M,N 作直线 $l:y=-1$ 的垂线，垂足分别是 M_1 和 N_1，判断$\triangle M_1FN_1$ 的形状，并证明你的结论；

(iv) 对于过点 F 的任意直线 MN，是否存在一条定直线 m，使 m 与以 MN 为直径的圆相切？如果有，请求出这条直线 m 的解析式；如果没有，请说明理由。

分析 这道题被认为是中考难题的压轴题，也只是不露声色地考查了抛物线焦点弦的一些简单性质。站在高中数学的角度，借助前面的结论，可以迅速发现：点 $F(0,1)$ 和直线 $y=-1$ 分别是抛物线 $y=\frac{1}{4}x^2$ $(x^2=4y)$的焦点和准线。

2016 年江苏省海安市初中教师教学比赛，要求参赛教师“说题”：

如图 58，在平面直角坐标系中，直线 l_1 过点 $B(0,-1)$，且平行于 x 轴，直线 l_2 过点 $C(0,-2)$，交直线 l_1 于点 D，$\tan\angle BCD=\frac{4}{3}$，点 A 与点 B 关于 x 轴对称，点 P 为抛物线 $y=\frac{1}{4}x^2$ 上一动点，$PQ\perp l_1$ 于点 Q。

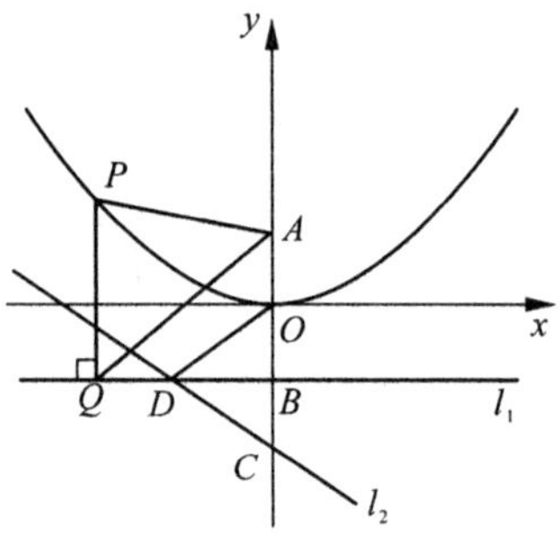

图 58

(i) 求直线 l_2 的函数关系式；

(ii) 连接 PA,AQ,OD，是否存在点 P，使得$\triangle PAQ$ 与$\triangle OCD$ 相似？若存在，求出点 P 坐标；若不存在，请说明理由；

(iii) 当点 P 到直线 l_1 与直线 l_2 的距离之和最短时，求出点 P 坐标及最短距离。

分析 在高中教师眼里，这道题同样不是难题。对图形的识别和对关键要素的理解可以让所学知识融会贯通，得心应手。

问题(8)～(11)也为高考压轴题的命制提供了丰富的资源。

2010 年浙江卷文科第 22 题：已知 m 是非零实数，抛物线 $C:y^2=2px(p>0)$的焦点 F 在直线 $l:x-my-\frac{m^2}{2}=0$ 上。

(i) 若 $m=2$，求抛物线 C 的方程；

(ii) 设直线 l 与抛物线 C 交于 A,B 两点，过 A,B 分别作抛物线 C 的准线的垂直，垂足为 A_1,B_1，$\triangle AA_1F$，$\triangle BB_1F$ 的重心分别为 G,H，如图 59。求证：对任意非零实数 m，抛物线 C 的准线与 x 轴的交点在以线段 GH 为直径的圆外。

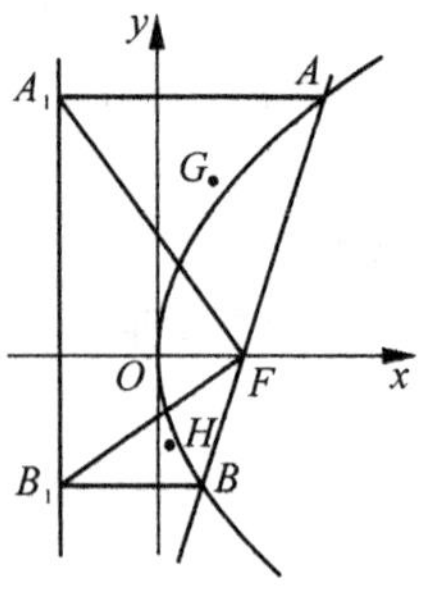

图 59

分析 本题的图形及主要知识点都和本案例列出的苏教版选修 2-1 教材第 63 页习题 6，也就是 2001 年高考题相关联。在图 54

中，设点 A,B 在准线上的射影分别为点 D,C，则点 M 为 DC 的中点。还可以发现如下结论：

(12) 点 A 处的切线 AM 与 FD 垂直，且 AM,FD,y 轴三线共点。

(13) 点 A 处的切线 $AM/\!/FC$。

(14) 若过抛物线的焦点 F 作焦点弦 AB 所在直线的垂线交准线于 M，则 MA 与抛物线只有一个交点(相切)。

(15) 设抛物线在点 A 处的切线 l_1 交准线于 M，则 $MF\perp AB$。

(16) 设抛物线在 A,B 两点处的切线 l_1,l_2 的交点为 M，$|FA|=m$，$|FB|=n$。则用 m,n 可以将 $\triangle AMB$ 的面积 S 表示为________，S 的最小值为________。

由上述几个问题，又可以得到 2016 年全国卷Ⅲ理科 20 题：已知抛物线 $C:y^2=2x$ 的焦点为 F，平行于 x 轴的两条直线 l_1,l_2 分别交 C 于 A,B 两点，交 C 的准线于 P,Q 两点。

(i) 若 F 在线段 AB 上，R 是 PQ 的中点，证明：$AR/\!/FQ$；

(ii) 若 $\triangle PQF$ 的面积是 $\triangle ABF$ 的面积的两倍，求 AB 中点的轨迹方程。

还可以得到 2006 年全国卷Ⅱ理科第 21 题：已知抛物线 $x^2=4y$ 的焦点为 F，A,B 是抛物线上的两个动点，且 $\overrightarrow{AF}=\lambda\overrightarrow{FB}(\lambda>0)$，分别过 A,B 两点作抛物线的切线，设其交点为 M。

(i) 证明：$\overrightarrow{FM}\cdot\overrightarrow{AB}$ 为定值；

(ii) 设 $\triangle ABM$ 的面积为 S，用 λ 表示 S，写出 $S=f(\lambda)$ 的表达式，并求出 S 的最小值。

抛物线的这些性质，还可以通过类比猜想推广到椭圆和双曲线。

如图 60，在椭圆和双曲线中，有：

(i) 过椭圆(双曲线)的右准线上一点作椭圆(双曲线)的两条切线，则两切点及右焦点三点共线。

(ii) 过椭圆(双曲线)的右焦点 F 作直线交椭圆(双曲线)于 A、B 两点，则椭圆(双曲线)在 A,B 两点的切线与椭圆(双曲线)的右准线三线共点。

(iii) 过椭圆(双曲线)的右焦点 F 作直线交椭圆(双曲线)于 A,B 两点，过 F 作直线 AB 的垂线交椭圆(双曲线)右准线于点 M，则 MA,MB 是椭圆(双曲线)的切线。

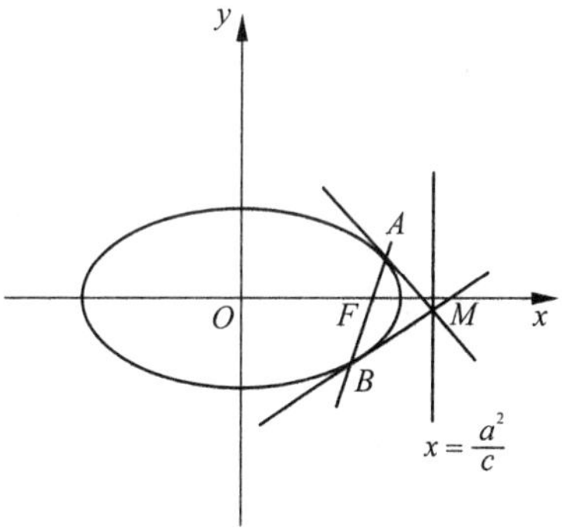

图 60

高考题中也常有这些问题的影子。

2012年安徽卷理科第20题：如图61，$F_1(-c,0)$，$F_2(c,0)$分别是椭圆C：$\frac{x^2}{a^2}+\frac{y^2}{b^2}=1(a>b>0)$的左、右焦点，过点$F_1$作$x$轴的垂线交椭圆的上半部分于点$P$，过点$F_2$作直线$PF_2$的垂线交直线$x=\frac{a^2}{c}$于点$Q$。

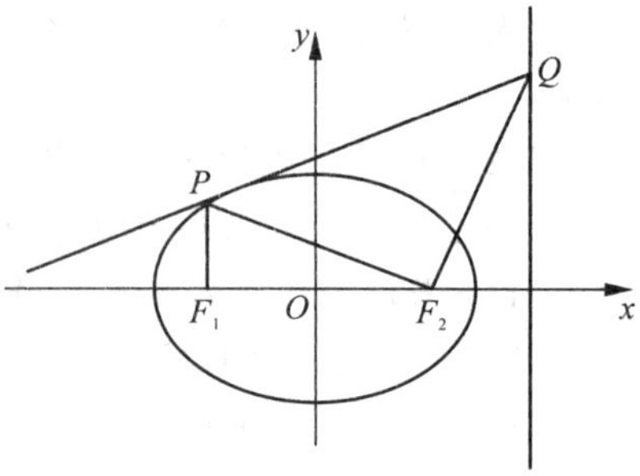

图 61

(i) 若点Q的坐标为(4,4)，求椭圆C的方程；

(ii) 证明：直线PQ与椭圆C只有一个交点。

评注 一道课本题让解析几何的众多内容紧密相连。抛物线的焦点弦问题与平面几何中特殊直角梯形的性质相关，也与导数、向量、函数等知识相关，还与椭圆、双曲线等圆锥曲线的性质相通。这些经典题基本符合数学"好题"的标准，简洁平和，解法多样，具有较强的探究性和延展性，层次感也非常清楚，对不同基础的学生都有很好的促进作用。

挑选数学"好题"不仅是数学教师的事情，学生也同样可以有所作为。学生在"茫茫题海"中打捞出属于自己的数学"好题"，也是一举多得的大好事，选择的过程本身就是一个学习反思、总结提升的过程。

每学期期末考试前一个月，海安中学老师都会布置学生出一份模拟卷(如图62)，告诉他们所涉及的各个知识点的分值占比、难度要求，让学生结合自己对所学知识的理解，回忆平时学习的重点，兼顾自己平时的易错点，可以参照现成资料，也可以体现个性特色，鼓励自编"原创题"。试卷中既有课外题，又有课本题，还要有平时的作业题、练习题；既有难题，又有容易题，尽可能把自己平时没有能解决好的问题放进去，并且按难度顺序排列；既考虑知识的覆盖面，又突出重点，还要给出评分细则(如图63)。学生站到命题老师的角度，可"神气"了，但要拿出一份像样的试卷并不是容易的事，他们必须熟悉试卷的命制规则，认真梳理平时的笔记、作业，研究现成试卷的命制格式和命题意图，认真打磨每一个细节。

在试题命制完成后，老师们还让学生"推磨"解答试题，命题者为试题的解答评分，解答者根据自己的答题体验对整份试卷的命制质量进行评估。并且规定：解答者期末得分与模拟卷得分差距较小的试卷为优秀试卷，与期末试卷关联度较大的试题为优秀试题。

老师们跟学生有一个约定：自主命题工作做得好的同学，期末复习的作业可以选做甚至不做；如果全班期末考试成绩有进步，统一布置的假期作业就减少一半。整个期末复习，学生的学习从被动应付到主动应对，尽管最终交给教师的作业比兄弟班级少，但作业量一点不比别人少；考试成绩不仅没有退，还在不断进步。

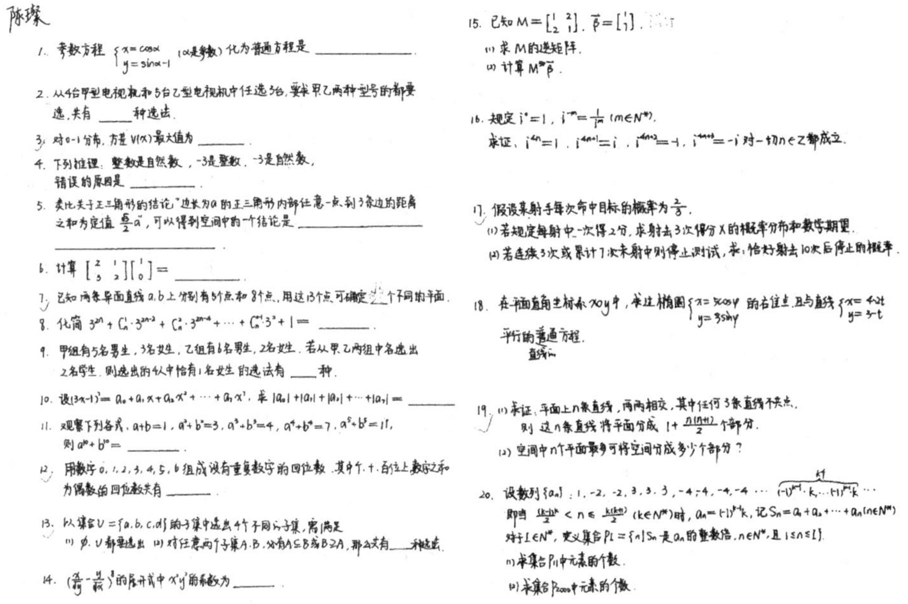

陈璨

1. 参数方程 $\begin{cases}x=\cos\alpha\\ y=\sin\alpha-1\end{cases}$（$\alpha$是参数）化为普通方程是________．

2. 从4台甲型电视机和5台乙型电视机中任选3台，要求甲乙两种型号的都要选，共有____种选法．

3. 对0-1分布，方差 $V(X)$ 最大值为______．

4. 下列推理：整数是自然数，-3是整数，-3是自然数，错误的原因是________．

5. 类比关于正三角形的结论"边长为a的正三角形内部任意一点到3条边的距离之和为定值 $\frac{\sqrt{3}}{2}a$"，可以得到空间中的一个结论是________________．

6. 计算 $\begin{bmatrix}2&1\\3&2\end{bmatrix}\begin{bmatrix}1\\0\end{bmatrix}=$______．

7. 已知两条异面直线a，b上分别有5个点和8个点，用这13个点可确定____个不同的平面．

8. 化简 $3^{2n}+C_n^1\cdot3^{2n-2}+C_n^2\cdot3^{2n-4}+\cdots+C_n^{n-1}\cdot3^2+1=$______．

9. 甲组有5名男生，3名女生，乙组有6名男生，2名女生．若从甲乙两组中各选出2名学生，则选出的4人中恰有1名女生的选法有____种．

10. 设 $(3x-1)^7=a_0+a_1x+a_2x^2+\cdots+a_7x^7$，求 $|a_0|+|a_1|+|a_2|+\cdots+|a_7|=$______．

11. 观察下列各式，$a+b=1$，$a^2+b^2=3$，$a^3+b^3=4$，$a^4+b^4=7$，$a^5+b^5=11$，则 $a^{10}+b^{10}=$______．

12. 用数字0，1，2，3，4，5，6组成没有重复数字的四位数，其中个、十、百位上数字之和为偶数的四位数共有______．

13. 从集合 $U=\{a,b,c,d\}$ 的子集中选出4个不同的子集，需同时满足：(1) $\varnothing$，U都要选出；(2) 对任意两个子集A，B，必有 $A\subseteq B$ 或 $B\supseteq A$，那么共有____种选法．

14. $\left(\frac{x}{2}-\frac{y}{3}\right)^5$ 的展开式中 x^2y^3 的系数为______．

15. 已知 $M=\begin{bmatrix}1&2\\2&1\end{bmatrix}$，$\vec{\beta}=\begin{bmatrix}1\\7\end{bmatrix}$．
(1) 求M的逆矩阵．
(2) 计算 $M^5\vec{\beta}$．

16. 规定 $i^0=1$，$i^{-m}=\frac{1}{i^m}$（$m\in N^*$），求证：$i^{4n}=1$，$i^{4n+1}=i$，$i^{4n+2}=-1$，$i^{4n+3}=-i$ 对一切 $n\in Z$ 都成立．

17. 假设某射手每次命中目标的概率为 $\frac{2}{3}$．
(1) 若规定每射中一次得2分，求射击3次得分X的概率分布和数学期望．
(2) 若连续3次或累计7次未射中则停止测试，求：恰好射击10次后停止的概率．

18. 在平面直角坐标系xOy中，求过椭圆 $\begin{cases}x=5\cos\varphi\\ y=3\sin\varphi\end{cases}$ 的右焦点，且与直线 $\begin{cases}x=4-2t\\ y=3-t\end{cases}$ 平行的普通方程．

19. (1) 求证：平面上n条直线，两两相交，其中任何3条直线不共点，则这n条直线将平面分成 $1+\frac{n(n+1)}{2}$ 个部分．
(2) 空间中n个平面最多可将空间分成多少个部分？

20. 设数列 $\{a_n\}$：1，-2，-2，3，3，3，-4，-4，-4，-4，…，$\underbrace{(-1)^{k-1}k,\cdots,(-1)^{k-1}k}_{k个}$，…即当 $\frac{(k-1)k}{2}<n\le\frac{k(k+1)}{2}$（$k\in N^*$）时，$a_n=(-1)^{k-1}k$，记 $S_n=a_1+a_2+\cdots+a_n$（$n\in N^*$）．对于 $l\in N^*$，定义集合 $P_l=\{n\mid S_n$ 是 a_n 的整数倍，$n\in N^*$，且 $1\le n\le l\}$．
(1) 求集合 P_{11} 中元素的个数．
(2) 求集合 P_{2000} 中元素的个数．

图 62

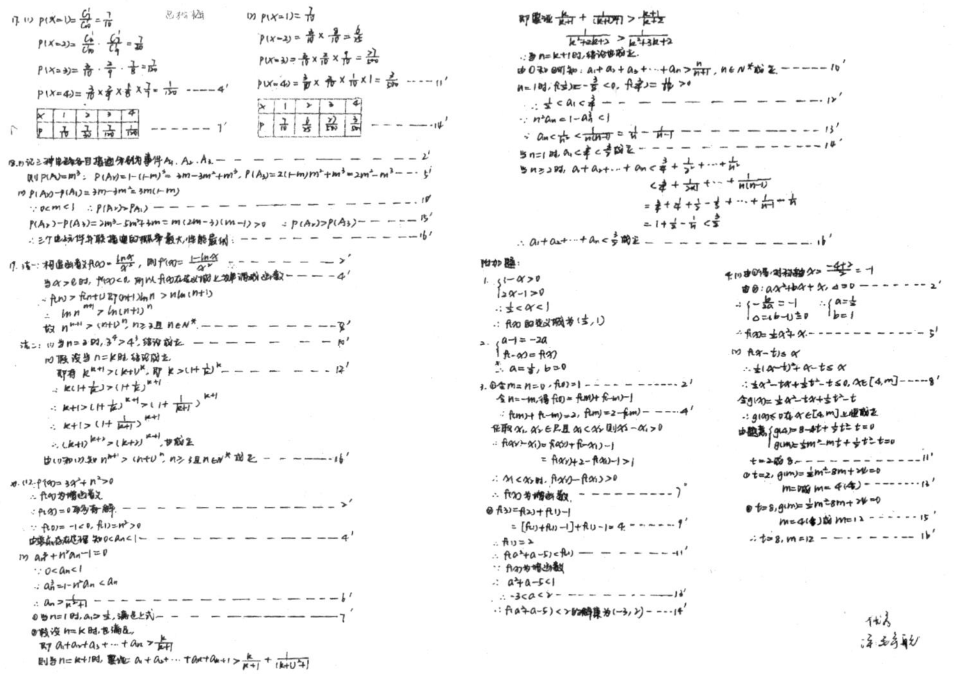

图 63

海安中学还给每个学习小组配备了“好题共赏本”，要求每个成员每周向小组贡献一道自己在本周遇到的好题目，让同组同学共同研讨。每次单元检测时，教师都尽量从“好题共赏本”中选用不同小组、不同学生提供的题目，并在每道题目后都注上供题者的姓名。期末复习时，学生提供的题目优先作为教学用题，供题者也被邀请登场讲评。

多年尝试发现，这种自主命题、选题的方式，学生学习的热情、兴趣被充分地激发，尽管教师没有强求，但“无声胜有声，无招胜有招”，学生自主钻研和总结消化的时间比以前更多，劲头也更足。在试卷命制过程中，学生熟悉了命题的流程和要求，知道了答题规范的重要性，在从“学会”到“会学”的征程上又迈出了可喜的一步。

三、借助技术促精准

作业批改、讲评、矫正是教学的重要环节，也是巩固教学内容、提升解题能力、形成数学素养的重要途径。传统的作业批改方法诊断功能比较弱，教师对学生错误的诊断基本上“凭感觉”，对学情的分析停留在经验层面，主观判断的成分多，客观定量的依据少。细心的教师会通过画“正”字的方法统计各题做错的人数，但对哪些学生出错一般不会专门记录，即使记录下来，怎么去跟进指导也常常是大而化之，不了了之，诊断的精准度低，跟踪性差，教学价值也就大大降低。

为了解决作业批改过程的效度问题，海安中学与科大讯飞股份有限公司、江苏曲速教育科技有限公司、北京会通教育科技有限公司等单位合作，在传统的教师纸质批改结束后，增加了数据扫描采集的程序，让教师更准确地发现存在问题，及时改进课堂教学，也让家长和学生通过对每天作业情况的反馈信息，及时查漏补缺，教师和家长同时参与其中，促进了家校协同配合，也促进了学生学业成绩的不断提升。

几年的实践表明：

1. 新技术没有增加教师太多的负担

命题制卷、考试分析以及部分作业批改、阅卷评卷，都可以交给“机器”进行技术处理。备课组只要花 10 分钟时间，把原来的电子稿转换成数据扫描采集系统规定的格式。作业批阅时，与平时日常阅卷一样给每道题赋上分值，选择题、判断题的判分由系统直接认定。教师批改、评分的过程也是教师对学生作业情况的熟悉过程，这个过程既有利于教师对学生解题步骤的认真把关，也有利于教师对学生作业形成更为清晰的认识，为有针对性的讲评做好准备。在传统的作业批改方式中，负责任的教师会在作业批改结束时再把所有作业翻阅一遍。用了机器以后，教师只要赋分不要结分，可以有更多的时间对学生答题情况进行分析。

2. 新技术给教师教学带来的好处

(1) 对成绩数据的分析更准确

系统能自动统计出整个班级每道题的得分情况，分析出每个学生在班级所处的位置以及成绩变化情况，梳理出需要关注的学生名单。

图 64 为某位数学教师在他的权限中看到的全班学生成绩表，哪些学生没有交作业，哪些学生考试成绩如何、进步还是退步，都一清二楚。

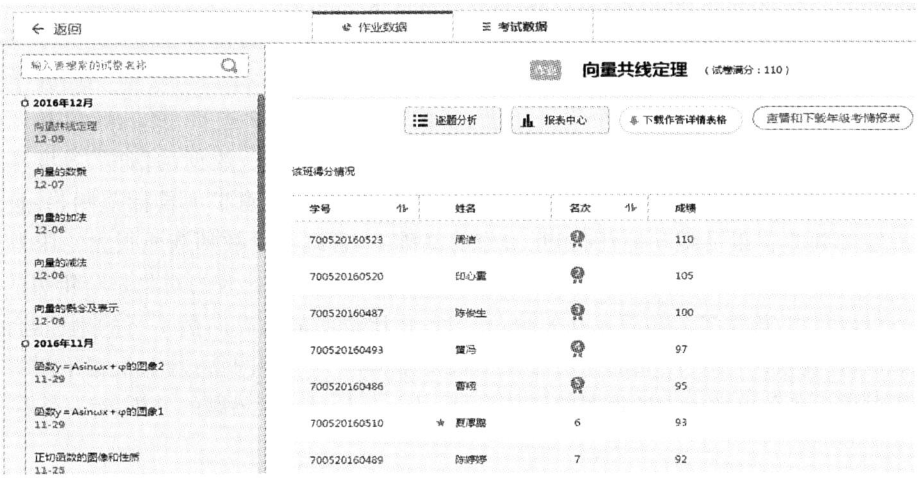

图 64

系统还具有手机 APP 功能，方便教师使用。教师可以从手机上查阅全班每个学生某次测试每道题的答题情况，发现学生的薄弱环节，为个性化辅导奠定基础。

图 65 为某个学生的作业动态跟踪图线，从这些图线中可以发现学生作业质量、考试成绩的变化趋势，帮助分析变化原因。

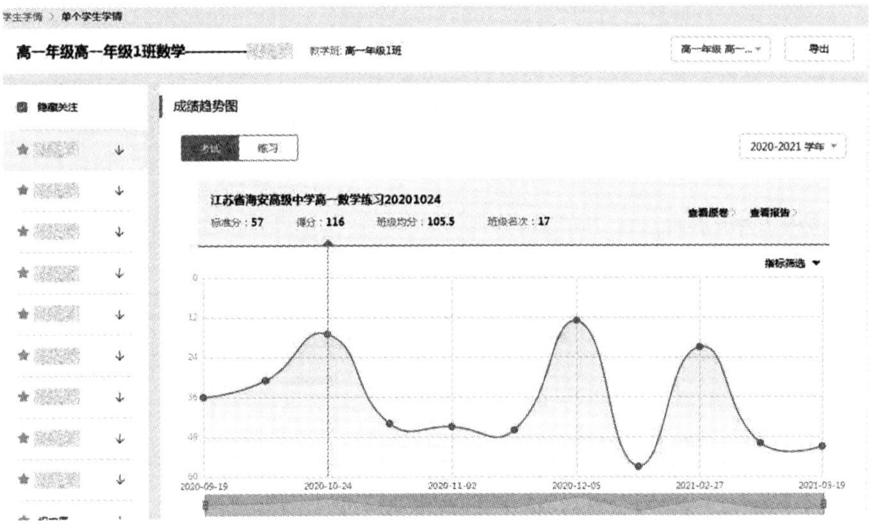

图 65

若能在制卷时标注上每道题涉及的知识点，在多次数据采集以后，系统还会自动生成全班和每个学生的知识点掌握情况分析表，让查漏补缺工作更有依据，更为有效。为了让教师对教学问题有更直观的感受，系统开发了横向对比功能。每次作业扫描后，系统都会把相关数据自动添加到比对表中。教师可以浏览到其他班级的得分情况，查找本班各题得分在年级的排名，这就解决了教师对所教班级缺少参照物的问题，便于发现教学薄弱点，减少对教学情况的误判，让教师多角度、多侧面对自己教学进行总结、反思和调整改进。平时的作业批改由教师独立完成，难免有手松收紧的情况，数据的信度、效度不一定能保证，加上这些数据比较敏感，在使用时要慎之又慎，不能随意扩大传播范围，并且统计分析一定要建立在组员相互信任、相互协作的基础上，否则会给教师造成很大的压力。

图 66 上面为某生一个学期所学知识点掌握情况的统计表，比较的对象是全年级的平均水平。可以看出：该生多个知识点有欠缺，其中差距比较明显的有向量平行的判断与证明，全称量词、存在量词，函数图象的作法等。下面是学科能力掌握的雷达图，根据平时答题情况形成对该生各种数学能力的强弱的评估意见。图 67 是对高频错题的分析，针对性很强。

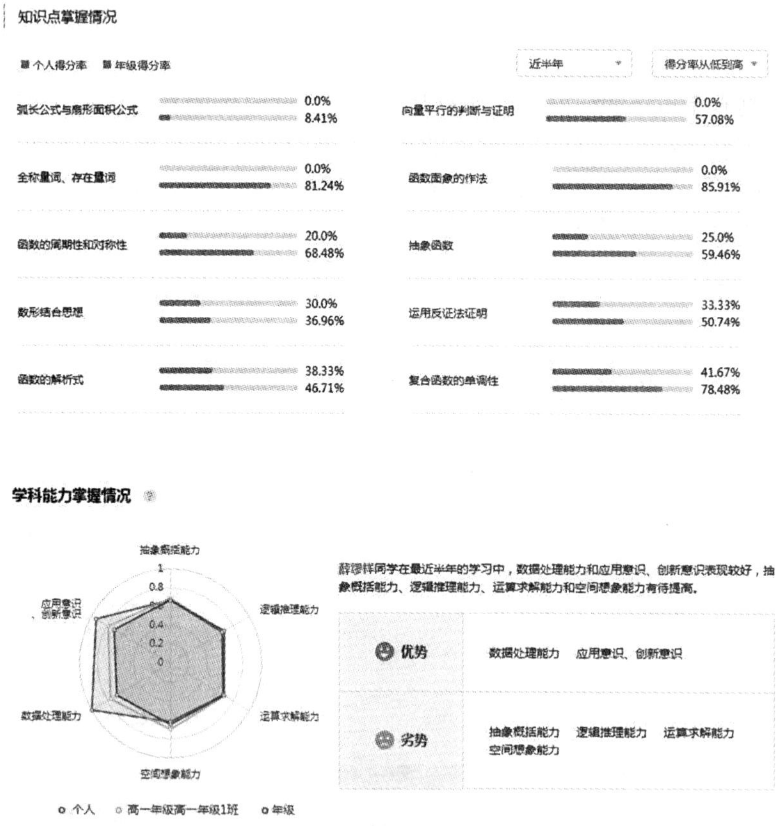

图 66

高频错题 （说明）　　　　了解更多答题信息，查看更多>

题号	题型	知识点	班级得分率	与年级差值	高频错误项
第15题	主观题	弧长公式与扇形面积公式	20.31%	11.9%	--
第16题	主观题	向量的数量积	35.94%	-8.52%	--

图 67

(2) 使教学改进的方向更清晰

系统自动统计出每题的得分情况，便于教师及时找出高频错误的题目，讲评的目标指向更明确。系统中保存了所有学生答题的图片，无论是有示范性的解题过程，还是有典型意义的答题错误，都可以根据需要随时调取，讲评的针对性更强。

图 68 是某次数学考试中难易度、得分率、区分度的逐题分析折线图。可以看出：这三个数据之间的相关度并不很明显，每道题的特点不一样，对学生检测的角度不一样，需要结合学生的答题情况研究比较。

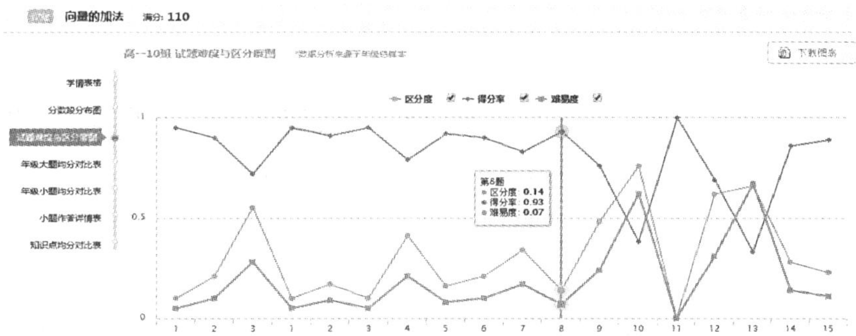

图 68

图 69 和图 70 以表格的形式，分别从每道题的整体特征和所涉及的具体知识点得分情况两个角度进行了分析和比较。既有班级与学校总体情况的比较，也有平行班之间的比较，这种比较方法，提高了教学改进的针对性。

图 71 是教师查阅学生答题情况的界面。右侧“答题情况”显示的是本次练习 22 道题按难易度排序的得分率情况。左侧是第 18 题得分分布情况，既可按得分情况对应到具体人，也可查阅本题的优秀答卷和典型错误卷，供讲评时使用。

图 72 为系统帮助教师搜集的错题集，以班级得分与年级得分的对比数据作参照，将难度系数在 0.6 以下的班级共性错题进行的归纳整理。

系统还对教学资源进行了智能拓展，可以根据每道题所涉及的知识点和难度情况，推出供教师选用的“姊妹题”，减少教师选题的工作负担。如图 73，试题 7 考查了函数的奇偶性和幂函数，“资源拓展”所推送的题目也是相似的类型。

小题分析　　雷达图　表格　　+添加班级 | 导出

题号	题型	分值	难度	区分度	年级		高一年级1班		高一年级2班		高一年级3班	
					均分	得分率	均分	得分率	均分	得分率	均分	得分率
1 | 客	单选题	5	0.69	0.27	3.47	69.32%	4.06	81.25%	2.84	56.9%	4.18	83.61%
2 | 客	单选题	5	0.99	0.02	4.96	99.17%	5	100%	4.91	98.28%	5	100%
3 | 客	单选题	5	0.98	0.05	4.9	97.97%	4.92	98.44%	4.83	96.55%	4.84	96.72%
4 | 客	单选题	5	0.96	0.06	4.82	96.4%	4.84	96.88%	4.74	94.83%	5	100%
5 | 客	单选题	5	0.98	0.05	4.88	97.5%	5	100%	4.91	98.28%	4.92	98.36%

图 69

知识点分析　　雷达图　表格　　+添加班级 | 导出

知识点	对应题号	知识点权重	年级得分率	高一年级1班		高一年级2班		高一年级3班	
				均分	得分率	均分	得分率	均分	得分率
函数的零点与方…	22	0.03	48.15%	4.86	40.49%	5.33	44.4%	6.61	55.05%
利用基本不等式…	16,21	0.04	47.73%	7.52	44.21%	7.9	46.45%	7.93	46.67%
函数图象的应用	12	0.01	76.4%	3.52	70.31%	3.78	75.52%	3.84	76.72%
单位、零、共线…	1,10,11	0.04	82.14%	12.75	85%	12.21	81.38%	13.84	92.24%
向量的夹角	18	0.03	85.3%	10	83.33%	9.33	77.73%	9.44	78.69%
幂函数	3	0.01	97.97%	4.92	98.44%	4.83	96.55%	4.84	96.72%
平面向量的坐标…	13,17	0.04	94.1%	14.06	93.75%	14.09	93.91%	14.51	96.72%
向量的物理运用	18	0.03	85.3%	10	83.33%	9.33	77.73%	9.44	78.69%
正弦、余弦函数…	20	0.03	80.4%	9.83	81.9%	10.59	88.22%	9.8	81.69%
诱导公式	4	0.01	96.4%	4.84	96.88%	4.74	94.83%	5	100%

图 70

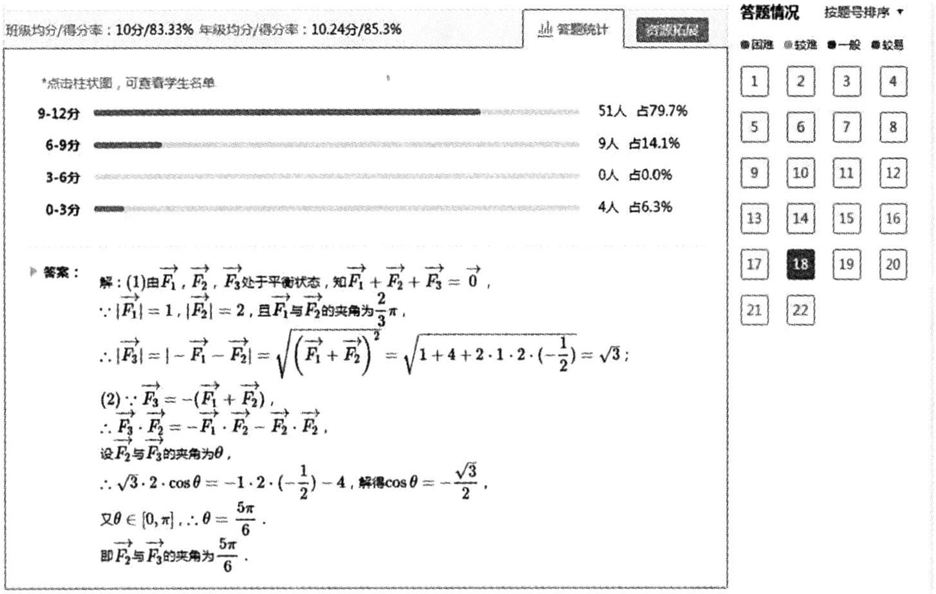
班级均分/得分率：10分/83.33%　年级均分/得分率：10.24分/85.3%
答题统计
资源拓展
*点击柱状图，可查看学生名单
9-12分　51人　占79.7%
6-9分　9人　占14.1%
3-6分　0人　占0.0%
0-3分　4人　占6.3%
答案：
解：(1)由$\overrightarrow{F_1}$，$\overrightarrow{F_2}$，$\overrightarrow{F_3}$处于平衡状态，知$\overrightarrow{F_1}+\overrightarrow{F_2}+\overrightarrow{F_3}=\overrightarrow{0}$，
$\because |\overrightarrow{F_1}|=1$，$|\overrightarrow{F_2}|=2$，且$\overrightarrow{F_1}$与$\overrightarrow{F_2}$的夹角为$\frac{2}{3}\pi$，
$\therefore |\overrightarrow{F_3}|=|-\overrightarrow{F_1}-\overrightarrow{F_2}|=\sqrt{(\overrightarrow{F_1}+\overrightarrow{F_2})^2}=\sqrt{1+4+2\cdot 1\cdot 2\cdot(-\frac{1}{2})}=\sqrt{3}$；
(2) $\because \overrightarrow{F_3}=-(\overrightarrow{F_1}+\overrightarrow{F_2})$，
$\therefore \overrightarrow{F_3}\cdot\overrightarrow{F_2}=-\overrightarrow{F_1}\cdot\overrightarrow{F_2}-\overrightarrow{F_2}\cdot\overrightarrow{F_2}$，
设$\overrightarrow{F_2}$与$\overrightarrow{F_3}$的夹角为θ，
$\therefore \sqrt{3}\cdot 2\cdot\cos\theta=-1\cdot 2\cdot(-\frac{1}{2})-4$，解得$\cos\theta=-\frac{\sqrt{3}}{2}$，
又$\theta\in[0,\pi]$，$\therefore \theta=\frac{5\pi}{6}$．
即$\overrightarrow{F_2}$与$\overrightarrow{F_3}$的夹角为$\frac{5\pi}{6}$．
答题情况　按题号排序
困难　较难　一般　较易
1 2 3 4 5 6 7 8 9 10 11 12 13 14 15 16 17 18 19 20 21 22

图 71

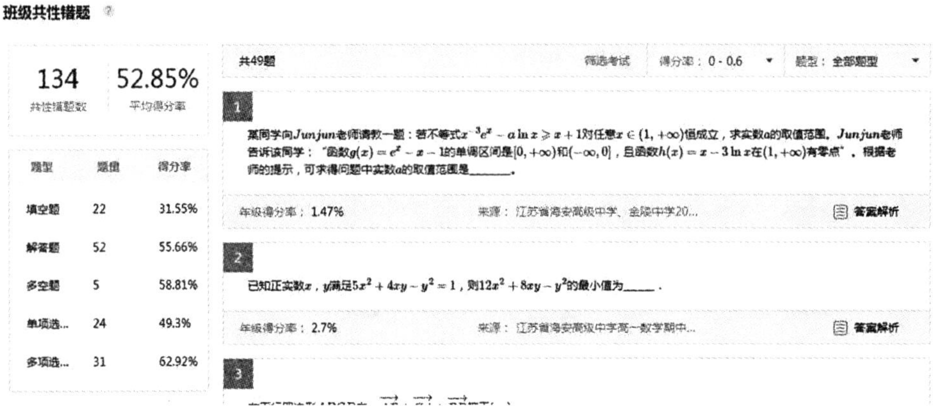
班级共性错题
134
共性错题数
52.85%
平均得分率
题型　题量　得分率
填空题　22　31.55%
解答题　52　55.66%
多空题　5　58.81%
单项选...　24　49.3%
多项选...　31　62.92%
共49题
筛选考试　得分率：0 - 0.6　题型：全部题型
1
某同学向$Junjun$老师请教一题：若不等式$x^{-3}e^x-a\ln x\geqslant x+1$对任意$x\in(1,+\infty)$恒成立，求实数$a$的取值范围。$Junjun$老师告诉该同学："函数$g(x)=e^x-x-1$的单调区间是$[0,+\infty)$和$(-\infty,0]$，且函数$h(x)=x-3\ln x$在$(1,+\infty)$有零点"．根据老师的提示，可求得问题中实数$a$的取值范围是______．
年级得分率：1.47%　来源：江苏省海安高级中学、金陵中学20...　答案解析
2
已知正实数x，y满足$5x^2+4xy-y^2=1$，则$12x^2+8xy-y^2$的最小值为_____．
年级得分率：2.7%　来源：江苏省海安高级中学高一数学期中...　答案解析
3

图 72

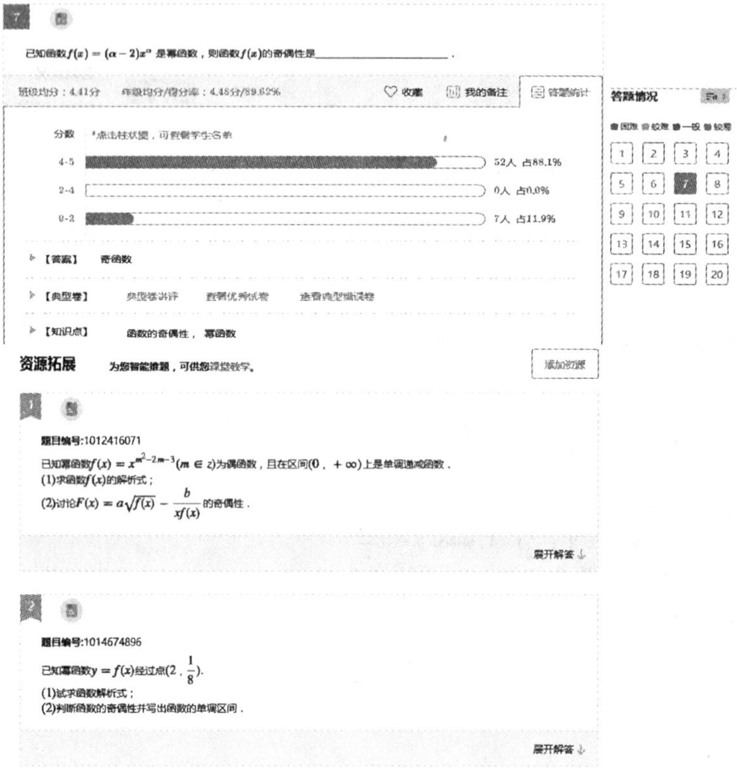

图 73

图 74 是系统提供的组卷功能，教师可以根据实际需要进行专题强化训练，考试范围、试题数量、难度系数、考试时间都可以随机调控。

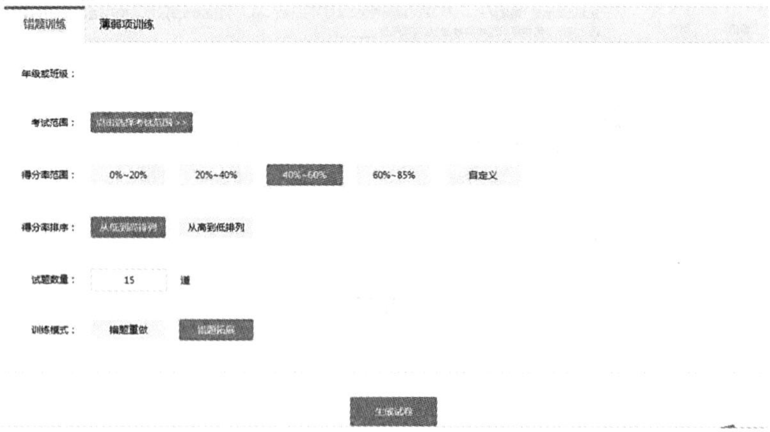

图 74

（3）让家校结合的抓手更切实

以前，家长对孩子学习的了解具有较强的主观性，至于哪些问题已经掌握、哪些还需要强化都难以说清。现在只要作业扫描结束，家长就可以通过微信了解到孩子作业的情况，及时掌握孩子学习的第一手资料。孩子的书写怎么样，错了几道题，家长都能及时发现。现在，教师上传学生作业成了家长每天的热切期盼。

整理错题也一直是学生烦、家长难的苦差事。抄写错题会耗费很多时间，即便“剪刀加浆糊”占用的时间也不少，怎么选题更让家长伤透脑筋。现在，整理错题的工作变得很轻松，家长、学生都可以操作。想从哪些作业中选题，只要选一下作业号，系统就能自动筛选整合（如图75）。作业中的经典题和其他有价值的题目，都可以手动选择打印。整班得分率低于一定比例的题目和个人得分率超出一定区间的题目，是否需要订正，系统还设置了人性化的征求意见程序，让学生自己判断，自己确定，确保对每个学生错题订正的有效性。

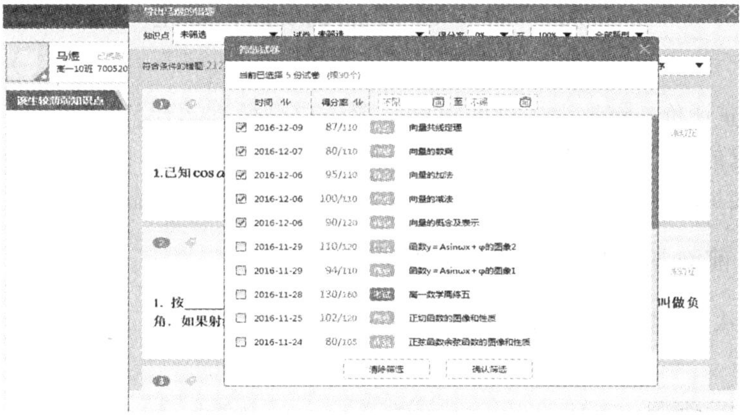

图 75

技术为教学全程提供了许多意想不到的便捷，不仅为师生节约了很多时间精力，还提高了教育教学的针对性、实效性。这种精准化主要指向知识层面，对学生的能力、素养能否真正提升等问题，还需要认真思考和探究。教师的时间节省了，但教师对教学的钻研、对学生全面发展的把控不能松，如果仍然停留在简单的做题、改题、再做题、再改题，变本加厉地培养“刷题”机器，那就偏离了技术进步的本义。

第六章　精实数学教学的评价

评价是教育教学工作绕不过的坎。评什么、怎么评、评的结果怎么用，都会对教育教学工作产生影响。精实数学教学基于真实有效的评价信息，认真研制适合学校实际的评价标准，努力达成促进发展的评价取向。

第一节　评价指标的客观性

客观公正评价教育教学工作的前提是评价信息的真实性。所谓评价信息的真实性，就是信息的全面性、客观性和准确性，既不夸大，又不缩小，既瞄准眼前，又放眼长远，确保真实反映客观事实，精准把握发展方向，促进学生健康成长。

一、目前教学评价指标的存在问题

我们先从一张常见的课堂评议表说起。

表 5　课堂评价表

科目：________　年级：________　执教者：________
课题：________　课型：________　听课人：________

一级指标	二级指标	评分
目标明(10%)	1. 教学目标明确而全面，符合课程标准和教材要求，满足不同学生发展的需求。	
过程优(70%)	2. 教学设计合理，操作演示正确，现代教育技术运用恰当。	
	3. 教学内容突出重点、难点，呈现方式符合认知规律，容量、密度适宜。	
	4. 有效创设学生自主、探究、合作学习的情境，重视学生对过程的体验。	
	5. 关注学生的情感、态度、价值观，保持和促进健康学习心理，重视良好学习习惯的养成。	
	6. 创设师生、生生互动的氛围，鼓励学生发表各自不同的见解，激发学生参与学习活动的热情。	
	7. 反馈、矫正面向全体，形式多样，及时有效。	
	8. 仪表端正，教态亲切，语言清晰，板书工整。	

续表

一级指标	二级指标		评分
效果好（20%）	9. 课堂气氛民主、和谐，学生学习主动、有效。		
	10. 各个层次学生都有收获，三维目标达成度高。		
对本课的评价建议		总分	

总分说明：100～85为优质课，84～75为良好课，74～60为合格课，低于60为不合格课。

这种司空见惯的评价表，至少有两大问题值得思考：

(1) 表格本身。评价的指标设计是否科学、合理，不同层面的考核指标能否叠加，值得商榷。为什么目标占10分、过程占70分、效果占20分？理由是什么？这张表中，学生在哪里？设计者更多的是站在教师的立场，对学生的了解、理解和关注度不够。评价指标也比较模糊，比如“各个层次学生都有收获”“目标达成度高”标准是什么？怎样衡量？都难有统一的定论。

(2) 评价方法。评价者是把评价表从上到下逐项打分，再合计得出总分，还是先根据自己的整体感受打个总分，再对照评价表中的各项指标，把所扣的分数分解？大多数教师采用的是后一种方式，先定性描述、再定量刻画。至于是给3分还是给5分，为什么这样给分，就很难说出所以然，评价的信度自然难以服众。

坦率地讲，这种评价方式是粗放式的。不仅是评价表格的设计者没有把学生放到应有的位置，参与听课的教师也未必真了解学生的学习活动。教师听课都习惯于坐在教室的最后，学生的感受、反应、行为，学生的内心活动，很容易被听课教师忽视。评价大多依据评价者的经验和有限的视域，难以拿出令人信服的证据。

二、教学评价指标体系的改进方法

怎样保证评价信息的真实性？

崔允漷认为，传统听评课的不足主要体现为“三无”：听课无合作的任务，缺少明确的分工；评课无证据的推论，基于假设的话语较多；整个过程无研究的实践，应付任务式的居多。他提出以“课堂观察”来改进听评课的方法，在国内外产生了广泛影响。他认为“课堂观察”是“通过观察课堂的运行状况进行记录、分析和研究，并在此基础上谋求学生课堂学习的改善、促进教师发展的专业活动”。① 崔允漷倡导的“课堂观察”呈现了听评课的新范式：基于证据、技术和合作，构建了课堂观察专业合作共同体，界定了一个4维度、20视角、68观察点的问题域，规范了课堂观察的基本程序与关键环节。

在此基础上，魏宏聚又进行了“教学切片”的实践，旨在对课堂教学进行精细化的案

① 崔允漷，等. 课堂观察Ⅱ：走向专业的听评课[M]. 华东师范大学出版社，2013：25.

例研究。“教学切片”，是以人工观察和录像观察的方式，记录某一相对独立的教学行为片段，再借助剪辑软件把典型的、值得分析的教学片段截取下来。这种典型片段，无论是优秀的还是不足的，对提高上课教师的教学设计素质及实现教学的有效性都具有重要的意义。①

传统的听评课方法与专家推崇的课堂观察方法，好似中医与西医的差异。中医把人体看成一个不可分割的整体，任何内脏都通过相生相克与其他器官相关联。中医的诊断技术主要靠望、闻、问、切来诊断，观气色、听声息、问症状、摸脉象，见微知著，从细微处找到与宏观的联系。《灵枢·本脏篇》指出：“视其外应，以知其内脏，则知所病矣。”中医治病讲究个体差异，认为不同的人即使患相同的病，治疗方法和用药也可能不一样，即所谓“同病异治”。中医强调依靠增强人体自身的能力来对付疾病，在“治”和“养”上更偏重于“养”，“治”是外力，“养”是内力，也就是身体自身的自我修复能力。中医诊断是以经验为基础的，个人医术、修养、见识会影响诊断的准确性，“微火”“少许”“适量”“片刻”等没有明确的标准，很难把每个病理说得清道得明，需要自己去体悟。西医注重对微观的研究，采用化整为零的方法，把人体作为一个机械的物体不断细分，从器官到组织到细胞、分子，它对人体及疾病的认识，是孤立和静止的，又是具体而精确的。西医强调规范化、标准化、可重复性，强调组织器官的重要性，注重局部病变的定位定性。西医的诊断主要靠仪器，在一定范围内对病情的诊断有其准确性和客观性，而对患者的精神、个性、心理等方面很难作出灵活的判断，形态上无异即无病，治疗时调形不调神。但西医方法直接对准病灶，立竿见影，在治疗急性病方面有明显优势，这也是西医的生命力所在。但西医不能理解咳嗽、脚气、腹泄、发热等身体排毒的自疗行为，常采取阻止症状的方法来干涉身体。对于慢性病，西医也是束手无策，糖尿病、哮喘、肝炎、肾病综合症、风湿类疾病等西医认定的“不治之症”，还得依靠中西医结合、兼容并包来解决。屠呦呦获诺贝尔奖就是一个很好的例证。

精实数学教学理念的形成与发展也可以用医院就诊打比方。传统的教学有中医的感觉，主要靠经验；“精细化”的教学像西医，对症下药；精实数学教学讲究的是中西医结合，既看到完整的人，又精准到具体的事，让人获得理想的发展。

从这个角度看，教师的教书育人与医生的治病救人也确有很多相通之处：教学要因材施教，看病要对症下药；教师的工作是锦上添花，医生的工作是雪中送炭；教师的最大心愿是把每个学生都教育成才，医生的最大心愿是让每个病人都康复，两者都需要良心和责任心。但教师和医生又是不同的。对医生而言，生命高于一切，为了挽救病人的性命常常会抓大放小，只为短时期内解决或减缓病人的病痛；而对教师而言，既要考虑当下，也要着眼长远，教育的根本目的是为了学生的终生发展。更为显著的差异是，医生给病人看病是一对一的，每个治疗方案都只针对一个病人；而班级授课制决定了教师和

① 魏宏聚.“教学切片”：细节剖析促教改[N].中国教育报，2015-09-09(10).

学生不可能一对一，每个学生的学习基础、习惯不同，学习兴趣、爱好不同，不管怎样设计，教学的起点和要求都不可能照顾到所有的学生。医学上有个名词叫“过度医疗”，是指在治疗过程中，脱离病人病情实际而进行的检查、治疗等医疗行为。过度医疗增加的不只是医疗资源的耗费，还包括病人就医的成本。是药三分毒，过度医疗给病人身体带来了多少伤害，谁也说不清楚，这是一只看不见的、温柔的杀手。“过度教学”比“过度医疗”行为更隐蔽，后果更严重。病人到医院看病，他对自己的病情基本有数，医生根据仪器的诊断和自己的经验决定治疗的方案，实在不行，转个医院换个医生，就能弄清来龙去脉。教师面对的情况要复杂得多，学生是不断发展变化的有思想、有个性、有主观能动性的人，如何把控好教学过程的各个维度，从来就没有、也不可能有统一的模式。因此，要改变已有的教学习惯确实是难上加难，对“好课”标准的争议也就不足为奇了。

再看看江苏省泰州洋思初中设计的评价表：

表 6　教学评估指标体系与评分表

科目：________　年级：________　班级人数：________　执教者：________
课题：________　课型：________　评课人：________

A 级指标	B 级指标	C 级指标	取值范围			实际得分
			优	中	差	
A1：课前环节（50 分）	B1：优化课前准备策略（50 分）	C1：合理编班分组排座。	8～6	4～3	1～0	B1：
		C2：指导学生主动进行三级预习，并作适当扩展。	12～9	7～5	2～0	
		C3：认真开展三级备课，提高备课质量。	14～11	9～6	3～0	
		C4：加强教案管理，并经严格把关。	8～6	4～3	1～0	
		C5：自觉做好营造适宜课堂气氛的心理准备。	8～6	4～3	1～0	
A2：课内环节（200 分）	B2：优化课内时间的管理策略（50 分）	C6：合理安排时间结构，并根据实际需要进行循环。	10～8	6～4	2～0	B2：
		C7：善于精讲，讲授一般不过 15 分钟。	12～10	7～5	2～0	
		C8：充分而适宜的运用已有的教学设备手段。	8～6	4～3	1～0	
		C9：在提高课堂效率的同时，注重促进学生素质的全面提高。	10～8	6～4	2～0	
		C10：准时下课，杜绝拖堂现象。	10～8	6～4	2～0	

续表

A级指标	B级指标	C级指标	取值范围			实际得分
			优	中	差	
A2:课内环节(200分)	B3:优化课内导学策略(50分)	C11:自学内容具体明确,自学方法灵活多样。	12～9	7～5	2～0	B3:
		C12:学生自学时,勤于巡视、知道和鼓励。	10～8	6～4	2～0	
		C13:尽可能扩大反馈面,最大限度了解学生遇到的疑难问题。	14～11	9～6	3～0	
		C14:对学生遇到的疑难梳理归类,做好"第二次备课"。	14～11	9～6	3～0	
	B4:优化课内解惑策略(50分)	C15:所有学生自学后都已懂的部分,原则上不再讲解。	10～8	6～4	2～0	B4:
		C16:部分学生能解答的问题,先学生讨论,再补充更正评点。	14～11	8～6	3～0	
		C17:学生都不能解答的问题,典型启发,精当讲解,排除疑难。	14～11	8～6	3～0	
		C18:及时小结,再度鼓励学生进行求异思维。	12～10	7～5	3～0	
	B5:优化课内训练策略(50分)	C19:当堂训练的目标是努力化知识为能力。	8～7	5～4	2～0	B5:
		C20:当堂训练的时间一般不少于15分钟。	12～9	6～4	2～0	
		C21:当堂训练的内容具有针对性、量力性和典型性。	12～10	7～5	3～0	
		C22:当堂作业由学生在课内独立、按时的完成,教师不辅导。	10～8	6～4	2～0	
		C23:在学生当堂作业时,教师巡视督查,批改部分作业。	8～7	5～4	2～0	

续表

<table>
<tr><th rowspan="2">A级指标</th><th rowspan="2">B级指标</th><th rowspan="2">C级指标</th><th colspan="3">取值范围</th><th rowspan="2">实际得分</th></tr>
<tr><th>优</th><th>中</th><th>差</th></tr>
<tr><td rowspan="5">A3:课后环节(50分)</td><td rowspan="5">B6:优化课后增效策略(50分)</td><td>C24:安排课后作业从精务实。</td><td>8～7</td><td>5～4</td><td>2～0</td><td rowspan="5">B6:</td></tr>
<tr><td>C25:及时批改作业,讲求质量和效果。</td><td>12～10</td><td>7～5</td><td>2～0</td></tr>
<tr><td>C26:重视个别辅导,基本实现“堂堂清、天天清、周周清”。</td><td>12～10</td><td>7～5</td><td>2～0</td></tr>
<tr><td>C27:从严限制考试次数,力戒偏题和怪题,不滥用外地资料。</td><td>10～8</td><td>6～4</td><td>2～0</td></tr>
<tr><td>C28:认真分析学生的学习情况,重视积累教学经验和教训。</td><td>8～7</td><td>5～4</td><td>2～0</td></tr>
<tr><td>对本课的评价建议</td><td colspan="2"></td><td>实际得分累计</td><td></td><td colspan="2">满分300分</td></tr>
</table>

表5是课堂评价表,表6是整个教学流程的评价表,表5只涉及课堂,表6包含课前、课上和课后三个部分。两者相比,表6的目标更明确,要求更具体,操作更规范,评价也更客观,评价者很难先打总体印象分,必须分项评判,再总体相加,各个分项评价的信度均高于表5。表6对学生的关注度也高于表5,意在引导评价者对学生学习行为进行细致观察、科学分析和深入研究。

传统的听评课方法与现代的课堂观察方法,说到底与质性评价和量化评价的关系相关。量化评价可以把评价做得更精细,但只有将质性评价和量化评价相结合才能让评价达到精致的境界。如表6,首先要确定优、中、差等级,再在8～6、4～3、1～0中确定具体分值,既有定性,又有定量,两者有效结合。质性评价与量化评价是教学评价的两个不可或缺的方式,不能简单地评判谁更重要,两者共生互补,相得益彰。关键是如何适当地应用,求得两者的适当均衡。很多时候,我们不自觉地把“评价”混同于“评定”。续有恒认为“评价”处于“目标追求活动——评价——调整”的循环往复中,是活动者对于自身活动的一种反馈;而“评定”则是第三者作出的客观的价值判断,是一种基于能力、素材之类的相对优劣的比较判断。“评价”原本就是“自我评价”,是用于调整、改进自身活动而收集反馈信息的一种活动。不管是“量化评价”或是“质性评价”,其评价的价值都体现在活动“量与质”的改进与提高。[①]“评价”的重心应当落实在“价”,应该以生成价值为重心,而不是简单地把人分等分级。评价不是为了证明,而是为了改进;不是为了甄

① 钟启泉.课程评价:从量化评价到质性评价[J].全球教育展望,2002(3):3-6.

别，而是为了发展；不是为了指挥教学，而是为了促进教学，更好地为教学服务。

三、海安中学改进评价方法的实践

在认真学习国内外课堂观察研究成果的基础上，海安中学借鉴已有经验，结合自身教育教学实际，改进了海安中学的教学评价方案。

学校专门建立了课堂观察的同伴互助组，既有学校层面的，又有学科组、备课组层面的；既有教学指导层面的，又有自我探究层面的；既有被动的听评课，更多的还是出于自身发展提升的需要，是教师的自发行为。他们带着观察表相互学习，共同研究，每个人都在观察者、被观察者和研究者的角色之间不断地转换，保证了课堂的真实、自然状态。

每次课堂观察，互助组都有明确的任务分工。听课前，被观察者先跟同伴介绍自己的备课意图，说明自己对重、难点问题的突破策略，自己在教学设计过程中的所思所感，以及希望同伴提供的帮助内容。

表 7 用来对教学目标达成度进行观察：

表 7　教学目标达成度观测记录表

<table>
<tr><td>学科</td><td></td><td>课题</td><td colspan="3"></td><td>任课教师</td><td></td><td>观测日期</td><td></td></tr>
<tr><td>班级</td><td></td><td>班级人数</td><td></td><td>节次</td><td></td><td>上课地点</td><td></td><td>观测者</td><td></td></tr>
<tr><td>本课教学目标</td><td colspan="9"></td></tr>
<tr><td colspan="3">教学目标 1</td><td colspan="4">课堂达成情况分析</td><td colspan="3">改进建议</td></tr>
<tr><td colspan="3"></td><td colspan="4"></td><td colspan="3"></td></tr>
<tr><td colspan="3">教学目标 2</td><td colspan="4">课堂达成情况分析</td><td colspan="3">改进建议</td></tr>
<tr><td colspan="3"></td><td colspan="4"></td><td colspan="3"></td></tr>
<tr><td colspan="3">教学目标 3</td><td colspan="4">课堂达成情况分析</td><td colspan="3">改进建议</td></tr>
<tr><td colspan="3"></td><td colspan="4"></td><td colspan="3"></td></tr>
<tr><td>教学目标调整建议</td><td colspan="9"></td></tr>
<tr><td>评价参考指标</td><td colspan="9">① 本目标呈现的时间、方式、方法如何？教学过程是否紧扣教学目标？
② 教师在目标达成中起到怎样的作用？学生活动与目标达成之间是否契合？
③ 问题的设计、讲授的内容、例习题与教学目标的关联度如何？
④ 教学目标的表述是否准确、适度？是否符合课程标准，符合教材与学生实际？</td></tr>
</table>

对师生课堂教学和课堂学习行为进行观察，可分别使用表 8 和表 9。表 8 用于学生，表 9 用于教师。

表 8 学生课堂学习行为观测记录表

<table>
<tr><td>学科</td><td></td><td>课题</td><td colspan="3"></td><td>任课教师</td><td></td><td>观测日期</td><td></td></tr>
<tr><td>班级</td><td></td><td>班级人数</td><td></td><td>节次</td><td></td><td>上课地点</td><td></td><td>观测者</td><td></td></tr>
<tr><td>本课教学目标</td><td colspan="9"></td></tr>
<tr><td>观测视角</td><td>观测项目</td><td colspan="5">观测点</td><td colspan="3">记录分析</td></tr>
<tr><td rowspan="6">学习状态</td><td rowspan="3">学习情绪</td><td colspan="5">课堂氛围是否民主和谐</td><td colspan="3" rowspan="3"></td></tr>
<tr><td colspan="5">学习兴趣是否浓厚，情绪是否饱满</td></tr>
<tr><td colspan="5">对教师的态度如何</td></tr>
<tr><td rowspan="3">学习态度</td><td colspan="5">能否积极参与教学活动，参与度如何</td><td colspan="3" rowspan="3"></td></tr>
<tr><td colspan="5">思维是否活跃，好奇心和求知欲如何</td></tr>
<tr><td colspan="5">学困生能否主动交流，课堂表现如何</td></tr>
<tr><td rowspan="6">活动方式</td><td rowspan="3">自主探究</td><td colspan="5">自主学习的时间与空间是否充分</td><td colspan="3" rowspan="3"></td></tr>
<tr><td colspan="5">应用所学知识和技能解决新问题的能力如何</td></tr>
<tr><td colspan="5">是否善于独立思考，并能用多种方法灵活解决问题</td></tr>
<tr><td rowspan="3">师生、生生双边活动</td><td colspan="5">双边活动的时间与空间是否得到充分保障</td><td colspan="3" rowspan="3"></td></tr>
<tr><td colspan="5">合作学习的方向是否明确，内容是否具体，方式是否多样，是否体现团队精神</td></tr>
<tr><td colspan="5">合作学习是否有效，是否对学生的进步与发展更有利</td></tr>
<tr><td rowspan="4">学习效果</td><td rowspan="2">学习能力</td><td colspan="5">能否从教师推荐的资源中自主选择、重组信息，形成自己的见解并有效表达自己的观点</td><td colspan="3" rowspan="2"></td></tr>
<tr><td colspan="5">能否反思自己的学习行为，调整学习策略</td></tr>
<tr><td rowspan="2">目标达成</td><td colspan="5">能否围绕学习目标对问题进行有效地分析与讨论，有无意外生成</td><td colspan="3" rowspan="2"></td></tr>
<tr><td colspan="5">课堂练习和当场检测反馈的情况如何</td></tr>
<tr><td>总体印象与建议</td><td colspan="9"></td></tr>
<tr><td>观测点参考</td><td colspan="9">① 课前预习的学生有多少？预习的方式如何（指导/独立/合作）？学优生和学困生预习的差别在哪里？预习的效果怎么样（数量/深度/正确率）？
② 课上认真听讲的学生有多少？能复述他人发言的学生有多少？倾听他人发言时的辅助行为有哪些（回应/查阅/记笔记）？各有多少人？
③ 课上自主学习的时间有多少？自主学习的形式有哪些（阅读/记笔记/思考/探究/练习）？各有多少人？学优生和学困生自主学习过程的差别在哪里？
④ 课上有哪些互动/合作的行为？参与活动的人数、时间、过程怎样？情感态度怎样？哪些行为对目标的达成更有利？
⑤ 课前了解学习目标的学生有多少？课上有哪些证据证明目标已经达成（观点/作业/表情/板演/演示）？当场达成目标的学生有多少？课上发现了哪些问题？如何跟踪处理？</td></tr>
</table>

表 9　教师课堂教学行为观测记录表

<table>
<tr><td>学科</td><td></td><td>课题</td><td colspan="3"></td><td>任课教师</td><td></td><td>观测日期</td><td></td></tr>
<tr><td>班级</td><td></td><td>班级人数</td><td></td><td>节次</td><td></td><td>上课
地点</td><td></td><td>观测者</td><td></td></tr>
<tr><td>本课教
学目标</td><td colspan="9"></td></tr>
<tr><td>观测视角</td><td>观测项目</td><td colspan="5">观测点</td><td colspan="3">记录分析</td></tr>
<tr><td rowspan="9">教学呈现</td><td rowspan="3">教材开发</td><td colspan="5">教材的理解与把握</td><td colspan="3" rowspan="3"></td></tr>
<tr><td colspan="5">教材的挖掘与拓展</td></tr>
<tr><td colspan="5">教材的加工与整合</td></tr>
<tr><td rowspan="3">讲解效度</td><td colspan="5">讲练时间配比是否合适</td><td colspan="3" rowspan="3"></td></tr>
<tr><td colspan="5">语言表达,包括语速、音量、节奏等,处理是否得当,效果如何</td></tr>
<tr><td colspan="5">思维的清晰度和语言的逻辑性如何</td></tr>
<tr><td rowspan="3">辅助手段</td><td colspan="5">板书的设计和使用效果怎样</td><td colspan="3" rowspan="3"></td></tr>
<tr><td colspan="5">电脑、投影仪等教学媒体的使用是否有效</td></tr>
<tr><td colspan="5">教师的示范作用,包含表情、手势等的应用,以及衣着、动作等是否得体</td></tr>
<tr><td rowspan="6">师生对话</td><td rowspan="3">课堂提问</td><td colspan="5">问题设计是否适合相应内容的学习,是否适合学生的认知水平</td><td colspan="3" rowspan="3"></td></tr>
<tr><td colspan="5">提问的频次和问答的密度安排是否合适</td></tr>
<tr><td colspan="5">提问学生分布情况:前(　　)人次,后(　　)人次,中(　　)人次,边(　　)人次</td></tr>
<tr><td rowspan="3">问题应答</td><td colspan="5">教师的理答方式:不理睬(　　)次,打断(　　)次,追问(　　)次,激励(　　)次</td><td colspan="3" rowspan="3"></td></tr>
<tr><td colspan="5">是否给学生预留思考的时间,讨论是否活跃,学生参与讨论面为(　　)%</td></tr>
<tr><td colspan="5">问题讨论是否达到了教学预期</td></tr>
<tr><td rowspan="6">教学指导</td><td rowspan="3">教学组织</td><td colspan="5">是否兼顾学优生和学差生,体现面向全体的思想</td><td colspan="3" rowspan="3"></td></tr>
<tr><td colspan="5">学生自主学习和合作学习的时间配比和效果如何</td></tr>
<tr><td colspan="5">学习任务的完成和学习活动的组织是否顺畅,教学节奏是否合理</td></tr>
<tr><td rowspan="3">教学机智</td><td colspan="5">课堂气氛是否民主和谐,能否关注和调节学生的学习状态</td><td colspan="3" rowspan="3"></td></tr>
<tr><td colspan="5">能否为学生提供必要的教学指导,教学评价是否及时、得当</td></tr>
<tr><td colspan="5">对课堂突发事件的处理过程、方法及效果如何</td></tr>
</table>

续表

观测视角	观测项目	观测点	记录分析
教学效果	目标达成	课堂练习和当场检测反馈的情况如何	
		课堂教学目标的达成度如何	
		教学过程有无意外生成，处置方法与效果	
总体印象与建议			

为了对课堂教学进行更精准的分析，我们还设计了课堂“切片”观测表（见表10），先将整节课录制下来，然后对每个教学环节进行全面观察和精细分析。以分钟计时，从课前到课后的全过程，1分钟记录1行，共47行。

表10　课堂教学观测记录表

时间	教学阶段	学生行为						教师行为							阶段效果					时间
		状态(反)	独立思考	合作学习	发言方式	倾听(反)	备注	状态(反)	提问	启发引导	讲述	媒体	应变	备注	提问	媒体	练习巩固	难点突破	备注	
0																				0
1																				1
2																				2
3																				3
4																				4
5																				5
6																				6
7																				7
8																				8
9																				9
10																				10
…																				…
40																				40
41																				41
42																				42
43																				43
44																				44
45																				45
46																				46
总体感受	观测人：________　年　月　日																			

说明：每个教学阶段从开始到结束用大括号表示。学生行为中“状态”“倾听”填写表现消极的人数，“发言方式”填写个别还是集体，教师行为中“状态(反)”指教师状态的“低谷期”。阶段效果是对每个环节的总体印象，分值为0～4分。其他栏目如有内容就打“√”，无则不填。需要记载的重要情节，略写在备注栏。

整个观测记录过程既可以由任课教师本人完成，也可以请其他教师协助。对课堂进行定量统计和定性分析的角度较多，表 11 也是一种观测方法。

表 11　课堂教学观测统计表

<table>
<tr><td colspan="2">学科</td><td></td><td>课题</td><td></td><td>任课教师</td><td></td><td colspan="2">观测日期</td><td colspan="2"></td></tr>
<tr><td colspan="2">班级</td><td></td><td>班级人数</td><td></td><td>节次</td><td></td><td>上课地点</td><td></td><td colspan="2">观测者</td></tr>
<tr><td colspan="2" rowspan="2">观测视角</td><td rowspan="2">观测分析要点</td><td rowspan="2" colspan="4">简要记录</td><td colspan="4">评价等级</td></tr>
<tr><td>A</td><td>B</td><td>C</td><td>D</td></tr>
<tr><td rowspan="4">学生行为</td><td>状态</td><td>学生学习全程的参与度</td><td colspan="4">定量：约有(　　)%的学生始终情绪饱满
定性：</td><td></td><td></td><td></td><td></td></tr>
<tr><td>活动</td><td>学生独立思考、合作学习的情况</td><td colspan="4">定量：整课独立思考时间约为(　　)分钟，合作学习约为(　　)分钟
定性：</td><td></td><td></td><td></td><td></td></tr>
<tr><td>发言</td><td>学生课堂发言的情况</td><td colspan="4">定量：个别发言(　　)人次，约占全班人数的(　　)%，集体回答(　　)次
定性：</td><td></td><td></td><td></td><td></td></tr>
<tr><td>倾听</td><td>学生聆听教师讲解和同学发言的情况</td><td colspan="4">定量：约占(　　)%的学生专注认真听讲
定性：</td><td></td><td></td><td></td><td></td></tr>
<tr><td rowspan="5">教师行为</td><td>状态</td><td>教师的仪表、仪态、民主性、亲和力</td><td colspan="4">定量：教师的情绪饱满度占全程的(　　)%
定性：</td><td></td><td></td><td></td><td></td></tr>
<tr><td>提问</td><td>教师课堂提问的组织实施情况</td><td colspan="4">定量：教师总共提问(　　)次，其中有效提问占(　　)%
定性：</td><td></td><td></td><td></td><td></td></tr>
<tr><td>教法</td><td>教师采用的教学方法</td><td colspan="4">定量：启发引导时长约(　　)分钟，讲述时长约(　　)分钟，练习时长约(　　)分钟
定性：</td><td></td><td></td><td></td><td></td></tr>
<tr><td>媒体</td><td>教师使用的教学辅助手段</td><td colspan="4">定量：媒体展示时长约(　　)分钟，其中有效时长约(　　)分钟
定性：</td><td></td><td></td><td></td><td></td></tr>
<tr><td>应变</td><td>教师对生成性问题的处理过程、方法及效果</td><td colspan="4">定量：教师有效理答生成性问题(　　)次，无效理答生成性问题(　　)次
定性：</td><td></td><td></td><td></td><td></td></tr>
<tr><td rowspan="2">阶段效果</td><td>检测</td><td>本课教学目标的达成度</td><td colspan="4">定量：用于目标达成的训练时间约为(　　)分钟，当场巩固练习的正确率约为(　　)%
定性：</td><td></td><td></td><td></td><td></td></tr>
<tr><td>引领</td><td>突破教学重、难点的过程、方法及效果</td><td colspan="4">定量：教师对教学重、难点问题有效启发(　　)次，讲解演示(　　)次，归纳总结(　　)次，练习迁移(　　)次
定性：</td><td></td><td></td><td></td><td></td></tr>
<tr><td colspan="2">总体印象</td><td colspan="9"></td></tr>
</table>

以上每一张表格都尽量避免“大而全”的空洞抽象评价，力图从不同侧面对课堂教学进行精细化、有针对性的记录，可以根据需要进行选择。课堂观测结束后，上课教师要及时与听评课教师再交流切磋。交流时间一般安排在听课的当天，时间长了，听课时的激情、灵感会减退，评课的价值也会打折扣。

评课一般分三个议程：

一是任课教师自己说，逐一分析本课教学目标的达成度，分析自己教学行为与策略的有效性，分析预设与生成的把控度，并阐述自己的理由；

二是听课教师大家评，立足于实际观测记录的资料，有理有据地阐明自己的观测结论及自己的思考；

三是全体教师一起议，上课教师和听评课教师都拥有同样的话语权，在平等互助的氛围中各抒己见，通过思想的争辩、观点的碰撞，让所有与会者都有所思、有所得，达到合作共赢的目的。

教无定法，听评课的目的不是为了分辨高低，而是为了获取真实有效的信息，通过查找真实问题，提出明确的改进建议，找出更适合的调整办法，最终指向教学质量的提升。就像西医与中医的关系一样，过多依赖碎片化的数据，可能会出现以偏概全、断章取义的现象，如何平衡细节与整体的关系，将质性评价与量化评价的效益都发挥到极致，是一个永恒的话题，也是精实数学教学继续努力的方向。

第二节　评价方案的科学性

评价方案是评价理念的真实写照，有什么样的评价态度，就有什么样的判断尺度。精实数学教学本着实事求是、促进发展的宗旨，尊重评价对象的差异性和复杂性，注重调动评价对象的主动性和积极性，努力探寻适合的、科学的评价方法。

一、评价方案的确定原则

1. 教与学的兼顾

课堂教学不是教师的“独角戏”。杜威作过一个比方：教之于学，犹如卖之于买。①卖以买为对家，没有买便无须卖，教师的教也必须以学生的学为考量指标，学生学得好，教师的教肯定不会差；学生学得不好，再怎么吹捧教得好都是苍白无力的。所以，对课堂的评价不能仅仅考查教师的“教”，更应该考查学生学什么、如何学、学得如何。学生如何学侧重反映学生的参与状态，到底是主动积极地探究，还是被动漠然地应付；是深

---

① 中央教育科学研究所比较教育研究室．简明国际教育百科全书·教学（下）［M］．北京：教育科学出版社，1990：233－234．

度的思维碰撞，还是表面的热热闹闹，都是学生参与度的真实体现。学得如何反映的是学生的达成状态，理想的课堂应当是每一个学生都能在原有基础上获得尽可能大的发展与进步，每个人都能学有所得，各得其所，达到自己潜能的最高水准，而不是步调一致齐步走。教与学相互依存，教的效果、效率、效益都通过学生学会的程度、收获的多少来体现，学生的学习状态是不可或缺的评价要素。长期以来，评价给人的感觉都是冷冰冰的，似乎只有冷冰冰才能显示出评价的公正威严，但从教学评价的角度看，无论是教师还是学生，自己的主动改进、主动调节更为重要，评价的过程应当成为评价双方学习提高的过程。因此，日常的教学评价更应突出评价对象的参与，让评价带有"温度"，带有"人情味"，作为教学的一部分。

2. 终结性评价与形成性评价的兼顾

对教师教学效果的评价，不能不看数据，又不能只看数据。没有考试成绩做支撑，肯定缺乏说服力；只看考试成绩，不考量获得成绩的路径，不关注学生的学习态度、学习方法，不关注学生的学习效率和身心状态，同样不能服众。对教师教学效果的评价应该在终结性评价和形成性评价、定量评价与定性评价之间找到最佳结合点。终结性评价侧重定性，操作相对简单，评价风险也相对大一些，即便定量用每个学生的平均学习数据表示整体学习状态，也不一定能准确反映真实情况，因为整体不一定等于部分之和。大多数教学评价都没有把班级的整体状况放到应有的位置，忽略教师对班风、学风的影响，也是值得关注的一个问题。同时，评价的量表信息、评价的频度、广度也不是越大越好，经常性的打扰，会引起学生、家长和教师的反感，得到的数据结果失真的可能性增大，即使真实，也不一定能给出令人信服的合理说明，对教学工作的评价也就难以保证准确、科学。从另外角度看，教师还会顾及自己在学生和家长心目中的威信，对学生的不良行为不想管也不敢管，立德树人有可能成为一句空谈。

3. 显性分数与隐性素养的兼顾

对学生学习状况的评价，也同样需要定量与定性相结合。有人调侃"考试成绩好就是应试教育，考试成绩不好就是素质教育"，这看似给考试成绩不好找了一块"遮羞布"，其实是对素质教育的侮辱，素质教育不是不要分数，真正的素质教育与考试成绩并不矛盾，优秀的考试成绩完全可以成为素质教育的"副产品"。很多人都在潜心探讨核心素养如何落地生根，但在教育功利色彩依旧浓郁的时代，核心素养落地生根的关键就在于对核心素养怎么评价。崔允漷曾经旗帜鲜明地指出：素养可能不可测，因为作为学习结果的素养一定是超越学科和学习内容的；学习结果或学业质量可测，因为它有据可依。评价必须以具体知识、技能与表现为抓手，但要检测素养，就必须置于真实情境中。从这个意义上说，PISA 声称能测评"个体面对未来挑战的核心素养"，如果这不是大话的话，至多也只是一种教育梦。① 培养学生学科素养，更多地依赖于教师的教育良心和情

① 崔允漷.素养：一个让人欢喜让人忧的概念[J].华东师范大学学报(教育科学版)，2016(1)：3－5.

怀,回到为谁培养人、培养什么人、怎样培养人的原点问题上,回到教师的职业操守上,回到党和政府对教育的期盼上。对课堂上学生素养达成的程度,可以通过知识学习的样态来界定。学生获得的是不是呆板、空洞的知识;获得知识的路径是主动还是被动,是死记硬背还是建构生成;获得知识的目的是就事论事、为获得而获得,还是综合运用知识去解决新问题。知识从内化到外化的过程,本质上就是学生素养提升的过程,也是隐性素养外显的过程。

二、评价方案的设定要求

教学是否有效可以分为三个层级:第一层级也是最基本的要求就是教学效果如何,知识掌握的程度怎样,这是教学是否有效的前提;第二层级是学生是否真正得到发展,学生的成长是教育的直接目的,这是教学是否有效的重要指标;第三层级是能否实现教学相长,能否让教学双方走向共生,而不仅仅是把目光停留在学生身上、考试成绩上、教学方法上,这是教学是否有效的价值取向,也是对每个生命个体的尊重。教学有效性的三个层级逐次递进,又相互影响、相互作用。没有第一层级做支撑,第二、第三层级的要求都是苍白的,也是缺乏生命力的。我们既不能"唯分数",也不能不"为分数"。

对教学是否有效的评判,其背后隐藏的是教学评价观。杨启亮指出:从选拔与淘汰意义上说的教学评价是为评价的教学,它关注的重心是评价,这种评价会让教学失落教学本应追求的价值,它与教学论意义上的教学评价相悖。教学论中所说的教学评价是为教学的评价,它关注的重心是教学,是为调节、激励、促进教学而评价。

为教学的评价,不是教学的"指挥棒",而是教学的"服务器",它生成并守护教学的价值。为教学的评价旨在创造教学的可持续发展价值,教学会觉悟到责任的鞭挞,良心的拷问,评价会敦促自己反思教学的行为,究竟在哪些方面、哪些环节漠视、异化、失落了教学应有的价值。为评价的教学属于教学是否有效的第一层级要求,教师为评价而教,学生为评价而学,教学的价值几乎完全让评价结果甚至评价符号代替了。

为评价的教学,会驱使受评者想方设法去应对评价,而不是如何让教学更多的生成应有的价值,它的重心是"评",而不是生成"价值",这种评价方式客观上淡漠甚至丢弃了教学应有的价值追求,学科的价值也会悄然隐退或者全然被人们遗忘。教学围绕"评价"转,"评价"围绕分数转,一切围绕学生考试名次和学校升学率转,"评价"以其无形的霸权,掠走了属于教学的时间和空间。所谓学生课业负担过重问题,说到底不是教学负担,而是评价负担,因为从实质上看,课业是否成为负担,并不是花费时间多少的问题,而是师生承担课业的心理体验是消极还是积极的问题。正是为评价的教学,在无聊的重复和竞争的喧嚣中冷漠了教学的价值,造成了师生被动应对评价的褊狭心智和消极情感,才生成了所谓课业负担过重问题。①

① 杨启亮.为教学的评价与为评价的教学[J].教育研究,2012(7):98-103.

杨启亮的观点与续有恒高度一致，是教学为评价，还是评价为教学，关键是教育者的心目中有没有“人”，有没有“每一个人”，能否守护“每一个人”的发展价值。因此，真正为教学的评价，应该以生成价值为重心，而不应以“评”为重心，关注的重点应该是评价如何生成教学价值，而不能满足于教学如何应对评价，真正为教学的评价应该指向教学有效的第二和第三层级。

很多时候，我们都满足于第一层级的达标，把“办人民满意的教育”简单等同于考好分数、好大学。作为一个有教育良知的教师，我们不能仅仅满足于眼前的利益，更要为学生的全面发展、终生发展提供坚实的基础，要对国家、对民族、对未来负责任，教育不能太功利化，否则就沦为“野蛮社会”的帮凶甚至幕后推手。康德说：“父母在教育孩子时，通常只是让他们适应当前的世界——即使它是个堕落的世界。”①好的教师不仅要清醒这个世界何处堕落、为何堕落，还要知道如何避免堕落，并致力于帮助和引领学生改变这个世界，而不仅仅是适应当前的世界，这才是好教师应有的境界。

杜威把教师分为两类：一类是学问领袖、学生领袖和社会领袖，这类教师是“好教师”；一类是机械的、无精打采的、怯懦的教师，这类教师是“弱教师”。如果教师的教育仅仅停留在数学知识的传授上，这类教师充其量是“教书匠”；如果教师的教学能够体现数学思维、发展数学能力，这类教师已经考虑到、兼顾到学生的发展，已经很好地发挥了数学学科的育人功能，可以列入“好教师”的行列；如果教师能够在潜移默化中进行数学文化的熏陶，帮助学生成为一个完整意义上的人，这类教师真正以学生终身发展和国家振兴、民族富强、社会进步为己任，他们称得上是“大师”，这也是教育家必须具备的气质。我们所追求的教育应该是知识、能力与素养的和谐统一，每一个教师都努力从“教书匠”变成“四有”好教师，成为有理想信念、有责任担当的教育大师。

教育既要做得“精”，又要做得“实”；既要仰望星空，又要脚踏实地，兼顾各个层级的要求，既关注学生的学业成绩，又关注隐藏在成绩背后的学生为学业水平所付出的代价；既衡量学生的认知能力和认知水平，又衡量学生身心健康、品德行为、兴趣特长、思维品质；既以学生发展为中心，又兼顾学校、教师和家庭对学生发展的影响，这是我们理想的教育教学生态。

2011 年 11 月，上海市教育委员会出台了《中小学生学业质量绿色指标》，从学生学习动力、学业水平、身心健康、品德行为、学业负担、师生关系、教师教学方式、校长课程领导力等十个维度构建了评价指数，全面考量影响学业质量的关键因素，力求让评价成为学生健康成长的助推器。在上海先行实验的基础上，教育部又在 2013 年 6 月出台了《关于推进中小学教育质量综合评价改革的意见》，要求把学生的品德发展水平、学业发展水平、身心发展水平、兴趣特长养成、学业负担状况等方面作为评价学校教育质量的主要内容。这样的教育质量综合评价指标体系，对每一门学科都具有同样重要的意义。

---

① [德]伊曼努尔·康德. 论教育学[M]. 赵鹏，何兆武，译. 上海：上海人民出版社，2005：8.

绿色的核心是健康，强调资源的有效利用和人与环境的和谐共处。绿色教学有三项基本原则：一是不损害学生的身心健康；二是不增加学生过重的课业负担；三是不牺牲学生其他方面的发展。生态的核心是可持续，强调对人的尊重与人的主动发展，突出对学生的尊重、唤醒与激励，旨在促进学生全面而有个性的发展。追求健康发展、可持续发展，与提高教学效率，到底谁先谁后，谁主谁次，谁轻谁重，看似简单，其实反映了两种不同的教学理念。“精实数学教学”在坚持绿色教学三项基本原则的前提下，既关注教育教学效率的最优化，更关注学生的发展生态，关注学生数学素养的发展性和差异性，力求让每个学生的数学潜能都得到最充分、有效的发现和开发。这样的“精”和“实”，才是教育价值的应有追求，也只有这样的“中间地带”，才能将提高学生的数学素养真正落到实处。

教育部考试中心提出高考评价体系改革的“一核四层四翼”要求①，强化对核心价值观和思维品质的考查，坚决反对应试教育，让高考成为引导素质教育的“指挥棒”。尽管这也是不得已而为之的办法，但主动应对总比被动的空洞说教强得多。通过发文、会议等形式强调体育、美育，远没有通过考试的方法来得迅速、彻底。这种策略调整，应和了国家和人民的期盼。中央对高考评价改革重视的程度、推进的力度前所未有，我们对评价改革充满信心。高考考查围绕“一核”，即“立德树人、服务选才、引导教学”，促进学生全面而有个性的发展；着力考查学科“四层”内容，即“必备知识、关键能力、学科素养、核心价值”，姑且不论四个层面是否层级、递进关系，也不论谁重谁轻、谁先谁后，把素养和价值观纳入考察，就让“读死书”“死读书”“机械刷题”占不了便宜；突出考查“四翼”要求，即“基础性、综合性、应用性、创新性”，既考查学生进入大学或社会所需要的基础知识、基本能力和基本素养，又考查学生综合运用不同学科知识、思想方法分析和解决实际问题的能力，学以致用、触类旁通、融会贯通的能力，还兼顾学生独立思考能力，发散思维、逆向思维、批判性思维等与创新相关度高的能力和素养。这三个方面又为“精实数学教学”评价标准的设定指明了方向。

三、评价方案的样例探讨

学生数学素养的培养、评价是一块难啃的硬骨头。国外这方面研究相对国内起步要早一些，实际成效也要好一些。我们不妨先来看两道 PISA 测试样题。尽管 PISA 测评不一定能全面、准确、科学地评价核心素养，但它还是有很多可取之处。

① 于涵．新时代的高考定位与内容改革实施路径[J]．中国考试，2019(1)：1－9．

【案例38】

国防预算数据解读

某个国家1980年的国防预算为3 000万美元,预算总额为5亿美元;第二年的国防预算为3 500万美元,预算总额为6.05亿美元,并且知道这一财政年度的通货膨胀率为10%。

(1) 如果你被邀请为一个和平协会作报告,你将怎样解释国防预算下降了?

(2) 如果你被邀请为一个军事学会作报告,你将怎样解释国防预算增加了?

评注 对现实问题的求解,我们常常满足于求到数据结果,忽视结果的实际意义。数学问题得到答案就算完事,许多学生不重视也不会用语言描述结果,不会用所得的数据和结果说明问题。本题不仅与预算、单项预算在总预算中的额度、通货膨胀等概念相关,更可以使学生在角色转变、从不同立场出发解释数据的过程中,体会到数学的意义,增加对社会问题、对不同领域问题的理解能力,进而增强社会责任感,有利于学生形成健全的人格。这种结果呈现的多元性,彰显了数学学习的价值和意义。全文没有一个字讲数学重要,但数学的重要性已跃然纸上。

【案例39】

土地面积估算

如图76,这是一幅南极洲地图,请你利用图中的比例尺估计它的面积,并解释你是如何得到的。

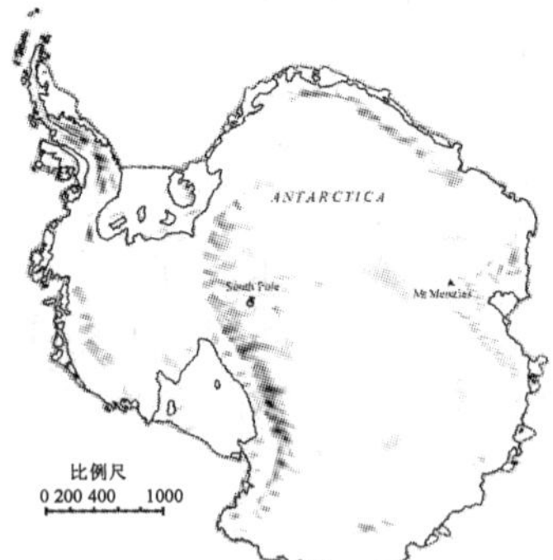

图76

评分标准

(1) 对结果与方法均正确的解答的评分

凡属下列情况，均可获得满分 2 分：

情况 1 用正方形或长方形来估计，答案在 12 000 000 与 18 000 000(km^2)之间(对单位不做要求，下同)；

情况 2 用圆来估计，答案在 12 000 000 与 18 000 000(km^2)之间；

情况 3 分成几个规则的几何图形，将各个部分的面积加起来，答案在 12 000 000 与 18 000 000(km^2)之间；

情况 4 用其他方法，答案在 12 000 000 与 18 000 000(km^2)之间。

(2) 对结果与方法部分正确的解答的评分

凡属下列情况，可得 1 分：

情况 1 用正方形或长方形来估计，但结果不正确或不完整(计算错误，没有进行比例转换；没有最后结果等)；

情况 2 用圆来估计，但结果不正确或不完整；

情况 3 分成几个规则的几何图形，将各个部分的面积加起来，但结果不正确或不完整；如果计算的是周长而不是面积，则不能得分。

评注 本题主要考查学生的估算、建模、面积公式、运算等多方面能力，测试的问题涉及数学学科领域的多个问题单元，注重思维过程，答案丰富多彩，只要思路、方法正确就可以给适当的分数，给学生更多的自由和空间。这种“宽容”为学生创造了发挥自己聪明才智解决问题的良好环境，对学生的数学素养也有较准确的区分。再好的学校也不可能为学生提供进入社会所需的一切知识和技能，学生的自主学习能力非常重要。本题的评分标准着眼于发展终身学习的能力，体现了学校不仅要让学生学会知识(learn to know)、更要让学生学会怎样学习(how to learn)的理念，促进了学生对自己学习过程、学习策略的反思与提升。同样是求面积，中国的大多数处理方法就是记公式、套公式，讲究熟练掌握。PISA 测试的命题方式、评价方式都给我们有益的启示。

题目的设计看似无意，其实精心；看似平淡，其实丰富；看似宽松，其实睿智；看似无奇，其实厚实。一道题就让人充分感受到数学的魅力，感受到数学“好玩”。接下来，再以“登峰杯”全国数学建模竞赛为例，比赛时长 80 个小时，参赛学生必须科学安排，轮流休息和工作。这 80 个小时，有学生只睡几个小时，就真的不苦吗?

【案例 40】

学生研究交通拥堵问题的感受

参加过第二届“登峰杯”数学建模竞赛的海安中学高一学生刘雨洁感慨万千：

回想整个比赛的过程，心里依然紧张而激动，比赛的画面仍历历在目。时间只有短短的三天，片刻不等人，每一秒钟都要充分抓紧。第一天早上试题发放时，所有人都没有思路，试题是有关交通拥堵现象的解决，但所研究的问题必须自己提出，首先在方向的确定上，便绞尽脑汁。半天下来，还是徒劳无获。但灵感总会在一瞬间迸发，中午吃完饭回到房间，当我浏览网上的一些例文时，突然想到用红绿灯设计规划模型，便与本组其他成员议论后分头行动。数据的搜索也得靠自己，我们实地考察了拥堵路段，并做了详细的记录，在数据整理完成后，开始着手模型的假设与建立。晚上，大家都自觉地熬夜，激烈地讨论，认真地计算。我们的坚韧，帮助我们战胜了困意，战胜了一切的不可思议。虽然忙了一夜，当太阳升起时，我们抱着自己的心血作品，如同抱着自己的孩子一样，酣然入睡。在梦里，我们还在找寻着方法和灵感。我们没有计算机的知识，也没有论文的基础，我们仅凭借着内心的决心，跌跌撞撞，自己摸索，在过程中，不断学习，不断成长。有时我们也会因个人观点的不同而发生分歧，但不同的观点有助于视野的拓宽、思维的深化，有利于打破思维常理去创造属于我们的数学模型。我们是一支团队，是一股绳，我们再三斟酌方案，最后统一观点，一起向前方迈进。经过三天的磨炼，我们耗尽了洪荒之力，成功完成了比赛，我们收获了许多知识，我们收获了团结精神，我们收获了创新的思维，疲惫的身体掩饰不住内心的喜悦，不管结果如何，我们无怨无悔，我们尽力了，我们已经是最后的胜利者。这样的成长经历，让我们受用终身。

这三个案例从不同侧面对数学素养进行了评价。应该说，像 PISA 测试的命题方式，我们是可以做到的，只是出于对阅卷尺度、进度的考虑，以前的高考不会这样考，现在这样的新题型正在逐步进入我国的考卷；像清华大学面向优秀学生开展的数学建模活动，所有学校平时也可以实施，只是因为高考不考而丢到一边，现在这个问题也正在逐步解决。这些年，高校自主招生、强基计划等项目已经做了很多有益的尝试。尽管在招生过程中也暴露出论文造假、抄袭等问题，引起全社会的关注，但我们不能因噎废食，而要通过机制的完善让考生不敢假、不能假，其最有效的方法就是将这些论文置于阳光下，接受公众监督，同时提高造假成本，让每一个人都心存戒尺。只要招生学校真正建立起学生数学素养的评价体系，通过高考指挥棒还是可以让数学素养的培养和评价真正得到有效的落实，关键是如何保证评价体系的科学合理和评价过程、结果的公开透明。

第三节 评价取向的发展性

评价取向的发展性，强调的是以人的发展为中心，积极发挥评价对象的主体性、能动性，促进学生主动进步、教师主动提升和教学主动改进，力求让每位师生都在原有基础上获得更大的发展，真正实现“评价是为了更好地改进”。

一、学生成长是精实数学的主旨

清华大学白峰杉多次问来自全国不同地区、不同学校的中学生：从小学到中学，你认为最重要的三门课是什么？80%以上的学生不假思索地回答：语数外。再问为什么是语数外时，回答也是异常的整齐：因为高考要考。这是多么悲哀的事情！而在白峰杉看来，从小学到中学，最重要的三门课应该是语文、数学和体育。语文教人学会做人，数学教人学会思维，体育教人学会健身。

白峰杉对数学功能的定位，与早前的数学家、数学教育家观点如出一辙。数学教学最主要的任务是教人学会思维，数学知识可以遗忘，但数学的精神、思想和方法可以影响人的一生。在形成数学思维的过程中，学生的学习力也得相应的提升。

学习力包括三个要素：学习动力、学习能力和学习毅力，这三个要素是学生适应未来发展和终身学习需要的必备的个性特征和品格。

1. 学习动力

学习动力可以分为两大类、四小类：

- 学习动力
  - 外驱力
  - 内驱力
    - 功利内驱力
    - 兴趣内驱力
    - 责任内驱力

外驱力是外部强加的压力，不一定是自己的主观意愿。自己不想学，只是迫于各方面的压力而被动应付，很难感受到学习的乐趣。高考一结束就以撕书、烧书等方式发泄，就是对学习厌恶的集中体现。

按学习目的分，内驱力又可以再分为三种类型：

功利内驱力是带有功利色彩的学习，想考一个好大学以便将来找份好工作，就是典型的代表。这类学生也会感到学习很枯燥，但为了自己的好前程咬咬牙就挺过去了，考试完毕万事大吉，所有的知识都还给了教师。

兴趣内驱力是自己真正对数学感兴趣，或者感到数学对个人、社会发展的重要性，他们不是功利地求回报，而是自觉、主动地在数学学习上投入足够的精力，他们的学习热情不会轻易衰减，也只有他们才可能在学业上有所成就。

同在 2006 年第 47 届国际数学奥赛获得金牌的中国选手柳智宇和德国选手舒尔茨，前者的解法与思路赢得国际奥委会的最高评价，被称为数学奇才，但最终还是遵循内心遁入佛门；后者却连续参加了四届奥赛，取得了一银三金，他热爱数学，献身数学，24 岁成为德国最年轻的教授，31 岁拿下数学界的诺贝尔奖——菲尔兹奖，而一直以来菲尔兹奖都把 40 岁作为资格线，没有超人的成就是很难突破这一门槛的。

责任内驱力是学习动力的最高境界。这种人以天下为己任，忧国忧民，“为中华之崛起而读书”，终将会成为国家的栋梁。而且，这种学习动力持续的时间最为长久。

学习动力的不同层次对应在数学学习上的差距是非常明显的。

对学习动力可以从学习态度和学习动机两个维度来评价。学习态度又可分为四个层级:强制型、听从型、兴趣型和自觉型;学习动机可以围绕学习需要、学习兴趣、学习信心、求知欲望等要素来考察,每个要素还可以分为若干层级,如学习需要,可以参照马斯诺需要层次理论,分为掌握知识的需要、提高技能的需要、发展能力的需要、提升素养的需要、担负责任的需要五个层级,又如学习兴趣可以分为有趣、乐趣、志趣三个层次,仅仅感到有趣是学习动力的初级阶段,只有上升到志趣阶段,才能少受外界影响,全身心投入到学习中。

学习态度是可以改变的,学习动机也是可以调整的。而这些改变和调整,都需要我们通过教学评价,唤起师生的自觉自省。

2. 学习能力

学习能力是指学生运用适合自己的学习方法,快捷、有效地选择和获取信息、加工和整合信息,并利用信息分析和解决实际问题的个性特征。对学习能力的评价莫衷一是,各有千秋。学习能力有4个特质:志向、好奇心、容错能力和自省能力。优秀的学习者都有明确的目标,并且有乐观向上的态度,重点关注在完成目标的过程中得到了什么收获;都能始终保持好奇心,好奇心又催发不断奋进的动力;对于自己不擅长的事情,或在学习过程中遇到困难挫折的时候,都能接受失利,勇于尝试,从错误中学习,永不言败;都能对自己进行客观准确的定位,而不是毫无原则地拔高自己,清楚自己需要做什么,也更愿意听取他人的建议与要求。这种划分把学习动力、学习毅力都纳入学习能力评价的范畴,立足于学生的成长,值得我们参考。

学习能力的提高,更多的时候是靠"悟"出来的。常识不教就会,知识可以学会,也可以教会,但思想是学不会、教不会的,因而对学习能力的评价并非易事。以成绩的高低来衡量能力差距,看似简单,但把复杂的问题过于简单化,必然导致评价的失真。所以,评价学习能力,不能仅仅停留在分数,更要看证据,看在分数背后学生的真实表现,这既是求"精"的表现,也是求"实"的行动。

对学习能力的评价,可以通过三个方面来体现:

一是明确自己的学习方向,知道自己需要学什么,也就是制订计划的能力;

二是形成自己的学习方法,知道自己应该怎么学,也就是获取知识的能力;

三是运用所学知识求解问题,知道知识到底有何用,也就是问题解决的能力。

在信息泛滥的时代,对研判和选择能力的要求越来越高。方向错了,再怎么努力都难以实现理想的目标。如果一个学生的学习停留在教师讲什么、我就学什么的阶段,整天被动接受、疲于应付,对自己的学习定位缺少准确的判断与思考,更谈不上对教师教学、课本内容的质疑与批判,其结果必然是对自己的学习状态盲目无知。每个人的学习基础、学习习惯、学习兴趣不尽相同,别人再好的学习方法都不可能简单地复制和移植,都必须结合自身的实际,通过自己的消化吸收、加工改造,摸索出一套适合自己的学习方法，让自己的学习更有规划、更有规律、更有效果、更有效率。学习知识不是学校教育的最终目的，也不是个人成长的最终目的，比知识更重要的是学习能力。怎样用所学知识解决问题，怎样在学习知识、解决问题的过程中提升数学素养、提升数学思维能力，是数学教学需要认真研究的事情。

3. 学习毅力

学习毅力，即学习意志力，是指为实现预定的学习目标，而自觉克服困难、努力达成目标的一种意志品质，它是保持学习行为的不可或缺的要素。美国第30任总统卡尔文·库利奇曾写过一首激励美国公民"坚持"的诗，他指出：世界上没有能取代"坚持不懈"的东西，唯有"坚持不懈"是抵达成功的不二法门。"Grit"是当下美国非常时髦的教育理念。[①] "Grit"可译为"坚毅"，但其涵义远比坚强、勤勉、毅力丰富得多。"Grit"既包涵对长期目标的持久耐力和持续激情，也包涵不忘初心、坚持不懈和专注投入，还包涵自我激励、自我调整和自我约束，是多种个性品质的综合。毅商比智商和情商更重要，已成为普遍共识。毅商，也称为逆商(Adversity Quotient，简称AQ)，是人面对挫折、摆脱困境和超越困难的反应方式，包括持之以恒的能力、抵御逆境的承受力和表现力、遇强更强的争胜的自信和勇气、处变不惊的心理承受力和应对能力，它的最高境界是百折不挠的意志力和坚韧不拔的精神。

1993年，诺贝尔奖得主赫伯特·西蒙(Harbert A. Simen)和安德斯·埃里克森(K. Anders Ericsson)建立了一个"十年法则"：要成为任何领域的大师，都需要10年左右的艰苦努力。这与中国人所说的"十年磨一剑""板凳要坐十年冷"不谋而合。在此基础上，马尔科姆·格拉德威尔(Malcolm Gladwell)又提出了"1万小时定律"(10,000 Hour Rule)：1万小时的锤炼是任何人从平凡走向卓越的必要条件。按每周工作五天、每天工作八个小时计，要成为某个领域的专家，至少需要五年时间。比尔·盖茨在创办微软公司前，已经持续编程7年，远远超出10 000小时，而当时全球达到这么长编程时间的人不超过50个。

正如格拉德威尔所说，10 000小时仅仅是成才的必要条件，不等于有了10 000小时就一定能成才。学习需要持之以恒，始终如一，学习最忌讳朝秦暮楚、朝三暮四，确定方向需要慎重，一旦方向确定以后，就不要再三心二意、犹豫不决，自己对自己的选择负责。教和学都是同样的道理。海安中学的教师也有类似的感受："教育不会有波澜壮阔的场景，更多的只能是春风化雨的滋养；教育不会有天翻地覆的变化，更多的只能是滴水穿石的功夫。"

学习本身是件苦差事，要想感受到数学学习的乐趣，数学教师固然有责任，但学习者自身转变学习态度更为重要。也只有真正把数学学习作为自身需要的人，才会产生"我要学"的强烈欲望，甚至"痴迷"数学，这种享受，是别人无法想象、无法理解，也无法

---

① 计雯. 如何帮孩子塑造"坚毅"性格[N]. 文汇报，2014-07-24(11).

替代的。苦和乐是相对的，即便相同的学习内容，不同学生的感受都不一样，不能一味地以降低学习的“均值”为代价换取所谓的“学习快乐”。“快乐学习”是对教师的要求，要求教师尽可能创造轻松愉悦的氛围，减轻学生的心理疲劳和心理压力。原江苏省教育厅厅长沈健曾提出一个非常现实的问题：为什么国外有些孩子为了一个研究课题会连续熬夜到凌晨三四点，而国内同样年龄的学生做作业超过晚上 12 点，家长、社会就一片哗然？应该说，减轻课业负担，实施一般意义上的“素质教育”，不是这个问题的最好答案。学生快乐的重要源头是学习轻松，更主要是心理轻松。心理轻松源于学得会、喜欢学，而不简单地取决于投入时间的多少。只要学生主观上没有把新增的任务当成负担，就不是负担。真正对数学感兴趣的人，并不觉得自己有多苦，他们会以苦为乐，在枯燥的学习中找寻乐趣。这也是学习毅力的正强化。对于那些数学功底比较薄弱、对数学学习缺乏兴趣的同学，更需要学习毅力做支撑。很多时候，数学学不好的关键是自身信心不足，意志衰退，缺乏主动精神和长期坚持的准备。

对学习毅力的评价，可以通过对数学学习过程中学习动机的自我监控、学习情绪的自我调节、学习意志的自我维持、学习策略的自我反思等指标来考量。学习毅力有外显的一面，但外显特征不一定是学习者的真实反映，更多的还需要学习者及时准确把握，及时调控管理。因此，学生的自我评价、自我调整、自我激励是提升学习毅力的主要手段，他人的关心帮助必须通过自身的消化整合才能转变为自己的行为。

学生是活生生、完整的人，学生的成长比成绩更重要。对学生成长的评价，不能仅仅看学生的考试分数，还要认真评估学生的学习力，包括学生的学习态度、学习投入等多方面因素。数学学习不能仅仅停留在掌握数学知识、发展数学能力，还要体现出数学在提高人的整体素质、形成良好精神品格方面的作用。学生在数学学习过程中投入的时间、精力，课业的难度，作业量大小，学生的情绪状态、内心感受，是厌倦、压抑，消极抵触，还是快乐、主动，积极期待，都是影响学生成长的重要指标，必须得到应有的关注。

2018 年 9 月 10 日，习近平总书记在全国教育工作会议上指出：“要深化教育体制改革，健全立德树人落实机制，扭转不科学的教育评价导向，坚决克服唯分数、唯升学、唯文凭、唯论文、唯帽子的顽瘴痼疾，从根本上解决教育评价指挥棒问题。”破五“唯”，首要的就是“分数”问题。对学校来说，分数又与升学密切相关。分数不仅是学生的“命根”，也是教师和学校的“紧箍咒”。2019 年 6 月国务院办公厅出台的《关于新时代推进普通高中育人方式改革的指导意见》再次明确要求坚决扭转片面应试教育倾向，建立科学的教育评价和考试招生制度，突出立德树人导向，注重联系社会生活实际，积极探索基于情境、问题导向的互动式、启发式、探究式、体验式等课堂教学，增加综合性、开放性、应用性、探究性试题。这些利好消息需要教育主管部门拿出切实有效的措施，真正让学生的天性得到释放，个性得到张扬，兴趣得到激发，人格得到尊重，这才是教育应有的姿态。

二、教师提升是精实数学的追求

1. “数学好玩”与“玩好数学”的融合

2002年8月20日，第24届国际数学家大会(ICM)在北京开幕，陈省身为大会活动之一的“中国少年数学论坛”题词：“数学好玩”；第二天，田刚也题了四个字：“玩好数学”。“玩”的含义丰富，作为名词，“玩”可以指“供观赏的东西”，“好玩”指“有趣，能引起兴趣”；作为动词，“玩”可以解释为“观赏，欣赏，从事或投入某种活动，研讨，反复体会”，“玩好”意为“玩赏与爱好”。我也曾赠给学生四个字“好玩数学”，希望学生人人“好(hào)玩数学”。这不是简单的文字游戏，一个“玩”字，一个“好(hào)”字，就让数学超越了功利，也对数学教学提出了更高的要求，数学学习能达到“玩”的境界并不容易，达到“好(hào)”的境界更是难上加难。数学仅有“好(hǎo)玩”是不够的，“好(hǎo)玩”的目的是为了更好地“玩好”“好(hào)玩”。随着学科知识的加深，要想让每一节课、每一道题都“好玩”是不现实的事情，更多的应当是在“好(hǎo)玩”的基础上“玩好”数学、好(hào)玩数学。

数学真的“好(hǎo)玩”吗？数学能不能实现“玩好”的目标？能不能达到“好(hào)玩”的境界？为什么那么多的学生怕数学，甚至厌恶数学？

是我们把“好玩”的数学变成了“可怕”的“魔鬼”、功利的工具、天使的炼狱。我们的传统文化把“忠君孝子”作为国民的伦理道德，君是君、臣是臣，凡事都要“上规矩”，“没有规矩不成方圆”，叛逆就是不忠不孝，犯错、离经叛道本是发展想象力的不可或缺的因素，常常受到指责和批评。把“听话”“不越雷池一步”视为好学生的“底线”，学生的好奇心自然会随着时间的推移消磨殆尽，更谈不上创新。学生的行为规范和好奇心似乎成反比例关系，好奇心强的人受到“条条框框”的束缚就越小，越是守规范的人越不敢贸然行动，好奇心、想象力和创造力就难以为继。2009年，教育进展国际评估组织对全球21个国家进行了一项调查，发现中国孩子的计算能力排名第一，想象力排名倒数第一，创造力排名倒数第五。在中国的中小学生中，认为自己有好奇心和想象力的只有4.7%，而希望培养想象力和创造力的也只占14.9%。① 这是值得整个社会关注和思考的问题。

陈会昌在对208个孩子跟踪研究19年以后，得出研究结论：“每个学生心中都有两颗种子，第一颗种子的核心品质是自我控制力，是控制自己、按照外界环境提出的要求，学习社会期望的知识、技能，完成成人要求的任务的能力；第二颗种子的核心成分是主动性和创造性，是出于个人内在兴趣、动机和愿望，自发地做自己喜欢做的事情的能力。”中国孩子前一颗种子的生长土壤比较肥沃，而第二颗种子的生长土壤就非常贫瘠，即使学习成绩好的孩子，真正对学习感兴趣的寥寥无几。

---

① 许二多，汤寒锋. 21国调查结果显示中国中小学生想象力倒数第一[N]. 重庆晚报，2010-11-24(7).

一般说来，取得高水平成就需要的心理条件包括：第一，对自己感兴趣事物的巨大的内在兴趣和高度热情；第二，不可阻止的、自发的学习行为；第三，强烈的成长动机；第四，反潮流精神；第五，独立性、创造性、求新求异性；第六，孜孜不倦的工作态度和克服困难的坚韧精神。这六个条件中有五条与主动性有关，只有一条与自控力有关。学校和家庭要在发扬第一颗种子环境优势的同时，改善孩子第二颗种子的生长环境。

斯腾伯格(Robert J. Sternberg)研究发现："创造性包含善于发现问题、独创性思维方式、对模糊性的容忍度、强烈的成就动机、失败后重新尝试的意志力、时间和精力。"其中"模糊性"，是指解决问题时答案的非唯一性，这恰恰是我们的学校教育中最缺少的，也是家庭教育需要特别注意的。同时，国内外心理学家几十年来的大量研究又证明：儿童时期形成的良好自控力，对其学习成绩、学校适应以及成年后的事业成功均有重要影响，其影响力甚至超过智力。虽然中国传统文化在培养人的主动性和创造性方面偏弱，对自控性要求过严，中国现行的高考制度又在教育环境上限制了学生的创新性，但孩子成长最理想的状态是两颗种子都得到发展，并且达到一种和谐平衡的发展。过于强调主动性而忽视自控力的培养，是从一个极端走向另一个极端。① 陈会昌的观点在教学实践中已经得到充分的验证。

朱清时曾指出："我国的高考制度实际上是扼杀学生的好奇心的。"高考的主要功能是人才选拔，而选拔的主要依据则是考试分数。一方面，为了保证考试分数的客观公正，也为了迅速完成阅卷工作，命题组制定了严格的评分细则，唯一正确的标准答案容不得半点发挥，只要与评分细则不符，都要扣分。另一方面，每年试卷的难易度很难保证完全一致，也就有了"三分在命题、七分在阅卷"的说法，试卷难了评分尺度就放宽，试卷易了就"往死里扣"，"初一月半不一样"，别说学生，教师也很难说清哪些步骤可以省略，哪些必须写。这种桎梏又催生了新的应对策略，为了保险得分，各地作文还推出了"核心素材成型写法"的通用模板，泯灭了个性，扼杀了创新。

让数学"好(hǎo)玩"强调的是数学内容和教学方法的趣味性，强调引发兴趣，激发学习的原动力。让学生"玩好"数学强调的是学生数学学习已经远远超出把握数学知识的层面，更突出数学思想的内化和数学方法的融会贯通。让学生"好(hào)玩"数学强调的是学生对数学的兴趣，进而产生"我要学"的欲望，突出深度学习，强化学习的内驱力。数学学习，不要求每个学生都达到同一水平，但无论基础如何、能力如何，都要在学习中有所得，都要通过自己的努力探索，学会知识，掌握方法，拓展能力，每个学生都能在原有的基础上得到最大幅度的发展和提升，这是数学好(hǎo)玩、玩好数学和好(hào)玩数学的不同层级的目标。每个教师都要依据学生的实际和教学内容的特点，在"守规矩"和"创新"之间找平衡，尽可能让两者都发挥出最大效益。

---

① 汤寒锋. 北师大教授对 208 个孩子跟踪研究 19 年惊讶地发现……[DB/OL]. http://www.cqrb.cn/content/2014-12/08/content_1419.htm.

2. “效率优先”与“素养优先”的统一

高效课堂是功利的产物。教学的有效性不能完全以投入的时间、精力和物力来衡量，但教学目标的达成度还是一个不可或缺的指标。离开了教学效率，再多的解释都是苍白的，老百姓都是不能认可的。即便是教师，中国教师最认同的考核指标是“教学效果”，95％的中国教师都把“教学效果”作为第一选择；美国教师最认同的考核指标是“学生参与”，其认同度为 55％。这也说明就课堂教学认知的一致性而言，中国教师比美国教师要高。

中国教师从内心深处还是认同教师在教学中的主导作用。启发式教学强调不愤不启，不悱不发，关键还在于教师对“愤”与“悱”的时机把握，教师通过铺垫、引导、分析，辅以例题、习题变式，多角度、多层次演绎、展示教学内容，让学生更快更好地掌握基础知识、基本技能，保证教学目标的顺利完成。美国教师更重视学生的自主探究和合作讨论，倡导小组形式的学习共同体，强调学生的学习主体性、主动性和合作共享意识。就课堂表现而言，中国教师也意识到师生互动的重要性，但这种互动基本上都是由教师发起，并且大多停留在教师与全体学生或单个学生的互动，表现为“专心听讲”“独立思考”“踊跃发言”“认真练习”，本质上还是教师包办代替多，学生跟着教师的节奏走，依赖性很强；美国课堂上的学生合作交流真实而有效，生生互动多，主动提问多，学生的积极性、互助性、自主性都比较强。

应该说，这些表象的背后更多的是教学理念的差异。中国教师最重视的是课堂上教学目标的达成。教学目标的达成度，是教学效果最重要的标志。教学质量的高低，就看学生在教学目标所规定的学科知识、学科能力方面提升的幅度。教师带着学生走，方向明确，有利于教学目标的达成。在中国教师的潜意识中，总有一种强烈的目标意识，不管做什么工作都要有明确的优劣高低之分，评价的方法越简单、越直接越好；总认为教师对数学知识的理解比学生深刻，教师主导的以讲授为主的教学方法更有利于学生数学知识的学习。美国教师更注重学生课堂讨论的质量，他们投入大量的时间、精力和财力，积极营造平等、互助、尊重的环境，鼓励学生通过小组合作讨论解决学习任务，鼓励学生相互争辩交流，主动发表自己的观点，寻求不同的解题策略。美国教师不特别看重教学目标的达成，一方面是由于美国各州的课程标准和教材差异性较大，另一方面是由于美国教师的教室与办公室合二为一，同事之间的交流少，攀比和竞争的氛围也就没有中国那么浓，每个学生都容易获得平等的学习机会，积极参与讨论，主动发表意见，即使学习基础差的学生，也同样会在展示交流和互帮互学中获得提升。

中美教师教学观念的差异，主要是“效率”与“素养”谁更应放在优先位置上。美国学生在课堂上表达、交流的机会多，语言表达能力、人际交往能力、探索发现能力都能得到有效的培养，但教学效率相对低下，教学目标可能会“信天游”。中国的课堂就像放风筝，那根线始终拽在教师的手上，教师可以根据自己的喜好和判断随时进行调控，学生的自主性、合作交流和思维探究的深度、广度都受到制约，但教学目标相对容易达成，教学效率也能得到有效保证。对于教师给出的常规性问题，无论是解决的速度还是解决的质量，中国学生肯定比美国学生好得多；但对于难以预测的开放性问题，无论是解决的策略还是解决的质量，美国学生又比中国学生好得多，也就是说美国学生的实际数学能力和数学素养并不比中国学生差。

对于中美两国的数学教育，对于“教育教学效率”与“学生数学素养”，不能简单地评价孰优孰劣。整个社会的功利色彩比较浓，对“效率”的期待自然会比对“素养”的期待强得多。但“效率”与“素养”也不是完全不可兼得的难题，李尚志有个通俗的比方①：用上一年高考题进行训练，学生会做了，再拿下一年高考题测试，如果学生还是不会做，这就是应试教育；如果学生拿到题目后感觉与上一年换汤不换药，这就是学生的核心素养已经落实到位了。明察秋毫是一种素养，难得糊涂则是素养的更高境界。学生要学会举一反三，不仅要能“依样画葫芦”，还要能“照葫芦画瓢”，用所学知识解决没有遇到过的问题。学生的数学素养需要培养，同时我们还要努力提高培养数学素养的效率。每个有良知的教师，都应当积极寻求“效率”与“素养”相行不悖的教学策略，这也是教育教学评价必须兼顾的课题。

3. “发展学生”与“发展教师”的共赢

一直以来，海安中学都把“教师发展”作为学校的立校之本，列为各项工作的重中之重。很多人提出，学校以人为本就是以学生为本。但海安中学把这个问题进行了细化，他们认为学校不能仅仅关注学生的成长，教师的成长也同样重要。从学校管理层面，既要以学生为本，更要以教师为本，教师的发展是学生发展的基础，没有教师的发展就不可能有学生真正的发展、可持续的发展。海安中学一直关注教师的成长，充分调动他们的积极性，激发他们的聪明才智，让他们主动积极地发展。从教师教育教学层面，应该以学生为本，教师对学生的关注和关怀更直接、更具体、更到位，也更容易实现。

和众多学校一样，海安中学最初提出的办学理念是“为学生的终身发展奠基”，在实践中他们充分体会到学校的一切发展离不开教师，教师的发展是学校可持续发展的原动力和核心竞争力，于是在办学理念上增加了一句话“为教师的专业发展铺路”。他们又发现仅有教师的专业发展还远远不够，教师的发展必须是主动的，必须以发自内心的强烈愿望为基础，这样的发展才是教师发展应当追求的目标。教师的发展也不能仅仅停留在专业发展的层面，学校应当全方位关心教师的成长，让他们不断获得成功的体验，海安中学再次将办学理念改成“为学生的终身发展奠基，为教师的幸福成长铺路”。只要教师工作的主动性、积极性、创造性被激发出来，走向成功是必然的事。

在教师的专业发展上，海安中学着力打造“三精工程”：精心、精细、精品。教师在每一个步骤上都精心，每一个环节上都精细，每一项工作就一定都能够成为精品。海安中学在教师专业成长上有三“mó”：一是临摹、模仿，“摹”为教师发展提供了目标和方向。

① 李尚志. 我看核心素养[DB/OL]. http://www.360doc.com/content/17/0411/12/31483683_644640724.shtml.

刚入职的教师主动学习、模仿名优教师的教学流程，借力发展，在成长的道路上少走弯路。二是打磨、筹谋。“磨”为教师发展扩充了视野和道路。精心研磨自己的每一节课、每一道题、每一个学生，设计出科学、可行、有效的教学流程，让教学从混沌走向清晰，从稚嫩走向成熟，从感性走向理性。三是揣摩、整合，“摩”为教师发展提升了品位和境界。在认真学习借鉴他人教学模式和总结自己教学经验的基础上，反复思考推求各种教学方法的利弊得失，整合各方资源，形成自己的教学风格、教学特色。三“mó”的重点还在“磨”：磨题、磨课、磨人。

(1) 在“磨题”中“求精”

“磨题”，本是命题过程的一个专用术语，是在试卷初稿成形以后，由相关教师从难易度、区分度、信效度、知识点的覆盖面等角度对试卷进行深度而精密的思维加工、推敲论证，最终形成符合考试要求和考生水平的打磨试卷的过程。“磨题”不是命题老师的专利，每个教师都有“磨题”的责任和义务，而且“磨题”的范围和要求也要扩大。“磨题”，可以是对一套试卷，也可以是一道题、一类题进行耐心细致的锤炼、琢磨，从题目中悟出知识结构和内涵，生成解题技能、命题技巧和教学策略。“磨题”的目的是让教师在自己全面准确把握题目的内涵和解法以后，尽可能压减不必要的题目，准确分析各种解题方法与所教学生之间的适应性，从学生的角度选择更合适的教学路径，让学生更好地掌握解题的方法和技巧，提高数学学习的能力。仅仅停留在“把题目做出来”是远远不够的，教师为了让学生跳出题海，教师自己就要跳入题海，数学教师更是要身先士卒、一马当先。

数学学习的核心就是通过数学问题的解决，发展数学思维，培养数学能力。波利亚认为：“掌握数学就意味着善于解题，不仅善于解一些标准的题，而且善于解一些要求独立思考、思路合理、见解独到和有发明创造的题。一个有责任心的教师与其穷于应付烦琐的数学内容和过量的题目，还不如适当选择某些有意义但又不太复杂的题目去帮助学生发掘题目的各个方面，在指导学生解题的过程中，提高他们的才智与推理能力。”①

“磨题”的直接指向就是减轻学生不必要的学业负担。教师懒于磨题，懒于研题，势必造成大量的废题、无效题、重复题，学生疲于应付作业，学习的自信心和积极性受到极大的打击，同时也让教师进入到盲目布置作业——拼命批改作业——玩命评讲作业的怪圈，更没有时间再认真磨题、研题。不仅是学生，教师也是身心俱疲，不堪重负，自己种下的“恶果”还得自己吞下。因此，要提高学习效率，首先就要选好题，让学生做好题，再讲好题，练好题，既保证教学质量又节约学习时间，让师生都有更多的时间和精力去认真研究如何更好地教和学，进入精选、精练、精讲、精评良性循环的快车道。

“磨题”的间接收获是教师自身的提升。“磨题”的过程，也是教师自身思维能力和专业能力提升的过程。教师的解题经历与学生的解题过程不一样，教师的侧重点在于

---

① 李小峰.基于变式理论的基本不等式教学设计研究[D].苏州大学，2013：27.

如何更好地发现和利用题目的价值，如何领会更一般的规律和本质，如何厘清各种解法之间的关联性，如何寻求更适合学生的教学方法和策略。因此，“磨题”不仅仅是感同身受，简单完成了一次“下水”作业，提高了自身的反应速度和敏捷性，更重要的是教师对题目的切身感受，可以更准确地体验到题目的难易度和对学生的适切性，既提高了教师指导学生解题和教学预设的能力，也提高了教师自身的数学素养。

问题是数学的心脏，如何发现好的数学问题、加工数学问题是数学教学的基础工作。可以说，教学的有效性很大程度上取决于问题本身的优劣。

“磨题”，一是要选好题。题目的科学性是前提条件。题目的条件和结论不能有事实性的错误；条件之间不能相互矛盾，不能有逻辑性的错误。选题、编题还要有针对性。理解和巩固新知识一般用模仿性习题；帮助学生发现问题、查漏补缺一般选用易错题；拓展学生思维则选用系列变式的题目，结构不良问题对学生数学思维能力，特别是批判性思维能力的培养更为有益。同时，选题、编题还要注意层次性，要充分考虑到学生的整体和个体情况，题量适度，难易适度，梯度合理，循序渐进。二是磨析题目的教学方法，不仅在课堂教学前，即使在解题结束后，都要对解题过程中出现的问题以及发生问题的原因进行认真的探究，这种精准保证了教学的有效。

“磨题”，可以让教师弄清弄透有研究价值的数学问题的背景、内涵及相互关联，才能在选择题目时大胆取舍，在选择教法时有的放矢，在讲授题目时深刻到位，在命制试题时科学精准，避免盲目性和随意性，教学“求精”也才有了可靠的基础。

(2) 在“磨课”中“求实”

“磨课”是通过对某一课或某几课进行解剖麻雀式的分析，帮助教师提升对所在课的教学、研究的认识，让本节课的教学尽快达到较高的水平。

“磨课”也有两种形式：一是通过集体备课的形式，在一定时期内，在同伴帮助和协助下，采取多种形式，对某课教学的全过程或者某些环节进行反复深入的、推心置腹的学习、研讨与实践的过程。二是教师个体在集体备课基础上的二次备课，也可以是教师本人在初步形成教学设计以后，根据学生实际，以及自己对教学内容、教学方法的新认识，对课堂教学进行的重新构架，只有想清楚才能讲明白。

两所课改名校，一所学校打磨导学案的程序为：

① 提前备课，教师利用寒暑假先期疏通教材，了解学生基本情况；

② 轮流主备，备课组制定好全学期备课计划，主备教师按期拿出初稿交备课组长审核；

③ 集体研讨，同备课组教师围绕初稿各抒己见，共商修改方案，由主备教师汇总并修改后再次交备课组长二次审查；

④ 领导把关，由分管领导最终审定签字后，制成正式文本；

⑤ 课前备课，上课前将导学案分发给教师和学生，教师以导学案为蓝本进行二次备课，对文本适当修改和补充；

⑥ 课后反思，教师将课堂上的所感所悟写到导学案的空白处。

另一所学校的程序为：

① 把上一年形成的导学案先复印给全体教师，由当时的主备教师给大家讲编制意图，对教材进行梳理；

② 所有教师在认真研究上一年导学案使用情况的基础上，依据教学新要求和学生新特点，分头修改导学案；

③ 将各位教师修改的结果进行汇总评比，共商修改方案，再由有经验的教师执笔、定案；

④ 制成正式文本交全体教师，要求各人根据实际进行二次备课，对文本适当修改和补充；

⑤ 每节课上完后，教师都要完成一篇教后感。

前一所学校的做法带有普遍性，大多数学校都是“一人苦想，大家共享”，所谓集体“备教材”“备学生”，基本上是流于形式，拿到导学案以后，怎样进行二次备课也要看各人的责任心。曾有出版社提出“编写的教学参考资料要让教师喝醉酒都能上课”，那还要二次备课干什么？后一所学校的做法确实让导学案成为全体教师集体智慧的结晶，经历自主准备、充分研讨、求同存异的过程，达到个人钻研、取长补短、寻求共识的目标。要把每个环节都真正做到位，教师的工作负担肯定很重，要求也很高，但教师在专业精神、专业能力、专业素养等方面也一定会有较大的提升。

理想的“磨课”应该包括五个程序：一是课前教学设计，由开课教师单独或在同伴帮助下完成；二是课堂教学展示，“旁观者清”，同伴从不同角度对课堂进行观察了解；三是课后评议，集思广益，帮助开课教师进行诊断，提出改进意见和调整方案；四是二次备课，开课教师根据自己的教学感悟和思考，结合课堂观察的数据，汲取同伴建议的合理成分，对课堂重新设计；五是组织二次课堂教学。必要的时候，还可以再评议、再修改、再上课，直至达到理想的教学状态。

尽管有些公开课、评优课“毁”了“磨课”的名声，让“磨课”有作假的嫌疑，有无视学生主体地位的担心，有教学同质化的忧虑，但对“磨课”的认识也要一分为二。应该说，“磨课”对教师的成长还是有好处的，就像教学模式对于初登讲台的教师一样，它让新教师尽快熟悉工作流程、工作规范，了解教学过程的关门过节，迅速适应教学需要。“磨课”是提高专业素养不可缺失的长期教研行为，不能当做追求功利的短期行为来看待。在“磨课”的过程中，教师得以迅速的成长进步，甚至“脱胎换骨”式的提升，这是一个不争的事实；“磨课”受益的不仅是开课教师个人，更让所有“磨课”参与者都有所思、有所悟、有所得，有利于他们改进自身的教学方法，优化自身的教学习惯，把握教学的心理规律，形成科学的课堂教学思维方式，提高自身的教学和研究能力。

“磨课”主要“磨”什么？

① 磨教育理念。“为什么教”依旧是教学的首要问题。教师上课的一言一行、一举

一动，都是教育理念的折射和体现。简简单单的“听清了吗”“看清了吗”，无不体现出教师对学生的关爱。然而，理念的转换并非易事，没有思维的碰撞，静心的掂量，反复的比较，透彻的感悟，“磨”不到位，教育理念将永远是一场“秀”。

② 磨教学内容。磨课的一个重要环节就是“教什么”，要对教学目标有一个准确的定位，对教学内容有一个合理的取舍，要在钻研教材、吃透教材、把握本质、精准加工上做足文章。

③ 磨教学方案。教学方案是完成教学目标的书面计划，包括教学内容的组织实施流程、方法、路径等程序性、过程性要素，解决的是“怎么教”的问题。与教学目标的设计相比，对教学过程的设计是教师个性化、情景化的产物，是在深入了解学生情况、准确把握教学目标、恰当选择教学内容的基础上，教师对相关教学要素的整合，对教学蓝图的规划，具有更大的灵活性。尽管教学方案有很多痕迹是教师个体的，教师可以通过自身不断的反思获得改进和提升，但同伴在课前的切磋、课上的观察、课后的研讨都是打磨教学方案的有效手段。

(3) 在“磨人”中“求优”

宝剑锋从磨砺出，梅花香自苦寒来。“好题”是磨出来的，“好课”也是磨出来的，“好教师”“好学生”更是磨出来的。

人磨题，题也磨人；人磨课，课也磨人。磨题和磨课的每个环节，都让教师得到了磨炼。这既是一个辛苦的过程，也是一个收获的过程；既是一个学习、研究、实践不断反复的过程，也是一个互动、反思和创新螺旋上升的过程，更是一个专业素养水涨船高的过程。经历这样一个折磨甚至炼狱的过程，是涅槃重生的过程，需要教师有求同存异、平等对话、互助共赢的心态，谦虚好学、精益求精、主动发展的精神，大胆尝试、破茧成蝶、勇于挑战的意志，立足教育教学水平和能力的提升，淡化纯粹的功利追求。磨好一道题、一节课，其价值远远超出这一道题、一节课，通过自主钻研和互动切磋，磨出教育教学的正确方向、理想路径、最佳形态，也磨出合作交流的情感默契、智慧火花、共同进步，参与磨题和磨课的教师，获得的不仅是教学理念、教学技艺和研究能力，还包括他们的意志品质、专业精神和职业幸福；收获的不仅是这一题、这一课，整个打磨的过程会迁移到其他题、其他课，一通百通，成为教师成长的重要阶梯，甚至会影响教师的一生。

磨教师是“磨人”的一个方面。磨学生是“磨人”的另一方面。仔细琢磨学生，根据学生的言行举止对教学定位进行研判，让学生学习更得法、更愉悦、更有效。教育学，首先就是人学，教育必须带着“温度”。题也好，课也罢，最终都是为学生服务的。再好的题、再好的课，都不可能适用于每一个班级、每一个学生。磨题和磨课，一定要目中有人，要考虑学生的适应度和发展度。“磨人”的最终目标是让教师不断反思自己的教学行为，是否符合学生的实际，学生是否达成了预期的目标。通过平时的不断积累、反思，磨出一套符合教学实际的教学方法。

好事多磨，“好师”更是在多磨中成长和成熟起来的。“磨”的过程，是教师不断发现问题、解决问题的过程，也是教师自我反思和改进的过程，更是教师不断否定自我、超越自我、感动自我的过程。只要功夫深，铁杵磨成针。没有“磨”的过程，我们的教学只能永远是一壶烧不开的水，教学求“精”、求“实”都只能是一个梦想。

金庸认为武学的最高境界是“无招胜有招”，只存意不记形。《笑傲江湖》第十章中风清扬说：“招数是死的，发招之人却是活的。死招数破得再妙，遇上了活招数，免不了缚手缚脚，只有任人屠戮。这个‘活’字，你要牢牢记住了。学招时要活学，使招时要活使。倘若拘泥不化，便练熟了几千万手绝招，遇上了真正高手，终究还是给人家破得干干净净。”电影《功夫之王》中李连杰饰扮演的默僧也有一段精彩的台词：“功夫需要不断努力，不断完善。画家以泼墨山水为功夫，屠夫以庖丁解牛为功夫，从有形到无形，充耳不闻，习万招之法，从有招到无招，习万家之变，才能自创一家，乐师以辗转悠扬为功夫，诗人以用天马行空的文字倾国倾城，这也是功夫。但功夫只能意会，真正的功夫就在你心，只有你自己才能将其释放！”

从无招到有招，再从有招到无招，从有形到无形，取众家之长，并融会贯通，以无招胜有招，积小胜为大胜，一步一个脚印做好力所能及的、问心无愧的工作，这是一个三“mó”的过程，也是“精实数学”长期坚守的信条，是海安中学为人称道的品质。

三、精实数学教学的完整课例

【案例 41】

头脑风暴：含有两个绝对值的不等式

教师在课前布置了一道题：“解不等式$|x-1|+|x-2|<4$。”要求学生从这道题发散思维，展开想象，尽可能多地提出类似问题，并拿出解决问题的办法，准备在数学活动课上讨论交流。

背景　绝对值问题蕴含了数形结合、分类讨论等多种思想方法，但对绝对值问题的教学要求却有些“鸡肋”。《普通高中数学课程标准(2017 年版 2020 年修订)》只字未提“绝对值不等式”，从应付高考的角度，这种“任性”似乎偏离了教学目标，浪费了学生时间；但从培养能力的角度，这种“任性”似乎还很有意义，它给学生数学素养的提升搭建了平台，提供了机会。

解析　生 1　方法一：定零点，分类讨论。

① 当 $x<1$ 时，解得 $x>-\frac{1}{2}$。又 $x<1$，故 $-\frac{1}{2}<x<1$；

② 当 $1\leqslant x\leqslant 2$ 时，左边 $=1<4$，故 $1\leqslant x\leqslant 2$ 满足条件；

③ 当 $x>2$ 时，$2x-3<4$ 解得 $x<\frac{7}{2}$。

又 $x>2$，故 $2<x<\frac{7}{2}$。综上，$-\frac{1}{2}<x<\frac{7}{2}$。

生2　方法二：令 $y=|x-1|+|x-2|$，

由方法一，知 $y=\begin{cases}-2x+3, x<1,\\ 1, 1\leqslant x\leqslant 2,\\ 2x-3, x>2.\end{cases}$

作出该函数的图象，如图77。

其图象在直线 $y=4$ 下方时，$-\frac{1}{2}<x<\frac{7}{2}$。

故不等式 $|x-1|+|x-2|<4$ 的解为 $-\frac{1}{2}<x<\frac{7}{2}$。

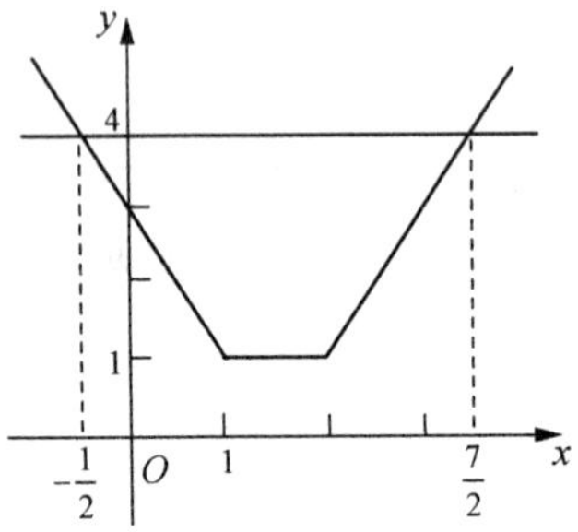

图 77

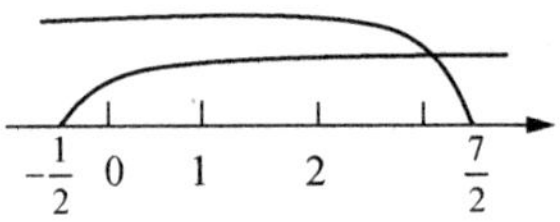

图 78

生3　方法三：也可以不建立坐标系，在数轴上就能解决了。

把 $|x-1|+|x-2|$ 看成是数轴上的点到1和2两个点的距离之和，如图78。

① 当 $1\leqslant x\leqslant 2$ 时，x 所对应的点到1和2两点的距离之和为4，满足条件；

② 当 $x<1$ 时，在 $x=-\frac{1}{2}$ 处，$|x-1|+|x-2|=4$，

因此，当 $-\frac{1}{2}<x<1$ 时，$|x-1|+|x-2|<4$，

当 $x<-\frac{1}{2}$ 时，$|x-1|+|x-2|>4$；

③ 当 $x>2$ 时，在 $x=\frac{7}{2}$ 处，$|x-1|+|x-2|=4$，

因此，当 $2<x<\frac{7}{2}$ 时，$|x-1|+|x-2|<4$；

当 $x>\frac{7}{2}$ 时，$|x-1|+|x-2|>4$。

师　很好。第一种方法是直接从绝对值符号定零点，然后分类讨论，是解决问题的

常规方法，属于通法。第二种方法是先构造一个函数，通过图象来解决。同样要先定零点，构造分段函数，再作图象。这种方法直观形象。第三种方法是借助于数轴来处理，也是很不错的处理策略。能不能把题目简单变形一下，只改变一个数字或者符号，构造一个新题，然后自己解出来？

生4　变式1：解不等式 $|x-1|+|x-2|>4$。

生5　变式2：解不等式 $|x-1|+|x-2|<3$。

师　这个变式也蛮好，待会儿解完以后，帮我再解一个不等式 $|x-1|+|x-2|<1$，行不行？

生6　变式3：解不等式 $|x-1|-|x-2|<4$。

生7　变式4：解不等式 $|x-1|+2|x-2|<4$。

生8　变式5：解不等式 $|2x-1|+|x-2|<4$。

师　好的。我们能不能按照同样的规则，在变式5的基础上再变化一次？

生9　变式6：解不等式 $|2x-1|-|x-2|<4$。

生10　变式7：解不等式 $|2x-1|+|3x-2|<4$。

生11　变式8：解不等式 $2|x-1|+|x-2|<4$。

师　我们就按照刚才的约定，提出变式的同学自己先把自己的题目做好，再帮别人做一道题，其他同学任选两道题。任务完成以后，再思考一个问题：你所做的题目与原来题目在思路上有没有变化？能否把这些题再归类和提升？

生4　变式1与原来题目的思路一致。

生5　变式2也与原来题目的思路一致。但老师给的变式更有意思。用方法二来解很方便，从图上就能很直观地发现，只有 $x>2$ 或 $x<1$ 符合要求；用方法三更简洁，因为只有 x 所对应的点在1和2之间的时候，$|x-1|+|x-2|$ 才等于1，在其他地方都大于1，得到 $x>2$ 或 $x<1$ 是很显然的事情。

生6　变式3也和变式2一样，用方法二和方法三处理更有感觉，因为这两种方法都运用到几何意义，用的是数形结合的方法。用方法二时，上一题得到的"平底"型的图象，这一题是"S"型的图象。用方法三时，x 所对应的点在1的左侧时，$|x-1|+|x-2|=-1$，在2的右侧时，$|x-1|+|x-2|=1$，在1和2之间时，$|x-1|+|x-2|$ 必定在 -1 和 $+1$ 之间。所以，变式3的解集为 $\mathbf{R}$。

师　对于变式3，如果利用绝对值不等式 $|a|-|b|\leqslant|a\pm b|\leqslant|a|+|b|$，很快得到 $|x-1|-|x-2|\leqslant|(x-1)-(x-2)|=1<4$，也能够解决。后面的几道题呢？

生7　变式4可以用原来题目的方法一和方法二，用方法二得到的图象不是"平底"型，而是"拐U"字型，最小值只有1个尖点。不能用方法三。

师　为什么？

生7　变式4和原来题目以及变式1,2,3的结构不一样。前面几道题两个绝对值里面的 x 的系数都是1，具有数轴上的几何意义的特征，变式4中 x 的系数不一致。

师　不错。能不能帮我把适用方法三的一类题目归纳一下？

生 7　形如$|x-1|+|x-2|>(<)k$，或者$|x-1|-|x-2|>(<)k$（k为常数）的题目都可以用方法三来解决。

师　太好了。我们是不是还可以再推广一下？

生 12　形如$|x-a|+|x-b|>(<)k$，或者$|x-a|-|x-b|>(<)k$（a,b,k为常数）的题目。

师　这类题表面上用的是数轴的几何意义，从另外一个角度讲，也跟绝对值不等式$||a|-|b||\leqslant|a\pm b|\leqslant|a|+|b|$相关，$|x-a|+|x-b|\geqslant|(x-a)-(x-b)|=|a-b|$，$||x-a|-|x-b||\leqslant|(x-a)-(x-b)|=|a-b|$。有没有同学找到生 12 所讲类型的题目？

生 13　变式 9：已知关于x的不等式$|x-1|+|x-2|<a$无解，求实数a的取值范围。

生 14　变式 10：（2011 年陕西高考理科第 15 题）若关于x的不等式$|a|\geqslant|x+1|+|x-2|$存在实数解，则实数a的取值范围是________。

生 15　变式 11：（2010 年福建高考理科第 21 题）若$|x-2|+|x+3|>m$对一切实数x恒成立，求实数m的取值范围。

师　遇到与$|x-a|+|x-b|$或者$|x-a|-|x-b|$（a,b为常数）相关的解不等式的题目，上面的三种或者说四种方法都可以用。你们觉得哪种方法更好一些？

生 16　我感觉方法一是基础，方法二是从方法一引开的，方法三要先确定不等式改成方程时的x的值，做起来不一定轻松，也不太好表述。最好是用方法二。

师　总结得不错。方法二的最大优势是巧妙运用了分类讨论和数形结合两种思想方法，方法三用到了实数所对应的数轴上点的几何意义，这类题也可以从绝对值不等式$||a|-|b||\leqslant|a\pm b|\leqslant|a|+|b|$的角度去求解，只是在解题规范上要多注意。再请生 8 说一下变式 5 的解题思路。

生 8　变式 5 与变式 4 的解题思路一样，也是用原来题目的方法一和方法二。

师　变式 6，7，8 的解题思路是不是也一样？

生 9，10，11　是的。

师　谁能帮我把这几道题再归类提升一下？

生 10　形如$|ax+b|\pm|cx+d|>k$（a,b,c,d,k为常数）的不等式都可以用方法一和方法二来处理，先通过零点分段，再分类讨论。

师　这种形式也可以表示为$a|x+m|+b|x+n|>(<)k$（a,b,m,n,k为常数）。含有两个绝对值符号的问题都可以通过零点分段法来处理。如果在绝对值符号内含有字母又怎么处理呢？

比如 2014 年安徽文科第 9 题：若函数$f(x)=|x+1|+|2x+a|$的最小值为 3，则实数a的值为________。

生 17　也应该通过零点分段去绝对值符号，可能要先比较两个零点 -1 和 $-\frac{a}{2}$ 的大小。

令 $-\frac{a}{2}=-1$，得 $a=2$，这应该是分界点。

$$当\ a\geqslant 2\ 时，f(x)=\begin{cases}-3x-a-1, x<-\frac{a}{2},\\ x+a-1, -\frac{a}{2}\leqslant x\leqslant -1,\\ 3x+a+1, x>-1。\end{cases}$$

作出该函数的图象，如图 79。

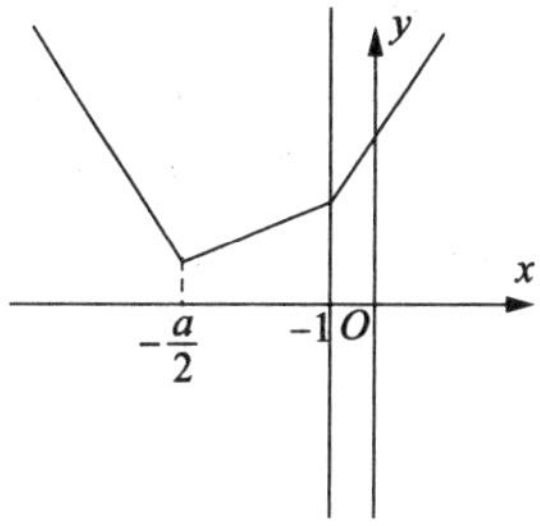

图 79

由图象可知，当 $x=-\frac{a}{2}$ 时，$f_{\min}(x)=f\left(-\frac{a}{2}\right)=\frac{a}{2}-1=3$，可得 $a=8$。

$$当\ a<2\ 时，f(x)=\begin{cases}-3x-a-1, x<-1,\\ -x-a+1, -1\leqslant x\leqslant -\frac{a}{2},\\ 3x+a+1, x>-\frac{a}{2}。\end{cases}$$

作出该函数的图象，如图 80。

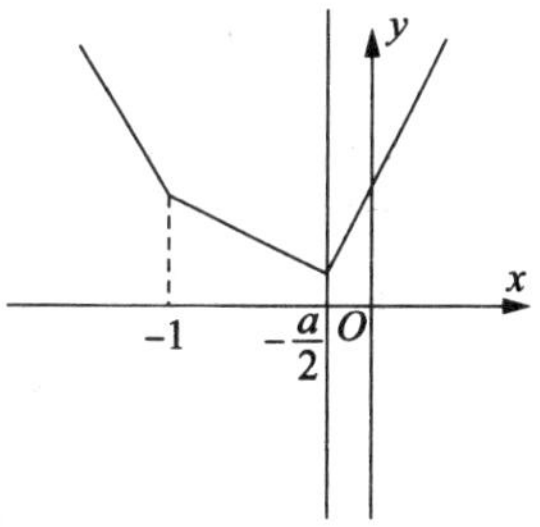

图 80

由图象可知，当 $x=-\frac{a}{2}$ 时，$f_{\min}(x)=f\left(-\frac{a}{2}\right)=-\frac{a}{2}+1=3$，可得 $a=-4$。

综上，a 的值为 -4 或 8。

师　非常棒。谁能帮我再总结提炼一下？

生 18　遇到绝对值符号内含有字母时，仍然要先定零点，通过比较零点大小进行分类讨论。基本的思想方法依然是分类讨论和数形结合。

师　含有两个绝对值的问题，其处理方法基本一致，都可以通过零点来分段。遇到绝对值符号内含有字母时，还要通过比较零点大小来确定分类讨论的标准，只是比不含字母的情况多了一次讨论的机会。

刚才研究的都是含有两个绝对值的问题，遇到含有多个绝对值的问题又如何处理？

我们再看看 2009 年上海高考理科第 13 题：

某地街道呈现东一西、南一北向的网格状，相邻街距都为 1。两街道相交的点称为格点，若以互相垂直的两条街道为轴建立直角坐标系，现有下述格点 $(-2,2)$，$(3,1)$，$(3,4)$，$(-2,3)$，$(4,5)$，$(6,6)$ 为报刊零售点。请确定一个格点（除零售点外）为发行站，使 6 个零售点沿街道到发行站之间路程的和最短。

生 19　题目中所有的路线都只能沿网格线走。

设发行站坐标为(x,y)(x,y 为整数),则发行站到各零售点距离 S 可以表示为函数关系:$S=2|x+2|+2|x-3|+|x-4|+|x-6|+|y-1|+|y-2|+|y-3|+|y-4|+|y-5|+|y-6|$。

由于 x 与 y 之间没有直接联系,可以把问题转化为对两个函数 $f(x)=2|x+2|+2|x-3|+|x-4|+|x-6|$ 与 $g(y)=|y-1|+|y-2|+|y-3|+|y-4|+|y-5|+|y-6|$ 分别求最小值。

对于函数 $f(x)$,定零点后分为 $x<-2$,$-2\leqslant x<3$,$3\leqslant x<4$,$4\leqslant x<6$,$x\geqslant 6$ 五段来处理,对于函数 $g(y)$,可以分为七段来处理。基本思想方法和前面的题目一样。

最后结果 $f(x)$ 的最小值为 14,$g(y)$ 的最小值为 9,S 的最小值就为 $14+9=23$。

师　刚才我们从一道题解决了一类题,尽管形式上有些差异,但处理这些问题的思想方法相同,处理的步骤也差不多,要注意归纳总结。最后这一问题,我们还有一个重要结论可以提取:

设 $a_1\leqslant a_2\leqslant\cdots\leqslant a_n$,对于函数 $f(x)=\sum\limits_{i=1}^{n}|x-a_i|$,

当 n 为偶数时,记 $n=2k(k\in\mathbf{N}^*)$,则在中间区域$[a_k,a_{k+1}]$上的每一点处,$f(x)$ 都取最小值,且最小值为 $\sum\limits_{i=k+1}^{2k}a_i-\sum\limits_{i=1}^{k}a_i$;

当 n 为奇数时,记 $n=2k+1(k\in\mathbf{N})$,则在中间点 a_{k+1} 处,$f(x)$ 取最小值,且最小值为 $\sum\limits_{i=k+2}^{2k+1}a_i-\sum\limits_{i=1}^{k}a_i$。

用这个结论,我们可以直接求解 2006 年全国卷 Ⅱ 理科第 12 题:

函数 $f(x)=\sum\limits_{n=1}^{19}|x-n|(x\in\mathbf{R})$ 的最小值为________。

这个结论可以用前面所讲的绝对值不等式$|a|+|b|\geqslant|a\pm b|$去证明,证明的工作留给有兴趣的同学课后完成。这个结论也称为 Butchart-Moster 定理,由 J. H. Butchart 和 Leo Moster 首先提出,发表在美国中学数学教师刊物《数学文集(1952年)》上。这个定理的内容为:

在数轴上有 n 个点,$x_1\leqslant x_2\leqslant\cdots\leqslant x_n$,在数轴上选取一点 x,使得此点到以上 n 个点的距离之和最小。

这种提法与数轴上点的几何意义相关。其实,在这个定理发表的三年前,也就是 1949 年的《π,μ,ε》杂志上,美国人 Chester McMaster 就已经提出了一个更复杂、更有趣的初等数学问题——Chester McMaster 赛场选址问题:

聚集在纽约市的象棋大师比美国其他地方的象棋大师多。现计划组织一次所有美国象棋大师均参加的比赛，要求比赛的城市选定在所有参赛大师旅途总和最小的地方。纽约的象棋大师主张，这次比赛必须在他们所在的城市举行；而西部地区的象棋大师则认为，赛址应选在位于或邻近所有参赛人的中心的城市举行，双方争执不下。试问：比赛应在什么地方举行为佳？①

评注 一道数学题，不仅涵盖了一类题目共同的方法，将相关知识与方法一网打尽，而且还可以拓展延伸到更“高端”、更“前沿”的学习内容，让不同层次的学生都有收获，为学生学会学习提供了可能。

① 李锦旭，卞文．绝对值和型函数最值应用例析[J]．数学教学研究，2010(8)：40－44．

后 记

写这本书的动因是我之前写过《减负增效学数学》一书，2013 年出版以来一直受到各界朋友的鼓励和激励。后来，由学生的学，自然联想到教师的教，本书的标题开始顺理成章地定为《减负增效教数学》。“减负”就是“求精”，“增效”就是“求实”，这也是我“精实数学”教学主张的由来。如何秉持中庸思想，把持好教育教学的“度”，是“精实数学教学”孜孜以求的课题。随着我对“精实数学教学”内涵的重新认识和定位，书稿进行了大幅度地调整，书名也改为《精实数学教学论》。虽然辛苦，也很痛苦，但收获多多。

非常感谢江苏省教育厅，感谢江苏人民教育家培养工程，给了我更高的平台，更多的学习、交流、成长机会。遇见宋永忠、彭钢、崔允漷、贺晓星、陈明选、陶洪、王仁雷、史国栋、张天若导师，是我人生的幸运。导师耐心细致的指点，常常如醍醐灌顶，让我敬仰，让我难忘。对口指导我的宋永忠、彭钢、贺晓星三位专家更是倾注了大量的心血，一次又一次辅导我列写作提纲，一遍又一遍帮助我修改文稿，常常在深夜收到他们的电子邮件，宋永忠导师还亲自作序，这既让我兴奋和鼓舞，感受到导师和事业的鞭策，又让我羞愧和自责，我越发感受到自己的浅薄和渺小，教育教学的“求精”“求实”，不能仅仅停留在教学效率的追求上，更应当关注生命的价值，关注学生的学科素养和关键能力。

我很庆幸，遇到了薛义荣、陈懿、汪明、张飞、许帮正、张玉明、郭军英、顾广林、何如涛、仓定志、蔡月珍、周如俊、李学喜同学，同一个理想让我们如兄妹相处，常常为一个观点争论得面红耳赤，常常为一个发现兴奋得欢呼雀跃，自感在这个团队中我们返老还童、青春依旧。学术秘书朱亮博士默默地在台前幕后精心地筹划、细致地安排，让我们的每次活动都圆满成功、每项计划都能够如期完成。

我要感谢的人很多。海安中学的所有老师用他们的实践智慧为“精实数学教学”提供了有力支撑和精彩佐证，吕建校长对我的求学过程更是关怀备至。领导的厚爱，同事的期盼，导师的呵护，同学的提携，家庭的支持，给了我砥砺前行的勇气。

尽管本人才疏学浅，但还是硬着头皮，把这些年的学习心得向所有关心帮助我的人汇报，向各位专家讨教。不当之处，敬请批评指正。

董裕华
2020 年 8 月 18 日